선택

미하일 고르바초프 최후의 자서전

선택

Mikhail Gorbachev

도서
출판 프리뷰

차 례

이 책에 대해 | 7
프롤로그 | 8

01 나를 키운 사람들

Chapter 1
고향 스타브로폴   16
전쟁의 상흔   25
학교로 돌아가다   34
트랙터 조수로   38

Chapter 2
모교 모스크바국립대   43
사회 활동에 뛰어들다   55
입당원서   57
라이사와의 첫 만남   60
학생 결혼식   69
졸업   74

Chapter 3
첫 임지 스타브로폴   80
당을 믿지 않는 사람들   83
모스크바를 오가며   90
표도르 쿨라코프와 라이사   95
호루시초프 숭배자 에프레모프   99

Chapter 4
지방당 서기가 되다   104
체제의 틀 안에서   107
크고작은 사건들   113

02 정상으로
가는 길

Chapter 5
최초의 페레스트로이카 실험　　　　　　120
이너서클에 들어가다　　　　　　　　　128
안드로포프, 코시긴, 쿨라코프　　　　　132

Chapter 6
스타브로폴을 떠나다　　　　　　　　　140
중앙무대에서의 첫 연설　　　　　　　　143
당중앙위 농업 담당 서기가 되다　　　　149

Chapter 7
권력 핵심으로　　　　　　　　　　　　154
브레즈네프 정체기　　　　　　　　　　162

Chapter 8
아프가니스탄 침공과 식량난　　　　　　166
밑빠진 독에 물 붇기　　　　　　　　　169
궁정 암투　　　　　　　　　　　　　　172
버터와 총　　　　　　　　　　　　　　176
안드로포프와 체르넨코의 대결　　　　　186
브레즈네프 사망　　　　　　　　　　　194

Chapter 9
안드로포프 당서기장 재임 450일　　　　200
레닌 탄생 113주년 기념 연설　　　　　　220
안드로포프의 퇴장　　　　　　　　　　223
강대국을 이끈 병자(病者) 체르넨코　　　231
체르넨코의 마지막 날들　　　　　　　　251
"이렇게 살 수는 없다." 우여곡절 끝에 서기장이 되다　　258

Chapter 10
아내의 발병　　　　　　　　　　　　　269
혈액암 진단　　　　　　　　　　　　　271
회상　　　　　　　　　　　　　　　　277
뮌스터 병원　　　　　　　　　　　　　281
분노의 시간들　　　　　　　　　　　　283
페레스트로이카의 진실　　　　　　　　286

03 페레스트로이카의 길

Chapter 11

변화의 출발점에 서다   292
술과의 전쟁   297
시험대에 오른 글라스노스트 – 체르노빌 충격   301
경고음이 울리다   310

Chapter 12

새로운 세계관 – 핵 없는 세상을 향해   318
위기에 처한 제네바 정신   326

Chapter 13

지도부 균열   334
저서 《페레스트로이카》 출간   340
옐친과 나   342
과격 세력의 저항 – 니나 안드레예바의 반(反)페레스트로이카 선언   347
양극단의 협공 받는 페레스트로이카   355

Chapter 14

신사고 헌장 – 유엔총회 연설   361
다당제로의 길을 열다   366
봇물 터진 독립선언   371
8월 쿠데타   385
연방 사수를 위한 최후의 안간힘   390
연방 해체를 위한 옐친의 비밀작전   397
벨라베자 음모   401

에필로그   413
해제 : 역사의 흐름을 바꾼 거인의 자화상   415

이 책에 대해

책에 대해 약간의 설명이 필요하다고 생각했다.

이것은 내가 앞서 쓴 책들과는 전혀 다른 성격의 책이다. 이것은 회고록이 아니다. 회고록은 여러 해 전에 쓴 바가 있다. 물론 이 책에도 회고록의 성격이 전혀 없는 것은 아니지만, 엄격한 의미에서 회고록은 아니다. 그렇다고 소설은 아니고, 역사에 대한 설명서는 더더욱 아니다. 이것은 아내와 내가 함께한 삶에 대해서 쓴 나의 이야기이다.

몇몇 사람들에게 원고를 보여주고 의견을 말해달라고 했더니 모두들 좋다고 했다. 사람들이 그저 좋다는 말만 했더라면, 나는 인사치례 정도의 말이라고 생각했을 것이다. 하지만 사람들은 듣기 좋은 말과 함께 유익한 조언들을 해 주었고, 나는 그 조언들을 최종 원고에 반영했다. 그 조언들이 많은 도움이 됐다. 이제 비로소 내 삶에 대한 이야기를 모두 털어놓을 수 있게 되었다는 생각이 든다. 이 책은 또한 도대체 내 삶의 어떤 면이 나의 정치적 삶에 그토록 큰 영향을 미쳤는지에 대한 대답이기도 하다. 아내 라이사와 함께 한 추억에 이 책을 바친다.

프롤로그

/

〈2000년 9월 21일에 쓴 일기〉

라이사가 떠난 지 일년이 지났다. 오늘은 아내의 묘소에 묘비가 세워지는 날이라 가족과 친지들이 아내의 무덤에 모두 모였다. 비석은 조각가 프리드리히 소고얀의 작품이다. 알록달록한 대리석 비석은 표면이 마치 꽃으로 장식한 돌판 같았다. 아주 큰 돌이었다. 비문은 이렇게 쓰여졌다. '라이사 막시모브나 고르바초바. 1932년 1월 5일 태어나 1999년 9월 20일에 잠들다.' 라이사를 빼닮은 젊은 여인이 몸을 구부리고 묘비에 야생화 다발을 놓았다. 벌써 일년이 지났다. 내 인생에서 가장 힘들었던 일년이었다. 사는 게 아무 의미가 없었다. 여러 달 동안 아무 일도 손에 잡히지 않았다. 딸 이리나와 외손녀 크세냐, 아나스타샤, 그리고 친구들이 유일한 위안이었다. 라이사가 떠난 다음에는 몇 달 동안 강연 일정도 모두 중단하고, 그저 다차에 처박혀 있기만 했다. 그처럼 지독한 고독감은 전에는 정말 한 번도 경험해 본 적이 없었다.

라이사와 나는 50년 가까이 함께 살았다. 늘 꼭 붙어서 지냈지만 한 번도 서로 지루한 느낌을 가져 본 적이 없었다. 같이 있으면 우리는 그저 행복했다. 우리는 서로 사랑했다. 둘이만 있을 때도 그런 말을 입 밖에 내서 말한 적은 별로 없지만 우리는 서로 사랑했다. 젊은 시절에 시작한 사랑을 끝까지 키워 나간다는 언약을 굳게 지키며 살았고, 서로를 이해하고 존중했다. 라이사의 죽음에 대해 나는 너무 큰 죄책감을 느꼈다. 도대체 무엇이 잘못되었단 말인 가? 왜 아내를 지켜내지 못했는지 곰곰이 생각하며 온갖 기억을 다 되살려내 보았다. 우리가 겪은 일들이 나중에 라이사에게 큰 부담을 주었다고 나는 생 각했다.

아무런 양심도, 책임의식도 없는 사람들이 나라의 권력을 차지했다. 도대체 어떻게 그런 일이 일어날 수 있단 말인가? 아내는 가끔 그 일을 입에 올렸고, 그러면 나는 늘 좋은 일만 일어나지는 않는 법이라는 대답을 해 주었다. 그러 면 아내는 이내 입을 다물고 아무 말도 하지 않았다. 그런 아내를 보면 나는 미안하고 마음이 아팠다.

아내와의 마지막 시간이 된 9월 19일부터 20일 사이의 밤을 몇 번이고 되새 겨 보았다. 아내는 1999년 9월 20일 새벽 2시 57분에 눈을 감았다. 의식이 없는 상태였기 때문에 아무런 고통 없이 눈을 감았다. 서로 작별인사도 나누 지 못했다. 아내는 자기 여동생 루드밀라로부터 줄기세포 이식수술을 받기로 한 날을 이틀 앞두고 숨을 거두었다. 우리가 모스크바의 혼인등록소에 가서 혼인신고를 한 지 46주년을 닷새 앞둔 날이었다.

나는 마지막 순간까지도 아내를 살릴 수 있다고 믿었기 때문에 도저히 아내 의 죽음이 받아들여지지가 않았다. 이리나와 나는 아내의 침대 머리맡에 붙어 앉아 하염없이 아내를 불러댔다. 나는 아내의 손을 잡고 이렇게 소리쳤다. "여보, 자카르카, 가지 마, 내 말 들려?" (나는 집안에서 아내를 자카르카라는 애칭으로 불렀다.) 손을 꼭 쥐면 아내가 나의 애원에 응답할 것 같은 생각이 들었다. 라이사는 끝내 아무런 말도 하지 않았다. 아내는 그렇게 내 곁을 떠나 갔다.

앓아눕기 전에 아내와 나는 우리의 장래에 대해 수시로 이야기했다. 한번은 아내가 이런 말을 했다. "당신이 없으면 난 더 이상 살고 싶지 않을 거예요. 당신은 어때요? 아마도 당신은 내가 죽으면 다른 여자와 재혼해서 살겠지요." 나는 그 말을 듣고 깜짝 놀라 이렇게 말했다. "도대체 무슨 소리를 하는 거요. 왜 그런 생각을 하지? 누가 죽는다고 그래. 당신은 아직 젊어. 거울을 한번 보라고. 사람들이 하는 말도 못 들었어요? 당신은 너무 지쳐서 좀 쉬어야 하는 것뿐이라고."

그러면 아내는 이렇게 대답했다. "노인네가 될 때까지 살고 싶지는 않아요." 손녀가 태어나자 애들이 자기를 어떻게 부르면 좋을지를 놓고 우리는 머리를 짜냈다. 아내는 바불랴라고 불러 주면 좋겠다고 했다. 직역하면 '작은 할머니'란 말이다. 흔히 하는 것처럼 바부시카라고 부르면 너무 늙고 병든 할머니가 연상되어 싫고, 바불랴라고 하면 그나마 좀 젊고 생기가 있어 보인다는 것이었다. 하지만 다 부질없는 이야기가 되고 말았다.

우리가 함께 한 마지막 시간이 가까워지자 아내는 우리가 서로 잃어버리는 꿈을 자주 꾸고, 점점 더 불안해했다. "그만 하고 돌아가고 싶어요." 여행길에 아내는 가끔 이런 말을 하기 시작했고 장거리 여행 때는 자기가 내게 짐이 된다고 생각했다. 하지만 아내를 두고 여행을 떠나는 것도 쉽지 않았다. 혼자 남겨 놓고 떠나면 더 슬퍼할 게 분명했다.

…그날 밤 딸 이리나와 나는 아내의 침대 머리맡에 서서 울었다. 우리가 할 수 있는 게 아무 것도 없었다.

〈2001년 1월 5일에 쓴 일기〉

라이사의 생일이다. 살아 있으면 69세가 된다. 장래 이야기를 하면 아내는 이런 말을 자주 했다. "더도 덜도 없이 새로운 세기와 새천년이 시작될 때까지만 살고 싶어요." 아내는 새천년이 시작되기 석 달 전에 눈을 감았다. 아내는 2000년 새해를 영원히 기억될 방식으로 맞이하고 싶어 했다. 그때까지 이리나와 손녀들은 파리 구경을 한 번도 못해 봤다. 그래서 우리는 2000년 새해를 아이들을 데리고 세계에서 제일 아름답다는 도시의 샹젤리제 거리로 가서 맞이하자는 생각을 했다.

그래서 새해가 오기를 학수고대하고 있었는데 그 끔찍한 일이 닥친 것이다. 하지만 나는 이리나와 아이들과 함께 파리 여행을 예정대로 했다. 라이사가 아이들을 위해 준비해 준 여행이었기 때문이다.

우리는 오늘 노보데비치 묘지로 갔다. 꽃을 한 아름 안고 갔다. 정교회 성탄절이 다가오고 있었다. 간밤에는 눈이 왔다. 나는 라이사가 제일 좋아하는 빨간 장미를 가져갔다. 그날 묘지에서 본 장면이 지금도 눈앞에 생생하다. 묘비를 덮은 희디흰 눈 위에 빨간 장미가 놓여 있었다.

우리는 돌아와서 저녁식사를 함께 했다. 벽에는 아내의 큰 초상화가 걸려 있다. 집안 곳곳에 꽃과 촛불이 장식되어 있고, 예쁘게 장식된 성탄 트리가 놓여 있고, 트리 향이 집안에 퍼졌다. 식탁에는 아내가 손님맞이 할 때 내놓곤 했던 음식을 차려놓았다. 시베리아식 펠메니 수프와 아방가르드 파이를 곁들인 러시아 디너였다. 크렘린 베이커리에서 만드는 파이인데, 아방가르드란 이름은 아내가 붙인 것이다. 우리는 모두 선 채로 아무 말 없이 잔을 들었다.

저녁을 마친 다음 서재로 갔다. 전등을 모두 끄고 창가에 섰다. 다차 마당에는 야간등이 켜져 있고, 우거진 숲 위로 소리 없이 눈발이 날리고 있었다. 볼쇼이극장에서 공연하는 호두까기 인형의 한 장면 같았다. 우리 가족은 매년 새해를 앞둔 제야는 볼쇼이극장에서 보냈다. 그곳에서 호두까기 인형 발레를 보고 집으로 돌아왔다. 집으로 오면 새해 선물을 주고받았다. 산타크로스는 대통령궁의 경비가 아무리 삼엄해도 어김없이 선물을 갖고 왔다. 음악이 울려 퍼지고 떠들썩한 파티가 벌어졌다.

이런 기억들은 이제 모두 지나간 옛이야기가 되고 말았다. 아내와 내가 함께 한 시간은 그렇게 흘러갔다.

라이사는 러시아의 겨울을 무척 좋아해서 눈보라 속에서 밖으로 나가 걸어 다니기를 좋아했다. 우리가 스타브로폴에 살 때부터 그랬는데, 한번은 눈보라 속에서 길을 잃을 뻔한 일도 있다. 그런 습관은 모스크바로 와서도 바뀌지 않았다. 아내는 시베리아 알타이에서 태어났고, 유년시절과 젊은 시절을 모두 그곳 시베리아에서 보냈다. 가족 모두 철도 노동자로 일했는데, 북부 우랄의 타이가 삼림지대에서 여러 해를 보내기도 했다.

그 시절 라이사와 제냐, 류도치카, 어린 세 자매는 양털가죽 코트에 돌돌 싸인 채 썰매에 태워져 이사를 다녔다. 길고 긴 시베리아의 겨울밤 가족은 펠메니를 끓여 자루에 넣어 바깥에 내놓았는데, 그러면 펠메니는 꽁꽁 얼어붙었다. 펠메니는 라이사가 제일 좋아하는 음식이다.

아내의 마지막 날들이 생각난다. 아내는 살기 위해 용감하게 싸웠고, 의사가 지시하는 대로 꿋꿋이 견뎌냈다. 나는 눈뜨고 지켜보기가 너무 힘들었다. 견디지 못할 지경이면 아내는 나와 딸의 눈을 가만히 올려다보았다. '도대체 나한테 무슨 일이 일어나고 있는 건가요?' 도저히 해답을 구하기 힘든 물음에 답을 구하는 것 같은 눈길이었다.

7월 19일 의사가 진단을 내리고 아내를 병실로 데려갈 때 나도 따라 들어갔다. 내 눈을 쳐다보면서 아내는 이렇게 물었다.

"의사가 뭐라고 해요?"

아내의 상태를 알기 때문에 나는 이렇게 대답했다.

"아주 심각한 혈액병이라고 해요."

"이제 끝인가요?" 아내는 다시 이렇게 물었다.

"아니요. 내일 독일로 가서 진찰을 더 받아볼 예정이오. 그래서 상황을 제대로 파악한 다음 치료 방법을 정하기로 했어요."

라이사의 병을 고치겠다는 일념으로 우리는 뮌스터로 날아갔다. 9월 21일에 돌아올 때 라이사는 이 세상 사람이 아니었다. 그녀의 이승에서의 삶은 그렇게 끝났다.

나는 우리의 삶에 대해 책을 쓰기로 했다. 하지만 처음에는 어떻게 시작해야 할지 엄두가 나지 않았다. 나로서는 너무 쓰기 힘든 책이었다. 이 책에는 나와 우리 부부가 살아 온 삶에 대한 회고와 추억이 담겨 있다.

Mikhail Gorbachev

01 나를 키운 사람들

1

고향
스타브로폴

나는 80년 생애 가운데 42년을 스타브로
폴 지방(크라이)에서 보냈고, 나머지는
모스크바에서 지냈다. 코카서스 북쪽에 위치한 이곳은 오랜 세월 여러 개의
다른 문명과 문화, 종교가 만나는 교차점이었다. 여러 가지 얼굴을 가진 이곳
의 역사는 항상 내 상상력의 원천이었다.

러시아제국이 출범할 무렵 코카서스에 사는 민족들은 여러 정복자들로부터
자신들을 지키기 위해 안간힘을 쓰고 있었다. 1555년 8월 러시아의 차르(황
제) 이반 뇌제는 안드레이 세페도프를 북코카서스로 보내 아디게이 왕실의 사
신들을 모스크바로 데려오게 했다. 차르는 퍄티고르스크 왕국을 영원히 러시
아 통치하에 복속시킨다고 선언하고, 그곳에 방어 요새를 구축하기 시작했
다. 여제 에카테리나 2세는 7개의 요새를 만들어 아조프-모즈도크 방어망을
구축하기 시작했는데, 그 가운데 하나가 바로 스타브로폴 요새였다. 처음에는
코피요르 코사크에게 요새 수비를 맡겼는데, 이들은 보로네즈 구베르냐(러시

아 지방행정 단위로 '현' 과 유사) 소속 보병들이었다.

시간이 흐르면서 코사크 마을이 하나 둘 들어서기 시작하고, 자유를 찾아 도망친 러시아 농노들이 흘러들었다. 나중에는 이들을 강제로 이곳으로 보내 정착시키기도 했다. 스타브로폴 구베르냐는 후일 내가 책임을 맡은 지방의 전신인 셈인데, 당시는 러시아제국 영토 안에 새로 만들어진 행정구역이었다. '구베르냐' 지위가 부여된 것은 그로부터 한참 뒤인 1748년에 들어서였다. 수도인 스타브로폴은 평평한 스텝 초원 한가운데 솟은 고원지대에 위치해 있다. 길이가 450km, 폭이 200km에 달하는 대초원이다.

겨울에는 기온이 섭씨 영하 20~30도를 오르내리는 혹독한 추위가 몰아닥친다. 하지만 가장 큰 재앙은 건조한 바람과 모래바람, 그리고 겨울 작물을 모두 죽이는 서리였다. 통계자료를 보면 지난 백 년 동안 이런 자연재해는 빈번하게 일어났다. 1898년 4월에는 기록적인 폭설로 가축 20만 마리가 죽었다. 내가 스타브로폴 지방당 제1서기로 일하던 1975년 말부터 이듬해 초까지의 겨울 동안에는 무서운 폭설과 가뭄이 동시에 몰아쳤다.

러시아혁명이 임박하던 20세기 초 스타브로폴 구베르냐의 인구는 1백만 명 정도였다. 다수는 러시아인이었고, 3분의 1은 우크라이나인, 그리고 노가이인, 투르크멘인, 칼미크인, 아르메니아인, 그루지아인, 그리스인, 에스토니아인, 유대인, 폴란드인이었다. 독일인들도 있었는데, 이들은 광대하고 비옥한 스텝에 끼리끼리 모여 살았다. 부유한 러시아인들이 차지한 땅도 더러 있었는데, 알렉산드르 솔제니친의 선조들도 당시 스타브로폴 지방에서 유명한 지주였다.

구베르냐의 경제는 밀 재배와 양을 비롯한 가축 사육 등 농업이 대부분을 차지했다. 생산되는 작물은 상트페테르부르크와 모스크바, 파리 등지로 '수출' 됐다. 산업체로는 밀가루 공장, 왁스 공장, 식물성 오일 공장, 포도주 공장, 가죽, 벽돌 생산 공장 등이 있었다. 거의 농업에 기반을 둔 형태였다.

사회 구조는 당시의 전형적인 지방 조직 형태를 갖추고 있었다. 대지주를 비롯해 상당수의 귀족이 있었고, 성직자, 여러 분야의 상인들이 있었다. 공무원과 지주인 부르주아 계층이 있고, 전체 인구의 90%는 농민, 노동자, 부랑자들이었다. 제1차 세계대전과 1917년 10월 혁명이 일어나던 시기에 스타브로폴 지방의 풍경은 바로 그러했다.

스타브로폴의 역사는 굵직한 사건들로 점철돼 있다. 1825년 데카브리스트의 난에 가담한 25명의 장교가 이곳에서 유배생활을 했다. 이들 데카브리스트들 가운데는 시인 알렉산드르 오도예프스키도 있었다. 오도예프스키는 푸시킨이 데카브리스트들에게 보낸 시에 답장을 쓴 것으로 유명한데, 그 답장에 '불꽃 속에서 화염이 활활 타오를 것'이라는 유명한 문구가 들어 있다.

퍄티고르스크에 있는 미하일 레르몬토프 박물관에 오도예프스키의 일기가 보관돼 있는데, 빛바랜 일기장 곳곳에 러시아 사람이면 누구나 아는 이름들이 눈에 띈다. 레르몬토프 박물관을 들를 때마다 나는 시인 오가레프의 다음과 같은 글귀에 가슴이 뭉클해지는 감동을 받는다.

앞으로 이곳에서 여러 해를 더 살아
내 등이 휘고 머리가 백발이 된다면
그때도 나는 젊은 날의 함성을 회상할 것이다
모든 사물이 나에게 팔을 활짝 벌리고 달려오던 그날들을…
드넓은 스텝과 산 능선
광활하고 웅장한 대자연

젊은 친구들의 희망과 꿈

절대 깨어지지 않을 우리의 비밀 동맹을

    나는 특히 1826년 체르니고프 연대를 비롯해 범(凡)슬라브 협회의 음모에
가담한 다른 연대 일반 병사들의 운명에 깊은 감명을 받았다. 이들은 스타브
로폴에 있는 군사법정에서 재판을 받고 수감되었다. 체르니고프 연대 소속의
6개 중대 병력은 75일 동안 1200km를 맨발로 행진해야 했다. 이들은 살스카
야와 스타브로폴 스텝을 지나가면서 레트니츠코에 마을을 통과했는데, 나는
그 마을에 있는 교회에서 1931년에 안드레이 할아버지 손에 안겨 세례를 받
았다. 세례를 받은 다음에는 태어나면서 붙여진 빅토르란 이름을 버리고 미하
일이라는 새 이름을 받았다. 내가 태어난 프리볼노에는 레트니츠코에와 메드
베즈에 마을 사이에 있었다.

    봄 홍수가 지나가고 나면 강둑에 크고 작은 물웅덩이가 남는 것처럼 사람들
이 왔다 가고 하면서 스타브로폴 지방의 스텝과 산기슭 곳곳에 많은 흔적이
남았다. 자동차를 타고 도로 이곳저곳을 다녀보면 낯익은 러시아식 이름들을
만나게 된다. 모스코프스코에, 쿠르스카야, 보론초보-알렉산드로프스카야 등
등. 앙투스타, 드잘가, 타크타 같은 이름도 눈에 띄는데 이들은 몽골어에 뿌리
를 둔 이름이고, 아치쿨라크, 아르즈기르 같은 투르크 어원을 가진 이름도 더
러 보였다. 민족마다 각자 언어를 쓸 뿐만 아니라, 고유한 풍습과 관습을 지키
고, 심지어 집도 자기네 식으로 짓고 살고, 토지 구획도 자기들 방식대로 했다.
지금은 규격화 되면서 마을 모습이 크게 바뀌었지만, 20세기 초까지만 해도
사방에 독특한 모양의 마을이 뒤섞여 있었다.

    나는 고향 마을에서 처음으로 국제주의에 대해 배웠다. 그것은 책에 쓰인

이론으로 배운 게 아니라, 북코카서스 지방 사람들의 근본적인 삶의 방식을 통해 배운 것이었다. 그곳 사람들은 꼭 붙어서 지냈는데, 어떤 때는 한 마을에 여러 민족이 각자의 풍습과 전통을 지키며 함께 모여 살았다. 서로 돕고, 왕래하고, 그러면서 모두에게 소통되는 공통 언어를 찾아내 사용했다.

나는 소련 대통령이 되어 민족문제를 다룰 때 북코카서스 사람들의 그런 정신적인 문화를 떠올리며 접근했다. 그렇다고 이곳 사람들이 허약한 것은 아니다. 북코카서스 지방에서는 반란이 숱하게 많이 일어났다. 많은 유명한 반란군 지도자들이 이곳 출신이고, 시베리아의 정복자로 유명한 예르마크도 이곳 북코카서스 산악지방 출신이다.

고대로부터 숱한 외침을 겪은 것은 물론, 최근 들어서도 계속된 코카서스 전쟁으로 이곳의 수많은 사람들이 목숨을 잃었다. 지난 세기의 러시아 내전 때도 이곳은 거의 피로 물들다시피 했다. 소비에트 정부는 로스토프에서 스타브로폴로 진격해 들어왔다. 그 길에서 우리 마을은 첫 번째 기착지였고, 최초의 적군(赤軍) 부대도 우리 지역에 자리를 잡았다.

스타브로폴 지방에는 1918년 1월 1일을 기해 소비에트 정권이 들어섰다. 소비에트 공화국이 선포되고, 내각에 해당되는 인민위원회의가 구성되었다. 새 정부는 50만 명의 주민에게 토지를 분배했다. 그리고 8시간 근로제와 노동자 책임 경영, 무상 교육이 도입되었다. 하지만 3월부터 메드베진스키 구역에서 적군과 백군의 코르닐로프 부대 사이에 치열한 전투가 전개됐다. 1918년 7월에 스타브로폴 공화국은 쿠반-흑해 공화국, 테르스카야 공화국과 통합해서 북코카서스 소비에트 공화국으로 재편되었다. 이 공화국은 1919년 1월에 백군에 함락될 때까지 존속했다.

나의 조상 고르바초프 일가는 농노제가 폐지된 19세기 후반에 스타브로폴 지방으로 왔다. 증조부이신 모이세이 고르바초프는 세 아들 알렉세이, 그리고리, 안드레이를 데리고 프리볼노에 마을 외곽에 정착했다. 프리볼노에를 비롯한 레트니츠코에, 메드베즈에 세 곳은 1824년 3월 22일 내려진 칙령에 따라 이듬해부터 농부들이 모여 촌락을 이루기 시작했다. 19세기 후반으로 접어들며 오렐, 툴라, 보로네츠, 체르니고프 등지에 살던 농노들도 이곳으로 모여들었다.

초기에 고르바초프 일가는 열여덟 명이 대가족을 이루고 살았고, 멀지 않은 친척들도 모두 이웃에 모여 살았다. 아들들이 분가하면서 집을 따로 지어 나가 살았는데, 우리 할아버지인 안드레이는 그 즈음에 할머니 스테파니다와 결혼해서 분가했다. 그리고 1909년에 우리 아버지 세르게이가 태어났다.

아버지는 스무 살 때인 1929년에 열여덟 살인 어머니와 결혼했다. 어머니는 결혼하고 싶지 않았는데, 부모들이 혼인을 정하는 바람에 어쩔 수 없었다고 한다. 아버지는 어머니를 평생 사랑하고 아끼며 살았다.

결혼하고 나서 부모는 안드레이 할아버지 집으로 들어가서 함께 살았다. 나는 1931년 3월 2일에 태어났다. 앞에서 소개한 것처럼 나는 레트니츠코에 마을에 있는 교회에서 세례를 받았다. 세례를 받은 다음 나는 따뜻한 양가죽 코트에 싸여 프리볼노에로 돌아왔다. 아기를 양가죽 코트에 싼 것은 따뜻하게 하려고 그런 게 아니라, 그렇게 하면 커서 부자가 된다는 미신 때문이었다.

다음은 두 분의 할아버지에 대한 이야기이다. 두 분의 삶은 소비에트 정부 치하에서 농민들이 겪은 운명을 그대로 보여준다. 외할아버지 판텔레이는 제1차 세계대전이 끝나고 터키 전선에서 돌아왔고, 친할아버지 안드레이는 오스트리아 전선에서 귀환했다. 두 분 모두 가난한 농가 집안에서 자랐다. 판텔레이 할아버지는 열세 살 때 부친을 여의었는데, 그때 자기보다 나이 어린 남동생과 여동생이 모두 네 명이었다. 외할아버지는 조용한 성품이면서도 변화를 앞장서서 이끈 분이었다. 농민 콤뮨과 TOZ라는 이름의 영농 운동 조직을 만들었다.

"소비에트 정부가 우리를 구해 주었어. 우리한테 땅을 주었으니까." 외할아버지는 수시로 이런 말을 하면서 소비에트 정부에 대해 호의적인 입장을 취했다. 집단화가 시작되자 할아버지는 집단농장을 조직하고 지배인이 되었다.

반대로 안드레이 할아버지는 집단농장에 가담하지 않고, 자영 농민으로 남았다. 아버지는 장인인 판텔레이 외할아버지를 따라 집단농장에 들어가서 트랙터 기사로 일했는데, 그 때문에 자기 친아버지와는 사이가 벌어졌다.

부모님은 1930년에 길 건너에 있는 사람이 살지 않는 작은 오두막으로 이사했다. 그해 가을에 두 분은 함께 재배한 옥수수를 수확했는데, 풍작이었다. 옥수수는 안드레이 할아버지 댁의 뒷마당에서 말린 다음 공평하게 나누기로 했다. 임신 중이던 어머니는 대부분의 시간을 집안에서 보냈다. 그리고 밤이 되면 더러 집 바깥으로 나와 잠깐씩 시간을 보냈다. 하루 저녁에는 뒷마당에 나와 있는데 인기척이 있었다. 어머니는 할아버지가 아들의 동의도 구하지 않은 채 수확한 옥수수를 나눠서 옮기고 있다는 것을 알아채고는 아버지께 얼른 그 사실을 알렸다.

아버지가 나가 보니 정말로 옥수수 더미가 눈에 띄게 줄어들어 있었다. 아버지는 할아버지께 직설적으로 물었다.

"아버지, 옥수수가 어디로 갔어요? 훨씬 더 많았는데."

할아버지는 자기는 모르는 일이라고 퉁명스럽게 대답했다. 아버지는 그 말은 듣는 둥 마는 둥 하면서 다락으로 올라가 옥수수 꾸러미를 찾아냈다. 안드레이 할아버지는 곧바로 뒤따라와 아들을 말리려고 했다. 그것을 본 스테파니다 할머니는 어머니를 불렀다.

"마리아, 얼른 이리로 와! 네 시아버지가 세료쟈(아버지)를 죽이려고 하는구나!"

하지만 힘이 센 아버지는 할아버지를 등 뒤에서 꽉 껴안아 움직이지 못하게 만들었다. 그것으로 소동은 일단락되었다. 아버지는 마음씨가 나쁜 분이 아니었고, 그날 일이 집밖으로 새어나가지 않게 했다. 그리고 수확한 옥수수는 공평하게 나누었다.

그런 일들 때문에 아버지는 장인인 판텔레이 외할아버지와 더 가깝게 지내게 되었다. 외할아버지는 집단농장 지배인으로 선출되었고, 사람들 사이에 신망이 높아 나중에는 당시 중요한 직책인 구역 농지 관리 책임자가 되었다.

그러다 1933년에 끔찍한 기근이 닥쳤다. 안드레이 할아버지 댁은 비참한 신세로 전락했고, 아이들을 먹일 식량조차 없었다. 겨울을 지내며 아이들 세 명이 굶어죽었다. 봄이 와도 심을 씨앗이 없었다.

하지만 당국에서는 이것을 파종 계획을 망치려는 고의적 태업행위로 간주했다. 결국 안드레이 할아버지는 시베리아로 유형을 떠나 벌목공으로 일하게 됐다. 할아버지는 형기를 다 채우기 전인 1935년에 몇 가지 조건을 붙여 집으로 돌려보내졌다. 이 단서 조항은 틀에 넣어 성화 옆 벽에 걸려 있었다. 유형에서 돌아온 뒤 할아버지는 집단농장에 들어갔고, 세상을 떠날 때까지 그곳에서 일했다.

그리고 또 한 번 재앙이 닥쳤다. 1937년에 판텔레이 외할아버지가 트로츠키파로 몰려 체포된 것이다. 14개월 동안이나 모진 심문과 고문을 당했다. 외할아버지는 감옥에서 풀려난 뒤 그곳에서 어떤 일을 당했는지에 대해 나한테 딱 한 번 말씀한 적이 있는데, 그 뒤론 그 일에 대해 일체 입 밖에 내지 않았다. 외할아버지는 스탈린이 그런 일을 일일이 다 알지는 못할 것이라며, 모두가 비밀경찰인 그 지방 NKVD(내무인민위원회)가 저지른 일이라고 했다. 외할아버지는 재판도 받지 않은 채 사형 언도를 받았고, 사건은 지역 검찰 손으로 넘어갔다. 검찰에서 형을 확정하면 그대로 집행될 뻔했다. 다행히 검찰은 외할아버지의 혐의에 대해 아무런 증거가 없다며 사건을 종결시켰고 그 길로 석방됐다.

외할아버지가 체포되고 외할머니 바실리사가 우리한테 와서 같이 지내게 되면서 우리 집에도 많은 변화가 일어났다. 이웃들이 발길을 끊었고, 어쩌다 찾아오는 사람도 한밤중에 몰래 왔다. 우리 집은 '인민의 적이 사는 집'이라는 낙인이 찍혀 격리됐다. 그 기억은 나의 뇌리에 영원히 지워지지 않은 상처로 남았다.

우리 가족은 그 끔찍한 시절을 잊기 위해 노력했지만, 나는 상세한 내용은 들은 적이 없었다. 묻는 것도 허용되지 않았다. 나는 가족들이 그렇게 한 것이 그 일을 잊기 위해서가 아니라, 입에 올리기가 두려워서였다는 것을 나중에야 알게 되었다. 소비에트 당국은 그런 일을 입에 담는 것을 철저히 막았다.

거의 20년 가까이 나는 프리볼노에를 떠나지 않았다. 딱 한 번 트랙터 기사들과 함께 트럭 뒤에 타고 스타브로폴 시내로 간 적이 있을 뿐이다. 그곳에서 우리는 정부에서 주는 노동공로상을 받았다.

나는 네 살 때 목숨이 오락가락할 정도로 크게 아팠다. 가족들은 내 머리맡에 촛불 하나를 켜놓은 채 어찌할 줄을 몰라 울기만 했다고 들었다. 나중에 어머니께 내가 그때 무슨 병에 걸렸는지 물었더니, 어머니는 겁에 질린 목소리로 염라대왕이 보낸 사신이란 뜻의 '졸로투카'라고 했다. 당시로서는 걸리면 대부분 죽는 병이었다는 것이다.

어머니 말로는 어떤 여자가 꿀을 먹이라고 해서 먹였더니 나았다고 한다. 내 머리맡에 꿀을 담은 작은 주전자가 놓여 있던 기억이 난다. 나는 그 주전자를 들고 안에 담긴 것을 들이켰다. 그로부터 사흘 뒤부터 호흡하기가 수월해지고, 부종도 사라졌다. 그리고 며칠 뒤에 나는 자리에서 일어났다. 그때 남은 유일한 후유증으로 두 귀의 청력에 문제가 생겼는데, 그것은 평생 나를 따라다녔다.

전쟁의 상흔

1930년대 말이 되자 생활형편이 조금 나아지기 시작했다. 사람들은 쉬는 날이 되면 스텝이나 숲으로 소풍을 나갔다. 가족 단위로 말을 타거나 소달구지를 타고 갔고, 멀지 않은 곳은 걸어서 갔다. 모두들 편안하게 휴일을 즐겼다. 아이들은 러시아식 야구놀이인 랍타를 하고, 집에서 만든 공을 발로 차는 치지크 놀이를 했다. 엄마들은 수다를 떨고, 잡담으로 시간을 보내고, 아버지들은 '남자들 일'을 화제에 올려놓고 입씨름을 했다. 술을 마시고 노래를 불렀다. 술이 과하면 자제력을 잃고 싸움질을 벌이기도 했다. 여자들이 한꺼번에 달려들어 남자들을 덮치면 싸움이 끝났다.

1941년 6월 22일 일요일이었다. 마을사람들이 소풍을 즐기고 있는데 어떤 남자가 말을 타고 달려오며 "전쟁이 났어요!" 하고 소리쳤다. 그 남자는 모두들 12시까지 프리볼노에 중앙광장에 모이라고 전했다. 몰로토프가 라디오 연설을 한다는 것이었다. 당시 프리볼노에에는 라디오가 없었기 때문에 연설을 듣기 위해 광장에 라디오 세트 하나를 특별히 설치했다.

어른들은 돌처럼 굳은 얼굴이 되었고, 남자아이들은 영문을 몰라 멀뚱거렸다. 그렇게 해서 파시스트를 몰아내기 위한 전쟁이 시작되었고, 총동원령이 내려졌다.

가을이 되면서 전사 통보를 받는 가족이 생겨나기 시작했다. 규칙에 따라 전사 통지는 저녁에 전달되었다. 우리는 말을 탄 사람이 누구 집 앞에서 멈추는지 보기 위해 가만히 일어나서 귀를 기울였다. 전사자들은 마을 젊은이들이었으며, 아버지, 형제, 이웃사람들이었다.

파시스트들을 제일 먼저 맞아 싸운 건 국경을 수비하는 병사들로 1921~1922년생이거나 그보다 한두 살 위의 젊은이들이었다. 그들은 대부분 살아남지 못했다. 그 나이 대에서 살아남은 청년은 불과 5% 정도에 지나지 않았다. 어머니와 아내, 자녀, 사랑하는 사람들의 슬픔은 이루 말로 다할 수 없었다.

아버지는 트랙터 운전기사 몇 명과 함께 집에 남으라는 명령을 받았다. 추수한 것을 운반할 사람이 있어야 하기 때문이었다. 그러다 아버지는 1941는 8월 3일에 징집되었다. 나는 징집병을 태우고 가는 수레 대열에 끼어 같이 따라갔다. 수레에 같이 탄 이들도 있고, 수레 옆에 나란히 서서 따라가는 사람들도 있었다. 어디로 가는지도 모르고 떠나는 사람들과 마지막으로 몇 마디라도 더 하기 위해서였다.

20km를 걸어 한낮이 되어서야 집결지에 도착했다. 아버지는 내게 아이스크림을 하나 사주었는데, 그때까지 먹어 본 것 중에서 제일 맛있는 아이스크림이었다. 더운 날씨여서 아이스크림이 줄줄 흘러내리는 바람에 나는 한입에

넣어 버렸다. 아버지는 발랄라이카도 사주었다. 기타 비슷하게 생긴 그 악기는 아버지가 전선에서 돌아온 뒤 여러 해가 지날 때까지 우리 집에 있었다.

전쟁 이전 시대는 그렇게 끝이 났다. 전쟁이 시작되기 전까지만 해도 사람들은 제1차세계대전과 내전, 집단화, 억압의 시기로부터 조금씩 회복되고 있었다. 형편이 조금씩 나아져 신발, 무명천, 소금, 주방용품, 청어, 성냥, 초, 비누도 살 수 있게 되었다. 그러다 다시 한 번 끔찍한 고난의 시기를 맞게 된 것이다. 사람들은 다시 죽느냐 사느냐의 기로에 서게 되었다.

나도 그때 얼마나 놀랐는지 지금도 생생하게 기억난다. 왜 우리 군대가 쫓기고 있는 거지? 왜 파시스트들이 우리나라 깊숙이 쳐들어오는 거지? 아이들도 어른 못지않게 걱정이 되었던 것이다. 우리에게는 눈앞에서 정말로 벌어지는 생생한 드라마였다. 도대체 어떻게 해서 이런 일이 일어나는 것이지? 1941~1942년 겨울에 독일군은 크렘린에서 불과 27km 떨어진 모스크바 외곽까지 진격해 들어왔다.

1941년 겨울은 혹독했다. 우리가 사는 남쪽 지방에도 10월 8일에 첫눈이 왔다. 그렇게 빨리 눈이 온 적이 없었다. 큰 눈과 거센 바람이 여러 날 계속됐다. 동쪽으로 면한 집들은 모조리 눈에 파묻혔다. 눈보라가 잦아들자 사람들은 모두 집밖으로 나와 눈을 치웠다. 몇 주 동안 신문이 한 부도 배달되지 않았고, 우리는 외부 세계로부터 완전히 고립됐다. 그러는 동안에 모스크바 외곽에서는 사느냐 죽느냐가 걸린 치열한 전투가 계속되고 있었다. 나중에 알았지만 당시 독일군은 모스크바 외곽에서 패배를 당하고 있었다. 모스크바는 굳건했다. 어느 날 신문에 책자가 한 권 끼워져 배달됐다. 조야 코스모데미얀스카야라는 공산주의청년동맹 대원의 영웅적인 공적을 담은 책이었다. 책 제목은 《타냐》였다. 나는 그 책을 읽고 동네 어머니들한테도 읽어드렸다. 모두들 독일군의 잔혹함에 치를 떨었다.

전사 통지를 받는 가족의 수가 자꾸 늘어났다. 전쟁은 모든 걸 삼켜 버렸다. 사람의 목숨은 물론이고 도시와 마을까지 삼켰다. 조국의 상당 부분이 파시스트들의 수중에 들어갔다. 우크라이나, 벨로루스, 발트 3국, 몰다비아, 그리고 러시아 서부를 파시스트가 점령했다.

정말 그런 지독한 겨울은 처음 보았다. 봄이 올 때까지 온 천지가 눈으로 새하얗게 덮여 그야말로 설국 같았다. 삶은 지독하게 고달팠다. 식량사정은 그나마 괜찮은 편이었다. 1941년까지는 묵은 식량 재고분이 남아 있었기 때문이다. 하지만 땔감이 부족해 과수원에 있는 나무 가운데 고목은 모두 베어서 땔감으로 썼다. 가축 먹이는 일도 문제였다. 집단농장의 가축을 먹일 사료가 턱없이 부족했다. 들판의 건초는 말할 것도 없고 길도 모조리 눈으로 덮여 있었다. 끔찍한 추위를 무릅쓰고 건초 거둬들이는 일을 해야 했는데, 그 일은 모두 젊은 여자들의 몫이었다. 우리 어머니도 예외는 아니었다.

당시 여자들이 겪은 어려움은 이루 말로 다 표현하기 힘들 정도였다. 집단농장에 나가 허리가 휘도록 일하고, 집안 살림을 혼자 힘으로 꾸려야 했다. 부족하지 않은 게 하나도 없고, 아이들은 헐벗고 굶주렸으며, 언제 남편의 전사 소식이 날아들지 늘 마음을 졸여야 했다.

아버지는 자주 편지를 보내 이것저것 많은 것을 물었다. 나는 가끔 어머니가 불러주는 대로 답장을 썼고, 대부분은 내 생각대로 직접 썼다. 우리가 편지에다 집안 사정을 아무리 거짓말로 얼버무려도 아버지는 다 아는 것 같았다. 아버지가 전선으로 나감에 따라 나도 집안의 허드렛일을 많이 하게 됐다. 1942년 봄부터는 가족에게 채소를 공급해 주는 채소밭도 내 손으로 돌봐야 했다. 어머니는 아침 일찍 집안일을 후딱 해치운 다음 집단농장으로 나갔고, 그때부터 나머지 집안일은 모두 내 몫이었다. 내가 맡은 일 가운데서 제일 중요하고 힘든 일은 소에게 먹일 건초를 준비하고, 집에서 쓸 땔감을 마련하는 일이었다.

우리의 삶은 송두리째 바뀌었다. 전쟁을 겪으며 어린아이들은 갑자기 어른이 돼 버렸다. 뛰어다니며 노는 것은 까마득히 잊었고, 공부도 포기했다. 나는 하루 종일 혼자서 집안일을 했다. 하지만 아주 가끔 겨울 눈보라가 시작되거나, 여름철 마당의 나무가 울창하게 우거지는 날이면, 모든 것을 잊고 생각에 잠기며 비현실적인 세계로 빠져들었다. 몽상의 세계로 빠져든 것이다.

1942년 여름이 되자 로스토프에서 피난 온 사람들이 몰려들어 우리 마을 앞을 지나가기 시작했다. 처음에는 수천 명에 달하는 우크라이나 피난민들이었는데, 등짐을 지고 양손에도 짐을 든 채 터덜터덜 걸어서 지나갔다. 손수레를 밀고, 소, 말, 양떼를 몰고 가는 사람들도 있었다.

외할머니 댁도 짐을 꾸려 어디론가 떠났다. 마을의 석유 저장탱크 문이 열리고, 남은 석유는 모두 에고르리크강으로 흘려 버려졌다. 미처 가져가지 못한 곡식은 적군 손에 들어가지 않도록 모조리 불태워졌다.

1942년에 우리 군대가 로스토프를 버리고 퇴각하면서 두 번째 행렬이 밀어닥쳤다. 혼란스러운 퇴각이었다. 지친 병사들이 소규모로 혹은 대규모로 걸어서 지나갔다. 비통하고 죄책감에 사로잡힌 표정들이었다. 포탄 터지는 소리와 총소리가 점점 더 가까이 들리기 시작했다. 우리는 이웃사람들과 함께 강으로 이어지는 언덕길을 따라 참호를 팠다. 그곳에서 난생 처음으로 카투샤 로켓포가 연달아 불을 뿜는 것을 보았다. 시뻘건 포탄이 무시무시한 소리를 내며 하늘을 뒤덮었다.

그러다가 갑자기 정적이 찾아왔다. 정적은 이틀간 계속됐다. 적군이건 아군이건 누구도 보이지 않았다. 8월 3일 정오가 되기 직전에 독일군 정찰대가 모터사이클을 타고 나타났다. 사흘이 채 안 돼 고향 프리볼노에는 나치독일 군인들로 득실거렸다. 독일군은 공습을 피하는 위장막으로 쓰기 위해 수십 년 키운 밭의 풀과 나무를 모조리 베어 버렸다.

독일군은 아무런 저항도 받지 않고 로스토프를 지나 날치크까지 밀고 들어갔다. 소련군은 지리멸렬했다. 하지만 날치크에서부터 '더 이상 한발도 물러서지 말라'는 스탈린 명령 제227호가 내려지면서 소련군의 저항이 시작됐다. 후퇴하던 군대가 신속하게 재편성되어 전선으로 보내졌다. 엄청난 기세로 바쿠 유전지대를 향해 진격하던 독일군은 오르조니키제(지금의 블라디카프카즈) 부근에서 발이 묶였고, 거기서부터 끝내 한발도 더 나아가지 못했다.

독일군은 동쪽으로 진격해 나가면서 프리볼노에는 소규모 병력만 남겨놓았다. 내 기억에 남는 건 독일군의 소매에 붙은 무늬와 어색한 우크라이나어로 말하는 연설이었다. 점령치하의 삶이 시작된 것이다.

바실리사 할머니는 며칠 뒤에 돌아왔다. 외할머니와 외할아버지는 스타브로폴까지 걸어서 갔는데, 그곳에서 진격하는 독일군과 마주쳤다고 했다. 외할아버지는 걸어서 전선을 지나 옥수수밭과 계곡을 넘어 계속 가게 됐고, 오갈데 없는 외할머니는 짐을 그대로 갖고 집으로 돌아왔다.

소련군에서 도망친 군인들이 모습을 드러내기 시작했다. 대부분은 경찰 요원으로 독일군의 앞잡이가 되었다. 한 번은 이들이 우리 집에 나타나 집안을 뒤지기 시작했다. 나는 그들이 무엇을 찾는지 알지 못했다. 그들은 수레 위에 올라가더니 바실리사 할머니더러 경찰서로 따라오라고 했다. 외할머니는 일부러 최대한 천천히 걸었다. 남편이 집단농장 매니저라는 이유로 끌려간 것이다. 경찰서에 불려가서 외할머니는 장시간 조사를 받았다. 나는 그 사람들이 무엇을 알아내려고 그랬는지, 외할머니가 어떤 대답을 했는지에 대해서는 들은 바가 없다. 한 가지 분명한 사실은 외할아버지가 공산당원이고 집단농장 매니저라는 것이었다. 외할아버지는 다른 곳으로 떠났고, 아들과 사위는 전선에 나가 있었다.

어머니는 독일군의 명령에 따라 하루 종일 강제노동을 하고 집으로 돌아오면 마을 사람들이 '붉은 군대 치하 때와는 다른 대접을 받는군' 하며 비아냥댄다고 했다. 인근 마을에서 대량학살이 자행된다는 소문이 돌았다. 사람들을 차량에 태운 다음 독가스로 죽인다는 것이었다(이러한 소문은 해방된 다음 사실로 확인되었다). 미네랄니에 바디 시에서는 대부분이 유대인인 수천 명의 주민이 총살형을 당했다. 프리볼노에서도 곧 공산당원 가족들을 대량학살 할 것이라는 소문이 무성했다.

가족들은 학살이 일어나면 우리가 제일 먼저 당할 거라고 생각했다. 어머니와 외할아버지는 마을 외곽에 있는 농가에 우리를 숨겼다. 학살은 1943년 1월 26일에 자행될 예정이었다. 천만다행으로 1월 21일에 소련군이 프리볼노에를 해방시켰다.

그날의 기억은 지금도 생생하다. 우리 마을은 최악의 상황은 면했는데, 그것은 마을의 어른으로 '사브카 어르신'으로 불리던 사바티 자이체프씨 덕분이었던 것 같다. 자이체프씨는 마을 사람들이 화를 입지 않도록 하기 위해 온갖 일을 마다하지 않고 다했다. 그런데 독일군이 물러나고 난 다음에 그 분은 '악질 반역죄'로 10년형을 선고 받았다. 마을 사람들이 나서서 당국에 탄원서를 보내 그분 덕분에 마을 사람 대부분이 목숨을 건졌다며 사면해 줄 것을 애원했지만 아무 소용이 없었다. 결국 '사브카 어르신'은 감옥에서 반역자로 숨을 거두었다.

어머니는 깜깜한 밤중에 나를 데리고 나가 마을에서 몇 km 떨어진 곳에 있는 외할아버지가 일하는 농장에 숨겼다. 밤중에 끔찍하게 질척이던 진창길을 걸어가던 기억이 난다. 제대로 방향을 잡고 간다고 생각했는데, 나중에 보니 길을 잘못 들었다. 칠흑같이 어두운 밤이었고, 사방을 둘러봐도 불빛 하나 보이지 않고, 길도 없었다. 걷고 또 걸었지만 앞에 나오는 건 어둠뿐이었다. 겨울이었는데 갑자기 천둥번개가 쳤다. 어둠을 뚫고 머지않은 곳에 서 있는 농장이 잠깐 눈에 들어왔다. 나는 그곳에서 며칠을 보냈다.

독일군은 서둘러 철수했다. 스탈린그라드 전투에서 패배해 심대한 타격을 입은 독일군은 또 다시 '막다른 골목'에 갇히지 않으려고 북코카서스에 진주한 전 병력에게 신속히 퇴각하라는 명령을 내렸다. 붉은 군대를 환영할 때 느낀 감격은 말로 설명하기 힘들 정도였다.

사람들의 삶을 다시 일상으로 되돌리고, 집단농장도 되살려야 했다. 하지만 어떻게? 모든 게 산산조각이 나 버렸다. 기계도 가축도, 씨 뿌릴 종자도 없다. 봄이 오자 사람들은 소를 끌고 나가 밭을 갈았다.

당시에는 씨앗을 있는 대로 모아 국가에 바쳐야 했다. 1943년에도 수확은 엉망이었다. 당연히 그럴 수밖에 없었다. 그나마 수확한 것은 모조리 국가에 바쳐 전선으로 보내졌다. 1943년 겨울부터 이듬해 봄까지 사람들은 극심한 겨울 기근을 겪었다. 어머니를 포함한 마을 사람들은 쿠반 지역에 가면 옥수수를 구할 수 있다는 말을 듣고 그리로 몰려갔다. 어머니는 옥수수와 바꾸기 위해 한 번도 입지 않은 아버지의 새 양복과 가죽장화 한 켤레를 트렁크 가방에서 꺼내 갖고 갔다. 어머니는 집에 남은 나에게 옥수수를 몇 움큼 남겨 주셨는데, 하루에 한 움큼씩 먹을 양이었다. 나는 그걸 빻아서 죽을 끓였다. 두 주일이 지나도 어머니는 돌아오지 않았다. 그리고 며칠이 더 지나서야 어머니는 옥수수를 담은 자루 하나를 들고 돌아왔다.

어머니는 아버지 양복과 가죽장화를 주고 50kg짜리 옥수수 한 자루를 샀다고 했다. 옥수수 덕분에 우리 가족은 그나마 버텼다. 그리고 소가 새끼를 낳자, 우리는 우유도 마실 수 있게 되었다. 당시로는 그 정도면 사정이 괜찮은 편이었다. 다른 사람들은 영양 부족으로 온몸이 퉁퉁 부어 있었다. 내 친구와 이웃 아이들은 가끔 우리 집에 와서 아무 말도 않고 문 앞에 가만히 서 있었다. 그러면 어머니는 한동안 신음소리를 내다 아이들에게 먹을 것을 주어서 돌려보내기도 했다.

봄이 되자 은총처럼 비가 내려 모두들 기뻐했다. 주위에 있는 논밭과 뒷마당에도 파란 싹이 돋기 시작했다. 대지가 다시 한 번 우리를 구해 준 것이다. 한 가지 문제는 마을에 생필품이 일체 공급되지 않았다는 것이다. 입을 옷도 신발도 없고, 소금, 비누, 양초, 성냥 등 아무 것도 없었다.

주민들은 믿을 수 없을 정도로 끈기 있고 참을성이 강했다. 1943년 4월에 친할머니 스테파니다가 오랜 고생 끝에 세상을 떠났다. 할머니는 전선으로 떠난 아버지 소식을 무척 기다렸으나 끝내 편지 한통 받아보지 못하고 세상을 떠난 것이다. 아버지의 편지는 할머니가 타계하고 며칠 뒤에 처음으로 도착했는데, 그때부터는 편지가 자주 왔다. 우리는 그럭저럭 목숨을 부지하고 있었고, 아버지가 살아 있다는 소식이 왔으니 더 이상 바랄 것이 없었다. 어머니는 하느님께 감사 기도를 드렸다.

전쟁은 나라 전체에 끔찍한 비극을 안겨다 주었다. 힘들여 건설한 모든 것이 파괴되고, 행복한 삶에 대한 사람들의 희망도 파괴됐다. 가족은 무너지고, 어린이들은 고아가 됐으며, 아내들은 남편을 잃었고, 젊은 여인들은 사랑하는 애인을 잃었다.

　전쟁이 끝났을 때 나는 열네 살이었다. 전후 마을의 황폐한 풍경이 지금도 눈에 선하다. 집이라고는 진흙으로 지은 오두막뿐이고, 황량하고 빈곤에 찌든 정경이 사방에 가득했다. 우리는 전쟁의 아이들 세대이다. 전쟁은 우리의 성격과 세계관에 깊은 상흔을 남겼다.

　어쩌면 어린 시절에 경험한 것 때문에, 전쟁 시기 아이들이기 때문에 우리는 기존의 생활방식을 바꾸려고 한 것인지도 모르겠다. 우리는 어린 시절부터 가족의 생존과 생계를 책임져야 했기 때문에 하룻밤 사이에 어른이 되어 버렸다. 가슴을 쥐어짜듯 아픈 경험과 삶의 굴곡, 그리고 우리가 목격하고, 발을 담근 세상이 어린 우리를 어른으로 바꾸어 버린 것이다. 우리는 어린이처럼 놀고, 사내아이들이 하는 게임을 하며 자랐지만, 마음 속 깊은 곳에서는 이미 어른의 눈으로 자신을 바라보았던 것이다.

학교로
돌아가다

나는 2년을 쉰 다음 1944년에 다시 학교로 돌아갔다. 공부에 그렇게 열의가 많은 편은 아니었다. 험한 일을 많이 겪다 보니 공부라는 게 그다지 중요한 일이라는 생각이 들지 않았다. 솔직히 말해 학교에 입고 갈 옷도 없었다. 아버지는 어머니에게 이런 편지를 썼다. '뭐든지 팔아서 아이에게 옷과 신발, 책을 사 주시오. 나는 미하일을 학교에 꼭 보내고 싶소.' 판텔레이 외할아버지도 '어떻게 하든 공부는 해야 한다.' 고 거들었다. 결국 나는 그해 1학기 마지막 날 하루 전인 11월 7일에 학교에 갔다. 교실에 앉아 수업을 듣는데 무슨 말인지 한마디도 알아듣지 못했다. 그동안 배운 것을 모조리 까먹은 것이다. 나는 수업이 끝나기도 전에 집으로 돌아와 버렸다. 책을 바닥에 집어던지고는 어머니에게 다시는 학교에 가지 않겠다고 선언했다.

어머니는 울면서 무언가 집어 들고 바깥으로 나갔다. 그러고는 저녁에 책을 여러 권 들고 돌아왔다. 나는 그래도 학교에는 가지 않겠다고 우겼다. 하지만 책을 보고는 집어 들고 읽기 시작했다. 재미있었다. 어머니가 잠자리에 든 다음에도 나는 책 읽기를 계속했다. 그날 밤 내 머리 속에서 분명히 무슨 일이 일어났다고 나는 생각한다. 이튿날 아침이 되자 나는 일어나 학교로 갔다. 나는 그해, 그리고 다음 해…계속 학교에 다녔고 전 과목에서 모두 A점수를 받았다.

그 시절 학교와 선생님, 학생들 이야기를 하자니 가슴이 뭉클해진다. 그때는 원래 학교 건물로 지은 게 아닌 마을 건물 몇 개를 학교로 썼다. 교재는 빈약했고, 몇 권 되지 않은 지도와 시청각 교재가 있었고, 어렵게 구한 분필이 몇 자루 있었던 기억이 난다. 그게 다였다. 나머지는 선생님과 학생들이 알아서 해결했다. 공책이 없었기 때문에 나는 아버지가 쓰던 농기구 관련 책을 공책 대신 썼다. 잉크도 직접 만들어 썼다. 연료는 학교에서 알아서 조달해야 했기 때문에 말과 마차를 이용했다. 학생들은 겨울이 되면 말을 굶겨 죽이지 않기 위해 온갖 노력을 다했다. 말들은 너무 여윈 나머지 제대로 서 있기조차 힘들어 했다. 우리는 닥치는 대로 먹이를 구해왔지만 쉬운 일이 아니었다. 마을 전체가 사료 부족에 시달렸다. 집단농장에서 운영하는 가축우리는 사정이 더 나빠 매일 가축이 죽어나갔다.

한 가지 에피소드가 생각난다. 1945년 여름 종전이 되고, 아버지는 부상에서 회복이 되었다. 붉은 군대는 아버지를 집에서 가까운 곳에 배치했다. 아버지는 이틀간 가족들이 보고 싶다고 휴가를 신청해 우리와 다시 만났다.

그날 일은 지금도 생생하다. 뒷마당에 앉아 무엇을 만지고 있는데 누군가가 이렇게 소리쳤다. "미샤, 너의 아버지가 오시네." 전혀 예상치도 않은 일인지라 나는 어안이 벙벙해졌다. 그러고 나서 나는 아버지에게 달려갔다.

우리는 몇 발자국 떨어진 곳에서 멈춰선 다음 서로를 쳐다봤다. 아버지는 몰라보게 달라진 모습이었다. 군복차림에 가슴에는 훈장이 주렁주렁 달려 있었고, 나는 키가 많이 자라 있었다. 아버지에게 제일 먼저 눈에 띈 것은 깡마른 내 모습과 집에서 만든 남루한 옷차림이었다. 아버지는 슬픔이 가득한 어조로 몇 마디 했는데 지금도 뚜렷이 기억난다. "전쟁이 너를 이렇게 만들었구나."

마을에 있는 초등학교는 8년제였다. 프리볼노에에 중학교가 세워진 것은 그로부터 몇 년 뒤였다. 그래서 나는 구역의 중심지에 있는 중학교로 진학해 9학년과 10학년 과정을 마쳤다. 우리 마을에서 진학한 다른 아이들처럼 나도 개인집의 방 한 칸을 세내서 자취를 했다. 일주일에 한 번씩 차를 타거나 걸어서 집으로 가서 필요한 물건들을 챙겨갔다. 고학년이 되면서 나는 제법 독립적인 학생이 되어 있었다. 공부하는 데 누구의 간섭도 받지 않았고, 누가 뭐라고 하지 않아도 알아서 할 일을 할 만큼 성숙한 아이로 대접을 받았다. 아버지를 졸라 학교 사친회에 참석토록 한 것은 딱 한 번뿐이었다.

나는 공부가 재미있었다. 호기심이 많았고, 무엇이든지 제대로 알 때까지 따지고 들었다. 물리와 수학을 좋아했고, 역사, 특히 문학에 관심이 많았다.

기자들은 내게 제일 큰 영향을 미친 사람이 누구냐는 질문을 많이 한다. 나는 그때그때 상황에 따라 다른 답을 하는데, 한번은 마땅한 답이 떠오르지 않아 '러시아 문학'이라고 했다. 돌이켜 생각해 보면 그게 정답인 것 같다. 프리볼노에에 있을 때 나는 마을 도서관에서 새로 나온 벨린스키 전집을 빌렸는데, 너무 기분이 좋았다. 나는 그걸 몇 번이나 되풀이해서 읽고 또 읽었다. 모스크바로 유학을 떠날 때 도서관측에서 내게 그 책을 선물로 주었다. 모스크바 국립대에 입학한 게 마을에서 내가 처음이었기 때문이다.

나는 지금 그 책을 내 앞에 펴놓고 있다. '1946년 12월 28일 인쇄. 인쇄부수 10만 부.' 내가 7,8학년 때 표시해 둔 마크가 보인다. 그때 나는 열여섯 일곱 살이었다. 무엇이 그렇게 재미있었던 것일까? 마크해 둔 표시를 보니 문학비평가인 저자가 내린 철학적 판단에 관심이 많았던 것 같다. 그리고 다른 러시아 사람들과 마찬가지로 나는 푸시킨과 레르몬토프, 고골리, 그리고 나중에는 톨스토이, 도스토예프스키, 투르게네프를 읽었다. 청년시절에는 레르몬토프의 낭만주의에 흠뻑 빠졌고, 나중에는 마야코프스키와 예세닌을 읽었다. 지금 생각해 봐도 그렇게 젊은 작가들이 어떻게 인간의 심성에 대해 그토록 심오한 통찰을 작품에 담을 수 있었는지 놀랍기만 하다.

그 시절에는 모두들 아마추어 극단과 스포츠 활동을 했다. 사실 마땅한 시설이 없었는데도 그랬다. 나는 연극과 경기에 빠짐없이 참가했고, 공산주의청년동맹(콤소몰) 서기 자격으로 행사 조직까지 맡아서 했다. 학교 체육관, 심지어 복도까지 무대로 활용했다. 왜 모두들 아마추어 활동에 그토록 열심이었던 것일까? 그것은 동료들과 어울리고 싶은 생각이 대단히 많았기 때문이라고 생각된다. 모두들 열여덟 열아홉 나이였다. 일상적으로 하지 않는 일을 함으로써 어떤 성취감도 느끼고 싶었을 것이다. 내가 다니는 학교에서는 드라마 서클의 인기가 매우 높아 참가 대기자 명단이 만들어질 정도였다. 그때 우리가 어떤 연극을 공연했을까? 전문적인 극단과 달리 우리는 어떤 공연을 할까를 놓고 고민하지 않았다. 우리는 모든 시기의 희곡을 다 무대에 올렸다. 물론 대부분 러시아 희곡이었다. 결과는 보나 마나였지만 우리는 개의치 않았다. 한 가지 자신 있게 말할 수 있는 것은 작품에 우리의 모든 걸 쏟아 부었다는 사실이다. 물론 우리의 노력이 전혀 의미가 없었던 건 아니다. 어른들도 우리 연극을 보러 왔으니까. 우리 드라마 서클은 이웃 마을을 다니며 입장료를 받고 순회공연을 하기까지 했는데, 학교에 입고 다닐 옷조차 없었던 35명의 우리들은 그 돈으로 신발과 의상을 샀다.

트랙터
조수로

현실 생활이 나를 포함한 모두의 삶에 파고들었다. 아버지는 1945년 말에 전역하고, 기계 및 트랙터 협회(MTS)에 콤바인 기사로 다시 복귀했다. 1946년부터 나는 여름마다 아버지의 조수로 계속 일했다. 학교는 집에서 2km 안쪽에 있었기 때문에, 수업이 끝나면 곧바로 마을 한가운데 있는 외할아버지 댁으로 가서 작업복을 걸치고는 MTS로 달려가 아버지의 콤바인 수확 일을 거들었다.

저녁이 되면 아버지와 함께 집으로 돌아왔다. 그때 일을 쓰니 마음이 아려온다. 대단한 일꾼이었던 아버지는 내게 일에 대해 많은 것을 가르쳐 주었다. 2~3년 뒤에 나는 기계 부품을 모조리 손볼 수 있는 수준이 되었다. 엔진 소리만 들어도 콤바인 수확기에 무슨 문제가 있는지 알아낼 정도가 되었고, 나는 그게 아주 자랑스러웠다. 그리고 콤바인이 움직이는 중에도 사방 어느 쪽에서도 기계에 올라탈 수 있는 기술을 터득했는데, 그것도 나의 자랑거리 가운데 하나였다. 콤바인 날이 쇳소리를 내며 돌아가고, 릴이 감기는 방향에서도 나는 가볍게 올라탈 수 있었다.

콤바인 수확기를 다루는 일은 그저 힘든 정도가 아니라, 등골이 휘는 일이었다. 우리는 하루에 14시간, 어떤 때는 20시간씩 녹초가 될 때까지 일했다. 타작하기 좋은 날이 되면 시간과의 사투가 벌어지는데, 운전대를 교대로 잡으며 기계를 쉬지 않고 돌렸다. 우리 얼굴에서 보이는 것은 두 눈과 이빨뿐이었다. 나머지 부분은 모두 땀과 먼지, 연료로 뒤범벅이 되어 엉망이었다. 어떤 때는 15시간 내지 20시간을 내리 일한 다음 운전대에서 그대로 곯아떨어지기도 했다. 아침에 코피가 터질 때가 허다했다. 열대여섯 살 된 남자아이들은 체중이 늘고 몸도 더 튼튼해지는 게 보통인데, 그 시절의 나는 추수철을 넘길 때마다 오히려 체중이 적어도 5kg씩 줄었다.

농장 일은 힘들었지만 그렇다고 농부들의 삶이 나아지는 것도 아니었다. 우리 집의 조그마한 개인 토지는 가족이 먹고 살기에 빠듯한 수준이었다. 우리는 그곳에서 갖가지 채소를 다 키웠지만, 그걸 다 차지할 수는 없었다. 가구마다 각종 세금을 내고, 생산품의 일부를 국가에 바쳐야 했기 때문이다. 우리 가족은 그나마 다른 집에 비해 형편이 조금은 더 나았다. 콤바인 기사 일로 현물과 돈을 받는 것이 있었기 때문이다. 물론 받는다고 해 봐야 얼마 되지 않는 것이고, 개인 토지에서 키운 채소들을 내다 팔아 옷가지와 가정용품들을 샀다. 채소를 팔려면 로스토프, 스탈린그라드, 샤흐티에 있는 시장까지 가야 했다. 언제나 부족한 것뿐이었다. 추수철에도 우리 입으로 들어가는 것은 얼마 되지 않았다.

한번은 우리 팀 동료 중 한 명이 못된 장난을 쳤는데, 1946년에 있었던 일이다. 추수도 끝나고, 트랙터 기사들은 전쟁이 끝나고 처음 맞은 추수를 무사히 마친 터라 축하연을 열기로 했다. 수확은 좋지 않았지만, 어쨌든 일을 마쳤기 때문이다. 보드카가 준비됐고, 순수 알코올도 가져왔다. 사람들은 통나무집에 앉아 잡담을 나누며 먹고 마셨다. 우리 팀원들은 젊지만 전쟁을 이겨낸 터라 모두들 강인했다. 아버지는 서른일곱 살이고, 나는 제일 어린 열다섯 살이었다. 나는 음식을 먹으며 묵묵히 사람들의 이야기를 듣기만 했다.

그러던 중 우리 조장이 나를 보며 이렇게 말했다. "너는 왜 술을 안 마시니? 일도 끝났으니 이리 와서 한 잔 해라. 술을 마셔야 진짜 남자가 되는 거야." 나는 아버지를 흘깃 쳐다보았지만, 아버지는 웃기만 하고 아무 말씀도 하지 않았다. 내 손에 술잔이 건네졌고, 나는 보드카일 것이라고 생각했다. 하지만 그건 보드카가 아니라 순수 알코올이었다. 순수 알코올을 마실 때는 요령이 있다. 숨을 후하고 내 쉰 다음, 알코올을 털어 넣고, 그 다음 숨을 들이쉴 때는 냉수를 함께 쭉 들이켜야 한다. 내가 그런 요령을 알 턱이 없었고, 사람들은 모두 배꼽을 잡고 웃었다. 그날 이후 나는 보드카를 좋아하지 않았다.

소련공산당 서기장이 된 다음 고향을 찾아가면 반드시 그때 같이 일한 사람들을 만났다. 같이 일했던 콤바인 추수 기사들은 나이가 많이 들었고, 우리는 아무런 격식을 차리지 않고, 오랜 친구 만나듯 그렇게 만나 격의 없는 대화를 나누었다. 이제 살아 있는 사람은 아무도 없지만, 나는 지금까지도 그들에 대한 기억을 소중하게 간직하고 있다.

1947년 소련 연방최고회의 간부회의 포고령에 따라, 콤바인 기사들은 기계 한 대 당 100만 파운드의 곡물을 수확하면 특별노동영웅 칭호를 받고, 80만 파운드를 수확하면 레닌훈장을 수여받게 되었다. 아버지와 나는 88만 8800 파운드를 수확해서 아버지는 레닌훈장, 나는 노동적기훈장을 받았다. 그때 나는 열일곱 살이었는데, 지금까지 내가 제일 소중하게 여기는 상이 바로 그 훈장이다. 여름날 시상식을 위해 학교 전체회의가 소집되었다. 그런 일은 처음 겪어 보는 터라 수줍어했지만, 기분은 무척 좋았다. 시상식 때 생전 처음으로 많은 사람들 앞에서 수상 연설도 했다.

1948년은 우리 가족에게는 그래도 운이 괜찮은 한 해였다. 전쟁이 끝나고 식량 배급제가 사라진 첫해였다. 배급제가 사라지자 식품 등 소비재 가격이 여러 배씩 뛰었지만, 생활이 조금씩 나아진다는 느낌이 들기 시작했다.

소련공산당 제25차 당대회가 열리고 있을 때 아버지가 갑자기 심하게 아프다는 소식이 모스크바로 전해졌다. 나는 라이사와 함께 곧바로 스타브로폴로 날아가 거기서부터 자동차 편으로 프리볼노에로 갔다. 마을 병원에 입원해 있던 아버지는 이미 의식이 없었고, 그래서 나는 아버지와 작별인사도 한마디 나누지 못했다. 아버지는 그저 한손으로 내 손을 꼭 쥐었는데, 그게 그분이 할 수 있는 전부였다.

나의 아버지 세르게이 안드레예비치 고르바초프는 심한 뇌출혈로 세상을 떠났다. 아버지는 1976년 소련 국군의 날이기도 한 2월 23일 자신이 태어나고, 경작하고 곡식을 심고, 추수를 한 프리볼노에의 땅에 묻혔다. 그가 목숨을 아끼지 않고 지킨 그 땅은 그를 포근하게 받아주었다. 아버지는 평생 자신이 사랑하는 사람들을 위해 살았지만, 자신이 앓는 병으로 누구도 귀찮게 하지 않고 떠났던 것이다. 그토록 빨리 돌아가신 게 너무도 안타깝다. 1995년 어머니 마리아 판텔레예브나를 아버지 곁에 나란히 묻어 드렸다. 프리볼노에에 들르면 나는 두 분의 묘소를 찾는다.

어머니가 세상을 떠나기 오래 전에 나와 나눈 대화가 생각난다. 그날 우리는 어머니가 살던 집 앞 벤치에 앉아 있었다. 어머니가 제일 좋아하는 장소였다. 갑자기 누가 묻지도 않았는데 어머니는 이런 말을 하셨다.

"내가 죽거든 네 아버지 옆에 묻어다오." 나는 이렇게 대답했다.

"무슨 말씀이에요 어머니, 돌아가시다니요? 우리는 어떻게 하고요?"

"시간이 다 돼 간단다, 미샤야." 어머니는 미소를 지으며 이렇게 말을 이었다. "네 아버지와 작별인사를 한 지 여러 해가 지나지 않았니..."

오래 전에 있었던 이야기다. 어머니는 돌아가시기 마지막 한두 해 건강이 아주 좋지 않았다. 우리는 어머니에게 좋은 치료를 받도록 해드리자는 결론을 내리고 우리한테 와서 같이 살자고 설득했다. 그래서 어머니는 크렘린 병원에 입원하게 됐고, 우리 부부는 돌아가며 어머니를 찾아보았다.

마지막으로 어머니를 찾아갔을 때 나는 혼자서 갔다. 우리는 장시간 이야기를 나누고 저녁 늦게 헤어졌다. 나는 가벼운 마음으로 집으로 돌아왔고, 아내에게 어머니 기분이 좋으시다는 말을 했다. 어머니는 이튿날 새벽 4시에 돌아가셨다. 운명하기 전에 의사들이 나한테 남길 유언이 있느냐고 물었다고 한다. 어머니의 마지막 말씀은 이것이었다. "그 애가 다 알아요."

2

모교
모스크바국립대

내 삶의 많은 부분은 모스크바대
학과 관련이 있다. 모스크바대학
에 들어가지 않았더라면 내 삶은 달라졌을 것이다. 분명히 그럴 것이라고 나
는 확신한다. 내가 그곳에서 배운 지식이 없었더라면, 엄청난 문화와 정신적
인 유산을 간직한 수도 모스크바에서 겪은 경험이 없었더라면 내 삶의 궤적은
달라졌을 것이다.

나는 1950년 은메달을 받으며 고등학교를 졸업했다. 열아홉 살이었다. 군
에 입대할 나이였기 때문에 어떻게 할지 마음의 결정을 내려야 했다. 졸업 후
아버지와 이런 대화를 나누었다.

"이제 어떻게 할 테냐? 대학에 진학할거냐, 아니면 나와 같이 일을 해 볼 거
냐?"

"글쎄요…어떻게 하는 게 좋을지…"

그러면서 속으로 나는 진학하기로 마음을 굳히고 있었다. 나의 꿈은 모스

크바대학에 입학하는 것이었다. 나는 물리와 수학, 역사, 문학을 좋아했다. 일단 바우만 스쿨과 에너지 인스티튜트, 스틸 인스티튜트에 입학원서를 냈다. 기계분야에서 일한 경험이 있기 때문에 그런 곳에서 공부하는 게 좋을 거라고 말하는 사람들도 있었다. 하지만 그때 나는 모스크바대 법학부에 진학하기로 마음을 굳히고 있었다. 원서를 내고 기다렸는데, 아무리 기다려도 가부간의 연락이 오지 않았다.

그러는 동안 나는 콤바인 기사로 일을 계속했다. 대학으로부터 연락이 없자 슬슬 걱정이 되기 시작했다. 아버지의 허락을 받고 우체국으로 가서 모스크바대 법학부 앞으로 수신자 부담 전보를 쳤다. 입학 허가 여부를 분명히 알려 달라는 내용이었다. 그러자 신속하게 답이 왔다. '당신은 기숙사 제공과 함께 입학이 허가되었습니다.'

다시 말하면 면접 및 필기시험도 거치지 않고, 곧바로 입학 허가가 주어진 것이었다. '농민 노동자'라는 배경이 효력을 발휘한 게 분명했다. 나의 작업 경험, 이미 당원 후보였고 정부에서 수여하는 노동적기(赤旗)훈장까지 받은 경력이 도움이 된 것이다. 지역사회에서 활발한 활동을 한 것도 감안이 되었을 것이다. 나는 학교 콤소몰의 서기였고, 구역 콤소몰위원회 위원이었다. 어쨌든 나는 학생기구의 사회적 다양성을 '극대화'하는 데 적임자임이 틀림없었다. 당시에는 그랬다.

나는 좋아서 어쩔 줄을 몰랐다. 이제는 고된 콤바인 기사 일을 계속하지 않아도 되었다. 머릿속으로 '나는 이제 모스크바대학생이다'라는 말을 수없이 되뇌었다.

모스크바로 가는 이야기도 소개해 보겠다. 내 나이 스무 살이었고, 기차 여행은 생전 처음이었다. 그때까지는 스타브로폴 지방을 떠나 본 적이 없었다.

마치 모험을 떠나는 기분이었다. 아버지와 나는 지나가는 차를 얻어 타고 티호레츠카야 역까지 갔다. 아버지는 나를 기차에 밀어 넣고는 내가 3등석 자리를 찾아 앉을 때까지 차마 떠나지 못했다. 그런데 얼마나 들떴던지 작별인사를 마친 아버지는 기차가 출발할 때까지도 내게 기차표 건네줄 생각을 못하셨다.

나는 기차가 출발한 다음에야 기차표가 없다는 사실을 깨달았다. 얼마 안 가서 검표원이 나타났다. 같은 칸에 탄 승객들이 나서서 내 편을 들어주지 않았더라면 무슨 낭패를 당했을지 모를 일이었다. 사람들은 일제히 나서서 검표원에게 이렇게 다그쳤다. "저 청년의 아버지가 전송 나온 걸 우리 눈으로 봤소. 아버지는 온 가슴에 훈장을 단 참전용사였다오. 청년한테 그러면 안 되지요." 검표원은 한발 물러났지만 다음 역에서 모스크바행 표를 사라고 했다. 예상치 못한 지출이었지만 달리 방법이 없었다. 프리볼노에와 모스크바를 오가는 나의 왕복여행은 그렇게 시작되었다.

생전 처음으로 다양한 사람들의 무리 속에 섞였다. 열차 안에는 구걸꾼들이 많았고, 그 중에는 상이군인들도 있었다. 아무도 그들을 건드리지 못했다. 검표원이 나타나서 표 검사를 하겠다고 하면 승객들이 모두 나서서 그 사람들 편을 들었다. 전쟁이 끝나고 불과 몇 해 지나지 않은 때였다.

기차가 설 때마다 현지 사람들이 몰려와서 시큼한 크림, 오이 피클, 김이 무럭무럭 나는 삶은 감자를 팔았다. 어머니가 먹을 것을 싸 주었기 때문에 나는 그런 걸 살 필요가 없었다. 하지만 점심을 간단히 때우려는 승객들은 마실 것과 오이, 시큼한 사우어크라우트를 샀다.

이런 추억들이 내 기억 속에서 문득문득 고개를 든다. 지금 이 이야기를 쓰고 있으니 그때의 기분이 그대로 되살아나는 것 같다. 무언가 처음으로 경험하는 일은, 특히 그것이 중요한 의미를 지니는 경우에는 영원히 기억에 남는 모양이다. 나는 카잔스키 역에 있는 수하물 보관소에 짐 가방을 넣은 다음 대학으로 갔다. 대학은 모호바야 거리에 있었다. 시골 촌뜨기 출신인 나는 모스크바의 시가지 풍경에 완전히 압도당하고 말았다. 지나는 사람들에게 모스크바대로 가는 길을 물어서 찾아갔다. 메트로를 처음 타 보는 경험은 재미있고 기분이 좋았다. 에스컬레이터에 올라탈 때는 넘어지지 않으려고 기를 썼다. 돌이켜보면 우습다. 지금은 에스컬레이터 탈 때 제대로 쳐다보지 않고서도 쉽게 올라탄다. 모스크바에서뿐만 아니라 전 세계 어느 도시를 가도 마찬가지다. 하지만 그때는 정말 겁이 났다.

학기가 시작되기 전에 법학부 학장의 방으로 불려갔다. 나를 먼저 한번 보고 싶었던 모양이다. 법대 교수들은 나를 따뜻하게 환대해 주고, 알아두어야 할 일들을 일일이 설명해 주었다. 나는 수업시간표를 비롯해 신입생이 알아두어야 할 사항들을 꼼꼼하게 읽어 보고, 필요한 사항은 필기를 했다. 스트로민카 거리에 있는 기숙사를 배정받았는데, 기숙사로 가기 전에 기자들이 몇 명 찾아와서 잠깐만 시간을 내달라고 했다. 기자들을 따라 마네쥬 광장으로 갔더니 다른 학부 신입생 몇 명이 미리 와 있었다. 기자들은 마네쥬 광장과 크렘린을 배경으로 우리 사진을 찍었는데, 사진은 9월 1일 콤소몰스카야 프라우다에 실렸다. 나는 지금도 그 신문을 새로운 삶의 시작을 알린 기념물로 간직하고 있다.

모스크바 생활은 내게 신기한 일투성이였다. 처음 겪는 게 너무도 많았다. 나는 전기도 없고 라디오, 전화도 없는 시골마을에서 왔다. 남쪽 고향에서는 밤이 빨리 오고, 밤이 되면 하늘의 별이 전등불빛처럼 크게 빛나고, 봄여름에는 사방의 공기가 꽃과 나무, 채소 향으로 진동했다. 그러던 주위가 갑자기 트램 전차 소리가 덜컹거리고, 밤이 되면 전기불이 환하고 사람들이 북적거리는 곳으로 바뀐 것이다. 우선 나는 스트로민카의 기숙사에서 제일 가까운 역인 소콜니키 메트로 역까지 가는 루트를, 그 다음에는 소콜니키 역에서 오코트니 리야드 역까지 가는 길을 익혔다. 그런 다음 학우들과 모스크바 시내 탐험에 나섰다.

수업 분위기는 물론이고, 특히 학생들 사이의 분위기는 아주 좋았다. 붉은 광장, 크렘린, 볼쇼이극장 등 내게는 모든 게 새로웠다. 볼쇼이극장에서 나는 난생 처음으로 오페라와 발레를 구경했다. 트레챠코프 미술관과 푸시킨 현대 미술관, 그리고 모스크바 강에서 처음으로 배를 타고 모스크바 지역을 돌아보았다. 10월혁명 기념식 퍼레이드에도 참가했다. 그야 말로 하루하루가 새로운 일들을 경험하느라 호기심으로 숨이 막힐 지경이었다.

하지만 그 시절 내 기억의 대부분은 소콜니키의 멋대가리 없는 기숙사 건물로 돌아간다. 매일 우리는 메트로와 전차를 타고, 그 다음에는 걸어서 7km 떨어진 대학까지를 왕복했다. 대학에서 5년을 다녔지만 우리는 모스크바의 절반도 알지 못했다. 대학 가까이 있는 도로와 골목은 생생하게 기억에 남아 있다. 그리고 기숙사 주변에 다도해처럼 군데군데 자리 잡은 학생 시설들도 기억에 생생하다. 루사코프스카야 거리에 있는 몰로트 영화관, 루사코프 클럽, 그리고 독특한 향기가 가득하던 프리오브라젠스카야 광장(아쉽게도 지금은 거의 자취가 남아 있지 않지만), 부흐보스토프스카야 거리에 있는 대중목욕탕, 소콜니키 공원, 모스크바 시민들이 제일 좋아하는 장소인 고리키 공원도 빼놓을 수 없다.

4학년 때 우리는 레닌언덕(보로비요비 언덕)에 새로 지은 대학 건물로 옮겨 갔다. 숙소도 한 방을 둘이서 쓰는 학생 기숙사로 바뀌었다. 스트로민카 거리에 있는 기숙사에서는 신입생은 한 방에 20명, 2학년은 한 방에 11명, 3학년은 6명이 썼다.

신축 건물에는 식당과 바도 있었는데, 바에서는 몇 코페이카를 내고 차를 사 먹을 수 있었다. 테이블 마다 빵 접시가 놓여 있어서 먹고 싶은 만큼 먹을 수 있었다. 머스타드와 소금을 발라 먹으면 빵 맛이 아주 좋았다. 이발소와 세탁소도 있었는데, 세탁소에 맡기면 돈이 들기 때문에 세탁은 대부분 우리 손으로 직접 했다. 대학 구내에 종합병원도 있었다. 내가 살던 마을에는 종합병원이 없고, 작은 진료소만 있었기 때문에 이것도 새로운 경험이었다. 널찍한 독서 홀과 클럽이 딸린 도서관도 있었는데, 클럽에서는 각종 아마추어 취미와 스포츠 활동을 할 수 있었다. 완전히 별천지였다. 나름대로의 불문율과 규칙을 갖고 움직이는 학생들의 세상이었다.

다른 학생들과 마찬가지로 우리도 빠듯하게 살았다. 인문학부의 경우 학생들이 받는 보조금은 1961년 이전 가치로 220루블이었다. 한번은 장학금 580루블을 받은 적도 있기는 하다. 칼리닌 장학금이라는 것인데 성적 우수자와 커뮤니티 활동을 활발히 한 학생에게 주는 상이었다. 월말이 다가오면 학생들은 허리띠를 바짝 졸라매고 가게에 가서 산 콩으로 끼니를 때워야 했다. 그러면서 아낀 돈을 털어서 먹을 것 대신 극장표를 샀다.

나는 처음부터 대학 공부가 너무 좋았다. 모든 시간을 공부에 쏟았고, 엄청난 집중력을 갖고 공부에 임했다. 모스크바가 집인 친구들은 내가 신기해하는 걸 보고 놀려 댔다. 하지만 나는 새로운 것을 배우고 알게 되는 걸 부끄럽게 생각하지 않았다. 모스크바 친구들은 자기가 뭘 모른다는 걸 창피하게 여기는 경우가 자주 있었다. 3학년이 되자 나는 클라스메이트들 중에서 토론을 가장 잘하는 학생으로 자리를 잡았다.

교수들은 대부분이 법률뿐 아니라 여러 분야에 저서를 가진 훌륭한 분들이었다. 나는 우등으로 졸업해서 '붉은 졸업장'을 받았다. 내 생각에 모스크바대학은 학문의 전당이고, 조국의 자랑스러운 인재들이 모인 두뇌 집합소이자 젊은 에너지의 근원과 같은 곳이었다. 동력과 호기심의 원천이었다. 대학에서 우리는 수세기에 걸쳐 내려오는 러시아 문학을 접하고, 숱한 역경을 헤쳐나온 러시아 고등교육의 민주적 전통을 배웠다. 수많은 유명 과학자와 과학아카데미 회원들이 모스크바대학에서 가르치고 강의하는 것을 영광으로 생각했다. 많은 교수들이 학술 단체의 우두머리였고, 수십 권의 저서를 낸 유명 학자들이었다. 그들은 강의를 통해 내게 새로운 세상을 열어 보여 주었다.

물론 대학의 현실을 누구도 무시할 수는 없었다. 대학 3학년 때까지는 '후기 스탈린주의' 시절이었다. 숙청의 파도가 다시 몰아닥치고, '뿌리 없는 코스모폴리탄주의'와 '서방 찬양'에 대한 반대운동이 고삐 풀린 것처럼 휘몰아쳤다. 이데올로기 과잉현상이 벌어져, 사회 전체가 1938년에 스탈린이 쓴 《소련공산당사》에 기초한 구도에 의해 일방적으로 휘둘렸다. 스탈린의 '소련공산당사'는 당시 최고의 과학적 사상으로 추앙되었다. 대학의 지도자들과 당에서는 입학 첫 주부터 젊은 학생들의 머릿속에 난공불락의 도그마를 주입시키도록 교과과정을 만들었다. 편향된 이데올로기는 강의와 세미나, 학생단체의 토론회에서 다양한 수준으로 모습을 드러냈다.

내 생각에는 당시 대학과 교수, 학생들 모두 특별감시 대상이었던 같다. 당의 공식 노선에서 조금이라도 벗어난 발언을 하거나 의문을 제기하면 곧바로 콤소몰이나 당의 회합에서 질책 이상의 처벌을 받았다.

대학교수 사회에 숙청바람이 다시 분다는 소문이 돌았다. 교수들을 상대로 한 비난공세 가운데는 너무 터무니없는 것들도 있어서 당국이 직접 나서서 혐의를 철회하는 경우도 있었다. 예를 들어 평생 키예프 러시아를 연구한 저명한 학자인 유시코프 교수에게 '뿌리 없는 코스모폴리탄'이라는 비난이 가해졌다. 유시코프 교수는 초라한 몰골로 교수위원회의 비판대에 서게 됐다. 청중 앞에 선 그는 자신을 변명하는 말 대신 "내 꼴을 한번 보시오."라는 말을 했다. 그는 '톨스토이 셔츠'를 입고, 허리에는 벨트 대신 줄을 동여매고, 낡아서 헤진 밀짚모자를 쓰고 있었다. 그것은 바로 요령부득한 전형적인 러시아 지식인의 모습이었다. 청중석에서 웃음이 터져 나왔다. 실체도 모호한 엉터리 비난이 주춤해지며, 상식이 그 자리를 대신했다. '이런 사람을 코스모폴리탄이라고 볼 수는 없다.'는 분위기가 자리를 잡으며 유시코프 교수 건은 기각되었다.

우리는 유시코프 교수의 강의를 좋아했다. 강의라고 하기보다는 '응접실 대화' 같은 분위기였는데, 오래 전 세대, 우리 조상 세대의 삶에 대한 흥미진진한 이야기를 많이 들었다. 유시코프 교수는 원칙을 철저히 지키는 분이었다. 그러는 가운데서도 우리는 가끔 이데올로기와 관련된 짓궂은 질문들을 던졌다. "교수님은 왜 강의하실 때 마르크스-레닌주의 고전을 언급하지 않으십니까?" 그러면 교수는 얼른 큰 가방을 열어 책 한 권을 꺼내고는 안경을 쓰고, 관련 인용문을 찾았다.

우리는 당시 엄청난 규모의 이념적인 세뇌작업에 노출되어 있었고, 그것이 우리 의식에 아무런 영향을 미치지 않았다면 거짓말일 것이다. 돌이켜 보면, 어떤 교수들은 이데올로기를 그저 '기계적으로' 받아들이는 것 같았고, 반면에 우리 학생들은 배움에 대한 확신을 갖고 액면 그대로 받아들였다. 교육 시스템은 우리로 하여금 비판적 사고를 하지 못하도록 만들기 위해 갖은 노력을 다한 것 같았다. 하지만 그런 시스템에도 불구하고 우리의 사고력은 차츰 성장했고, 3학년이 되자 우리가 배우고, 당연한 일로 받아들였던 것들에 대해 심각하게 따져보기 시작했다.

스탈린과 그의 추종자들은 사회에 대한 통제를 강화하기 위해 '코스모폴리탄주의'에 반대하는 운동을 벌였다. 그 때문에 반동 이데올로기 바람이 한 차례 불어 닥쳤다. 하지만 민주적인 전통이 있는 모스크바대에서 새로운 지식 습득에 대한 욕구는 젊은 학생들 사이에 소요를 야기하게 됐다. 세계에 대한 새로운 지식이 자신도 모르는 사이에 학생들을 변화시킨 것이다. 국가와 당에서는 학생들이 시민의 권리에 대한 생각을 갖고, 특히 레닌의《소련공산당(AUCP) 약사》를 공부하는 것에 대해 크게 우려했다.

우리는 레닌의 저작물을 탐독했고, 그럼으로써 레닌의 철학에 대한 진면목을 알게 됐다. 그를 통해 우리는 또한 레닌에 반대하는 사람들의 논리도 알게 됐다. 레닌은 자신의 저작물에 학자적인 논리에 따라 반대파들의 입장도 자유롭게 서술해 놓았기 때문이다.

시골에서 자란 나는 농촌에 관한 설명이 현실과 동떨어지고 너무 어렵게 서술된 부분이 많다는 것을 알게 됐다. 당시 농부들의 삶은 사실상 노예의 삶이나 다름없었다. 통행증이 없어 국내 여행도 자유롭게 할 수 없었다. 세금정책은 한마디로 수탈 수준이었다. 모든 농가가 가축을 기르든 기르지 않든 상관없이 국가에 육류 20kg, 우유 120리터를 바쳐야 했다. 가장 어이없는 것은 즈베레프 재무장관이 모든 과일나무에 세금을 부과하는 세법을 통과시킨 일이었다. 즈베레프는 과일나무에 매년 열매가 열리는 것이 아니라는 사실조차 몰랐을 것이다. 그 때문에 농민들이 과수나무를 베어내는 일이 벌어졌다.

스탈린 정권은 농부들을 농노처럼 취급했다. 기존 질서가 정당한지에 대해 의문을 제기하기 시작한 부류가 도시 출신보다 농촌 출신 쪽에서 더 많다는 사실은 우연이 아니었다. '집단화'나 '집단농장 시스템'은 도시 학생들과 달리 내게는 이론이 아니라 현실이었다. 나는 집단화와 집단농장 시스템에 엄청난 부조리가 도사리고 있다는 사실을 단번에 알아챘다. 많은 학생들이 나와 비슷한 생각과 경험, 배경을 갖고 있었기 때문에 엄청난 사고의 혼란을 겪었다. 이것은 한 치의 과장도 없는 사실이다.

스타브로폴 지방당 제1서기였던 레오니드 니콜라예비치 에프레모프의 이야기를 예로 들어보겠다. 그는 흐루시초프와 소련공산당 중앙위원회 간부회의에서 같은 후보위원으로 함께 일한 적이 있는 고참 당원이었다. 그는 1952년에 열린 제19차 당대회 대의원으로 참석했고, 대회 직후 당 최고 지도부 선출을 위해 열린 중앙위 회의에도 참석했다. 그 회의에서 스탈린은 코미디 한 편을 연출했다. 나이가 들어 그만 물러나겠다는 말을 한 것이었다. 에프레모프의 회고에 따르면, 스탈린은 그 말을 한 다음 반응을 보기 위해 청중석에 모인 사람들의 얼굴을 훑어보았다. 반응은 예상했던 대로였다. 말렌코프를 비롯한 몇 명이 단상으로 달려가 국가수반으로서의 역할을 계속해달라고 스탈린에게 애원하기 시작했다. 그렇게 하지 않으면 '인민들이 용납하지 않을 것'이라는 논리를 폈다. 그러자 스탈린은 '좋아, 정 그렇다면 할 수 없지'라는 투의 제스처를 취해 보였다.

그러고 나서 스탈린은(아마도 미리 준비한 원고에 따라) 한 명씩 이름을 부르며 질책하기 시작했다. 특히 비야체슬라프 몰로토프와 아나스타스 미코얀이 주요 표적이 되었다. 그는 미코얀에 대해 농민들에게 너무 유화적인 입장을 취하고 있다고 비난했다. 스탈린은 농민들에 대해 이렇게 말했다. "우리가 무지크(러시아 농민을 낮춰 부르는 호칭)들에게 토지를 영구히 나누어 주었으니, 그들은 우리한테 영원히 빚을 지고 있는 것이다."

1952년 가을에 스탈린의 저서 《소련 사회주의의 경제적 제(諸)문제》가 발간된 뒤, 우리 교수 중 한 명은 강의시간 중에 그 책을 페이지마다 차례로 읽어주는 것이 최상책이라고 생각했다. 나는 그건 너무 심하다고 생각했다. 그래서 그에게 메모를 보내 그 책은 우리도 벌써 다 읽었으며, 강의시간 중에 책을 기계적으로 낭독하는 것은 수업을 듣는 학생들에 대한 모욕이라고 했다. 그랬더니 교수는 버럭 화를 내며 학생들 앞에서 이렇게 지적했다. "일부 건방진 학생들이 이름도 밝히지 않은 채 스탈린 동지의 저작물에 담긴 풍부한 지식과 소중한 가르침을 이미 다 아는 것처럼 행동하고 있다."

　　나는 자리에서 일어나 그 쪽지는 내가 썼노라고 말했다. 그러자 교실은 한바탕 소동이 벌어졌다. 그 사건은 콤소몰과 당 조직에 보고되었고, 모스크바 시당 위원회에까지 올라갔다. 당시 나는 대학 콤소몰 조직의 부(副)서기였다. 결국 그 일은 유야무야 처리되었다. 나의 '농민 계급 출신배경'이 다시 한 번 도움이 되었을 것이라고 나는 생각한다.

　　나는 현실에서 어떤 일들이 벌어지는지, 스탈린 통치 하에서 무엇이 잘못되고 있는지 알았다. 그런 생각을 하는 사람이 나 혼자만은 아니었다. 우리는 엄밀한 의미에서 반체제는 아니었고, '수정주의자'들이라고 하는 편이 더 가까웠을 것이다. 우리는 '진정한' 사회주의가 회복되기를 원했다.

　　과학아카데미 회원인 안드레이 사하로프 박사가 스탈린이 죽은 뒤인 1953년 3월에 쓴 서한을 읽은 적이 있다. 그 서한에 이런 대목이 있다. "나는 위대한 지도자의 죽음에 영향을 받았다. 그의 인류애가…" 당시 그의 사고가 어떤 상태에 있었는지 짐작케 해 주는 대목이다. 하지만 그와 달리 스탈린 철권통치 시대를 오롯이 살면서도 그 체제가 안고 있는 문제점에 대한 답을 찾기 위해 노력하고, 스탈린의 초상화를 들고 거리에서 시위를 벌인 사람들도 있다.

어쨌든 스탈린이 죽자 우리 법학부 학생 일부는 특별히 마련된 추모실로 가서 마지막 인사를 하기로 했다. 그곳에는 하루 종일 애도행렬이 몰려 긴 줄이 이어져 있고, 몇 시간을 기다려도 줄은 거의 그대로였다. 우리는 옆길로 빠져 트루드나야 광장으로 갔다. 그날 광장에서는 많은 애도객들이 인파에 깔려 숨지는 사태까지 벌어졌다. 우리는 밤새 기다린 끝에 마침내 관 앞에까지 갈 수 있었다.

이전에 대규모 집회에서 스탈린을 먼발치에서 본 적은 있지만, 가까이서 본 것은 그때가 처음이었다. 죽은 스탈린이었다.

"이제 우리는 어떻게 되는 거지?" 클라스메이트인 즈데네크 음리나르가 말했다. (음리나르는 체코슬로바키아에서 온 학생으로, 나중에 1968년 '프라하의 봄' 때 주동자 중 한 명으로 활동해 여러 해 동안 망명생활을 하게 된다.)

"미샤, 우리는 이제 어떻게 될까?"

스탈린은 체제 자체를 상징하는 인물이었다. 그런 그가 우리 곁을 떠난 것이었다.

나의 대학 시절은 아주 흥미로웠지만, 동시에 대단한 긴장 속에 지나갔다. 자부심으로 가득했고, 새로운 지식을 배우는 데 망설임이 없었다. 다양한 분야의 책을 읽으며 지식을 넓혔다. 나는 아주 사교적이었고, 급우들과도 좋은 관계를 유지했다. 콤소몰 활동을 하다 보니 법학부 내의 다른 학생들도 많이 알게 되었다.

사회 활동에
뛰어들다

대학 신입생 때부터 나는 커뮤니티 일에도 관여했다. 첫 번째 임무는 모스크바 시내 크라스노프레스넨스키 지역의 선거관리사무소에서 지역 현안 담당 부소장 직책이었다. 내가 맡은 구역에는 모스크바 시내에서 제일 오래 된 거리인 볼샤야 그루진스카야와 말라야 그루진스카야가 있었다.

이 일을 하면서 나는 모스크비치(모스크바 시민)들과 모스크바 시내에 대해 흥미로운 사실을 많이 알게 되었다. 당시는 소련 최고회의 대의원 선거 준비가 진행 중일 때였다. 선거구민들을 투표소나 선거운동 사무소에 초청해 나눈 대화 내용들이 지금도 생각난다. 그들은 끝도 없이 질문을 쏟아냈다. 어떤 때는 질문 내용들을 모두 받아 적고 대답은 나중에 해 주기도 했다.

당시 볼샤야 그루진스카야 거리와 말라야 그루진스카야 거리는 지금과는 전혀 딴판인 모습이었다. 지금은 현대식 건물들이 들어서고, 제법 살기 괜찮은 거리가 되었다. 가게, 문화시설, 카페, 레스토랑 등이 들어선 덕분에 사람들이 지내기가 한결 수월해졌다. 당시 이곳에는 형편없는 집들이 늘어서 있었다. 벽은 널빤지를 이어 붙여 만들었는데, 그나마 외벽은 더 볼품없고 조잡했다. 하지만 그곳에 사는 사람들에게는 난방을 어떻게 할 거냐가 더 큰 걱정이었기 때문에 외관에는 신경 쓸 겨를이 없었다.

수도, 난방은 항상 문제였고, 공공 서비스 부문의 재정지원은 극히 미미했다. 사소한 문제들은 우리 힘으로 해결하기도 했다. 하지만 솔직히 말해, 진짜 문제는 노후한 집들이었다. 주민들과의 대화는 항상 이런 식으로 끝났다.

"제대로 작동되는 시설이 없고, 여러 해가 지나도 문제가 해결되는 게 없다. 이건 집이 아니라 가축우리다. 우리 요구를 들어주지 않으면 투표장에 나가지 않겠다."

콤소몰 동료인 빅토르 블리노프 가족이 사는 집은 고리키 거리에 있었는데, 그의 부친은 질(ZIL) 자동차 공장의 현장감독이었다. 그들은 모스크바 중심가에 새로 지은 정부에서 제공하는 주택가에 살았는데, 멋진 집이었다. 빅토르 결혼식 때 그 집에 초대받아 가 봤는데, 유명한 여배우 베라 메레츠카야가 바로 옆집에 살았다. 한마디로 엘리트들이 사는 집이었다. 같은 모스크바이면서도 그곳은 전혀 다른 세상이었다.

여러 해 뒤에 콤소몰 대회에 참석하기 위해 모스크바를 방문했을 때 시간을 내서 우리 기숙사가 있던 스트로민카 거리로 갔다. 나는 약간 떨리는 기분으로 우리가 지낸 '영광'의 장소들을 다시 돌아보았다. 그러고 나서 선거 기간 중 내가 '담당'했던 지역인 볼샤야 그루진스카야와 말라야 그루진스카야 거리도 다시 찾아가 보았다. 알아보기 힘들 정도로 거리는 새로운 모습으로 바뀌어 있었다.

우리 법학부 동기생들은 졸업 후 매 5년마다 모스크바에서 재회모임을 갖기로 약속했다. 동기생 대부분은 모스크바에서 살고 있지만, 직장이 지방에 있는 경우도 많았다. 세월은 어쩔 수가 없어서, 젊은 시절 외모와 열정을 그대로 유지하고 있는 친구들은 별로 없었고, 그래서 이 재회 모임은 기쁨과 서글픔을 동시에 안겨 주었다. 선배였던 발레리 샤프코는 퇴역 군인인데, 모임에 나오면 지난 5년 동안 동기생들에게 어떤 일이 있었는지 소상히 설명해 주었다.

2007년의 정기 모임에서 보니 동기생 대부분의 나이가 75세가 넘었다. 샤프코의 설명을 듣고 모두들 기분이 우울했다. 전체 동기생들 가운데 40%가 유명을 달리했다는 것이었다. 우리는 만나는 횟수를 좀 더 늘리기로 했고, 그래서 그 다음 모임은 2010년에 가졌다.

입당원서

나는 1950년~1951년에 있은 선거 운동 때 아주 열심히 일했는데, 그걸 유심히 본 동료들이 콤소몰 법학부 신입생 대표 서기로 선출했다.

법학부는 다른 학부만큼 학생 수가 많지 않았음에도 콤소몰 회원은 2500명으로 많은 편이었다. 나중에 법학부 콤소몰 이데올로기 담당 부(副)서기로 선출되었다. 어떤 일을 맡아서 했는지는 기억이 나지 않지만, 나는 콤소몰 일보다는 학업에 더 관심이 많았다. 학부 측에서는 콤소몰 활동을 방해하지는 않았는데, 콤소몰 조직의 임무 가운데 하나는 학생들의 정치적 동향을 감시하는 것이었다. 당시는 스탈린 시대였고, 모스크바대, 특히 그 중에서도 핵심 학부인 법학부는 면밀한 감시 대상이었다.

콤소몰의 주요 활동은 조직 내 여러 그룹별로 이루어지는데, 공부와 레저 활동뿐만 아니라 박물관, 영화관, 극장 가기와 야외소풍 가는 것도 모두 그룹별로 감독한다. 그런 의미에서 콤소몰은 대단한 위력을 발휘했고, 어떤 의미에서는 진짜 사회 세력이었다. 대학 콤소몰이라고 해서 힘이 없는 게 아니었다. 많은 일들이 대학에서 일어났으며, 그 가운데는 대단히 민감한 사안들도 있었다.

한 가지 에피소드를 소개해 보겠다. 자연과학부와 인문학부 학생들은 레닌 언덕에 있는 기숙사로 옮긴 다음, 그곳이 스트로민카 거리에 있는 기숙사보다 훨씬 더 주거환경이 좋다는 것을 알았다. 그런데 새 기숙사에서 학생들이 모욕적인 처우를 받는 일이 있었고, 그 때문에 학생과 학교 측 사이에 갈등이 생겼다. 당시 여학생과 남학생의 숙소는 서로 다른 구역으로 분리되었다. (그건 마치 감옥을 연상시키는 조치였다.) 상호 방문도 허락되지 않았으니 실제로 감방생활과 다를 바 없었다. 한 구역에서 다른 구역으로 넘어가면 큰 문제가 되었다. 당시 다른 구역으로 넘어가는 것은 해외여행보다 더 어려웠다고 생각하면 이해가 될 것이다.

라이사와 나는 스트로민카 거리에서 레닌 언덕의 기숙사로 옮기기 직전에 결혼했다. 라이사는 'G 구역'이었고, 나는 'B 구역'으로 갔다.(같은 건물의 서로 반대 편 끝에 있었다.) 혼인신고를 한 정식 부부 사이였음에도 불구하고, 나는 밤 11시까지만 라이사의 방에 있는 게 허용되었다. 제한 시간을 10분이라도 넘기면 전화벨이 울리고, 이런 경고를 들어야 했다. "당신 방에 지금 수상한 사람이 들어와 있다. 이것은 규칙 위반이다." 그런 규칙을 바꾸어 보려고 갖은 노력을 다해 봤지만 실패했다. 모든 학생이 마찬가지였다.

그런 규칙은 학생들이 기숙사 생활에 적응하는 데 많은 어려움을 안겨 주었다. 학생들은 학부별로 숙소가 배치되는 게 아니라, 학교 측만 아는 어떤 방식에 따라 배치되었다. 우리는 당시 과학아카데미 회원인 이반 페트로프스키 총장을 아주 좋아했다. 페트로프스키 총장은 뛰어난 과학자, 수학자로 대단히 사려 깊고 자상한 사람이었다. 그런 사람이 주위 사람들의 말도 안 되는 의견을 듣고, 그런 어리석은 격리조치를 단행한 것이었다.

그런 숙소 배치 시스템은 12월에 열린 연례 콤소몰 보고 및 대의원 선출 대회 때까지 존속되었다. 내가 기억하기에 가장 격렬한 대회였다. 총장실과 학장실, 그리고 구역과 시에서 파견된 지도원들 모두가 위선적인 행동을 하고, 학생들을 무시한 데 대해 비판을 받았다. 대회가 진행되는 동안 '엉겅퀴 덤불'이라는 이름의 대자보가 나붙었다. 대자보는 콤소몰 생활을 풍자적으로 묘사했는데, 휴식시간에 대회장 밖으로 몰려나오는 대의원들의 손에 대자보가 한 움큼씩 안겨졌다.

현관 기둥에 총장이 군화로 혼인증명서를 짓밟는 그림이 그려진 종이 전단이 나붙은 기억이 난다. 대회에서는 총장을 비롯한 대학 지도부를 규탄하고, 레닌 언덕으로 옮기고 나서 몇 달 동안 시행된 새로운 제도들을 바꿔달라고 요구했다. 대학 측은 즉각적인 반응을 보였다. 겨울방학 기간 중에 기숙사 학생들을 학부별로 재배치하게 됐고, 학교생활은 다시 정상을 되찾았다.

레닌 언덕은 모스크바 시내에서도 정말 멋지고 아름다운 곳이다. 나는 건물이 얼마나 훌륭하게 지어졌는지 말할 전문적인 식견은 없지만, 내 눈에도 모스크바대학은 스탈린의 지시로 지어진 다른 고층건물들과 마찬가지로 독특한 특징을 가진 건물이었다. 당시 '공산주의 건설 프로젝트'의 일환에 따라 우리 대학 건물도 주로 죄수들이 동원돼 지어졌는데, 솔제니친의 소설 〈수용소군도〉(굴락)에도 이 장면이 나온다.

나는 1952년에 공산당에 입당했는데 약간의 문제가 있었다. 입당원서에 우리 조상들에 관해 어떻게 써넣어야할지가 고민이었다. 그분들은 모두 억압정치의 희생자들이었기 때문이다.

외할아버지는 유죄판결을 받은 죄수는 아니었지만, 감옥에서 14개월을 보내야 했고 친할아버지는 재판도 받지 않고 시베리아로 유형을 갔었기 때문이다. 공산당 후보당원 신청서를 쓸 때는 아무도 나에 대해 특별히 주목하지 않았다. 고향 사람들은 내가 누군지 모두 알고 있었기 때문이다. 나는 아버지에게 편지를 썼다. 아버지도 공산당에 입당할 때 같은 질문을 받았다는 말을 들은 적이 있기 때문이다. 여름에 아버지를 만났더니 내게 이런 말씀을 하셨다.

"나는 아무 것도 쓰지 않았다. 당시 전선에 있었고, 전투에 나가기 직전에 입당원서를 썼으니까 그런 걸 따질 여유도 없었어. 곧 죽을 목숨이었으니까. 내가 해 줄 수 있는 말은 이것뿐이다." 하지만 그분의 아들인 나는 대학 당위원회에 불려가 힘든 심사과정을 거쳐야 했고, 그 다음에는 소련공산당 레닌스키 지구당 위원회에 출석해 같은 수준의 심문을 받았다.

라이사와의
첫 만남

모스크바 대학은 다양한 생각과 다양한 출신 배경, 서로 다른 민족 배경을 가진 학생들이 한데 뒤섞인 곳이었다. 다양한 사람들의 삶이 잠시 동안, 혹은 여러 해 동안 한데 뒤얽혀 전개되었다. 그런 만남들이 가장 활발하게 이루어진 곳은 스트로민카에 있는 학생 클럽이었다.

군대 막사였던 듯한 그곳은 작고 초라한 건물이지만 우리한테는 소중한 문화 공간이었다. 레메세프, 코즐로프스키, 오부코바, 얀신, 마레츠카야, 모르드비노프, 플랴트 같은 유명 가수와 배우들이 그곳에서 공연했다. 그들은 모스크바 대학의 젊은이들에게 예술과 아름다움을 전하는 것을 큰 영광으로 생각했다. 지금은 사라지고 없지만 그것은 혁명 전부터 내려오는 예술계 인텔리겐차의 멋진 전통이었다. 전국 각처에서 온 학생들은 그곳에서 진정한 문화의 세계를 맛보았다.

클럽에는 소규모 아마추어 서클이 많이 만들어져 있었다. 에그 스크램블 만드는 법을 가르치는 서클에서부터 낡은 옷을 수선해 입는 법을 가르치는 서클, 볼룸 댄스 교습 서클에 이르기까지 다양했다. 당시에는 젊은이들 사이에 볼룸 댄스 배우기가 대단한 인기였다. 클럽에서는 수시로 댄스파티가 열렸는데 나는 거의 참석하지 않았다. 댄스보다는 그 시간에 독서하는 편을 더 좋아했기 때문이다. 친구들은 댄스 모임에 자주 드나들었고, 파티가 끝나면 파트너가 어디가 예뻤느니 하면서 후일담을 늘어놓았다.

1951년 8월 어느 날 저녁 방에서 세미나 준비를 하고 있는데. 친구인 유라 토필린과 볼로드야 리베르만이 갑자기 방으로 뛰어 들어왔다. 두 사람은 들뜬 표정으로 클럽에 같이 가자고 하는 것이었다.

"지금 공부나 하고 있을 때가 아냐. 클럽에 새 여학생이 나타났데. 어서 가서 한 번 보자구."

"세상에 널린 게 여잔데, 뭔 소리야. 난 공부할 게 많이 남아서 안 돼."

"그런 소리 말고 어서 가자구."

"알아, 알았어. 뒤따라갈게."

그렇게 말하고 나서도 나는 한참 더 망설인 끝에 친구들이 가 있는 클럽으로 갔다. 그곳에서 내 운명의 여자를 만나게 되리라고는 상상도 못했다. 나는 클라스메이트들을 찾아 그들 있는 곳으로 다가갔다. 친구들은 여자 친구들과 어울려 무언가에 대해 이야기를 나누며 낄낄거리고 있었다. 유쾌한 분위기의 원인 제공자는 유라 토필린이었다. 그는 참전용사로 키가 2m나 됐다. 다음에 누가 토필린의 댄스 파트너가 될지를 놓고 그렇게 떠들어 대고 있었던 것이다. 유라는 처음 보는 여학생과 파트너를 하고 싶다고 했다. 그러나 친구들은 "말도 안 되는 소리. 그러면 정말 안 어울리는 한 쌍이 될 거야."라며 그를 놀렸다.

날씬한 몸매에 단정히 빗은 금발의 그 여학생은 내 친구와는 정말 너무 대비되는 모습이었다. 다른 남학생들이 다가와 그녀에서 춤을 추자고 하자 얌전하고 말이 없는 그 여학생은 이렇게 말하는 것이었다.

"유라와 출거야. 우리는 동급생이고, 같은 기숙사에서 지내는데 뭐. 유라와 할 이야기도 있으니 같이 출게."

　나는 댄스가 끝날 때까지 한쪽으로 비켜서 있었다. 댄스가 끝나자 친구들이 나를 그 여학생 라이사 티타렌코에게 소개해 주었다. 솔직히 처음 만남에서 그녀는 내게 아무런 관심도 보이지 않았다. 나는 첫눈에 반했다는 사실을 그녀가 눈치 채지 못하게 하느라 가슴이 두근두근 거렸다. 댄스가 한 번 더 있은 다음 파티가 바로 끝났기 때문에 우리는 같이 이야기할 틈도 없었다.

　며칠 뒤 유라 토필린이 라이사를 비롯해 철학부의 여학생 몇 명을 우리 방으로 초대했다. 우리는 차를 들며 두서없는 잡담을 나누었다. 라이사는 여전히 내게 아무런 관심도 보이지 않았다. 얼마 안 있어 그녀는 가야 할 시간이라며 일어섰다. 그러자 갑자기 대화 분위기가 바뀌었다. 여학생들은 우리더러 나이가 얼마며, 어느 전선에서 싸웠느냐는 등을 물었다. 실제로 우리 방에 있는 남학생들은 대부분 참전 경험이 있었다. 나도 같은 질문을 받았다. "너는 어쨌는데?"

　"아니, 나는 전선에 나간 적이 없어."

　"왜?"

　"열네 살 때 전쟁이 끝났어."

　갑자기 라이사가 이런 말을 했다.

　"네가 스무 살밖에 안 됐을 거라고는 정말 생각하지 못했는데."

　그 말에 나는 정말 멍청이 같은 행동을 했다. 공민증을 꺼내 그녀에게 보여준 것이었다. 나중에 그 일을 생각하고는 창피해서 어쩔 줄 몰랐지만, 그때는 이런 말을 했다.

　"나는 네가 몇 살인지 묻지 않았잖아. 그건 좋은 태도가 아니야."

　"하지만."

"아마도 우리는 동갑 아니겠어?" 나는 이렇게 덧붙였다.

"아니야, 네 나이가 더 많아." 그녀는 이렇게 대답했다.

우리의 두 번째 만남은 그렇게 싱겁게 끝이 났고, 나는 창피했다. 라이사를 다시 만나 그녀의 마음을 끌고 싶었다. 다시 만나는 건 어려운 일이 아니었다. 같은 기숙사에 산다는 것은 마치 같은 벌통에 모여 사는 것이나 마찬가지였다. 학생들은 하루에도 몇 번씩 출입구에서, 식당에서, 특히 도서관에서 서로 마주쳤다. 그렇게 만나도 우리는 그저 "안녕!" "안녕!" 이렇게 간단한 인사만 주고받으며 지나쳤다. 라이사는 아주 조용한 여자였다.

나는 애만 태웠다. 그녀가 수수한 옷차림을 하고 나타나도, 내 눈에는 너무 아름답게 보였다. 하루는 베일이 달린 작은 모자를 쓰고 나타났는데, 나는 왜 그럴까 하고 의아했다. 아마도 사람들 눈에 보이는 자신의 외모에 신경을 쓰기 시작한 게 아닐까 하고 나름대로 추측해 보았다.

언젠가 안경 낀 키 큰 남자와 함께 있는 것을 보았는데, 그 남자가 그녀에게 초콜릿을 주는 것이었다. 내가 인사를 건네자 그녀는 인사를 받았다. 세 번째 만남도 그렇게 끝났다. 라이사와 같이 있는 남자가 누구냐고 유라에게 물었더니, 유라는 한참 생각한 끝에 이름이 아나톨리 자레츠키라고 하는 체육학부 학생이라고 했다. 유라는 이렇게 덧붙였다. "그런데 말이야, 미하일, 그 둘은 결혼할 사이라던데." "그래?" 나는 혼잣말로 이렇게 중얼거렸다. "그럼 나한테는 기회가 없는 거네."

그로부터 두 달 뒤에 우리 클럽에서 열리는 음악회에 갔는데, 사람들이 꽉 들어차 있었다. 빈자리가 있나 살피며 복도를 걸어가는데, 갑자기 파란 물방울무늬 드레스를 입은 여학생이 내 앞을 가로막는 것이었다. 라이사였다.

"빈자리 찾는 거야?"

"응."

"내 자리에 앉아. 나는 지금 가 봐야 하거든."

어떻게 해서 그런 용기가 생겼는지 지금도 모르겠다. 내적인 충동 같은 것이 발휘된 것이 분명했다. 그녀에게 이렇게 말했던 것 같다.

"내가 바래다주지."

그녀는 반대하지 않았는데, 다소 마음이 무거운 상태였던 것 같다. 나는 이렇게 물었다.

"왜 가는데?"

"그냥 즐길 기분이 아니라서."

우울해 보였다. 클럽에서 나오자 나는 이렇게 말했다.

"잠깐 걸을까?"

"그래."

"들어가서 따뜻한 옷으로 갈아입고 나와."

10분 후에 다시 만나서 우리는 야우자강과 소콜리키 지하철역 사이를 오가며 두 시간 정도 걸었다. 우리의 첫 번째 산책은 그렇게 시작됐다. 추운 날씨였지만 두 사람 모두 기분이 좋았다. 학교생활에 대해 이런저런 이야기를 나누었고, 스트로민카의 기숙사로 돌아온 것은 밤 11시나 되어서였다.

우리 방은 서로 다른 층에 있었지만, 그렇게 멀리 떨어지지는 않았다. 나는 그녀 방문 앞까지 바래다주며 이렇게 말했다.

"잘 걸었어. 기분이 좋았어."

"그래, 그래."

"내일 저녁에는 뭐하니?"

"몰라."

"영화나 보러 갈까? 너희 수업과 우리 수업 끝나는 시간이 같은데."

"좋아."

"그러면 다섯 시에 데리러 올게."

"그래, 그게 좋겠다."

다음날 우리는 같이 영화를 보러 갔다. 아이스크림도 사먹고 조용히 이런저런 자질구레한 이야기를 나누었다. 그런 상황에서는 사실 사소한 대화가 대단히 중요하다. 공민증을 내보이는 것보다는 그렇게 얘기하는 편이 한결 수월한 것 같았다. 그날 이후 우리는 거의 매일 산보를 같이 했다. 어느 날 저녁 라이사가 나를 자기 방으로 초대했다. 내가 아는 그녀의 친구들도 여러 명 와 있었다. 모두들 재치 있는 말들을 쏟아냈다. 나는 조용히 있는 게 낫겠다는 생각이 들어 잠자코 있었다. 묻는 말에 대답이나 하고, 내가 나서서 먼저 묻거나 하지는 않았다.

라이사는 친구들 중에서도 단연 돋보였다. 그녀는 고전적인 의미에서 미인은 아니지만, 대단히 매력 있고 붙임성이 있었다. 얼굴과 눈에는 생기가 넘치고 날씬한 몸매였다. 대학생활 초기에 체조용 링에서 떨어지기 전까지는 체육관에도 열심히 다녔다. 그리고 매혹적인 목소리는 지금도 내 귓가에 맴돈다.

법학부와 철학부는 모호바야 거리에 서로 맞붙어 있었기 때문에, 라이사와 나는 수업이 끝나면 마당에 있는 아치 밑에서 만나 모스크바 시내 곳곳을 돌아다녔다. 걷다 보면 항상 길 한쪽에 극장이 한두 개씩 있었고, 우리는 마냥 즐거웠다. 처음에는 나란히 걷다가 손을 잡고 걷기 시작했다. 마주 잡은 손을 통해서 우리는 끊임없이 교감했다.

어느 겨울날, 예기치 않은 일이 벌어졌다. 평소처럼 우리는 수업이 끝난 뒤 모호바야에 있는 캠퍼스 마당에서 만났다. 스트로민카까지 걸어 갈 작정이었다. 라이사는 그날따라 내가 묻는 말에 마지못해 대답만 할 뿐 이상하게 말이 없었다. 나는 무엇인가 문제가 있다고 생각하고 무슨 일인지 물었다. 그녀는 이렇게 말했다. "더 이상 안 만나는 게 좋겠어. 자기 만나면서 나도 좋았어. 정말 고맙게 생각해. 하지만 나는 벌써 한 번 실패한 사람이야. 내가 믿었던 사람과 헤어졌고, 또다시 그런 일이 닥치면 못 견딜 것 같아. 더 늦기 전에 지금 끝내는 게 좋겠어…."

두 사람 모두 한동안 말이 없었다. 스트로민카 가까이 왔을 때 나는 라이사가 하는 말을 받아들일 수도, 감당할 수도 없다고 말했다. 나의 사랑 고백이었던 것이다.

"더 이상 만나지 말아요."

"내가 기다릴 게."

이틀 뒤에 우리는 다시 만났고, 이후 다시는 헤어지지 않았다.

얼마 뒤에 그녀는 내게 이런 이야기를 들려주었다.

"오랫동안 아나톨리 자레츠키와 친구로 지냈어. 두 사람 모두 결혼까지 생각했지. 그의 부모는 리투아니아인가 라트비아인가에 살았는데, 아버지는 발틱철도회사의 사장이었어. 철도업계에서 유명한 분이야. 어머니는 야심이 크고 매력적인 부인이었어. 아나톨리 부모님과 만나게 되었는데, 그의 어머니는 특별 전용열차를 타고 오셨어. 그 어머니는 나를 좋아하지 않았고, 아나톨리는 자기 어머니의 마음을 바꿀 수가 없었어. 그래서 우리는 헤어졌던 거야. 내 친구들은 '그런 남자를 왜 좋다고 하는지 모르겠다'는 말로 나를 위로했지만 난 너무 상처를 받았어. 사는 게 아무 의미가 없었어."

대학원생과 물리학부, 수학부 학생들까지도 라이사와 아나톨리의 이야기를 다 알게 됐고, 라이사 앞에는 갑자기 구애자들이 모여들기 시작했다. 그러다 나를 만난 것이었다. 우리 두 사람 모두 자신의 일을 스스로 선택했다. 라이사는 친구를 쉽게 사귀지 않는 성격이지만 내게는 충실한 친구였다.

어느 여름날 저녁에 스트로민카의 기숙사 앞 광장에서 라이사와 나는 한밤중까지 이야기를 나누었다. 그날 밤에 우리는 영원히 함께 하자고 약속했다. 여름방학 때 나는 프리볼노에 집으로 가서 부모님께 결혼계획에 대해 말씀드렸다. 두 분은 라이사를 한 번도 본 적이 없고, 어떤 사람인지도 몰랐지만 별다른 반대를 하지 않았다. 집으로 오기 전에 나는 기계 트랙터 소장에게 전에 일한 적이 있는 콤바인 수확기 보조기사로 일할 수 있게 해달라고 부탁했다. 인생에 중요한 변화가 있을 예정이고, 그래서 돈이 필요하다고 했더니 그는 좋다고 했다. 라이사는 방학 때 바시키리아 집으로 갔지만 부모에게 우리 사이에 대해선 아무 말도 하지 않았다.

우리는 누구의 말도 듣지 않고, 우리 인생에 가장 중요한 결정을 내린 것이었다. 나는 얼마간의 돈을 장만해 가지고 모스크바로 돌아왔다. 라이사보다 먼저 도착해 그녀를 맞이했다. 카잔스키역에서 만났을 때 두 사람이 얼마나 기뻤는지는 말로 이루 다할 수 없을 정도였다. 결혼예복이 준비되고, 나는 생전 처음으로 양복을 맞췄다. '쇼크 워커'라고 부르는 짙은 곤색 양복이었다. 혼인신고를 하기 전에 우리는 키로프스카야 지하철역 근처 사진관에 가서 결혼사진을 찍었다. 우리 사진 앨범에 들어 있는 사진 중에서 그때 찍은 사진들이 제일 멋있다.

결혼식은 공휴일인 11월 7일로 잡고, 혼인신고는 서두르지 않았다. 그런데 하루는 야우자 강의 다리를 건너 프리오브라젠스카야 광장 쪽으로 가는데, 소콜니체스키 구역의 혼인등록소가 다리 바로 오른쪽에 보였다. 내가 "들어가지."라고 하자 라이사도 "좋아요, 들어가요."라고 흔쾌히 대답했다. 안으로 들어가니 필요한 서류들이 구비되어 있었다. 우리는 서류를 모두 작성한 다음 그곳에다 제출했다.

1953년 9월 25일에 우리는 친한 친구들이 동행한 가운데 다시 한 번 이 성스러운 곳을 찾아가 혼인증명서를 발급받았다. 증명서 번호는 PB 047489였고, '1931년생인 모스크바 시민 미하일 고르바초프는 1932년생인 모스크바 시민 라이사 티타렌코와 증인들이 지켜보는 가운데 혼인했다' 고 적혀 있었다. 증인들의 서명이 들어 있고, 직인이 찍혀 있었다. 지극히 평범하고 소박한 예식이었다. 요즘 하는 요란한 예식과는 딴판이었다. 우리는 집에 있을 때나, 기차 여행 중이거나, 비행기를 타고 가는 중에도 이 날을 반드시 기념했다. 가끔 우리 둘이서만 이 날을 맞기도 했는데, 우리는 그게 더 좋았다.

1973년에 우리는 키슬로보드스크에서 휴가 중에 스무 번째 결혼기념일을 맞았다. 나는 시 전체가 내려다보이는 산속 레스토랑에 우리 두 사람 자리만 예약했다. 정말 멋진 곳이었고, 레스토랑은 휴가객들로 붐볐다. 음악과 춤, 축배가 이어졌다. 나는 샴페인과 스톨리치나야 보드카, 그리고 코카서스 현지 요리를 주문했다. 몇 시간이 후딱 지나갔고, 우리는 주문한 음식을 깨끗이 다 먹어치웠다. 라이사는 샴페인 한 잔을 마셨고, 나머지 술은 내가 다 비웠다.

1990년대 초에 나는 한가한 틈을 타 결혼기념일을 축하하기 위해 모스크바 시내에 있는 오페라 레스토랑으로 갔다. 라이사는 좋은 코냑을 한 잔 하고 싶다고 했다. 코냑 맛이 너무 좋아 한 잔씩 더 주문해 마셨다. 음악이 연주되고, 우리는 한껏 기분을 냈다. 그런데 문제가 생겼다. 우리가 마신 코냑은 '루이 13세' 라는 엄청나게 비싼 술이었다. 계산서를 보고 나는 기겁을 했는데, 주머니에 있는 돈을 모두 긁어모아 겨우 계산을 마칠 수 있었다. 하마터면 큰 망신을 당할 뻔했다.

우리는 1953년 9월 25일에 혼인신고를 했다. 하지만 진짜 부부가 된 것은 10월초 레닌 언덕에 있는 기숙사로 들어가면서였다. 당시에는 학생들이 의무적으로 모즈하이스키 구역의 농장에서 감자 수확을 하도록 되어 있었다. 내가 감자 수확에서 돌아온 어느 날 저녁에 라이사는 자기 방에서 우리 두 사람만을 위한 조촐한 파티를 준비했다. 우리 두 사람이 영원히 함께 하는 첫날밤이었다.

학생
결혼식

결혼식은 11월 7일 스트로민카 기숙사의 식당에서 열렸다. 전통 음식을 준비하고 클라스메이트들을 초대했다. 러시아식 샐러드, 훈제 청어, 삶은 감자와 스톨리치나야 보드카를 내놓았다. 그리고 삶은 고기와 커틀렛도 조금 곁들였다. 우리 형편에 맞게 최선을 다해 차린 것이었다. 라이사는 가벼운 시폰 웨딩 가운을 입었다. 그녀는 거울 앞에서 한참 동안 멋을 부려 보았다. "마음에 들어?" 이렇게 묻고는 "너무 행복해."라고 말했다.

아내는 많은 여자들이 흔히 그런 것처럼 예쁜 옷을 보면 사족을 못 썼다. 가난한 집안 출신으로, 아주 먼 시골에서 모스크바로 유학 온 라이사는 그러면서도 다른 여학생들과는 달랐다. 과장이 아니라 내 눈에는 그녀가 정말 공주처럼 보였다. 그래서 나는 아내가 아름답게 보이고 싶어 하는 마음을 기꺼이 이해했다. 당시 우리가 받는 돈으로는 먹고 살기도 거의 빠듯했지만 그래도

돈이 조금이라도 모이면 라이사의 옷을 샀다. 스커트, 블라우스도 사고, 오버
코트 옷감도 샀다. 옅은 녹색 옷감으로 만든, 허리가 잘록하고 스탠드업 모피
깃을 한 코트가 있었는데, 아내는 이 옷을 헤져 못 입게 될 때까지 8년이나 입
었다. 아내는 무엇을 입어도 잘 어울렸다.

눈가에 주름이 지기 시작하자 아내는 신경을 써서 화장을 하기 시작했다.
그렇다고 과도하게 하는 편은 아니었다. 믿기 힘들겠지만 라이사는 서른 살
이 되기 전까지는 화장을 하지 않았다. 그런데도 항상 볼이 발그스레하게 보
인 것은 혈관이 너무 피부 표면 가까이 붙어 있기 때문이었다. 라이사는 외모
에 대한 집착 같은 게 있어서 아침에 누구에게도 형클어진 모습을 절대로 보
이려 하지 않았다. 딸 이리나와 손녀들도 라이사의 그런 피를 이어받았다. 아
이들에게 할머니는 우아함의 상징 같은 존재였다.

다시 결혼식 이야기로 돌아가자. 아내는 친구인 니나의 신발을 빌려 신었
다. 우리는 술을 마시고, 노래하고, 춤을 췄다. 축하인사를 수도 없이 받았고,
하객들은 합창으로 "고르카!"(맛이 쓰다)를 외쳐 댔다. 신랑신부가 키스해서
쓴 맛을 달게 만들어달라는 뜻이었다. 라이사는 사람들 앞에서 키스하라는 요
구에 대해 기겁을 했다. 그녀는 키스는 너무 은밀한 애정행위라서 우리 둘이
있을 때만 하는 것이라고 생각했기 때문이다. 하지만 어쩔 도리가 없었다….
우리는 실컷 술을 마셨고, 스트로민카에서 하객 서른 명이 모두 우리와 한방
에서 밤을 샜다.

두 사람이 서로에 대해 알아가는 행복한 결혼생활이 시작됐다. 모든 조바심
은 바람에 날려버렸다…. 그러던 어느 날 마른하늘의 날벼락처럼 라이사의 임
신사실을 알게 되었다. 우리는 아이를 낳고 싶어 했지만, 의사들은 라이사가
류머티즘을 앓고 있기 때문에 출산은 절대로 안 된다고 했다. 간혹 아내는 사

지관절이 퉁퉁 부으면 백짓장처럼 꼼짝도 못하고 누워 있어야 했다. 스트로민카에서 그런 일이 일어나면, 나는 친구들과 함께 아내를 들것에 싣고 병원으로 달려갔다. 이런 일들이 그녀의 심장에 큰 부담을 주었다. 의사는 이렇게 말했다. "아내가 제대로 출산할 수 있을지 장담할 수 없다. 산모를 살릴지 아이를 살릴지 둘 중 하나를 선택해야 하게 될지도 모른다."

우리는 어떻게 해야 좋을지 막막했고, 라이사는 내내 울기만 했다. 아내는 샤보로프카 거리에 있는 산부인과 병원에서 수술을 받았다. 우리는 아는 게 너무 없었다. 학교나 병원 어떤 곳에서도 이런 일들에 대해 제대로 알려주지 않았고, 관련된 책도 없었다. 나는 상황이 모두 끝난 다음에야 의사들에게 이렇게 물었다. "도대체 어떻게 해야 합니까?" 대답은 간단했다. "피임을 하시오." "어떤 피임을 하라는 말인가요?" "제일 효과적인 피임법은 참는 것이오." 상담은 그걸로 끝이었다.

결혼생활은 그렇게 시작됐다. 한편으로는 웃음이 끊이지 않는 유쾌함의 연속이었고, 다른 한편으로는 덫에 걸린 기분이었다. 기후를 한 번 바꿔 보라는 의사들의 권유에 따라 남쪽 고향마을로 여행한 것이 라이사의 건강에 큰 도움이 되었다. 러시아 성탄절 이브인 1957년 1월 6일에 스물다섯 살의 라이사는 딸 이리나를 낳았다.

라이사는 1954년에 대학을 졸업했고, 나는 졸업까지 한 해가 더 남았다. 졸업 후에 내가 모스크바에서 일을 하게 되든, 아니면 1년 정도 다른 곳으로 일을 하러 가게 되든 우리는 함께 있기로 했다. 라이사는 대학원 진학 권유를 받았으나, 아쉽게도 모교 철학부 입학허가는 받지 못하고, 대신 모스크바 사범대 철학부로 진학하게 되었다. 내가 졸업하기까지 1년 정도 더 시간이 있었기 때문에, 앞으로 어떻게 살아야 할지에 대해서는 별 고민을 하지 않았다. 젊을 때는 다 그런 것이다.

그해 우리는 프리볼노에의 부모님을 찾아뵙기로 했다. 우리의 평판을 회복하기 위해 약간의 '외교적'인 작업이 필요했다. 나는 부모님께 우리의 결혼계획을 어렴풋이나마 알렸고, 라이사는 자기 부모님께 일체 아무런 언질도 드리지 않았다. 1954년에 여름에 우리는 프리볼노에로 갔다. 기차를 타고 가서 나머지는 히치하이크를 한 기억 외에는 집까지 어떻게 갔는지 구체적인 기억이 나지 않는다.

프리볼노에에 도착하자 집으로 가는 도중에 바실리사 외할머니 댁에 먼저 들렀다. 집에 갈 때는 항상 그렇게 했다. 1953년 여름에 외할아버지 판텔레이가 세상을 떠났다. 그분을 마지막으로 본 건 내가 모스크바로 유학을 떠날 때 배웅해 주던 때였다. 바실리사 외할머니는 우리를 반갑게 맞아주었는데, 라이사가 다가오자 두 팔로 감싸 안으며 이렇게 말했다. "어쩌면 이렇게 날씬하니. 정말 예쁘구나." 외할머니는 첫눈에 라이사를 좋아했고, 그 후 우리는 프리볼노에로 갈 때마다 항상 외할머니 댁을 찾았다. 라이사가 용돈을 얼마씩 쥐어드리면, 할머니는 그 돈으로 교회에 가서 초를 사서 켜고는 우리를 위해 기도했다. 큰 종교 축제일이 돌아오면 외할머니는 스타브로폴로 우리를 찾아오곤 했다. 지금도 교회까지 걸어가는 동안 길에서 만나는 사람들과 일일이 인사를 나누던 할머니의 모습이 생생하게 기억난다. 프리볼노에에서는 모두들 그렇게 했다.

그러나 우리 집 분위기는 약간 달랐다. 아버지는 처음부터 라이사를 좋아해서 딸처럼 대해 주었다. 아들만 있는데다 천성이 따뜻하고 인정 많은 분이어서 그랬을 것이다. 하지만 어머니는 그렇지 않았다. 그렇게 반기는 기색이 아니었다. 아들을 뺏긴데 대한 서운함이 컸던 것이다. 고향집에 있는 동안 내게 이런 말을 했다.

"저런 여자를 며느리라고 데려온 거니? 도대체 도움 되는 게 없어."

나는 대학을 나온 여자고, 앞으로 교사가 될 것이니 너그럽게 봐달라고 했다.

"그러면 우리는 누가 도와주니? 왜 시골 여자와 결혼하지 않은 거야?"

나도 화가 났다. "어머니가 알아듣기 쉽게 말씀 드릴게요. 나는 저 여자를 사랑하고, 저 여자는 내 아내에요. 다시는 그런 말씀 하지 마세요."

내 말에 어머니는 울기 시작했고, 그러자 엄마가 안됐다는 마음이 들었다. 하지만 그런 문제는 분명하게 내 입장을 밝힐 필요가 있었다. 라이사도 물론 시어머니의 냉랭한 태도를 알았고, 그것 때문에 신경을 무척 썼다. 한 번은 어머니가 라이사에게 우물에 가서 물을 길어와 뒷마당 텃밭에 물을 주라고 했다. 아버지는 재빨리 상황을 눈치 채고 라이사에게 "나하고 같이 갈까?"하고 말했다. 그걸 보고 엄마는 얼마나 화가 났던지, 가라앉히는 데 한참 시간이 걸렸다. 나중에 라이사에 대해 좀 더 알고 난 다음에야 어머니의 태도는 다소 누그러졌다.

손녀딸이 태어나고, 내 일자리도 안정이 되면서 우리는 부모님께 재정적으로 도움을 드리기 시작했다. 집도 새로 지어드렸다. 하지만 당시에는 라이사가 어머니 때문에 스트레스를 받아 괴로워하는 것을 보면 이런 말로 달랬다. "어머니 보고 결혼한 건 아니잖아. 그러니 제발 마음 쓰지 마."

졸업

나의 대학생활도 끝나가고 있었다. 마지막 해에 나는 모스크바 시내 모스크보레츠키 구역 법원과 키예프스키 구역 행정위원회로 실습을 나갔다. 법정에서 재판 진행 장면을 보고 나는 큰 감명을 받았다. 흉악 범죄를 저지른 젊은이들을 상대로 한 재판이었는데, 재판은 한참 동안 진행됐고, 그걸 보고 나와 동료들은 많은 것을 배웠다. 검사와 변호인 사이에 치열한 공방이 벌어졌다. 검사는 마른 체구에 꾀죄죄한 차림으로 신경질적인 인상이었고, 변호인들은 하나같이 윤기가 흐르고 자신만만한 모습이었다. 당시 나는 검사의 말에 호감이 더 가고, 변호인들에게는 신뢰가 가지 않았다. 하지만 변호인들은 말솜씨가 능수능란했다.

실습 기간 중에 가장 흥미로웠던 경험은 키예프스키 구역 소비에트와 행정위원회에 실습을 나간 것이었다. 무엇보다도 내가 쓰는 논문인 '국가통치에 있어서 대중 참여의 역할-지방 소비에트를 중심으로' 에 실질적인 도움이 되는 일이었다. 둘째로 소비에트에 대해 그동안 배운 것을 모스크바 구역 소비에트의 실제 상황과 비교해 볼 수 있는 소중한 기회가 되었다. 마지막으로, 구역 법정에서는 그저 참관만 했지만, 소비에트에서는 무언가 실질적인 일을 해 볼 기회가 있었다.

나는 기한 내에 논문을 제출했고, 논문심사도 '우수' 평가를 받으며 성공적으로 통과했다. 논문 주제는 사회민주주의가 서구 민주주의보다 우월하다는 것을 입증하는 데 초점을 맞추었다. 키예프스키 구역 소비에트에서 실습을 통해 경험한 사례들을 많이 소개했다.

라이사는 나보다 1년 먼저 대학을 졸업한 다음 대학원에 등록했다. 그리고 학위 후보 시험을 통과하고 논문을 준비하면서 모스크바에서 학자로서의 첫

발을 내디딜 준비를 하고 있었다. 나도 대학원에 진학해 집단농장 관련법을 공부하라는 권유를 받았지만 그 제안은 거절했다. 미래에 대한 걱정 때문에 거절한 것은 아니었다. 나는 콤소몰 서기로서 직업배치위원회 위원도 맡고 있었기 때문에 일자리 걱정은 하지 않아도 되었다. 나는 검찰청으로 배치 받을 졸업생 열두 명 가운데 포함되어 있었다.(이 가운데 열한 명은 참전 용사들이었다.)

당시는 스탈린의 공포정치 희생자들에 대한 복권이 이루어지던 때였고, 우리는 국가 보안부서에서 실무적으로 이 문제를 감독할 신설 부서에 배치될 예정이었다. 이 문제는 나의 정치적, 도덕적 신념과도 맞는 일이어서 스스로 정의의 사도로서 일하게 되었다는 자부심을 가졌다.

6월 30일에 마지막 시험을 통과했다. 기숙사로 돌아오니 우편함에 새 일자리인 검찰청으로 출근하라는 통지서가 와 있었다. 나는 새 업무에 대한 기대와 설렘으로 검찰청으로 갔다. 한껏 미소를 지으며 주소에 적힌 사무실 문을 열고 들어갔는데, 직원은 뜻밖에도 사무적인 말투로 이렇게 말하는 것이었다. "소련검찰청에서는 당신에게 임무를 맡길 수가 없게 됐소."

내막을 알아보니 법학부 졸업생들에게 중앙사법기관에 일자리를 주지 말라는 정부 포고령이 내려진 것이었다. 그런 결정이 내려진 배경에는 1930년대의 숙청바람이 전문성도 없고, 인생 경험도 없는 풋내기 법조인들의 손에 많은 사람들의 운명이 맡겨졌기 때문에 일어났다는 반성이 깔려 있었다. 나는 숙청바람의 피해자 집안 출신임에도 불구하고, 이번에는 '사회주의 법치 회복'이라는 원칙 앞에서 엉뚱하게도 피해자가 되었으니 아이러니한 일이었다.

그리하여 내 계획은 하루아침에 엉망이 되어 버렸다. 물론 대학 안에서 편한 일자리를 잡을 수는 있고, 친구들도 몇 군데 일자리를 소개해 주었다. 하지만 그런 일은 하고 싶지 않았다. 대신 타지키스탄공화국 검찰청 소속인 블라고베첸스크주 톰스크 검찰청의 일자리를 제안 받았다. 그 다음에는 수도에서 그리 멀지 않은 스투피노시의 지방검찰청 부청장 자리 제안도 왔다. 관사까지 제공한다는 조건이었다. 라이사와 나는 이런 제안을 놓고 오래 고민하지도 않고, 낯선 땅에 가서 우리의 미래를 시험할 이유가 없다는 결론을 내렸다. 시베리아의 동토도 좋고, 중앙아시아의 찌는 듯한 여름도 좋지만, 그런 경험은 스타브로폴 지역에서도 얼마든지 해 볼 수 있다는 생각을 했다.

그렇게 해서 나는 고향 스타브로폴로 가기로 마음을 굳혔다. 하지만 먼저 라이사의 부모를 찾아가 '우리가 저지른 죄'를 용서받고 싶었다. 라이사의 가족에 대해 몇 마디 해야겠다. 장인은 1920년대 말 추이스크 철도 건설에 참여하기 위해 우크라이나에서 알타이 지역으로 이주했고, 그곳에서 라이사의 모친인 알렉산드라 페트로브나를 만났다. 장모 가족은 장인보다 먼저 시베리아로 이주했다. 두 사람은 결혼해서 장모가 열아홉 살 때 라이사를 낳았다. 라이사가 태어난 직후에 장인은 딸을 손바닥에 올려놓고 보면서 부드러운 핑크빛의 살갗이 마치 천국의 사과 같다고 생각했다. 그래서 아이의 이름을 라야라고 지었다(라야는 라이사의 애칭). 천국을 뜻하는 러시아어 '라이'에서 딴 이름이었다. 장인은 라이사를 평생 예뻐했다.

라이사의 부모는 모두 우크라이나 태생으로, 장인 가족은 체르니고프 구베르냐 출신이고, 장모 가족은 폴타바 구베르냐에서 왔다. 장모 쪽은 쿨락이라고 부르는 부유한 농민 집안이었는데, 집단화 때 라이사의 외할아버지는 가진 재산을 모두 빼앗겼다. 탈(脫) 쿨락화, 국유화 프로그램의 일환이었다. 그런 다음 가족이 모두 전국 각지로 뿔뿔이 흩어졌는데, 일부는 카자흐스탄으로, 일부는 극동, 알타이 지역까지 갔던 것이다. 라이사의 외할아버지는 온갖 궂

은일을 하며 여기저기 떠돌아다녔다. 그러다 암울한 1930년대에 트로츠키 신봉자로 몰려 체포되었고, 결석재판으로 사형 선고를 받았다. 아이들은 그럭저럭 자라서 아들은 카자흐스탄에서 강 항구의 책임자가 되었고, 라이사의 이모인 마리아 페트로브나는 의과대학을 졸업하고 의대 교수로 일했다.

라이사의 부친인 막심 안드레예비치는 시베리아, 우랄, 바시키리아, 나중에는 우크라이나로 가서 네진스크와 도네츠크 지역을 전전하며 40여 년간 도로 건설 노동자로 일했다. 장인은 마지막으로 쿠반 지역의 전철화 사업에 참여한 다음에 은퇴했다. 장인의 묘소는 크라스노다르에 있고, 장모인 알렉산드라 페트로브나는 나의 어머니보다 서너 달 더 살다 타계했고, 우파에 묻혔다.

사람들의 인연은 참 묘하다. 라이사의 부모가 프리볼노에로 우리 부모를 만나러 왔다. 사돈 간인 두 분 남자는 보자마자 서로를 좋아하게 되었다. 성격도 유사해 금방 친해졌다. 두 어머니도 친밀한 사이가 되었는데, 서로 같은 세대였고, 같은 추억을 공유하고 있었으니 그랬을 것이다. 이제는 우리 부모와 라이사의 부모 모두 이 세상 사람이 아니고, 라이사도 내 곁을 떠났다.

1955년에 라이사와 나는 바시키리아의 에르몰라에프카 마을로 가서 라이사의 남동생 제냐와 여동생 류도츠카(루드밀라의 애칭)를 만났다. 두 사람 모두 중학교를 갓 졸업한 때였다. 스타브로폴로 가면서 나는 류도츠카를 우파에 데려다 주었다. 류도츠카는 그곳에서 의과대학에 진학했고, 이후 평생을 의사로 살았다. 장인인 막심 안드레예비치는 너무도 자상한 사람이라 아무 문제없이 잘 지냈지만, 나와 장모와의 관계는 제대로 자리 잡기까지 다소 시간이 걸렸다. 하루는 일어나서 부엌으로 가 보니 장모가 요리하느라 시끌벅적한 소리를 내고 있었다. 나는 장모에게 "라이사가 아직 자고 있으니 소리 좀 내지 말아 주세요."라고 했는데, 낮에 산책을 하면서 라이사가 내게 이런 말을 했다.

"엄마가 당신한테 불평을 하셨어."

"무슨 불평?"

"엄마더러 내가 자고 있으니 부엌에서 소리 내지 말라고 했다며."

라이사는 잠을 잘 자지 못했다. 불면증이 있었던 것이다.

"어머니가 '어디서 저런 유대인 같은 놈을 데려왔어' 라고 하셨어."

라이사와 나는 이 말을 욕이 아니라 대단한 칭찬으로 받아들였다. 유대인 남자들은 자기 아내한테 잘해 주는 것으로 알려져 있었기 때문이다. 얼마 안 가서 나는 장모가 너무도 사랑하는 사위가 되었다. 물론 나는 수시로 그녀가 처음에 내게 어떻게 대했는지에 대해 말하며 놀려주었다.

라이사의 남동생 제냐는 나키모프 해군학교를 우등으로 졸업하고, 레닌그라드에 있는 해군사관학교로 진학했다. 제냐는 아주 재능이 많고 불의를 보면 참지 못하는 성격이었다. 그런 성격 때문에 어려움에 처하게 되었고, 결국 해군사관학교에서 퇴학을 당하고, 해군에 징집당해 북부함대로 배치되었다. 그곳에서 글쓰기를 시작해 책도 출판했다. 제대하고 나서 모스크바에서 문학전문대학에 입학했다. 그는 단편 몇 편과 어린이용 책을 세 권 쓰고, 소설도 두 편 썼다. 나중에 그는 젊은 나이에 가족한테서도 멀어지고, 알코올 중독자가 되는 등 내내 불우한 삶을 살았다. 라이사는 남동생을 아주 좋아해서 알코올 중독 치료를 받게 하는 등 여러 번 도와주려고 했으나 모두 허사였다.

나의 남동생 알렉산드르는 육군 대령까지 진급했는데, 나중에 역시 알코올 중독자가 되었다. 그는 모스크바 외곽 경비를 맡는 로켓부대에서 근무했는데 무슨 문제가 있었던 모양이었다. 나보다 열여섯 살 밑인 동생은 2001년에 죽었다. 양쪽 집안 동생들의 불행은 우리 가슴에 깊은 상처를 남겼다.

라이사를 한 달 간 친정에 맡겨놓고 나 혼자 모스크바로 돌아왔다. 7월말 여러 날에 걸쳐 나는 짐을 꾸렸다. 짐은 많지 않아 여행가방 두 개면 충분했다. 제일 큰 짐은 책이었는데, 나는 책을 큰 박스 하나에 담아 트럭에 싣고 기차역으로 가서, 운임이 싼 '완행 화물' 편에 스타브로폴로 부쳤다. 나는 야간열차로 출발할 예정이었다. 레닌언덕의 내 방으로 돌아와 침대에 누워 두 눈을 감고 처음으로 자신에게 이런 질문을 던져보았다. 이후에도 나는 수시로 이 질문을 떠올렸다. '모스크바대학은 내 인생에 어떤 역할을 했을까?'

내 삶에서 기본적인 도덕관념을 만들어 준 것은 말할 것도 없이 가족이다. 학교와 선생님들 또한 나의 성격 형성에 큰 역할을 했다. 고등학교 때 함께 작업장에서 일한 팀원들, 노동자의 가치를 깨우쳐 준 선임 트랙터 기사들에게도 감사를 드려야 한다. 그리고 내가 살아오는 동안 내내 나에게 정신적인 방향을 제시해 주고, 확고한 지식을 안겨 준 것은 모스크바대학이었다. 모스크바에서의 대학생활 5년이 없었다면 정치인 고르바초프는 없었을 것이라고 단언할 수 있다. 대학에서 배운 지적인 기준은 나로 하여금 오만과 자만에 빠지지 않도록 막아 주었다. 그 시절에 얻은 지식은 아무리 힘든 시절에도 나를 꿋꿋이 버틸 수 있게 해 준 힘이 되었다.

라이사를 만난 것도 대학이었다. 라이사가 살아 있을 때 나는 농담 삼아 나 같은 남편을 만나 행운인 줄 알라는 말을 자주 했다. 그러면 아내는 자기 같은 아내를 만나 행운인 줄 알라고 맞받았다. 나중에 다시 만나면 누가 옳은지 더 따져볼 참이다. 함께 해서 우리 두 사람 모두 행복했다.

Chapter

3

첫 임지
스타브로폴

나는 1955년 7월말에 스타브로폴로 내려
와 지역 검찰청에서 인턴으로 임무를 시
작했다. 나 외에도 법대 졸업생 몇 명이 더 있었다. 저녁이 되면 시내 구경도
하고 살집도 구할 겸 이곳저곳 돌아다녔다. 짙은 녹음과 전형적인 지방 수도
의 분위기가 인상적이었다. 집들은 대부분 단층 내지 이층짜리 건물이었고,
드문드문 삼사층짜리 건물이 눈에 띄었다. 바깥채가 딸린 집들이 많았는데,
당시 러시아의 지방 도시들에서 많이 볼 수 있는 양식이었다. 도심에서 동쪽
으로는 가로수가 늘어선 내리막 도로가 이어져 있었는데, 도로를 따라가면 요
새 문까지 이어졌다.(스타브로폴은 원래 작은 요새로 출발했다.) 요새 문은
티플리스 거리로 통하기 때문에 티플리스 문으로 불렸다.

묵고 있는 엘부르즈 호텔 바로 옆에는 니즈니 마켓이 있었는데, 채소와 과
일 값이 아주 저렴했다. 서너 코페이카만 주면 토마토를 반 양동이는 살 수
있었다. 하지만 나는 돈을 한 푼이라도 아껴야 했다. 라이사가 내려오기 전까

지 살림집을 마련해 놓아야 하기 때문이었다. 집 구하는 일은 내가 처리해야 할 첫 번째 일이었다. 사나흘 동안 이집 저집 찾아다니며 문을 두드려 보았지만 허탕만 쳤다. 검찰청 직원들이 부동산 중개소를 찾아가 보라고 했다. 중개소는 검찰과 경찰에 등록하도록 되어 있었는데, 이파토보 거리 26번지에 있는 노련한 여자 중개인 주소를 소개해 주었다. 그 여자는 내가 검찰청에서 단속하러 나온 게 아니라, 진짜 도움이 필요해서 온 사람임을 단번에 알아보았다. 중개료 50루블을 받고는 주소 세 개를 주었다. 그 중의 하나인 카잔스카야 거리에 있는 집에서 우리는 여러 해를 살았다.

11평방미터짜리 방 한 칸을 월세로 얻었는데, 난로가 방의 3분의 1을 차지했다. 창이 세 개 있었는데, 창밖으로 오래 된 과수원이 보였다. 창틀이 휘어져 문이 제대로 닫히지 않았고, 길고 좁다란 침대는 매트리스를 받치는 철망이 바닥에 닿을 정도로 늘어져 있었다. 엄청 누추했지만, 내가 가진 돈으로는 그 정도밖에 구할 수가 없었다. 월세는 당시 돈으로 250루블이었다. 땔나무와 석탄, 난방 연료는 우리 돈으로 사야 했다. 모스크바에서 화물열차로 부친 나무 합판상자를 뜯어서 테이블과 책장으로 사용했다. 옷장도 대충 만들고, 라이사가 도착하기 전에 의자도 두 개 샀다. 가구라고는 그게 다였다.

스타브로폴에서의 첫 번째 겨울이 찾아왔다. 방은 무척 추웠다. 그마저도 내 봉급으로는 집세를 감당하기가 힘들었다. 겨울옷과 신발, 난로에 땔 석탄을 사고 나면 하루하루 먹고살기조차 버거웠다. 검찰청은 나를 너무 홀대했고, 우리 가족이 어떤 처지에 놓여 있는지에 대해 무관심했다. 사는 게 얼마나 힘들었던지 법조인으로 계속 근무하는 게 과연 잘하는 일인지 회의가 들었다. 결국 나는 검찰청 일을 그만두기로 결심했다.

새로운 직장을 구하려고 지역 콤소몰과 접촉해 보았다. 우선 옛날부터 알고 지내는 사람들을 만나 내 생각을 이야기했다. 모스크바대 졸업장과 콤소몰 활동 경력이 효력을 보였던지, 지역 콤소몰 제1서기인 빅토르 미로넨코와의 면담 일정이 잡혔다. 면담 후에 나는 지역 콤소몰의 선전선동부 부(副) 책임자로 일해 달라는 제의를 받았다.

처음에는 만사가 순조롭게 흘러가는 듯 보였다. 우선 젊은 대학졸업생으로서 첫 직장으로 배치 받은 검찰청 일을 깨끗하게 마무리할 필요가 있었다. 그래야 미로넨코가 안심하고 콤소몰 일을 맡길 수가 있을 것이었다. 지역 검찰청장 바실리 페투코프는 독립심이 강하고, 순리대로 일을 처리하기로 명망이 있는 사람이었다.

"처분에 따르겠습니다만, 제가 원하는 대로 보내 주시면 감사하겠습니다." 이렇게 해서 나는 지역 검찰청과 작별을 고했다. 그날 나는 라이사에게 "지역 검찰청장과 장시간 힘든 대화를 가졌소."라고 편지를 썼다. 이튿날에는 이런 편지를 썼다. "오늘도 검찰청측과 면담을 했는데, 나를 엄하게 꾸짖은 다음에야 결국 지역 콤소몰로 가도 좋다는 허락이 떨어졌소."

그로부터 이십 여 년이 지난 1980년대 어느 날 나는 바실리 페투코프로부터 책 두 권을 받았는데, 표지 안쪽에 자필로 이렇게 쓰여 있었다. "지금 생각하니 그 당시에 내가 동지의 앞길을 막지 않은 게 정말 잘한 일이었습니다."

라이사의 구직은 전혀 진전이 없었다. 지역 전체에 철학 전공 대학졸업자가 단 두 명밖에 없는데도 그랬다. 역사학 전공자들이 철학을 가르치고 있었기 때문이다. 그래서 라이사는 학교 대신 지역 도서관의 외국문학 부서에서 일을 하게 되었다.

내가 맡은 업무는 지역 내 여러 곳을 계속해서 돌아다녀야 하는 일이었다. 어떤 곳은 지역 콤소몰 활동가들을 만나기 위해 찾아가는 데 시간이 얼마나 많이 걸리는지 몰랐다. 지나가는 차를 얻어 타기도 했지만, 걸어서 이동하는 게 다반사였다. 시골에는 호텔은커녕 영빈관도 없었기 때문에, 지역 콤소몰 동지들은 나를 개인 집에서 묵도록 주선해 주었다. 음식은 형편없고, 돈이 있어도 사 먹을 곳이 없었다.

전쟁이 끝난 지 10년이 지났지만 사람들은 여전히 힘들게 살고 있었고, 많은 사람이 극빈층에 속했다. 견디다 못한 젊은이들은 발전소나 공장 건설 현장, 도로, 운하 건설 현장 등을 찾아가 무슨 일이든 닥치는 대로 하려고 했다. 하지만 대다수 국민들은 마땅히 갈 곳도 없었다. 상황이 나아지기를 기다리며, 그저 어려운 환경을 묵묵히 참고 견디는 수밖에 없었다.

당을 믿지 않는 사람들

1956년 초에 온 나라를 뒤흔든 사건이 일어났다. 제20차 당대회에서 니키타 흐루시초프가 개인숭배를 비판하는 연설을 한 것이었다. 흐루시초프 보고서를 요약한 내용이 담긴 소형 책자가 전국 지방당 조직에 보내졌다. 이데올로기 업무 종사자들이 선전활동을 하는 데 쓸 참고 자료들도 함께 보내졌다. 흐루시초프의 연설과 당대회 결정 사항에 대해서는 다양한 반응들이 나왔다.

나도 당대회 결과를 일반 국민들에게 설명하는 대표단의 일원으로 선발되었다. 첫날 노보-알렉산드로프스키 구역에서부터 나는 사람들이 내가 하는 말을 믿지 않는다는 느낌을 받았다. 흐루시초프가 한 말을 직접 인용해 가며 설명해도 사람들은 믿으려 하지 않았다. 그 구역 당서기인 니콜라이 베레테니코프에게 그런 말을 했더니, 그는 이렇게 대답했다.

"미하일, 친구로서 말해 주겠네. 솔직히 우리도 어떻게 해야 좋을지 모르겠네. 사람들이 우리 말을 믿으려 하지 않아."

우리는 그 주일 내내 상점과 가축 농장을 비롯해 여러 작업장을 찾아다니며 사람들을 만나 이야기를 나누었다. 사람들이 점차 우리가 하는 말에 관심을 보이기 시작했는데, 질문도 하고 놀랍다는 반응도 나타냈다.

한 번은 내가 이렇게 말했다.

"여러분도 무슨 일이 있었는지 다 알지 않습니까. 내가 사는 구역에서도 1930년대에 죄 없는 사람들이 숙청을 당했습니다. 이름을 대 볼까요? 여러분들도 아실 이름들입니다. 어떤 사람은 죽고, 어떤 사람은 감옥에서 오랜 세월을 보냈습니다."

어떤 여자가 일어나서 스탈린과 대숙청운동을 옹호하며 이렇게 대꾸했다.

"그 사람들은 고통을 받아 마땅한 사람들이었습니다. 그 사람들은 우리를 집단농장으로 몰아넣고, 국민들을 억압했어요. 스탈린 동지는 그런 일과 아무런 관련이 없어요."

중앙에서 각 지방으로 내려 보낸 문서에는 스탈린에 대한 재평가 내용이 담겨 있었다. 권력 상층부에서는 직감으로, 혹은 의도적으로, 스탈린에 대한 비판은 곧 체제에 대한 비판이 된다는 사실을 알았다. 체제의 존속 자체를 위험에 처하게 만들 수 있다는 것을 직감한 것이다. 그런 일이 있자 사람들은 현 지도부에 대해서도 의문을 제기하기 시작했다. '그렇다면 당신들은 그때 어디에 있었는가?'

여러 해 뒤에 코카서스 지방에서 휴가를 함께 보내며 유리 안드로포프와

1956년 헝가리 사태에 관해 이야기를 나눈 적이 있다. 20차 당대회 직후, 당시 헝가리 주재 대사였던 그는 헝가리 지도자 마티아스 라코시로부터 사냥을 함께 가자는 초청을 받았다. 러시아어를 구사하는 라코시는 안드로포프에게 이런 말을 했다고 한다. "일을 이런 식으로 하면 안돼요. 흐루시초프 동지가 너무 서둘렀어요. 20차 당대회에서 저지른 일은 재앙입니다. 어떤 후폭풍이 동지의 조국과 이 나라에 밀어닥칠지 알 수가 없소."

전국적으로 불신이 확산되자 공산당 지도부는 후퇴했다. 프라우다는 중국의 인민일보를 인용해 '스탈린은 국민의 뜻을 대변했으며, 마르크스-레닌주의를 수호한 탁월한 지도자'라고 보도하기도 했다.

6월말 당중앙위에서는 '개인숭배와 그것이 미친 영향을 극복하기 위한 결의안'을 채택했다. 결의안은 '스탈린은 헌신적인 마르크스-레닌주의자'라고 부르면서도 '어떤 형태의 개인숭배도 우리 사회 체제의 본질을 바꿀 수는 없다'고 설명했다.

간단히 말해, 20차 당대회는 우리의 대내외 정책을 재검토하고 역사적 사실을 재평가하는 작업에 시동을 걸었지만, 그 과정은 순탄치 못하고 대단히 고통스러웠다.

흐루시초프 시절 동안 개인숭배에 대한 비판 작업은 여러 형태로 계속되었다. 하지만 브레즈네프가 집권하자 개인숭배가 다시 살아나고, 포스트 스탈린주의 이데올로기가 자리를 잡으면서 스탈린이 다시 찬양받기 시작했다. 20차 당대회에서는 '60년대 세대'를 전면에 등장시켰다. 이들은 이후 우리 사회의 발전에 큰 기여를 했지만, 사회의 재생과 민주화 과정, 그리고 새로운 정책의 도입 과정은 늦춰지다가 1970년대 초가 되자 완전히 멈춰서고 말았다.

내가 정치 활동을 시작한 스타브로폴 지역의 사정은 중앙의 이런 상황과 아주 흡사했다. 어쨌든 20차 당대회 이후 스타브로폴에서 나의 생활은 극적으로 바뀌기 시작했다. 1956년 8월에 나는 스타브로폴 시 콤소몰의 제1서기로 선출됐다. 그 무렵에 라이사와 나는 우리와 같은 또래의 젊은이들을 많이 알게 되었다. 하지만 그 지역의 주류 인사들에게 나는 여전히 낯선 인물이었기 때문에, 제1서기로 선출된 것은 다른 사람들뿐만 아니라 나 자신도 놀랄 일이었다.

우리 부부에게 가장 큰 사건은 뭐니 뭐니 해도 아내가 임신한 사실이었다. 우리는 기쁘면서도 걱정이 교차했다. 어떻게 해야 하나? 라이사는 스타브로폴에 오고 나서부터 건강이 좋아졌기 때문에 아이를 낳기로 했는데, 막상 일이 닥치자 걱정이 앞섰다.

우리가 사는 형편은 아주 기본적인 수준이었다. 마당에 있는 펌프에서 물을 길어 나르고, 장작을 쪼개고, 지하실에서 석탄을 실어 날라야 했다. 라이사에게 절대로 무거운 물건을 들지 못하게 하고, 모든 일은 퇴근 후에 내 손으로 했다. 집은 도심에서 멀지 않았지만, 산기슭에 있기 때문에 왕래하기가 쉽지 않았다. 만약에 라이사가 언덕을 오르내리다가 넘어지기라도 한다면 큰일이었다. 다행히 당시 나는 주로 시내에서 일하고, 시골로 출장을 다니지는 않았다. 근무시간은 길었지만, 그래도 아내한테 신경을 많이 쓸 수 있는 여건이 되었던 것이다.

라이사와 나는 1957년 새해를 집에서 맞았다. 시 콤소몰위원회는 학생위원회와 공동으로 축하 파티와 콘서트 등 다양한 새해맞이 행사를 준비했다. 하지만 라이사의 출산이 임박해 정신이 없었다. 라이사는 1월 5일 친구 집에 가 있던 중에 산통을 시작했고, 며칠 뒤 딸을 낳았다. 병원으로 아내와 딸을 데리러 가며 나는 너무 기분이 좋았다. 새 가족이 생긴 것이었다. 나보다 라이사가 더 좋아했다. 아이를 낳기 전까지의 모든 걱정은 한꺼번에 사라졌다.

내 월급만으로는 살기 힘들기 때문에 라이사는 다시 직장에 나가야 했다. 아이 돌볼 사람이 필요했는데, 아는 사람이 시 외곽에서 마땅한 사람을 구해 주었다. 라이사는 정신없이 바쁘게 뛰어다녀야 했다. 아이 젖 먹이려고 일하는 도중에 집으로 달려와야 했고, 나중에 먹일 젖까지 짜놓고 다시 사무실로 달려갔다. 당시에는 유아식이라는 게 없었기 때문에 재주껏 만들어 먹였다. 하지만 모든 게 부족할 때라 아이 키우기는 정말 힘들었다.

우리 처지를 잘 아는 콤소몰 동지들이 나서서 우리 부부에게 새 집을 구해 주도록 당국에 청원을 했다. 얼마 안 되어서 우리는 '행정관사'라고 이름이 붙은 방 두 칸짜리 집을 배당받았다. 2층짜리 집으로 2층을 우리 숙소로 썼는데, 당시 기준으로는 상당히 괜찮은 집이었다. 1층은 원래 사무실용이었지만 워낙 주거 공간이 부족하다 보니 한 층 모두를 방 아홉 개짜리 공동주택으로 개조해 쓰고 있었다. 1층의 공동주택에는 공동으로 쓰는 욕실과 부엌이 하나씩 있었다.

모스크바를 비롯한 대도시 주민들은 이런 형태의 공동주택 생활에 익숙해 있었고, 우리도 그랬다. 아래층 공동주택에 사는 사람들은 가스 용접공, 퇴역 장교, 의류공장 기계공, 어머니와 함께 사는 알코올 중독자 총각, 네 명의 미혼 여성 등이었는데, 각자 나름대로 자신들의 삶을 영위하고 있었다.

우리는 그 공동주택에서 3년을 살고 나서 38평방미터짜리 단독 주택을 배정받았다. 부엌이 12평방미터나 되고, 욕실과 화장실, 복도까지 있는 정말 근사한 집이었다. 꿈에나 그리던 생활이 현실이 된 것 같은 기분이었다. 딸은 무럭무럭 자랐다. 보모를 구하기가 쉽지 않았기 때문에 유치원에 들어가기 전까지는 낮에도 우리가 계속 돌보아야 했다.

우리 신상에도 크고 작은 변화가 있었다. 나는 지역 콤소몰위원회 제2서기가 되었고, 라이사는 대학 철학강사 자리를 구했다. 각자 생활에 쫓기다 보니 딸이 제일 큰 피해자가 되었다. 저녁 늦게야 딸을 집으로 데려왔다. 늦게 퇴근해 집에 와 보면, 라이사가 훌쩍거리며 우는 경우가 잦았다. 이튿날 강의 준비를 해야 하는데 아이가 자지 않고 계속 보챈다는 것이었다. 학교에서 회의 때문에 늦게 집에 돌아오는 때도 많았는데, 그런 때는 저녁 늦게까지 딸을 유치원에 맡겨 두어야 했다. 엄마가 늦게 나타나면 아이는 울음을 터뜨렸는데, 아무리 달래도 울음을 그치지 않았다.

라이사가 헐레벌떡 유치원으로 뛰어 들어가면, 어린 딸은 유치원 창문 유리창에 코를 대고 울어서 퉁퉁 부은 얼굴로 엄마를 맞이했다. 그걸 보는 아내는 가슴이 찢어지는 듯했다. 나는 아내를 도우려고 나름대로 최선을 다했지만 마음대로 되지는 않았다.

1953년에는 풍년이 들어 스타브로폴 지방에서 1억 2백만 푸드(1푸드는 16.38kg)의 곡물을 국가에 바쳤다. 대부분 밀이었는데, 그 공적으로 스타브로폴 지방은 레닌훈장을 수여받았다. 그해 10월에 니키타 흐루시초프가 훈장을 수여하기 위해 직접 스타브로폴을 찾았다. 내가 흐루시초프를 본 것은 그때가 처음이었는데, 아주 활달한 사람 같아 보였다. 소탈하고 모든 사람과 어울리기를 좋아했다. 당시 '흐루시초프 스타일'은 많은 하급 관료들이 따라하고 싶어 한 모델이었다.

문제는 흐루시초프 따라 하기가 저급한 관료문화와 합쳐지면서 천박한 리더십 스타일을 낳았다는 점이었다. 즉흥적이고 소탈한 태도가 저급한 말투와 과도한 음주 등과 합쳐지면서 무례한 리더십 스타일로 발전한 것이다.

1958년에 '반당(反黨)세력 숙청운동'이 진행되면서 불가닌이 공산당중앙위원회 간부회의 위원과 각료회의 의장(총리)직에서 모두 밀려나 우리 지역으로 '추방' 돼 내려왔다. 지역경제위원회 의장이라는 새 직함을 달고 왔는데, 그는 스타브로폴에서 열렬한 환영을 받았다. 아침에 그가 출근하면, 경제위원회 건물 앞에는 수백 명의 지지자들이 모여서 그를 맞이했다. 그 장면을 보고 흐루시초프 추종자인 지방당 서기 레베데프는 격노했다.

"사람들을 선동해?" 그는 지방당 활동가 회의석상에서 왕년의 소련 총리 불가닌에게 이렇게 소리쳤다. "당신은 민주주의나 전파하려고 이곳에 온 줄 아시오?"

레베데프는 불가닌이 사소한 잘못만 저질러도 그냥 넘어가지 않고 걸고넘어지며 갖은 모욕을 가했다. 그러다 결국은 불가닌을 경제위원회 의장직에서 몰아내, 작은 공장의 공장장으로 보내 버렸다. 레베데프는 그런 고삐 풀린 질투심 때문에 스스로 제 무덤을 파고 말았다. 1958년 말에 흐루시초프는 농업에서 거둔 초기 성공에 도취된 나머지, 1인당 가축 생산량에서 미국을 앞서겠다고 공식 선포했다. 그는 빠른 시일 안에 괄목할 만한 성과를 내도록 하라고 당 관료들을 독려했다. 절대로 실현 불가능한 목표를 제시함으로써 사람들에게 헛된 환상을 심어준 것이었다.

아첨꾼들이 앞장서서 과업 완수를 위해 맹렬히 돌진했다. 농민들에게 가축을 팔도록 하는 등의 강제조치들이 여러 지역에서 시행됐다. 랴잔 지역의 당 서기 라리오노프가 특히 열성적이었다. 1959년에 랴잔 지역은 육류 조달 목표치를 무려 세 배나 초과 달성했고, 스타브로폴은 두 배 반 초과 달성했다. 이런 성과를 내기 위해 어떤 대가가 치러졌던가? 양떼와 말, 야생동물들이 무더기로 도축되고, 농민들의 개인 경작지는 모두 가축 사육장으로 바뀌었다.

언론들은 이런 성과를 보도하며, 다른 지역도 선두 지역을 본받으라고 독려

하는 기사를 실었다. 엉터리 행정은 얼마 안 가 들통이 났다. 라리오노프는 자살했고, 레베데프는 1960년 1월에 스타브로폴 지방당 서기직에서 해임돼, 52세의 한창 나이에 강제 은퇴를 당했다. 레베데프는 3년이 채 안 되는 기간 동안 레닌훈장을 세 번이나 받았지만 중대한 실책을 저지른 것이 드러나 자리에서 쫓겨난 것이다. '육류 드라이브'는 국가 시스템 전반에 심대한 타격을 가했고, 그 여파는 지금까지도 남아 있다.

모스크바를
오가며

1961년에 우리 가족은 또 한 번 딜레마에 봉착했다. 라이사가 사회과학 재교육 연수 프로그램에 참석하기 위해 키예프로 가게 된 것이다. 아내는 농업연구소의 마르크스-레닌주의 부서에서 일하고 있었는데, 비교적 자리를 잡은 편이었다. 교수로서의 평판도 좋았고, 이제 자신의 실력을 한 단계 더 높일 시기가 온 것이었다. 많은 교수들이 키예프에서 열리는 재교육 연수에 참가하고 있었다. 라이사는 네 살 난 딸을 두고 떠나고 싶지 않았지만 다른 방도가 없었다. 그래서 몇 달 동안 아이를 프리볼노에의 할머니 댁에 맡기기로 했다.

라이사는 키예프에 가 있는 동안 수시로 내게 아이한테 자주 가 보라고 했다. 하지만 나도 업무가 바빠 자주 돌아볼 처지가 못 되었다. 한번은 부모님 댁에 갔는데, 딸이 수두를 앓고 있었다. 얼굴이 뾰루지로 뒤덮인 것을 보고 나는 깜짝 놀랐다. 라이사에게 편지를 쓸까 하다가 그만 두었다. 나중에 다시 프리볼노에로 갔을 때 이리나는 다행히 완치돼 있었다.

여러 해가 지난 뒤에 우리는 이리나를 프리볼노에에 맡겨놓은 그 기간에 할아버지와 할머니가 아이에게 세례를 받게 했다는 사실을 알게 되었다. 왜 우리 모르게 그렇게 했을까? 당시 공산당원은 세례식과 결혼식이나 장례식 같은 교회에서 열리는 의식에는 참석이 금지돼 있었다. 이를 어기는 사람은 당원 자격을 박탈당할 수 있었다.

그해에 나는 소련공산당 제22차 당대회에 참석했다. 생전 처음으로 당대회에 참석한 것인데, 그것도 대의원 자격으로 참석했다. 나는 쿨라코프에게 출장길에 키예프에 들러 아내를 만나볼 수 있도록 이틀 먼저 스타브로폴을 출발할 수 있도록 허락해 달라고 부탁했다. 아내를 못 본 지가 벌써 여러 달째였다. 쿨라코프가 힘써 준 덕분에 나는 처음으로 키예프 여행을 하게 되었다. 따뜻한 '인디언 썸머'가 계속되는 10월 중순 어느 날이었다. 도착해서 호텔을 잡은 다음 아내를 만나러 갔다. 사흘 내내 아내와 내 호텔에서 같이 지내고 싶었지만 그렇게 하지 못했다. 소비에트 권력은 모든 일을 통제했다. 유치원에서부터 당중앙위원이나 대의원이 묵는 호텔까지 예외가 없었다. 라이사는 키예프에 임시 거주 허가를 받고 왔기 때문에 내가 묵는 호텔에 같이 묵을 수 없다는 것이었다. 나는 불같이 화를 냈다. 내 신분을 밝히고, 당대회 참석차 모스크바로 가는 길에 이곳에서 교육 받고 있는 아내를 보려고 들른 것이라는 사실을 모두 이야기했다. 지금 생각해 보니 아마도 그자들이 뇌물을 바라고 그런 말을 했을 거라는 짐작이 들지만, 그때는 그런 생각을 전혀 못했다. 나는 우크라이나 콤소몰 제1 서기인 유리 엘첸코에게 부탁해 그 문제를 해결했다.

라이사와 나는 같은 호텔방에서 행복한 사흘을 보냈다. 몇 년 만에 만나는 것처럼 반가웠다. 크레시차티크 거리와 블라디미르 언덕을 함께 걸었고, 라이사가 쓰는 대학 구내 기숙사도 가 보았다. 딸 이리나 이야기를 제일 많이 했고, 아이가 수두에 걸렸지만 이제는 다 나았다는 이야기도 해 주었다.

마침내 나는 제22차 당대회에 참석하기 위해 모스크바로 출발했다. 당대회의 핵심 의제는 개인숭배 비판이었다. 그리고 20차 당대회에서 행한 흐루시초프의 연설 내용을 추인하고, 20차 당대회 정신을 재확인하는 것이었다. 하지만 우리를 긴장시킨 것이 하나 있었는데, 당 서열 1위에 대한 찬양 분위기였다.

전국에 이름이 알려진 유력 인사들이 뒤질세라 흐루시초프 찬양에 나선 것이었다. 아제르바이잔 공산당 제1서기 V. 오쿤도프는 흐루시초프의 연설을 '강력한 심포니' 같다고 했다. 우즈베키스탄 공산당 제1서기 샤라프 라시도프는 흐루시초프를 '삶의 핵심을 꿰뚫어 보는 혜안을 지닌 탁월한 레닌주의자, 열렬한 평화의 수호자'라고 불렀다.

나 같은 일반 대의원들은 어떤 반응을 보여야 하나? 불편한 기분이 들었지만 우리는 그저 따라서 박수를 쳤다. 인간의 기억은 변덕스럽고, 언론에 의해 조종될 때는 특히 더 그렇다. 모두들 니키타 흐루시초프가 신발 한 짝을 벗어 들고 유엔총회장 단상을 두드리던 모습을 기억한다. '옥수수 소동'도 그런 유의 이야기이다.(1950년대 말에 흐루시초프는 미국 아이오와주의 옥수수 농장을 방문하고 와서 소련 전역에 옥수수 심기 운동을 벌였다.) 하지만 역사는 흐루시초프가 스탈린의 개인숭배를 비판한 사실을 결코 잊지 못할 것이다.

흐루시초프의 정책은 역사와 세계 정치에 엄청난 파장을 가져왔다. 소련 공산정권의 상징이던 스탈린을 비판한 것은 우리 사회의 암울한 모습과 당시 진행되던 권력투쟁의 뒤틀린 단면을 겉으로 드러내 보여 주었을 뿐만 아니라, 기본적인 법치마저도 지켜지지 않은 소비에트 권력의 부끄러운 실상을 그대로 보여주었다. 스탈린 비판은 전체주의적인 소비에트 시스템을 본질적으로 부정하고, 변화에 대한 희망을 불러일으켰다. 그리고 정치와 경제, 지식인 사회와 문화계에 새로운 변화의 불씨를 안겨주었다. 이런 점은 흐루시초프와 당시 그를 지지한 사람들의 공적이다.

스탈린 비판은 흐루시초프가 소련 역사에서 행한 모순적인 역할을 극명하게 보여주는 사건이다. 한편으로 그는 진행 중인 역사의 흐름에 맞서는 용기와 결단력, 능력을 보여주었다. 하지만 다른 한편으로 그의 정치적 사고는 틀에 박힌 고정관념에 사로잡혀, 자신이 맞서 싸우고자 하는 현상의 밑바닥에 흐르는 근본적인 원인을 있는 그대로 드러내 보이기를 주저했던 것이다.

흐루시초프는 전체주의의 근본적인 문제를 깊이 파들어 가겠다는 의사가 없었고, 그럴 능력도 없었을지 모른다. 왜냐하면 그것은 자신이 신봉해 온 도그마를 한쪽으로 치워 버리는 것을 의미하기 때문이다. 그럼에도 불구하고, 내가 보기에 흐루시초프는 자신이 처한 상황에서 엄청나게 멀리 나간 것이었다. 대단히 이중적인 성격을 가지고 있음에도 불구하고, 그는 스탈린 비판에서는 일관된 입장을 유지했다. 그렇다고 해서 그가 당의 역할에 도전한 것은 결코 아니다. 그는 단지 당을 현대화하고, 모든 면에서 당의 독점적인 권한을 축소시키려고 했을 뿐이다. 하지만 그 과정에서 엄청난 저항에 부딪쳤고, 그 때문에 결국 물러나게 됐다.

이 이야기를 쓰다 보니, 우리도 페레스트로이카 과정에서 흐루시초프의 경험을 좀 더 참고했으면 좋았을 것이라는 생각이 든다. 1964년 '궁정 쿠데타'를 통해 흐루시초프를 실각시킨 것을 정당화하는 주장들은 넘쳐날 정도로 많다. 하지만 솔직히 말해 당시 그를 몰아낸 장군과 관료들은 '국민을 위해서'라는 명분을 내세웠지만, 사실은 권력을 장악하려는 욕심에서였다. 소련공산당 중앙위는 1957년에 흐루시초프가 '반당 그룹'에 도전할 때 그를 지지했다. 흐루시초프는 1964년 10월 바로 이 반당 그룹의 손에 의해 쫓겨나게 된다.

당대회가 끝나자 공산주의 건설 계획을 소재로 한 우스갯소리들이 나돌기 시작했다. 첫 번째는 이런 내용이다. 공산주의 건설을 주제로 한 대중 강연이 끝나고, 어떤 노파가 다른 사람을 따라 박수를 치고 나서는 강연자에게 이렇게 물었다.

"이제 곧 다른 도시로 갈 때 비행기를 타고 가나요?"

"그렇습니다."

"와, 그거 잘됐네."

"왜 그러시는지요?"

"이제야 버터, 고기 같은 것을 파는 곳으로 비행기를 타고 가서 살 수 있게 됐지 않소."

다른 조크에서는 어떤 늙은이가 등장한다.

"멋진 연설이었소. 이제 우리 같은 늙은이들은 공산주의가 도래하는 걸 볼 수 있겠구려. 질문 하나만 합시다. 연설 말미에 '공산주의의 새벽이 이미 지평선 너머에서 시작되고 있다'고 했는데, 정확하게 지평선이란 게 무엇이요?"

연설자의 대답이다.

"하늘과 땅이 맞닿는 가상의 선입니다. 그런데 그 지평선은 사람이 가까이 가면 계속 뒤로 물러나지요."

노인은 이렇게 대답했다.

"이제야 무슨 말인지 알겠구먼."

표도르 쿨라코프와 라이사

쿨라코프는 스타브로폴 지방에서 일한 지 겨우 4년밖에 되지 않았다. 그는 나이 42세에 스타브로폴 지방당 제1 서기로 선출되었는데, 이후 사람들에게 아주 좋고 훈훈한 기억을 남기는 일을 많이 했다. 그는 당 관료와 경제 운영 관리들의 생활과 활동에 새로운 기준을 제시했다. 그리고 본인 스스로 열심히 일하고, 능력도 발휘했다. 그는 매사에 정확하면서도 부드러웠다. 다른 사람이 친절을 보이면 감사할 줄 알고, 어려움에 처한 사람을 보면 마음 아파했다. 그러면서도 일을 태만하게 하는 것을 보면 그냥 넘어가지 않았다.

나는 지역 전체에서 모인 800명의 당 활동가들 앞에서 직접 그를 겪어 보았다. 그는 사람들 앞에서 스타브로폴 인근 3개 구역의 농업 업무를 담당하고 있는 나와 내 동료들이 하는 일을 신통치 않다는 식으로 이야기했다. 내가 담당하는 지역은 크게 성장을 기록한 곳이고, 더구나 스타브로폴과 가깝기 때문에 일하기 쉬운 곳이 아니었다. 스타브로폴의 산업이 회복함에 따라, 많은 이들이 도시로 옮아갔고, 그래서 농업에 종사할 인력, 특히 젊은 인력이 크게 부족했다.

우리가 하는 일에 대한 쿨라코프의 비판은 공정치 못했다. 내게 반박할 기회도 주지 않았고, 그래서 나는 심기가 매우 불편했다. 집으로 돌아오는 길에 평소의 나답지 않게 아무 말 없이 혼자 생각에 빠져 있는 것을 보고 동료인 블라디미르 샤킨이 말했다.

"기분이 안 좋아 보이는군."

"그 사람이 왜 많은 사람들 앞에서 나를 비판했는지 이유를 모르겠어요."

나는 공직생활을 하는 동안 쿨라코프의 신세를 많이 졌다. 그가 공개적인 자리에서 나를 비판한 것도 의도가 있어서 그랬을 것이라고 생각한다. 사람들 앞에서 나를 비판한 것은 내게 좋은 자극이 되도록 하고, 다른 사람들에게는 본보기를 보여주려는 의도였을 것이다. 나보다 스물네 살이나 위이고, 훨씬 더 현명한 샤킨은 쿨라코프가 내게 그렇게 한 이유에 대해 이렇게 말했다.

"명심하게. 만약 그때 자네한테 반박할 발언권을 주었더라면, 자네는 지방 당 제1서기와 논쟁을 시작했을 것이고, 그랬으면 결말이 어떻게 났겠나? 쿨라 코프는 자네 성격을 알기 때문에 자네한테 발언할 기회를 주지 않은 거야. 그 리고 미하일, 우리 당에서는 지방당 제1서기가 과오를 범한다는 것은 상상할 수도 없는 일이네. 자네는 지방당 서기국의 후보위원이기는 하지만, 그래도 아직 젊은 사람이야. 자네는 일을 제대로 한 것이네. 하지만 현실이 그런 것이 니 너무 걱정 말게."

그 말을 들으니 더 분통이 터졌다.

"여보시오, 동지도 젊은 날이 있었을 텐데. 정말 말도 안 되는 소리를 하는 군요."

그럼에도 불구하고 쿨라코프는 열심히 일하는 젊은 일꾼들에게 잘 대해주 었고, 그들을 지원하고 격려해 주었다. 쿨라코프가 스타브로폴 지방에서 일한 4년 동안, 나는 2년을 지방당 조직부장으로 그의 곁에서 일했다. 긴밀한 관계 를 유지했고, 때때로 그는 분수에 넘치는 임무를 내게 여러 번 맡겼다. 그를 수행해 지역순방을 하면서 많은 것을 배웠다.

그는 일반 국민은 물론, 전문가, 관리들과 소통하는 법을 알았으며, 무슨 문 제든 금방 핵심을 파악했다. 원래 천문학을 배운 인물이지만 사물의 핵심을 파악하는 타고난 능력을 갖고 있었다. 물론 그도 약점이 있었지만, 사람들은 그것을 크게 문제 삼지 않았다. 내가 보기에 그는 고위급 인사들, 특히 자신의

고르바초프와 라이사 부부(1986년)

1950년에 찍은 고르바초프 가족. 부모와 본인, 그리고 동생 알렉산드르

모스크바대학생 시절 (1951년). 당시 고르바초프는 고향 스타브로폴에서
최초의 모스크바대학생이 되었다며 대단한 긍지를 가졌다.

라이사와 딸 이리나(1961년)

첫딸 이리나를 라이사가 안고 있다. 오른쪽은 친정어머니 알렉산드라(1957년)

스타브로폴 지방 제1서기로 활동하던 시기의 고르바초프

스타브로폴 프리볼노에 8년제 중학교 졸업생들과 함께 찍은 사진. 맨 윗줄 왼쪽에서 첫 번째가 고르바초프(1947년)

휴양지에 함께 간 고르바초프 부부와 그의 최대 정치적 후견인인 안드로포프 KGB 의장(1976년)

안드로포프 KGB 의장이 스타브로폴 휴양지에서 고르바초프 부부의 사진을 찍어주고 있다.(1976년)

스타브로폴 지방을 방문한 코시긴 총리가 고르바초프와 만나고 있다. (1970년)

카자흐스탄 처녀지 개간 20주년 기념행사에 참석한 브레즈네프 서기장. 사진 왼쪽에 당시 지방당 제1서기 고르바초프(1974년)

1985년 2월 24일 실시된 러시아 공산당 최고회의와
인민대의원대회 선거 투표장에 나온 고르바초프와 외손녀 제냐.

1984년 12월 소련 의회 대표단을 이끌고 영국을 공식 방문한 고르바초프 부부가 대처 총리와 기념촬영을 하고 있다.

1985년 5월 16일 레닌그라드를 방문한 고르바초프 부부가 시내 백화점 매장을 둘러보고 있다.

고르바초프와 미테랑 프랑스 대통령이 파리에서 정상회담을 마치고 공동기자회견을 하고 있다.(1985년 10월 4일)

이너서클과 지나치게 긴밀하게 지내는 경향이 있었다. 측근들과 요란한 술자리를 갖는 등의 문제가 있었다. 하지만 보스 직책을 맡으면서 그런 일도 자제했다. 사실 지방과 지역당의 제1서기들은 차르 부럽지 않은 권한을 누렸다. 지금의 주지사보다 훨씬 더 막강했다. 서기장과 정치국원들과 좋은 관계를 유지하도록 주의하기만 하면 됐다. 서기장과 정치국이 지방, 지역당 제1서기 임명권을 갖고 있기 때문이었다. 그리고 제1서기들은 서기장과 정치국원들의 가장 핵심적인 정치적 발판이 되었다. 정치국 후보위원들이 지방, 지역 당위원회 전체회의에서 지지를 받지 못하는 경우는 한 번도 보지 못했다. 벨로루시 공산당에서 소련공산당 정치국이 추천한 후보위원을 거부한 일이 한 번 있었는데, 당시 벨로루시 공산당에는 제2차 세계대전 때 빨치산 운동을 한 전쟁영웅들이 많아서 그럴 배짱이 있었던 것이다.

지방당 관료들은 지방 곳곳을 순방하는 데 많은 시간을 보냈다. 그들의 주임무는 경제, 사회, 문화 분야를 비롯해 당 조직 안에서 벌어지는 모든 일을 감독하는 것인데, 나도 그게 불필요한 일이라고는 생각지 않았다. 사정을 제대로 파악해야 조직을 움직이는데 필요한 조치들을 취할 수 있기 때문이다. 그리고 필요한 조치는 신속하게 취해져야 한다. 애로사항이 있으면 해소해 주고, 잘못된 정책은 바로잡고, 필요한 인물을 적재적소에 배치하는 일 등이다.

물론 사람들을 믿고, 뒤에서 지원해 주는 것도 직접 나서서 문제를 처리하거나 사람을 교체하는 것 못지않게 효과적인 방법일 수 있다. 내 경험으로는 사람들을 믿고 맡기는 방법이 실질적인 효과 면이나, 리더십 스타일 면에서 더 나은 결과를 가져다주었다. 사람들은 두려움 때문에 일하는 게 아니라, 그렇게 하는 게 자신이 할 도리라고 믿을 때 제대로 일을 한다. 나는 당 활동을 하면서 이처럼 사람들을 믿고 맡기는 방식을 선호했다.

표도르 쿨라코프는 비밀리에 당중앙위에 불려가는 지방, 지역당 서기 그룹의 일원이었다. 이들은 당중앙위 간부회의가 소집되어, 흐루시초프 축출방안을 논의할 때 크렘린 인근에서 대기했다.

1964년에 쿨라코프가 소련공산당 중앙위로 전보되어 간 다음에도 우리는 좋은 관계를 유지했다. 그런데 쿨라코프와 우리 가족이 연루된 사건이 있었다. 당시 당 관료들 사이에 흔히 있던 인간적인 약점과 관련된 사건이었다.

앞서 말했듯이 나는 지역 내 여러 곳으로 출장을 많이 다녔는데, 큰 경제 프로그램과 관련된 출장은 한두 주일 걸리기도 했다. 그런 장기 출장에서 돌아오면 나는 지방 당위원회에 바로 보고하지 않고, 집에 들러 얼른 샤워를 하고, 일단 한숨 돌리는 것부터 먼저 했다. 출장 결과를 일단 선별해 정리하고, 무엇보다도 부족한 잠부터 먼저 보충하고 싶었기 때문이다.

라이사는 어느 날 출장에서 돌아온 나에게 이것저것 물어 보았다. 내 말을 한참 듣고 나더니 갑자기 이렇게 말했다.

"뉴스가 좀 있어요."

"뉴스라니?"

"나와 관련된 뉴스에요."

"무언데?"

여름이었고, 아내는 외출준비를 하고 있었다.

"표도르 쿨라코프가 전날 내게 전화를 했어요."

"그래? 무슨 말을 했는데?"

"자기와 데이트를 하자는 거예요."

"말도 안 되는 소리!"

"나는 이렇게 말했어요. '무슨 말씀이세요? 표도르 다비도비치. 우리 부부를 잘 아시는 분이…' 라구요."

"'알고 있소', 쿨라코프는 이렇게 말했어요. '당신 부부 관계는 그대로 유지하면 될 거 아니요?'"

"'우리는 그런 부부가 아닙니다.' 이렇게 말하고 전화를 끊었어요."

"재미있군. 왜 그랬는지 그 사람한테 한번 물어봐야겠네."

"그러지 말아요. 그 사람한테는 내 생각을 분명히 밝혔고, 당신한테도 이제 말했으니, 더 이상 문제 삼을 게 없는 일이에요."

나중에 기회를 봐서 쿨라코프에게 물었다.

"라이사에게 전화하셨습니까?"

그는 잠시 뜸을 들이더니, 이렇게 둘러댔다.

"자네한테 볼 일이 있었어. 자네가 돌아온 걸로 생각했거든. 출장 결과에 대해 듣고 싶었거든."

이 이야기는 처음 공개하는 것이다. 다리 밑으로 수많은 물이 흘러갔고, 표도르 쿨라코프도 이제 이 세상 사람이 아니다.

흐루시초프 숭배자 에프레모프

쿨라코프가 당중앙위원회로 전보되어 가자, 누가 후임 지방 당위원회 제1서기가 될지가 관심사로 떠올랐는데, 레오니드 에프레모프가 후임으로 왔다. 당중앙위 전체회의에서 그의 임명을 승인했다. 그는 당과 국가 조직에 이름이 널리 알려진 인물이고, 여러 해 동안 지금은 사마라로 이름이 바뀐 쿠이비세프에서 지방 행정위원회 의장과 제2서기로 일했다. 쿠르스크와 고리키(지금은 니즈니-노브고로드로 이름이 바뀜)에서는 지방당 제1서기로 일했다. 그는 1962년에 소련공산당 중앙위 러시아 담당 부서의 제1부위원장이 되었다. 위원장은 흐루시초프가 직접 맡았지만, 일상 업무는 에프레모프와 키릴렌코 등 두 명의 부위원장이 맡아서 했다. 두 사람은 같은 서열이었고, 두 명 모두 소련공산당 중앙위 간부회의 위원이었다.

에프레모프는 1964년의 '궁정 쿠데타'에 가담하지 않았다. 그는 나중에 내게 말하기를, 자기는 그때 울란우데 출장 중이었는데 그 일이 일어났다고 했다. 그는 당중앙위 소집 통보를 듣지 못했고, 나중에 그 사실을 알고 급히 공항으로 달려갔는데, 무슨 일인지 비행기 출발이 연기되었다는 소식을 들었다고 한다. 물론 누군가가 의도적으로 출발을 지연시킨 것이었다. 에프레모프는 충실한 흐루시초프 지지자로 알려져 있었기 때문이다. 쿠데타가 일어나기 얼마 전에 흐루시초프는 일부 지방 순시를 했는데, 그때 에프레모프가 수행했다. 그 순방을 기록한 다큐멘터리 필름을 보면 레오니드 에프레모프가 니키타 흐루시초프 뒤에 계속 어른거리는 모습을 볼 수 있다. 그 필름을 기억하는 사람이 많았던 것이다.

누군가가 볼 일이 있어 에프레모프의 사무실에 들르면, 책상 위에 가지런히 정리해 놓은 흐루시초프의 연설 모음집을 보여주며 책에 있는 흐루시초프의 발언을 죽 나열한다는 말이 있었다. 책에는 곳곳에 북마크가 되어 있고, 밑줄이 그어져 있다고 했다. 그는 방문자에게 이런 말을 늘어놓았다.

"이 부분은 흐루시초프 동지가 이 문제에 대해 말한 것이오. 그가 시키는 대로만 하시오."

에프레모프 자신의 입으로 한 말에 따르면, 그는 모스크바로 귀환하자마자 곧바로 흐루시초프 비판에 가담했다. 하지만 미코얀과 함께 그는 흐루시초프가 당제1서기 직은 그대로 유지하기를 바랐다. 흐루시초프 실각 후 당중앙위 간부회의는 그의 입장에 대해 그런 평가를 내렸고, 그래서 그를 당중앙위 간부회의 후보위원으로 강등함과 동시에 스타브로폴로 내보내기로 한 것이었다. 1964년 11월에 소련공산당 중앙위 전체회의는 산업별 당 조직과 지방, 지역별 당 조직을 통합하는 결의안을 통과시켰다. 그래서 그해 12월 1일을 기해 에프레모프는 스타브로폴 지방을 총괄하는 통합 서기국의 수장이 되었다.

이후 정신없이 바쁜 몇 주가 이어졌다. 모두들 살아남기 위해 사력을 다했다. 단순히 자리를 보존하고, 개인의 이익을 지키는 차원이 아니라, 권력을 쟁탈하기 위한 싸움이었다. 당의 운명 따위는 안중에도 없었다.

에프레모프는 농촌담당 당위원회 조직부장 직책을 갖고 있던 나를 불러 통합당위원회에 배치할 인사들을 천거해 달라고 했다. 내가 작성해 간 명단을 훑어보고는 내 이름이 빠진 것을 보고 놀라며 물었다.

"자네는 어떤 자리를 원하나?"

나는 시 또는 구역으로 돌아가고 싶다고 대답했다.

"좋아, 한번 두고 보세." 에프레모프는 이렇게 말하고는 내가 제출한 서류들을 갖고 모스크바로 가라고 했다. 모스크바에 도착해 당중앙위 조직부로 가자, 그곳 사람들이 내게 이렇게 말했다.

"에프레모프 동지가 전화를 걸어와서 이곳 업무를 시작하기 전에 반드시 자기한테 전화를 걸어달라고 하셨습니다."

나는 그에게 전화를 걸었다.

"아직 아무도 만나지 않았겠지?" 에프레모프는 다짜고짜 이렇게 물었다.

"좋았어. 아주 잘했네. 자네가 스타브로폴 시 당서기를 맡기로 우리가 합의했다는 사실을 명심하게."

"그거야 그야말로 내가 원하는 바죠." 나는 이렇게 대답했다.

대화를 마친 다음에 나는 새로운 후보들에 대한 승인을 얻기 위해 찾아다녔다. 그날 저녁 늦게 에프레모프의 전화를 다시 받았다.

"물론입니다. 동지와 같이 일하고 싶다고 이미 말씀드렸지 않았습니까."

"아니, 그 말이 아니야. 내 말을 이해 못하는군." 그는 내 말을 가로막은 다음 계속했다. "자네한테 스타브로폴 지방당 조직부장을 맡길 거란 말일세."

"예?"

"자네도 알잖아. 지금 조직이 엉망이네. 사분오열되어서 말이지…"

지방당 사무실에서 어떤 일들이 벌어지고 있는지, 아파라치키들이 에프레모프에게 어떤 압박을 가하고 있는지 나도 상세히 알고 있었다. 그는 그 사람들과 만나기만 하면 흔들리는 모습을 보였다.

"레오니드 니콜라예비치." 그럴 때마다 나는 그를 격려했다. "제발 그러지 마세요. 흔들리면 안 됩니다. 물러서면 안 돼요."

"알았네." 그러면 에프레모프는 내 말을 가로막으며 이렇게 말했다. "이미 끝난 일이네. 모두들 나를 지지하기로 약속했네."

1964년 12월 22일에 에프레모프는 스타브로폴 지방당 제1서기로 선출됐다. 지방의 산업 담당 당위원회 제1서기였던 보센코는 제2서기로 선출됐고, 나는 간부회의 위원으로 당 기구를 총괄하는 조직부장을 맡았다.

에프레모프와 일을 같이 하면서, 그를 차츰 알게 되었고, 점점 더 가까운 사이가 됐다. 그는 정치적 식견이 풍부하고 박식하며, 상당히 세련된 매너를 가진 사람이었다. 그는 두말할 필요 없이 대단히 탁월한 사람이지만, 그러면서도 체제가 만든 사람이고, 노련한 아파라치키였다. 그런 면에서 여러 해 동안 그와 함께 일한 것은 내게 아주 소중한 경험이었다. 어떤 점에서 소중했느냐고?

에프레모프는 지방으로 좌천되어 왔기 때문에 맺힌 게 많았다. 그래서 그는 일부러 일에 파묻혀 지내려고 애를 썼는지도 모른다. 그러면서 새 지도자 브레즈네프가 언젠가는 자신을 모스크바로 불러올릴 것이라는 환상을 품고 살았다. 그래서 초기에는 스타브로폴 지방의 일보다 중앙에서 벌어지는 일에 더 관심을 많이 가졌다.

그의 방에 갈 때는 반드시 전화를 먼저 하고 들어갔는데, 한번은 사전 통고 없이 사무실로 찾아갔다. 그는 책상 앞에 앉아 양손으로 턱을 고인 채 가만히 정면을 주시하고 있었다. 내가 책상 앞으로 다가가 자리에 앉았는데도 낌새를 모른 채 마냥 생각에 잠겨 있었던 것이다.

"레오니드 니콜라예비치, 왜 그러십니까?" 나지막한 소리로 물었더니, 그는 최면상태에서 막 벗어난 사람처럼, 혼잣말로 이렇게 중얼거렸다.

"왜 그러느냐고? 나는 키릴렌코를 지지했는데, 그 사람은 나를 위해 단 한마디도 거들지 않았더군."

"죄송합니다만 무슨 말씀을 하시는지 모르겠습니다." 나는 이렇게 대꾸했다.

그제서야 그는 환상에서 깨어난 듯, 가볍게 웃어 보이며 한손을 들어 별일 아니라는 제스처를 해보였다.

"신경 쓰지 말게…1964년 10월 당중앙위 간부회의 때 일을 잠깐 생각했어. 살다 보면 별 일을 다 겪게 된다네, 미하일."

4

지방당 서기가
되다

에프레모프는 대단히 초초한 마음
으로 제23차 당대회가 열리기를 기
다리고 있었다. 그는 자신이 당중앙위 간부회의 후보위원으로 재선출되리라
는 기대를 버리지 못하고 있었다. 그래서 당대회장에서 강렬한 인상을 심어주
고 싶었다.

하지만 기적은 일어나지 않았고, 에프레모프는 발언권조차 얻지 못했다. 지
방당 서기로서 당중앙위원 자격은 유지했지만, 더 이상은 기대할 게 없었다.
그러자 그는 스타브로폴 지방의 문제들을 해결하는 데 신경을 집중했다.
1955년부터 1970년대까지는 엄청나게 힘든 시기였다. 나와 라이사도 정말
힘든 시간을 보냈다. 생활도 힘들었지만, 각자 하는 일에서도 입지를 굳히기
위해 필사적인 노력을 해야 했다. 나는 청소년 정책을 수행하는 일에 7년을
보냈고, 많은 것을 배웠다. 청소년 정책 분야에서 두각을 나타내는 사람은 본
격적인 정치 무대에서도 성공할 것이라는 추론이 가능했다.

이후 8년 동안 나는 당 조직에서 다양한 직책을 수행했다. 그러한 경험이 없었으면 결코 당서기장 자리까지 올라갈 수 없었을 것이다. 당 조직에서의 활동은 그 정도로 소중한 경험이었다. 라이사는 대학에서 강의하며 비교적 순탄하게 나아갔다. 그녀가 가진 단순한 목표의식, 거기다 나의 지원이 합쳐져서 그녀를 성공으로 이끌었다. 아내는 박사학위 논문제출 자격시험을 통과하고, 철학 박사학위 논문을 썼다. 그리고 대학원 과정을 밟은 모스크바 사범대에서 논문심사를 무사히 통과했다.

당시는 소련에서 사회학이 여러 해 동안 금기시돼 오다 레닌그라드의 오시포프와 야도프 교수, 두 사람의 노력으로 다시 르네상스를 맞이한 시기였다. 1967년에 철학박사 학위를 받은 라이사는 그로부터 몇 년 뒤에는 고등교원심사위원회로부터 조교수에 해당하는 도센트 자격을 부여받았다.

출세의 사다리를 조금씩 위로 올라가면서 우리의 생활도 바뀌었다. 제대로 된 집도 생기고, 경제 형편도 나아졌다. 10년을 일한 끝에 나의 봉급은 월 300루블이 되었고, 라이사의 월급은 박사학위를 받고 강사가 되면서 280루블로 올랐다. 그리고 도센트가 되고 나서부터는 나보다 많은 320루블을 받았다. 당시 기준으로는 꽤 높은 월급이었다. 우리는 가구를 사고, 비싼 옷도 사 입기 시작했으며, 먹는 것도 나아졌다.

그러는 동안 우리 가족의 제일 작고 제일 소중한 구성원도 쑥쑥 자랐다. 우리는 친구 집에 가거나 제일 큰 취미인 시골길을 걸을 때도 반드시 딸을 데리고 다녔다. 우리 부부는 친구를 좋아했는데, 특히 알렉산드르 부디카 부부, 미하일 바르샤프스키 부부와는 30년 넘게 친구로 지냈다. 두 부부 모두 1953년 9월에 열린 소련공산당 중앙위 전체회의를 통해 흐루시초프가 2만 명이 넘는 산업 전문가를 농업 분야에 파견하는 결정을 내림에 따라 스타브로폴로 왔다.

나중에 나는 알렉산드르 부디카를 소련공산당 중앙위 농업부에서 일하도록 불러들였다. 그는 유능한 사람이어서, 나중에 주위의 추천으로 중요한 직책인 밀 생산 및 가공부 장관으로 발탁되었다.

아내의 박사논문이 통과된 것과 같은 해인 1967년에 나는 농업대학 농경제학부를 졸업했다. 입학은 1961년 쿨라코프의 권유로 했다. 당시 농촌의 지방당위원회는 농업인력 육성 운동을 벌이고 있었다. 통신교육을 받으라는 권유도 있고 해서 농경제학부의 통신교육생으로 등록했던 것이다. 첫해에는 교육 프로그램이 제대로 짜이지 않아서 농업과 경제학을 절충시킨 교육을 받았다. 공부할 게 많았고, 나는 열심히 하는 학생이었다. 쿨라코프의 권유를 받아들인 건 잘한 일이었다. 당시 나는 경제학에 관심이 아주 많았다. 그래서 그동안 열심히 했던 철학, 국가론, 법학은 잠시 제쳐두었다.

그것은 내 인생에 또 한 번의 중요한 계기가 되었다. 너무 바쁘게 지내다 보니 텔레비전은 일부러 사지 않았다. 당시 나는 매일 새벽 5시면 일어나 숙제하고 농경제학의 기초개념을 공부했다. 7시가 되면 가족을 깨웠다. 라이사와 딸애는 잠이 많아 깨워주지 않으면 못 일어났다. 8시에 아침을 먹고 출근했다. 점심 먹으러 집으로 오지는 않았고, 점심은 건너 뛸 때가 많았다. 그러다 저녁 9시나 10시 쯤 퇴근해 흐느적거리며 집으로 돌아오면 과식을 하기 일쑤였다.

얼마 안 가 체중이 늘고 있다는 사실을 알았다. 1971년에 나는 벌써 지방당 서기가 되었다. 그해 우리 부부는 다른 당중앙위원 몇 명과 함께 이탈리아로 휴가를 갔다. 나는 스파게티를 너무 좋아해 체중이 계속 늘었다. 하루는 거울을 보고 놀라 자빠질 뻔했다. 체중을 줄이기로 결심했고, 첫해에 10kg, 이듬해에 7kg, 그 다음 해에는 3kg, 이렇게 해서 3년 만에 20kg을 줄이기로 목표를 세웠다. 다시 날씬해지긴 했지만, 시간은 계획보다 좀 더 걸렸다.

토요일에도 거의 일을 했다. 시간이 나면 우리는 교외로, 스타브로폴 고원의 중심에 있는 스트리자멘트산이나 네데레마나야산으로 나갔다. 보통은 우리 부부와 이리나, 이렇게 셋이 나갔고, 가끔 친구들과 함께 갔다. 20~25km씩 걸을 때도 있었는데, 그렇게 하고 나면 완전히 녹초가 되었다.

나는 서기장이 되고 대통령이 된 다음 최상의 건강관리 시스템을 만들었다. 모스크바에서 활동하는 내내 몸무게가 대학 졸업 때보다 불과 3kg밖에 더 나가지 않았다. 규칙적으로 일하고 운동을 하니 몸무게도 유지되고, 힘든 업무 스케줄도 문제없이 소화해 낼 수 있게 되었다. 학생시절, 그리고 스타브로폴에서 일할 때 규칙적인 식사를 하지 못한 탓에 위궤양이 생겼지만 크게 악화되지는 않았다. 대학 재학 시절에는 구내식당에서 식사를 한 적이 한 번도 없고, 대신 쉬는 시간에 길에서 파는 샌드위치나 파이의 일종인 피로쉬키로 점심을 때웠다. 처음에는 위염을 앓다 나중에 위궤양으로 발전했다. 그냥 넘길 문제가 아니라는 생각이 들어, 오트밀 죽과 포리지 죽을 먹기 시작했다. 그리고 코카서스 지방에 있는 유명한 건강 휴양지인 젤레즈노보드스크와 에센투키로 가서 쉬기도 했다. 마흔 살이 되자 나는 건강을 완전히 되찾았다.

체제의
틀 안에서

지방의 수도에서 일하는 것은 보통 힘든 일이 아니었다. 지방 중심지라고는 하지만 1960년대 초까지는 거의 개발이 안 된 곳이었다. 막 개발을 시작한 지방이라 주택 문제는 물론이고, 상하수도 시설을 비롯한 도시 인프라 등 해결해야할 문제들이 한두 가지가 아니었다. 스타브로폴은 오랫동안 변방이었다. 그러다 보니 청년실업과 같은 사회문제들이 심각했다. 청년들은 일자리를 찾아 큰 도시로 떠났다.

하수시설도 안 돼 있었다. 언덕이 많은 지형은 농업에는 좋지만 큰 비가 오면 침수지역으로 변해 큰 문제였다. 새로 지은 고층 아파트 단지에만 상수도 시설이 갖추어졌고, 주민 대부분은 바깥에 있는 펌프로 물을 길어다 먹거나, 식수 보급망을 통해 물을 구해 썼다. 식수 보급 체계도 제대로 갖춰진 것은 아니었다. 개인 주택이 계속 늘어났지만, 스타브로폴 당국에서는 사실상 아무런 조치도 취하는 게 없었다.

제23차 당대회에서는 러시아 인구 대부분이 살고 있는 중소 규모 도시를 본격 개발한다는 것을 전국적인 목표로 내세웠다. 의회에서는 중소 규모 도시 건설에 박차를 가하도록 강력한 뒷받침을 했다. 스타브로폴의 지리적 위치는 중요한 요소였다. 남부지방의 기후와 훌륭한 자연 조건을 갖추고 있어 많은 정부 부처와 사람들이 이곳으로 모였다.

여기에는 지방당 제1서기인 에프레모프가 큰 역할을 했다. 그는 노련한 경제전문가로, 모스크바의 중앙 관료들을 많이 알고, 그들과 직접 접촉할 수 있는 사람이었다. 브레즈네프 서기장도 에프레모프를 대단히 높이 평가했는데 그게 중요한 점이었다.

당위원회에서도 변화의 바람을 느낄 수 있었다. 우리는 도시 개발을 위한 25년 마스터플랜을 만들어서 모스크바의 승인을 받았다. 마스터플랜에서는 도시를 산업지역과 특별 개발지역, 주택지역으로 나누었다. 특별 개발지역은 도시를 농업 특성 지역으로 만든다는 구상이었다. 그리고 문화, 교육, 스포츠

시설은 도심에 배치하도록 했다.

나는 시당 서기가 되어 열심히 일했고, 나름대로 재량권도 있었다. 예를 들어 도심에 현대식 공중화장실을 지으려면, 시 소비에트가 나서서 모스크바의 허락을 받아야 했다. 도시 개발 마스터플랜은 우연히도 중소 규모 도시 개발에 관심이 많은 산업 지역 투자계획과 딱 맞아떨어졌다. 건설 부문을 활성화하는 일부터 시작했다. 무엇보다 주택 건설 공장을 현대화하고 규모를 키워서, 주택 건설 분야의 기술을 향상시켰다. 전기 엔지니어링과 전자 산업이 육성되기 시작한 시점이어서 우리 계획은 타이밍이 아주 좋았다. 얼마 지나지 않아 도시 전체가 거대한 건설 현장처럼 변했고, 그러다 보니 기술 인력을 양성하는 문제가 최우선 과제로 떠올랐다.

신나는 일이지만, 한편으로는 시민들의 하루하루 일상을 불편하게 만드는 경우가 많았다. 시내 곳곳에 하수관, 트롤리 버스, 화물차들이 어지럽게 널리게 됐고, 도심 교통은 사실상 마비상태였다. 사람들의 인내심은 한계를 드러내고, 마침내 시 당국의 미숙한 경제 운용에 분노를 나타내기 시작했다.

하지만 그러면서 창의적인 노력과 변화에 대한 기대로 가득 찬 멋진 시절이기도 했다. 당 조직은 이러한 복잡한 과정의 신경중추 같은 역할을 했다. 시당위원회는 사실상 이 거대한 건설 프로젝트의 지휘부가 되었다. 다른 기관은 이런 규모의 일을 감당할 능력이 안 되고, 인적 자원 조달과 실행 능력을 보유한 조직은 당 조직뿐이었다. 체제의 속성상 그랬다.

학교와 직업훈련기관, 그리고 정치기술대 분교가 완공되었다. 정치기술대 분교는 나중에 독립적인 대학이 되었다. 도심에 있는 노후 건물들은 모두 철거되고, 멋진 현대식 건물이 대신 들어섰다. 서점, 극장, 수영장, 서커스 극장도 만들어졌다. 역사박물관도 새 단장을 하고, 그 옆에 시장이 있던 자리에는 대형 스크린을 갖춘 영화관이 들어섰다. 그리고 집단농장 생산품을 파는 시장도 문을 열었다. 내가 대학 졸업 뒤 처음 도착했을 때 12만 7천 명이던 스타브로폴 인구는 35만 명이 넘어섰다.

우리 집도 변화가 생겼다. 우리는 방 세 칸의 넓은 집으로 이사했고, 현대식가구와 냉장고, 텔레비전도 새로 구입했다. 가난에 허덕이던 지난 세월과는 멀어지게 된 것이다. 이리나는 학교생활을 잘했다. 호기심이 많고, 책읽기를 좋아했다. 집에는 책이 아주 많았다. 제22차 당대회 기간 중에 나는 10권짜리 세계사와 200권짜리 세계문학, 플레하노프 전집 5권을 구입했다.

라이사와 나는 아이에게 문학소설을 읽으라고 시켰다. 소설을 읽을 나이가 됐다고 생각한 것이다. 그런데 그 말을 꺼냈을 때 딸은 가만히 듣더니 이렇게 말했다. "소설책은 벌써 다 읽었어요."

알고 보니 우리 부부가 잠자리에 든 다음에도 잠을 자지 않고 책을 읽었던 것이다. 열다섯 살이 되자 딸애는 우리 집에 있는 문학소설을 모두 독파해 버렸다. 라이사와 나는 이리나가 자라는 동안 이래라 저래라 잔소리를 하지 않으려고 했다. 대신 우리 부부가 사는 모습을 보고 배우도록 몸가짐에 조심했다.

그런데 지방당 제1서기인 에프레모프와의 돈독한 관계에 생각지도 않은 문제가 생기게 됐다. 왜 그렇게 됐는지 뚜렷한 이유도 없었다. 늘 그렇듯이 가십, 모략이 주범이었다. 나는 지방 당위원회에서 여러 해 일을 했기 때문에 우리 두 사람은 서로를 잘 알았다. 나는 지방 당위원회 서기국 위원 겸 시당위원회 서기였기 때문에 웬만한 당무는 훤히 꿰고 있었다. 시에서 진행하는 많은 사업이 전국적인 규모였기 때문에, 지방당 산하 여러 부서에서 큰 관심을 갖고 있었고, 나도 그 점을 알고 있었다. 그런데 누군가가 에프레모프에게 내가 중앙정부 비밀 전화선을 통해 표도르 쿨라코프와 전화를 자주 주고받는다고 고자질했다. 당시 쿨라코프는 당중앙위 서기에다 정치국원이었다. 우리가 어떤 이야기를 주고받는지는 당사자 외에 아무도 알지 못했다. 전화통화 사실에 의구심을 가진 에프레모프는 지방당 서기 중 한 명에게 두 사람이 무슨 이야기를 나눴는지, 그리고 내가 왜 통화 사실을 자기한테 보고하지 않는지 알아보라고 시켰다.

나중에 나는 에프레모프에게 보고할 만한 내용이 아니기 때문에 말하지 않은 것이라고 해명했다. 통화는 쿨라코프가 전화를 걸어와서 이루어졌고, 전적으로 사적인 대화였으며, 에프레모프는 물론이고, 지방당 조직과도 아무 상관없는 일들이었다. 하지만 그는 내 말을 듣고 더 화를 냈다. 그래도 나는 통화내용에 대해서는 전적으로 사적인 대화라 그에게 말해 줄 수가 없었다.

당 관료 선출과정에서 그와의 관계는 더 악화됐다. 지방당 서기국 회의에서 나는 시당위원회와 구역위원회 서기 직에 출마한 몇몇 후보들에 대해 비판적인 발언을 했다. 나는 후보가 어떤 과정을 거쳐 정해지는지 잘 알기 때문에 나의 그런 발언이 어떤 반응을 불러일으킬지 알았다. 에프레모프는 내가 분수를 모르고 설친다고 했다. 나는 그 말을 듣고 화가 머리끝까지 나서 지방당 서기국 위원들이 모두 있는 자리에서 목소리를 있는 대로 높여 항의했다. 지방당 서기와 서기국 위원들이 내 의견을 듣지 않고, 공개적으로 나를 모욕한다면 왜 이 자리에 참석하라고 나를 불렀느냐고 소리쳤다.

그러자 에프레모프는 자세를 낮추었다. 자기가 너무 심했다는 생각이 들었던 것이다. 이후 우리는 여러 해 동안 냉랭한 관계를 유지했다. 브레즈네프 시절이었고, 아첨과 아부가 극도로 기승을 부릴 때였다. 나는 모욕을 당하면 절대로 참지 못했다. 그리고 나 역시 일생 동안 남에게 모욕을 가하는 짓은 하지 않으려고 노력했다. 능력 없는 자를 물러나게 할 때도 나는 절대로 상대방에게 모욕은 주지 않았다.

그러는 와중에서도 나는 논문 작업을 계속했고, 박사학위 자격시험을 통과했다. 학위를 받게 되면 앞으로 학계와도 좀 더 가깝게 지내게 될 것이고, 연구하고 분석하는 일에도 열정을 쏟을 수 있을 것이라 생각했다. 그렇게 하는 것이 나 자신은 물론, 주위의 모든 이들에게도 유익할 것이라고 생각했다.

당시에는 대학 교육을 받은 교사나 교수의 사회적, 물질적 지위가 다른 직업군보다 좋았다. 이들은 더 많은 자유를 누렸다. 그걸 자유라고 표현하는 게 적절한지는 모르지만 솔직히 말해, 지방에서 시당위원회 제1서기라는 직책은 내게 상당한 권한을 부여해 주었다. 물론 내가 가진 권한이라고 해도 당 상부 조직에 의해 엄격한 통제를 받는 것이었다. 계획 입안 단계부터 자금조달, 투자 결정 등이 철저히 당의 의사에 의해 움직였다. 사소한 일에까지 체제의 입김이 작용했다. 이것은 부인할 수 없는 사실이다.

'코시긴 개혁'이라는 이름으로 불린 경제개혁이 시작될 즈음에 나는 스타브로폴 시당위원회 서기가 되었다. (알렉세이 코시긴은 경제에 시장 인센티브 요소 등의 도입을 내세우며 산업개혁운동을 시작했다. 이 개혁운동은 1965년 9월에 열린 소련공산당 중앙위 전체회의에서 승인됐지만 시행은 되지 못했다.) 나는 그 개혁에 아주 관심이 많았다. 계획대로 된다면 새로운 형태의 경영 방식이 도입될 좋은 기회가 될 것이라고 생각됐다. 지금처럼 명령에 의해 움직이는 체제가 아니라 노동자와 기업의 이익을 모두 고려하고, 경제적 인센티브도 도입되는 체제가 될 것이었다. 우선 주택 건설부터 시작해 사회적 인프라도 갖출 수 있는 좋은 기회였다. 개혁 초기에는 많은 혼란이 있었지만, 시간이 가며 사회 전반에서 지지 분위기가 고조되고 있었다.

크고작은
사건들

스타브로폴 시당위원회 제1서기 직책은 정말 우연한 사건으로 갑작스럽게 끝이 났다. 지방당 수뇌부에서 스캔들이 터진 것이다. 스타브로폴 지방 내의 자치지구인 카라차예보-키르카시안 지역당 위원회 제1서기인 니콜라이 리즈힌이 처자식을 버리고 새 연인이 사는 도시 반대편 동네로 가 버린 것이다. 뻔뻔하고 염치없는 행동이었다. 그의 행동에 모두가 분노했다. 당위원회 서기국은 격렬한 토론 끝에 그를 해임시켰다. 리즈힌은 자신의 결혼생활이 이미 파탄났다는 점을 들어 위원들을 설득해 보려고 했다. 하지만 변명을 늘어놓았지만 자신이 기대했던 것과는 정반대의 반응이 쏟아졌다. 해임안은 만장일치로 통과됐다.

지방당 제2서기인 표도르 부르미스트로프가 리즈힌의 후임으로 추천됐다. 그러자 부르미스트로프의 자리에는 누구를 앉힐 것이냐는 문제로 제기됐다. 여름이었고, 나는 라이사와 함께 소치로 여름휴가를 가기로 하고 며칠 후면 떠날 준비를 하고 있었다. 그런데 에프레모프가 못 간다고 막는 것이었다. 당 지도부 인사 때문이라는 것이었다. 나는 하루, 이틀, 사흘까지 기다리다가 에프레모프에게 이렇게 말했다.

"사나토리움(휴양시설)에 방까지 다 예약해 놓았으니, 제발 좀 떠나도록 허락해 주십시오." 그리고 단도직입적으로 이렇게 말했다.

"나를 승진시키려는 생각이신 건 잘 압니다. 무슨 자리를 주던 받아들일 테니, 제발 내일 아침에는 떠나도록 해 주십시오."

"휴가는 다음에 가도 되지 않소?"

몇 년 뒤에 안 일이지만, 그때 에프레모프는 나를 다른 자리에 앉히고 싶어 했다. 그런데 당중앙위원회에서 나를 지방당 제2서기에 앉혀야 한다는 입장을 밝혔다는 것이다. 그러면서 당중앙위는 내가 신뢰할 만한 인물이고, 앞으로 지역당 제1서기를 맡을 사람이며, 당중앙위원과 소련최고회의 대의원을 맡아야 한다는 등등의 입장을 밝혔다는 것이다.

1968년 8월 5일 나는 지방당 제2서기로 선출됐다. 에프레모프는 내가 선출되도록 '찬성 논리'를 폈고, 당중앙위는 노련한 지도부와 젊은 간부가 조화를 이뤄 일해 나가는 것을 보고 싶어 했다.

휴가는 결국 가지 못했다. 정작 에프레모프 자신은 내게 '잘 부탁한다'는 말을 남기고 휴가를 떠났다. 말은 그렇게 했지만 그는 내게 수시로 전화를 걸어 일을 챙겼다. 8월 21일 바르샤바조약군이 체코를 침공했다. 당중앙위는 체코사태에 관한 정보를 담은 레드북을 우리한테 내려 보냈다. 레드북에 따르면 서방에 있는 우리의 이념적인 적국들이 바르샤바조약 회원국들 사이에 약한 고리를 찾아 파고들었고, 이에 맞서 우리의 형제국들이 체코 침공을 결정하게 된 것이었다. 우리의 이념적인 적들은 사회주의의 수뇌부는 감히 공격하지 못하고, 사회주의 국가들 사이에 내부 분열을 꾀한다는 것이다.

나는 이러한 설명이 전혀 근거 없는 것이라고는 생각하지 않았다. 하지만 소련 국내에서는 '형제'인 우방국에 군대를 들여보낸 사실에 대해 복합적인 반응이 나왔다. 나는 에프레모프에게 전화를 걸어 우리가 긴급히 취해야 할 조치에 대해 의논했다. 노련한 당 관료인 에프레모프는 당장 회의를 소집해 소련공산당 중앙위와 당 지도부의 결정을 지지하는 긴급 결의안을 채택하자고 했다. 나는 그 말에 동의하고, 24시간 내에 지방당 서기국 회의를 개최하자고 했다.

당위원회는 신속하게 움직였다. 회의에서 우리는 기자 한 명과 철학 교수 한 명의 행동을 논의에 부쳐, 이들의 '이념적인 일탈행위'를 처벌했다. 하지만 얼마 안 가서 나는 내가 과연 '프라하의 봄'을 올바르게 평가하고 있는지에 대해 심각하게 다시 생각하게 되었다. 나는 1969년 체코를 방문했을 때 이미 그런 의문이 강하게 들었고, 침공을 감행한 5개국에 대해 체코 일반 국민들이 어떤 감정을 갖고 있는지 분명히 알게 되었다.

이런 의문들, 그리고 동료 당원들과 대화를 통해서 나는 1950년대와 1960년대에 시작된 개혁의 정신이 퇴색하고 있다는 결론을 내렸다. 물론 개혁의 잠재력과 그것을 실행에 옮길 기회는 얼마든지 있었다. 브레즈네프 서기장은 능란한 수완을 발휘해 정치국 내 다양한 그룹을 다루었다. 그러면서 자신의 보수적인 입장을 교묘하게 위장했다.

지방당 기구들은 혁신에 대해 점차 회의적인 생각을 갖게 되었다. 스타브로폴 지방에서는 '바라코프 사건'이 이런 분위기를 단적으로 드러내 보였다. 이노켄티 바라코프는 게오르기예프스키 지구의 농업 부문 책임자로, 아주 열정적이고 독립적인 기질을 가진 사람이었다. 그는 개혁 성향의 경제학자인 친구 리시치킨을 열렬히 지지했다. 그는 생산계획을 중앙에서 통제하는 중앙계획경제 체제를 '완화'하려고 꾸준히 노력했고, 집단농장이 자기들이 만든 생산품을 직접 판매할 수 있는 권리를 확대시키려고 했다. 또한 일정한 조건만 충족되면 생산품의 자유 판매도 실시돼야 한다고 주장했다. 이런 생각을 실천에 옮기기 시작하면서 바라코프는 지방당으로부터 1차 경고를 받고, 이어서 '근본적인 정치적 사안에 심각한 오류를 범했다'는 비판을 받고 직위해제 됐다.

바라코프의 말과 행동에는 돈키호테 같은 면이 있었다. 체제 전체에 도전하는 식이었고, 그것은 단번에 이룰 수 있는 목표가 아니었다. 얼마 뒤 지방당 서기국은 사디코프 교수가 책에서 기술한 심각한 잘못에 대해 논의했다. 사디코프는 스타브로폴 농업대 철학부 학과장이었는데, 그는 책에서 흐루시초프와 코시긴의 개혁정책에 대해 기대가 담긴 내용으로 기술했다. 그는 페레스트로이카가 시작되어야만 해결될 수 있는 아이디어들을 제안했는데, 페레스트로이카는 그로부터 15년 뒤에야 시작됐다. 당시 그의 생각은 '이단'으로 비칠 수밖에 없었다.

모스크바로부터 책의 저자를 '조치하라'는 지침이 내려왔다. 지방당 회의가 소집되었고, 그 자리에서 사디코프는 단순히 비판을 받는 정도가 아니라 묵사발이 됐다. 나와 에프레모프가 반대해 당에서 축출당하는 것은 간신히 면했지만, 그는 학과장직에서 물러난 다음 스타브로폴을 떠났다. 개혁 분위기는 급속히 퇴조했다. 말이나 행동을 까딱 잘못하다간 큰일 당한다는 공포 분위기가 당과 사회 전반에 다시 한 번 퍼지기 시작했다.

한번은 모스크바로 출장을 갔는데, 그곳 사람들한테서 에프레모프가 본인 희망에 따라 모스크바로 전보될 것이라는 인사기밀을 듣게 됐다. 스타브로폴로 돌아가자 나는 에프레모프에게 직접 물어보았다.

"여길 떠나십니까?"

에프레모프는 놀란 표정으로 어디서 들었느냐고 물었다.

"모스크바에서 들었습니다."

"모스크바야 온갖 소문들이 다 있는 곳이지."

그는 짜증스럽다는 표정을 지었다. 그 말을 괜히 꺼냈다 싶은 생각이 잠시 들었다. 모스크바는 온갖 소문들이 다 떠돌아다니는 곳이라는 그의 말이 맞다는 생각도 들었다. 에프레모프는 그로부터 얼마 뒤 소련과학기술위원회 부위원장에 임명되어 모스크바로 떠났다.

02 정상으로 가는 길

Chapter

5

최초의
페레스트로이카 실험

1970년 4월 10일에 스타브로폴 지방당은 만장일치로 나를 제1서기로 선출했다. 그때 내 나이 서른아홉 살이었다. 당 위원들은 물론 나를 잘 알았고, 실로 오랜 만에 처음으로 외부인사가 아니라 스타브로폴 출신이 제1서기가 된다는 사실에 모두들 흐뭇해했다.

제1서기가 되면서 어색한 상황이 만들어졌다. 나를 제외한 지방당 서기들 모두가 나보다 나이가 많았던 것이다. 그들 중에는 자신이 제1서기로 선출될 것이라는 기대를 한 사람들도 있었다. 하지만 당중앙위원회에서 후임자로 생각한 사람은 나 한 명뿐이었다.

잠시 각 연방공화국 중앙위원회 제1서기와 각 지방, 지역 당위원회 제1서기들이 맡은 특별한 역할에 대해 이야기해 보기로 한다. 이들은 사실상 소련공산당 중앙위원회 서기장과 정치국의 최고위 지도부에서 임명한다. 정권의 중추로서, 국가 및 사회 전반의 모든 조직이 이들을 통해 서로 연결된다. 이들이 소련공산당 중앙위원회의 다수를 차지하기 때문에 서기장 선출에도 핵심적인 역할을 한다. 이러한 사실 하나만으로도 이들의 위상은 더할 나위 없이 무거운 것이었다.

소련 체제는 산업과 농업 분야, 학계 등 다양한 사회 집단과 계층을 샅샅이 뒤져 활달하고 적극적인 리더들을 발굴해냈다. 그리고 일단 노멘클라투라의 일원이 되면, 그 사람은 체제가 만든 게임의 법칙을 따라야 한다. 제1서기들은 우선 자기가 맡은 지방에서 거의 무소불위의 권한을 행사한다. 이들은 해당 지방의 행정 간부를 선출하며, 선출직 인사까지도 사실상 이들이 지명한다. 지방 내 모든 인사에 대해 최종적인 발언권을 행사하는 것이다. 따라서 행정직 최하위 직급의 인사까지도 지방당위원회 노멘클라투라들로 채워진다.

쉽게 말해 제1서기라는 직책은 소련 권력에 있어서 핵심적 역할을 하는 특별한 위치이다. 제1서기가 갖는 막강한 권한은 국민이 정상적인 선거를 통해 그에게 부여한 것이 아니라, 모스크바 중앙, 다시 말해 소련공산당 정치국, 서기국, 당서기장이 그의 손에 쥐어 준 것이다. 그렇기 때문에 이들의 입지는 무소불위이면서도 한편으론 취약해 양면적이었다. 이들은 중앙 지도부가 자신들에 대한 생각을 바꾸는 순간, 자신이 차지하고 있는 자리는 금방 날아간다는 사실을 잘 알고 있었다. 특히 당서기장이 자신에 대한 신임을 거두면 두말할 필요도 없었다.

소련공산당 서기장은 이들 제1서기의 임명에 최종적인 지명권을 행사한다. 내 경우는 마지막으로 당서기장과 면담하기에 앞서 카피토노프, 쿨라코프, 키릴렌코, 수슬로프와 면담했다. '우리는 동지를 추천하오.'라고 말하는 최종 승인권은 당서기장이 갖고 있었다. 우호적인 분위기 속에서 브레즈네프와 처음 만나 대화를 나누던 그날이 생생하게 기억난다. 대화는 거의 세 시간이나 계속됐는데, 나로서는 그 면담이 아주 만족스러웠다. 1960년대 말부터 1970년대 초 사이의 브레즈네프는 말년의 병약함과는 전혀 다른 사람이었다는 점을 독자들에게 말해 두고 싶다.

대화 초기에 브레즈네프는 당중앙위에서 나를 지방당 제1서기직에 추천한다는 말을 했다. "그동안 외부인사들이 계속 제1서기를 맡았는데, 이제야 현지 출신이 그 자리로 가게 됐소." 브레즈네프는 제2차 세계대전 때 노보로시스크로 후퇴하는 길에 우리 지역에도 잠시 머물렀는데, 당시 물 부족으로 크게 고생했다고 회고했다.

"사람들이 지붕에서 떨어지는 빗물을 컨테이너에 받아서 먹었지. 전에는 그런 것을 한 번도 본 적이 없었어. 1942년 7~8월이었는데, 끔찍하게 더운데다 갈증을 해소해 줄 물도 없고."

그 순간 나는 엉뚱하게도 이런 말을 했다.

"작년에 우리 지역의 농작물이 큰 흉작을 기록했습니다. 1백만 헥타르의 곡물이 사라졌습니다. 그동안 가축산업을 지키려고 온갖 고생을 해가며 노력해 왔습니다만, 이제 국가 지원 없이는 더 이상 꾸려나가기가 힘들게 됐습니다. 이런 문제를 말씀드려 송구합니다."

브레즈네프는 아주 흥미로운 반응을 보였다. 회의실 전화로 곧바로 쿨라코프를 호출해서는 반농담조로 이렇게 말하는 것이었다.

"표도르, 내 말 잘 들어요. 도대체 스타브로폴 제1서기로 승진시키려고 하는 자가 어떤 사람이오? 아직 선출도 안 했는데, 벌써 나한테 가축 사료 지원을 해달라는 청을 하고 있으니 말이오."

쿨라코프도 맞장구를 쳤다.

"레오니드 일리치 동지, 아직 후보를 철회할 시간은 있습니다. 하지만 고르바초프는 우리가 제대로 고른 것 같으니 도와주는 게 좋을 듯합니다."

뒤이어 겨울이 끝날 때까지 우리를 도와주라는 지시가 떨어졌고, 신기하게도 어디서 구했는지 곧바로 7만의 곡물 사료가 준비되었다. 그렇게 해서 1955년 7월 말에 스타브로폴 지방으로 처음 내려간 지 꼭 15년만인 1970년에 나는 지방 최고 책임자가 되었고, 국가 전체에서도 최고위급 지도자 그룹에 속하게 되었다. 그러고 나서 곧바로 소련 최고회의 대의원으로 선출되었고, 이듬해 당대회에서 소련공산당 중앙위원으로 선출됐다.

내 앞길에는 엄청난 기회들이 놓여 있었다. 지방당위원회 첫 번째 회의에서 나는 동료들에게 서기장과 나눈 이야기를 들려주었다. 그런 다음 내가 생각한 두 가지 제안을 내놓았다. 첫째는 모든 사람이 스스로 책임감을 가지고 능력을 발휘할 수 있도록 전문 분야를 갖게 하자는 것이었다. 그 분야에서는 모든 결정을 자신들이 내리며, 제1서기나 서기국 전체의 동의가 필요한 일만 예외로 한다는 것이었다. 그 제안을 억지로 밀어붙이지는 않았다. 지방당 지도부 인사들 모두가 주민들의 위임을 받고 있기 때문에 각자가 자유롭고 확신을 갖고 결정을 내리도록 해 주어야 했다. 조금이라도 미심쩍은 점이 있으면 언제든지 나와 상의하라고 했다. 그리고 일주일에 한번은 정기적으로 만나 정보를 교환하도록 했다.

이런 방식을 도입한다고 모든 문제가 풀리는 것은 아니지만, 이 방식은 금방 결실을 보기 시작했다. 나중에 소련공산당 중앙위원회 위원이 되고, 소련 대통령이 되고 나서도 나는 긴급한 결정을 내려야 하는 경우를 제외하고는 이런 방식을 택했다. 두 번째로 나는 산업기술 도입, 전문성 증대, 집단생산제 도입, 농민의 생활수준 향상 등을 통해 농업을 발전시킬 프로그램을 만들자고 제안했다. 처음에는 논란이 있었지만, 나중에 우리는 지방 소비에트 행정위원회 의장인 니콜라이 보센코가 내놓은 제안을 채택했다. 지방당 제1서기가 제안한 안을 심층 연구해 토의에 부치자는 내용이었다.

이 제안에 따라 학자, 전문가, 현장 작업자들이 참여한 집단 토의가 시작되었다. 여기서 만들어진 프로그램은 1970년 가을에 열린 지방당 전체회의에서 승인됐다. 이후 10년 동안 이 프로그램을 실행하는 데 매달렸다. 하지만 스타브로폴 지방을 떠날 때 보니 아직도 할 일이 너무나 많이 남아 있었다. 제일 시급한 것은 기후 조건이 열악한 우리 지방에 안정적인 수확을 보장해 줄 기술을 도입하는 일이었다. 지방연구소가 지난 100년 동안의 기후와 수확량을 조사한 연구 결과에 따르면, 그 가운데 52년간 가뭄이 들었고, 75년은 흉년을 기록했다. 한마디로 농업을 하기에는 대단히 위험부담이 많은 지방이었던 것이다.

이런 일화도 있었다. 1974년은 풍작에 대한 기대가 한껏 높아진 해였다. 곡식이 익어갈 무렵에 소련 최고회의 대의원이 된 쿨라코프가 자신의 지역구 주민들을 만나기 위해 우리 지역을 방문했다. 우리는 농작물이 자라고 있는 스텝 지역으로 데리고 갔다. 그는 농작물을 보더니 아쉽다는 투로 이렇게 말했다.

"그런데 곡식은 다 어디 있는 거요? 동지들"

"앞에 있는 게 모두 곡식 아닙니까? 하지만 이 곡식들이 모두 다 수확될지는 모르는 일입니다. 스타브로폴 지방에서는 하루 이틀만 기상이 악화돼도 농작물이 모조리 죽어 버릴 수 있으니까요."

하지만 그는 풍작이라고 확신하고, 수확한 곡식을 운반하려면 최소한 트럭 1만 대는 필요할 것이라고 생각했다. 그는 모스크바로 돌아가자마자 이렇게 발표했다. "스타브로폴 지방은 금년에 대풍을 기록할 것이다."

불행한 일이지만 우리의 우려는 현실이 되고 말았다. 6월 29일부터 7월 2일 사이 나흘 동안 비가 내린 다음 곧바로 폭염이 이어졌다. 건조한 열풍이 불어 닥치자 수확량은 헥타르 당 1500파운드에 그치고 말았다. 안정적인 곡물수확 방안이 마련돼야 할 필요성이 다시 입증된 것이다.

나는 우선 연방농지개간 및 수자원관리 장관인 예브게니 알렉세예프스키를 초대해, 우리의 관개 지역 확대 계획을 직접 살펴보라고 했다. 우리는 쿠반 지역에서부터 칼리크 스텝까지 480km 구간에 수로를 건설해 80만 헥타르의 지역에 관개 사업을 해서 총 3백만 헥타르의 농지에 물을 공급한다는 계획을 세웠다. 알렉세예프스키 장관은 우리 계획을 설명 듣고 나서 이렇게 말했다. "좋소, 당서기장 동지가 어떤 반응을 보일지 여부가 남았지만, 나는 분명히 힘이 되어 드리겠소."

전에도 그런 일이 자주 있었지만, 이번에도 행운의 여신이 개입했다. 아제르바이잔이 소비에트 정권 탄생 50주년을 맞았다. 각 연방공화국에서 초대된 축하 손님들이 바쿠에서 열리는 기념식에 참석하기 위해 몰려들었다. 나는 러시아공화국 대표단의 일원으로 참석했고, 브레즈네프 서기장도 도착했다. 아제르바이잔에서 그의 존재는 숭배의 대상이었다. 환호하는 관중이 대형 관람석 앞을 몇 시간이나 지나가는 장면이 지금도 뇌리에 생생하다. 나는 브레즈네프 서기장과 아제르바이잔 지도부를 비롯한 다른 손님들과 함께 관람석에 앉아 있었다. 브레즈네프가 휴식을 취하기 위해 잠시 뒤로 물러나는 것을 보고 그에게 다가가 말을 걸었다.

"드릴 말씀이 있습니다. 5분이면 됩니다."

"그것밖에 안 돼?" 그는 이렇게 조크를 했다.

"제안 드릴 게 있습니다. 스타브로폴 지방의 가뭄 문제에 대해 전에 드렸던 말씀과 관련된 것입니다. 우리 나름대로 구체적인 해결 방안을 마련했고, 알렉세예프스키 장관도 좋다고 했습니다."

브레즈네프는 나를 면담하겠다는 승낙을 했고, 우리는 12월에 다시 만나 본격적인 대화를 나누었다. 브레즈네프는 내 말을 주의 깊게 들어주었고, 관련 수치와 계획을 꼼꼼히 들여다보았다. 그런 다음 지난 세기 동안 가뭄과 수확량을 기록한 도표를 포함한 자료들을 두고 가라고 했다. 얼마 뒤에 정치국 회의가 열렸는데, 나는 회의에 참석하라는 통보를 받지 못했다. 브레즈네프가 그 문제를 직접 제기하면서 이렇게 말했다는 것을 나중에 전해 들었다. "젊은 지도자들이 국가의 중요한 문제들을 해결하겠다고 나서는데 우리가 지원해 주어야 합니다."

1971년 1월 7일에 소련공산당 중앙위와 각료회의는 스타브로폴 대수로 건설과 관개수로 사업 촉진에 관한 공동 결의안을 채택했다. 거액의 예산이 배정되고, 우리가 만든 사업계획은 전국 단위의 콤소몰 집중 프로젝트로 선포되었다. 수천 명의 젊은이들과 수많은 기계가 우리 지역으로 투입되었다. 3개의 수로 건설 공사는 모스크바 메트로 건설노동자들의 손에 맡겨졌다. 작업은 엄청난 속도로 진행되었고, 1974년에 우리는 예정보다 앞당겨 성공을 축하했다. 그해 4월에 크리미기레에프스키 고원을 통과하는 터널이 완공되고, 11월에는 스타브로폴 대수로의 두 번째 구간이 개통되었다.

서기장은 수로 건설 상황을 수시로 체크했고, 나는 계획대로 진행되고 있다고 보고했다. 한번은 내 보고를 듣고 서기장이 이렇게 말했다.

"이것 보게, 스타브로폴 수로가 세계에서 제일 큰 건가?"

"아닙니다. 전혀 그렇지 않습니다, 레오니드 일리치 동지."

"그런데 왜 이렇게 공사가 끝도 없이 계속 되는 건가?"

나는 그 말에 당황했지만, 서기장의 그 발언을 내 주장을 강화하는 데 이용했다. 나는 서기장과의 대화 내용을 먼저 쿨라코프에게 보고했다. 나는 그의 반응을 보고 깜짝 놀랐다. "레오니드 일리치 동지 입에서 두 번 다시 그런 말이 나오도록 해서는 안 되네." 나는 그의 말뜻을 얼른 알아듣고, 곧바로 러시아 각료회의 의장인 미하일 솔로멘체프에게로 갔다. 그 다음에는 러시아공화국과 소련 연방의 간척 담당 각료들을 찾아갔다. 모두들 내 입장을 지지해 주었다. 수로 건설이 순조롭게 진행되고 있었기 때문에 지지하지 않을 이유도 없었다.

브레즈네프가 내게 한 질문으로 다시 돌아가, 수로는 언제쯤 완공될 것인가? 우리는 모든 노력을 집중시켜 건설 공기를 1년 앞당겼다. 쿠반 강물의 물길을 대수로를 통해 스타브로폴 스텝으로 돌리는 공사 현장에는 이런 구호를 붙여 놓았다. "쿠반 강물은 볼셰비키가 지시하는 대로 흐를 것이다." 수로를 따라 관개 농지가 모두 만들어질 때까지 기다리지 않고, 우리는 사용 가능한 농지부터 영농에 들어갔다. 가축 사료를 재배하기에 적합한 용지가 만들어졌고, 그곳에서의 재배는 대성공이었다.

스타브로폴 지방은 질 좋은 양털을 생산하는 것으로 유명했다. 러시아연방 전체에서 생산되는 질 좋은 양털의 27%가 이곳에서 생산됐다. 이른 봄에 양떼를 초원에 방목할 때 보면, 1천만 마리는 족히 된다. 무슨 연유에서인지는 몰라도, 브레즈네프는 이 수치를 기억하고, 양털 하면 스타브로폴을 떠올렸다.

나와 독대를 하거나, 다른 지방 서기들과 같이 있는 자리에서도 그는 내게 으레 수로 공사 진행상황을 물었다. 그리고 두 번째 질문은 반드시 '양떼 왕국'은 요즘 사정이 어떠냐는 것이었다. 그래서 나는 당서기장이 되기 전에

'양떼 왕국'의 수장이 먼저 된 셈이다. 스타브로폴에서는 종자를 개량한 양을 개발해 다른 지역에 보급했다. 개량종은 다른 지역의 사육 양에 비해 50% 내지 100% 더 많은 양모를 생산했다.

사정이 이렇다 보니 우리는 큰 힘 들이지 않고서 소련공산당 중앙위와 연방 각료회의에서 '스타브로폴 지방 양떼 사육에 필요한 물질적, 기술적 기반을 더 발전 강화하기 위한 결의안'을 채택하기에 이르렀다. 1970년대 말에는 수십만 마리의 혈통 좋은 양을 다른 지역에 보급했고 나아가 인도, 중동부 유럽, 아랍, 아시아 국가들에까지 수출되어, 상당한 수익을 올렸다. 품질이 우수한 양모 생산량이 늘면서 양떼 사육은 수익성이 높은 산업으로 자리를 잡은 것이다.

이너서클에
들어가다

소련공산당 조직 안에는 '특별' 정보 채널이 있었다. 당내에서 절대적인 영향력을 행사하는 폐쇄적인 그룹이 존재한다는 사실은 모두가 다 알고 있었다. 당 서기장의 신임을 받는 일종의 친위대인데 긴급하거나 비밀스런 임무를 즉각적으로 처리하는 사조직이었다. 볼고그라드 서기 쿨리첸코, 사라토프 서기 시바에프, 툴라의 유나크, 크라스노다르의 메두노프, 쿠스타나이의 보로딘, 알타이의 게오르기에프, 오렌부르크의 코발렌코, 사할린의 레오노프 같은 이들이었다. 브레즈네프가 측면지원이 필요하거나, 어떤 음모를 꾸밀 때면 이들 사조직이 즉각 움직였다. 당 전체회의나 당대회가 열리면 이들은 다른 사람들보다 우선적으로 발언 기회를 부여받았다. 그리고 이들이 정부 시책을 지적하거나, 제출된 안건을 비판하면, 이들의 배후에 누가 있는지, 누구 때문에 그런 비판이 제기되는지 사람들은 알아챘다.

우리와 이웃한 크라스노다르 지방당의 졸로투킨 서기가 나를 이 사조직 그룹 인사들에게 소개해 주었다. 모스크바 호텔에서였는데, 졸로투킨과 함께 딜럭스 룸으로 들어서는 순간, 나는 그 모임이 어떤 의미를 갖는지 깨달았다. 표트르 1세 대제 시절처럼 나는 보드카를 가득 채운 유리잔을 받아들고 사람들이 모여 있는 곳으로 안내되었다. 나는 가볍게 한 모금 한 다음 잔을 테이블에 내려놓았는데, 그런 행동을 보고 모두들 미심쩍어하는 눈길을 보냈다.

그러자 코발렌코는 "이보게, 그건 아니지."라며 못마땅하다는 투로 말했다.

"내 방식대로 하겠소. 천천히, 확실하게." 나는 별것 아니라는 듯이 대꾸했다.

그러자 모두들 웃음을 터트리며 긴장을 푸는 모습이었다. '내 방식'이란 아주 간단하다. 분위기가 괜찮고 기분이 내킬 때는 거절하지 않고 받아 마신다는 뜻이었다. 하지만 나는 보드카를 그렇게 좋아하지는 않았다.

테이블에 둘러서서 대화를 주고받기 시작했는데, 이들이 맨 먼저 던진 질문은 "레오니드 일리치 동지와는 어떤 관계요?"라는 거였다.

그 자리에 모인 자들에게는 서기장과의 관계가 사람을 믿거나 판단하는 데 있어서 제일 첫 번째 기준이었다.

"잘 지내는 편입니다."

그들은 전국에서 제일 젊은 지방당 제1서기인 나를 두 말 않고 자신들의 서클로 받아들였다. 당시는 알렉세이 코시긴이 이끄는 내각과 니콜라이 포드고르니가 이끄는 연방최고회의 간부회의에 대해 주로 입방아를 찧던 시절이었다. 아마도 내가 그 방에 들어갈 때도 같은 이야기를 하고 있었던 듯했다. 코시긴이 정치적으로 '매장' 당하고 있던 때라서 친(親) 브레즈네프 이너서클 멤버들이 대놓고 비판했던 것이다.

당시는 나도 명령 경제의 의사결정 시스템과 중앙집권적인 관료국가 시스템에 밀접하게 젖어 있던 시절이었다. 무슨 일을 하든지 수십 명에 달하는 각료와 정부 기구, 수백 명에 달하는 관료들의 동의를 받기 위해 국가계획위원회인 고스플란으로 달려가야 했다. 수시로 모스크바로 날아가서 끝도 없이 이어지는 회의와 토의에 참석해야 했다. 온갖 기구들에 소속된 관료들이 달려들어 일을 망쳤다. 무슨 일을 하려면 모스크바 관료들에게 '아부' 하는 데 많은 시간을 허비해야 했다. 그야말로 민원인과 해결사가 공존하는 나라였다.

거대한 국가를 중앙에서 지도해 나가는 과도한 중앙집권적 체제에서는 사회 전체의 에너지가 병목현상에 걸리게 된다. 중앙 권력이 규정해 놓은 한계를 조금이라도 벗어나려는 기미가 보이면 가차 없이 억눌러 버리는 것이다.

나는 모든 종류의 변화를 거부하는 것은 우리 경제 체제의 병리현상이며, 본질적인 치료가 필요하다고 생각했다. 지도부의 생각은 어떠했을까? 최고위층 인사들 다수도 같은 생각을 갖고 있었지만 감히 모험은 하지 않으려고 했다. 스타브로폴 제1서기로 두 번째 임기에 들어가면서 이런 '풀기 어려운' 문제들을 어떻게 해결할지를 고민하기 시작했다. 처음에는 나도 엄청난 비용을 지출하는데도 불구하고 기대한 결과가 나오지 않는 이유를 사람들이 게으르고 무능하기 때문이라고 생각했다. 그리고 일을 맡은 조직에 문제가 있고, 법령상 미비한 점이 있는 탓이라는 생각도 했다. 이런 생각을 뒷받침해 주는 증거들도 얼마든지 있었다. 하지만 그게 전부가 아니며, 비효율의 원인은 그보다 훨씬 더 복잡하다는 생각을 차츰 하게 되었다.

상부에서 '아이디어'가 제시되면 해야 할 일이 엄청나게 많았다. 위에서 내려오는 결의안이나 지시를 그대로 따라가다간 아무 일도 못한다. '지시가 바로 처벌'이라는 말이 유행할 정도였다.

한번은 잘 알려진 집단농장 지배인의 안내를 받아 농장 곳곳을 둘러보았다. "관개가 마음에 드십니까?" 농장 방문을 마치고 떠나려는 순간, 그가 이렇게 물었다.

"물론, 좋습니다. 그런데 물을 멀리서 끌어와야 하고. 그러려면 파이프가 필요한데, 어디서 구합니까?"

지배인은 내 질문에 한동안 말이 없다가 하늘을 한번 올려다보고 나서 마지못한 듯 이렇게 대답했다.

"예, 자유시장에서 샀습니다."

"거기서 파는 건 훔친 물건들 아닌가요?" 나는 추궁하듯 말했다.

"예, 그럴지도 모르지요." 지배인은 뒷머리를 긁적이며 대답했다. "파이프를 어디서 구해와서 파는지는 우리가 신경 쓰지 않습니다."

사정이 이렇다 보니 집단농장 지배인들이 가끔 법규위반 등 곤란한 상황에 처해 조사받을 수가 있는데, 그럴 때는 나를 찾아와 도와달라고 사정했다. 그런 경우 지방당 서기가 검사에게 해 줄 말은 이런 정도뿐이었다.

"너무 원칙대로 하지 말고, 문제의 본질이 뭔지 감안해 주시오."

그 말은 많은 의미를 담고 있었다. 하지만 유능하고 정직한 지배인들이 법을 위반해 처벌을 받는 경우가 많았고, 피고석에 서기도 했다. 계획 입안과 자금 조달 계획에서부터 시작해 시시콜콜한 일까지 모두 상부에서 지시가 내려오는 체제에서는 주도적인 역할이나 모험심이 들어설 자리가 없다. 그러다 보면 이미 비대해질대로 비대해진 경영 조직은 점점 더 굼뜬 조직이 되고 말았다. 암울한 현실 생활에 젖어들수록 점점 더 회의가 들고, 고민할 부분이 많아졌다.

안드로포프, 코시긴, 쿨라코프

스타브로폴 지방당 제2서기일 때 안드로포프를 처음 알게 되었다. 1968년 8월 체코 사태로 휴가를 제때 못 간 그가 1969년 4월 휴가차 예고 없이 젤레즈노보드스크로 찾아왔던 것이다.

안드로포프가 지방당 제1서기인 에프레모프의 방문을 정중히 거절했기 때문에, 그를 안내하는 임무가 차석인 나한테 떨어졌다. 당시 KGB 의장이던 안드로포프는 두보바야 로스차 사나토리움(휴양소)에 있는 방 세 개짜리 딜럭스 룸에 묵었다. 나는 약속시간에 도착해 그가 나오기를 기다렸다. 40분쯤 기다리자 그가 나타나 나를 반갑게 맞이했다. 그는 "모스크바와 중요한 통화를 하느라 늦게 나왔다."며 사과했다.

"동지한테 좋은 뉴스를 하나 들려주겠소. 체코 공산당 중앙위 전체회의에서 구스타프 후사크를 제1서기로 선출했소." 안드로포프 입장에서는 그것으로 체코가 안정을 회복하는 계기가 마련된 것이라고 받아들인 것이다.

이후에도 여러 차례 그를 만났다. 같은 시기에 함께 휴가를 간 것이 두 번인데, 그는 크라스니에 캄니의 사나토리움 내 별채 맨션에 묵었고, 내 방은 사나토리움 본채에 있었다. 두 가족은 키슬로보드스크의 아름다운 경치를 즐기며 산책도 하고 산에도 올랐다. 가끔 캠프파이어를 피워놓고 샤슬릭 케밥을 만들어 먹으며 밤늦게까지 함께 시간을 보내기도 했다. 안드로포프도 나처럼 술고래는 아니었다. 우리는 조용한 가운데 불을 피워놓고 즐겁게 담소를 나누며 아름다운 남부의 밤을 즐겼다.

보안 요원이 테이프를 가지고 왔는데, 나중에 알고 보니 유리 블라디미로비치 안드로포프는 음악을 좋아했다. 휴가 기간 중에 1960년대 싱어송 라이터들의 음악을 즐겨 들었는데, 특히 블라디미르 비소츠키와 유리 비즈보르를 좋아했다. 한 번은 코사크 노래를 누가 더 많이 아는지 내기를 하자고 해서 선뜻 응했다가 참패를 당했다. 그는 어린 시절을 테레크 강가에서 코사크들과 함께 보냈다고 했다.

우리가 친밀했을까? 아마도 그랬던 것 같다. 내가 이 말에 확신을 갖지 못하는 건, 나중에 안 일이지만 권력 최상층에는 인간적인 정이 들어설 자리가 거의 없기 때문이다. 안드로포프는 과묵하고 엄격한 사람이지만, 그가 아무리 화를 내고, 나를 비판할 때조차도 나에 대해 따뜻한 애정을 갖고 있다는 사실을 나는 분명히 알고 있었다.

그는 나라 안에서 어떤 일이 벌어지고 있는지, 그 일이 우리 사회에 어떤 의미를 갖는지에 대해 다른 많은 지도자들보다 더 잘 파악하고 있었다. 그리고 그는 이데올로기와 관련된 문제에는 대단히 민감한 반응을 보인 반면, 경제적인 문제에는 별 관심을 보이지 않았다. 개혁이 지지부진한 데 대해서도 별로 신경을 쓰지 않았다.

코시긴과의 관계는 안드로포프와는 달랐다. 그는 의심할 여지없이 중요한 정치인이고, 아주 흥미로운 사람이었다. 기억력이 놀랄 정도로 비상했다. 국내외 여러 상황에 대해 사실 관계나 수치까지 막힘없이 술술 풀어낼 정도였다.

그는 스타브로폴 지방을 방문해 집단농장이나 국영농장 지배인들을 만나면 농촌 생활에 대해 큰 관심을 보였다. 무엇이 잘못되어 농업 분야가 항상 낙후상태를 면치 못하는 것인지 제대로 파악하고 싶어 하는 것 같았다. 지방 책임자들이 자기 앞에서 아첨이나 하고, 격식이나 차리는 행사는 극도로 싫어했다. 파티나 알맹이 없는 테이블 대화도 싫어했다. 사람을 만나 이야기를 듣고, 서류를 챙겨 읽고, 걸으며 사색하는 것을 좋아하는 사람이었다. 또한 아주 소박한 사람이었다. 금욕적인 삶은 수슬로프를 연상케 했다. 휴가를 가도 절대로 독채 맨션에 묵는 법이 없고, 사나토리움 내 별채가 아닌 본관 건물에 묵었다. 소박한 성품 탓이기는 하겠지만, 조금 기이한 소박함이기도 했다. 본관에 묵는 경우, 그의 보좌진들과 함께 한 층 전체를 다 쓰기 때문이었다. 그는 다른 휴가자들과 마주치는 걸 싫어했고, 그저 혼자서 느긋하게 쉬는 스타일이었다.

나와 단둘이 있을 때 보면 코시긴이 안드로포프보다 더 속내를 드러내지 않는다는 느낌을 받았다. 그는 사람들과 솔직한 대화를 할 때도 상대와 일정한 거리를 두고 말했다. 그가 이처럼 과묵하고 신중한 태도를 갖게 된 것은 오랜 시간 '정상'의 자리를 유지하면서 터득한 습관이었을 것이다. 그는 스탈린 통치시절인 1950년 '레닌그라드 사건'으로 처형된 보즈네센스키, 쿠즈네초프와 같이 일한 동료이다. 당시의 저명한 지도자들 가운데 코시긴만 유일한 생존자였던 것이다. 그는 스탈린 시절에 대해서는 절대 입에 올리려 하지 않았는데, 한번은 우연히 스탈린 시절 이야기가 나오자 이렇게 말했다.

"일반적으로 말하자면, 그 시절에는 사람들의 삶이 어려웠네. 사기 면에서, 그리고 심리적으로 힘든 삶을 살았지. 사람들은 어디를 가든 감시망 아래 놓여 있었네." 그리고 비감한 투로 이렇게 덧붙였다. "누구도 혼자인 채로 있을 수는 없었지." 한때 스탈린 계열에 속해 있던 사람, 오랜 세월 최고 정치 지도부의 일원으로 몸담아 온 사람의 입에서 나온 말이었다.

나는 코시긴과 만난 초기 여러 해 동안 지속적으로 사람들의 화제가 된 주제를 갖고 이야기한 적이 있다. 경제 운용 방식, 그리고 노동 활동에 대해 인센티브를 부여하는 것을 주제로 한 대화였다.

"저는 당중앙위원이자 연방최고회의 대의원으로 엄청난 책임이 내 두 어깨 위에 놓여 있습니다. 하지만 저에게는 아무런 권한이 없고, 간단한 문제 하나 해결할 재정적 자원도 갖고 있지 않습니다." 나는 열정적으로 말을 이었다. "기업과 인민이 낸 세금은 중앙으로만 갑니다. 승인된 인건비 예산으로는 저임금 때문에 유능한 일꾼을 끌어올 방법이 없습니다. 지금 열다섯 명의 저임금 일꾼이 일하고 있는데, 이들로는 절대로 유능한 팀을 만들 수가 없습니다. 중앙에서 모든 분야에 엄격한 규정을 정해 놓았습니다. 이렇게 하니 정부의 모든 조직이 점점 더 무능한 조직이 되어 가는 것입니다."

나는 흥분해서 목소리를 높였지만, 코시긴은 간간히 미소를 보일 뿐 입을 다물고 듣기만 했다. 그 주제를 놓고 나와 토론을 벌일 의사가 없었던 것이다. 내 말에 아무 대꾸를 하지 않았지만 나는 그가 내 의견에 동의한다고 생각했다. 나는 그가 내 말을 이해해 준 것이 고마웠다.

관개 용지가 만들어지자 현지에 거주하던 고려인들이 나를 찾아와서 계약 재배로 양파를 키우도록 해달라고 했다. 수확한 양파 가운데 1헥타르 당 45t은 집단농장이나 국영농장이 차지하고, 나머지는 자기들 소유로 해달라는 것이었다. 고려인들은 다른 지역 출신 일꾼들을 모아 작업팀을 만들었다. 이들은 수확기가 될 때까지 밭 옆에 천막을 쳐놓고 그곳에서 숙식을 하며 비가 오나 바람이 부나 밤낮으로 일했다. 이들은 높은 수익을 올렸다. 스타브로폴 지방 사람들도 그 팀에 들어가고 싶어 하는 사람들이 있었지만, 들어가면 고된 노동으로 일주일을 견디지 못했다.

그런데 얼마 안 가 소련 연방검찰청과 당 기율위원회가 개입해, 사회주의 원칙을 어기고 '불법적 약탈'을 자행했다고 우리를 비난했다. 관리자 몇 명이 문책과 처벌을 받았다. 결국 고려인들은 쫓겨나고, 모든 일이 원점으로 돌아갔다. 양파는 우리 주민들의 손으로만 키우게 되었다.

이 일이 있고 난 얼마 뒤에 코시긴이 휴가차 이곳으로 왔다. 그는 아침에 도착했는데, 정오 무렵에 나는 식사를 같이 하기 위해 키슬로보드스크로 찾아갔다. 식탁에 앉자 갓 썬 신선한 양파를 포함해 여러 가지 야채가 나왔다. "양파 사건은 어떻게 결말이 났소?" 코시긴이 갑자기 이렇게 물었다.

"잘 마무리 됐습니다." 나는 일부러 유쾌한 목소리로 대답했다. "이제는 모든 게 잘 돌아갑니다."

"잘 돌아간다는 게 무슨 말이오?"

"고려인들이 맡아서 할 때는 스타브로폴 지방에서 소비할 양파를 제외하고도 1만 5천 내지 2만을 더 생산해 다른 지역에 공급했습니다. 이제는 고려인들을 모두 쫓아냈고, 모든 일이 정상으로 돌아왔습니다. 한 가지 더 말씀 드리자면, 이제는 자급이 안 되기 때문에 우즈베키스탄에서 수입합니다."

코시긴은 양파를 먹으며 아무 말도 하지 않았다. 더 이상의 질문이 필요 없었다. 금지 지시를 내리는 것만으로는 경제 문제를 해결할 수 없다는 것을 알았기 때문이다. 내가 아쉬워한 것은, 고려인들처럼 '뼈빠지게 일하는' 원시적인 생산 방식이 아니라, 좀 더 현대적이면서도 그만큼 효과적인 노동 인센티브제 도입이라는 사실을 코시긴도 알았을 것이다.

노동생산성을 주제로 코시긴과 대화를 나눈 적이 있었다. 나는 프랑스에서 어떤 기업을 방문한 이야기를 했다. 우리 공장과 비슷한 규모였는데, 종업원

수는 몇 배 더 적었다.

"생산 현장에서 우리가 뒤처지는 것은 아니네." 코시긴은 이렇게 말했다. "우리 기계 오퍼레이터는 외국 기술자들보다 못하지 않아. 다만 공장 내부의 수송체계, 창고 관리를 비롯해 전반적인 생산 문화가 제대로 작동되지 않아 뒤처지고 있는 것이네. 가장 시급한 과제는 보조 업무와 엔지니어링 작업을 자동화하는 것이야. 그렇게 하려면 대대적인 변화가 필요한데, 그게 바로 문제의 핵심이야."

그 말을 듣자 나는 '치명적'인 질문을 던지지 않을 수가 없었다.

"그런데 왜 동지께서는 개혁이 진행되지 않는 걸 내버려 두십니까?"

코시긴은 잠시 침묵을 보이더니 이렇게 반문했다.

"그러면 자네는 당중앙위원으로서 왜 전체회의에서 개혁을 지지하는 발언을 하지 않는가?"

우리의 대화는 거기서 멈추었다. 나는 생각날 때마다 그 문제를 계속 제기했다. 마침내 1977년 가을, 다섯 시간의 토론 끝에 쿨라코프가 농업정책에 관한 보고서를 작성해 정치국에 보고하라는 제안을 했다. 나는 그렇게 하겠다고 동의하고, 농업과 다른 경제 분야와의 경제 관계, 그리고 농업 경영과 관련된 주제를 핵심 주제로 설정했다.

생산자들 사이에 적정가격이 형성되지 않으면, 손해 보는 생산자는 파산을 면치 못한다는 것은 누구라도 쉽게 이해될 것이다. 농업이 처한 상황이 그랬다. 정부가 정한 조달 가격으로는 집단농장과 국영농장에서 생산을 많이 할수록 손실은 더 커지도록 되어 있었다.

내 기억으로는 이런 상황을 개선해 보려는 시도가 과거에 두 번 있었다. 스탈린 사후인 1953년과 흐루시초프가 축출된 직후인 1965년이었다. 집단농장과 국영농장들에게 더 많은 독립성이 부여되고, 정부 조달 가격이 농장 가격과 근접해지자 농업생산량이 급증했다. 하지만 두 번의 변화 노력은 모두 오래 가지 못했다. 1년, 2년, 3년, 길어야 4년이 지나자 유야무야되면서 농민들은 생산품을 말도 안 되는 헐값에 넘겨야 했고, 대신 구입해야 할 공산품은 터무니없이 비싼 가격을 지불했다. 결국 집단농장과 국영농장의 경제는 쇄락의 길로 접어들고 말았다.

보고서에서 나는 지난 10년(1968~1977) 동안 연료비가 84% 인상됐고, 트랙터와 파종기계 가격은 1.5배 내지 두 배, 많게는 네 배까지 올랐다는 수치를 소개했다. 반면에 농업 생산품 조달 가격은 그대로였다. 그렇다 보니 수확량이 늘고, 노동인력 비용과 연료 소비량은 줄었음에도 불구하고, 곡물과 가축 생산품 가격은 급등했다. 대부분의 농가는 결국 소득감소와 손실을 기록하게 되었다.

하지만 이런 상황에서도 과감한 대처방안은 채택되지 않았고, 이농을 막기 위해 급료 보증제를 도입하는 정도에 그쳤다. 이런 식으로 당국은 농업에서 경제적인 측면인 원가계산 부분을 무너뜨리고, 노동 인센티브 개념의 싹을 뭉개 버렸다.

내 보고서에 담긴 주요 논점은 농촌을 '국내 식민지'로 보는 뿌리 깊은 편견부터 버리라는 것이었다. 그렇지 않으면 국가적으로 재앙을 초래하게 될 것이라는 점을 강조했다. 내 동의 하에 쿨라코프는 보고서를 1978년 농업 분야 전체회의를 준비 중인 위원회 위원들에게 회람시켰다. "이거 폭탄 급인데." 코시긴은 우려 섞인 반응을 보였다.

나의 당중앙위원회 전체회의 연설은 이 보고서 내용에 집중됐다. 동료들 중에는 "너무 개입하지 말라"거나 "목을 걸지는 말라"는 식으로 충고했지만, 나는 그런 말에 개의치 않았다. 나는 전체회의에서 이 문제를 심각하고, 본질적인 방식으로 다루어야 한다고 생각했다. 결과적으로 기대는 어긋났고, 내가 처음에 가졌던 생각은 완전히 뭉개지고 말았다. 쥐 한 마리가 산을 움직인 게 아니라, 산이 쥐를 옮긴 꼴이었다.

전체회의는 1978년 7월 4일 폐막됐다. 이튿날인 7월 5일에 쿨라코프 부부는 교외 다차에서 결혼 40주년을 기념했는데 라이사와 나도 초대받았다. 평범한 파티였다. 서열에 따라 참석자들은 주인공 부부를 위해 건배를 제의했다. 마지막 말은 대부분 잔을 다 비우자는 뜻으로 '도 드나'를 외쳤다. 당시 쿨라코프는 건강이 극도로 악화돼 얼마 버티지 못할 정도였다.(그는 1968년에 위 절제 수술을 받았다.)

그는 전체회의 폐막 2주일 만에 심장마비로 사망했다. 나중에 들은 이야기로는 전날 밤에 부부싸움을 크게 했고, 자기 방에서 혼자 잠을 잤는데, 아침에 숨이 멎은 채 발견됐다고 했다. 쿨라코프는 사망 당시 갓 예순 살로, 아까운 인재였다. 더 놀라운 것은 브레즈네프를 비롯해 여러 정치국원들이 그의 장례식에 참석치 않았다는 사실이다. 모두들 휴가 중이라는 핑계를 댔다. 나는 권력 최고 정상에 함께 오른 사람들이 사실상 인간적으로는 전혀 가깝지 않다는 사실을 그때 처음으로 알게 되었다.

Chapter

6

스타브로폴을
떠나다

스타브로폴을 떠난다는 것은 끔찍한 일

이었다. 결코 과장이 아니고 솔직한 심

정이 그랬다. 나는 그때나 지금이나 그곳의 토지와 스텝, 협곡, 덤불까지 모

두 사랑한다. 우리 가족이 틈만 나면 찾아갔던 산과 언덕은 물론이다. 우리 가

족이 제일 좋아한 곳은 아르키즈와 돔바이, 퍄티고르스크, 키슬로보드스크,

젤레즈노보드스크였다. 우리는 그 땅의 매력에 흠뻑 빠져 지냈다. 스타브로

폴 지역의 44%를 차지하고, 아무 것도 우리에게 주는 게 없는 건조한 스텝이

왜 그렇게 좋으냐고 물을 것이다. 가뭄은 그곳에 사는 농부들에게 재앙이었

다. 하지만 봄과 초여름, 가을이 되면 스텝은 기막힌 장관을 연출한다. 각양각

색의 색깔과 향, 침묵, 그리고 광대한 공간. 5월초부터 모든 스텝, 다시 말해

살스크 스텝과 칼미크 스텝에서 시작해 볼가 스텝에 이르는 전 지역이 연한

하늘빛 튤립으로 주단을 깔아놓은 것처럼 변한다.

겨울철에는 우리가 탄 크로스컨트리용 가즈(GAZ) 차량이 눈더미에 빠져 옴

짝달싹 못하기 일쑤였다. 스타브로폴 지방에는 작은 강이 여기저기 많아 언제든지 강가 갈대숲에서 편하게 쉴 수 있고, 낚시도 할 수 있다. 마니치 호수와 연결된 여러 개의 지류들은 철새들의 낙원이다. 여름철 저녁이면 라이사와 나는 교외의 숲으로 자주 나갔다. 6월이면 숲 주위는 밀밭 천지가 된다. 밤이 되면 메추라기 울음소리가 울려 퍼지는데, 웬만한 콘서트보다 훨씬 더 듣기 좋다.

나는 인생의 대부분을 스텝에서 보냈다. 스타브로폴 시는 스타브로폴 고원에 위치해 있는데, 가장 높은 곳인 스트리즈하멘트는 해발 831m이다. 오래 전부터 코사크인들이 마시는 묘약이 있다. 스트리즈하멘트에서 자라는 열일곱 가지의 약초를 가지고 만드는데 이름도 스트리즈하멘트라고 부른다.

내 심장의 일부는 영원히 스타브로폴에 남아 있다. 인간은 누구나 고향이라고 여기는 곳이 있다. 내가 이 지구상에서 고향이라고 생각하는 곳은 바로 스타브로폴의 프리볼노에 마을이다. 이제 많은 세월이 흘렀고, 내가 자란 고향 마을 끝 쪽의 작은 오두막은 흔적도 찾아볼 수 없다. 그 오두막에서 몇 야드만 나가면 살스크 스텝으로 연결되었다.

한번은 프리볼노에를 방문했을 때, 그 마을 끝 쪽으로 가 보았다. 우리 집이 있던 자리는 갈아엎어져서 밀밭이 되어 있고, 풀이 무성하게 자라고 있었다. 오두막은 간 곳이 없고, 어린 시절 마법의 정원이던 마당은 사라지고 없었다…. 마을 묘지에는 안드레이 할아버지와 판텔레이 외할아버지, 그리고 바실리사 할머니와 스테파니다 할머니의 무덤이 있고, 그분들의 아들딸들, 우리 아버지와 어머니도 묻혀 계신다. 어머니는 아버지가 돌아가시고 18년을 더 사시다 돌아가셨다. 어머니는 모스크바에서 돌아가셨는데, 나는 어머니께 돌아가시면 아버지 곁에 모셔다 드린다는 약속을 했고, 1994년에 그 약속을 지켰다. 장례식은 프리볼노에의 작은 교회에서 치렀다. 그 교회는 내가 조금 돕고, 마을 사람들이 힘을 합쳐서 지은 것이다.

이제 프리볼노에로 가면 얼굴을 모르는 사람이 많아졌다. 그 사람들의 어머니, 아버지, 할아버지, 할머니는 내가 잘 알지만 이들은 잘 모르겠다. 세대가 바뀐 것이고, 그건 어쩔 수 없는 일이다. 솔직히 나도 이렇게 오래 살 줄 몰랐다. 내가 언제 죽을지는 저 위에 있는 어떤 곳에서 정해질 일이고, 얼마나 더 살다 죽을지는 누구도 알 수 없다. 하지만 나는 항상 마지막 순간을 산다는 자세로 오늘을 살아야 한다고 생각하는 사람이다. 이 책을 서둘러 마무리하려는 이유도 바로 그 때문이다. 나는 라이사가 죽은 순간부터 이 책을 쓰겠다는 생각을 했다.

스타브로폴에서 일하며 보낸 세월은 내 인생에서 아주 큰 의미를 지녔다. 농업뿐만 아니라, 휴양지, 교육, 의료, 문화 등등 나는 모든 분야에 정성을 쏟았다. 농업분야를 현대화하고, 코페라치브를 활성화하고, 새로운 생산기술을 도입한 일들은 이 지역 발전에 강력한 동력이 되었다. 1990년이 되자 지역 내에서 적자를 기록했던 농장들은 사실상 사라졌고, 집단농장과 국영농장 대부분이 연간 1천만~1천 5백만 루블의 수입을 올렸다.

나는 스탈린 사후 전국적으로 엄청난 변화의 바람이 몰아칠 무렵에 직장생활을 시작했고, 곧바로 그 소용돌이 속으로 휘말려 들어갔다. 나는 그 시절을 나의 '작은 페레스트로이카'였다고 부른다. 내 능력을 스스로 시험해 보았고, 그 결과 스스로 막중한 책임을 두 어깨에 지고 나갈 가능성이 있다고 생각했다. 그 시절의 경험은 내게 이런 확신을 심어 주었고, 그 때문에 소련공산당 중앙위의 고위직에 추천받았을 때도 그 제안을 기꺼이 받아들일 수 있었던 것이다.

스타브로폴을 떠나는 날 라이사와 나는 이 도시에 작별인사를 하기로 했다.

우리는 자동차에 올라 오랜 역사를 지닌 도심을 지나 신시가지로 향했다. 스타브로폴 신시가지는 구도심의 경계를 벗어나 외곽의 숲이 나올 때까지 이어졌다. 우리는 '러시아 숲'이라는 명칭의 자연보호림까지 갔다. 우리 부부가 손바닥 보듯이 훤히 아는 곳이었다. 라이사도 나처럼 자연을 좋아했다. 힘든 시기에 자연은 항상 나의 안식처였다. 자연 앞에 서면 온갖 근심, 초초함과 피로는 사라지고, 마음은 평화를 되찾았다. 내게 있어서 자연은 단순히 내가 살고 있는 환경이 아니었다. 항상 자연과 내면적인 유대감을 가졌으며, 나를 만든 것은 내 주위의 사람과 사회뿐만이 아니라 자연도 한 몫 했다고 생각한다.

1992년에 국제환경포럼에서 나를 국제녹십자사 초대 총재로 추대했을 때, 나는 기쁜 마음으로 그 제안을 받아들였다. 내 안의 어떤 목소리가 그렇게 만든 것이다. 국제환경포럼은 리우데자네이루에서 유엔이 주관한 세계경제정상회담과 함께 열렸다. 1993년부터 지금까지 나는 세계 환경문제 해결을 위해 노력하고 있다. 나는 어떤 고위직보다도 지금 하고 있는 활동에 만족하고 있다. 지금 세대와 미래 세대를 위해 자연을 보호하는 데 자신의 삶을 바치는 것보다 더 고상한 일이 어디 있겠는가?

중앙무대에서의
첫 연설

당중앙위 서기로 선출돼 모스크바로 옮겨가기 전에 정치국 내에서는 몇 가지 일들이 있었다. 나의 선출을 둘러싸고도 여러 우여곡절과 음모가 진행됐다. 스타브로폴 지방당 제1서기로서의 임무를 시작한 직후 나는 모스크바로 가서 당중앙위를 찾아갔다. 그곳에서 쿨라코프를 만나 이야기를 나누었는데, 본격적인 이야기에 들어가기 전에 쿨라코프가 이렇게 물었다.

"당서기장을 만난 적이 있소?"

"없는데요." 나는 이렇게 대답했다.

"왜 없소?"

"서기장에게 볼 일이 없는데, 왜 찾아가 시간을 빼앗는단 말입니까?"

"아이쿠 이런, 스타브로폴 제1서기가 당서기장에게 볼 일이 없다는 게 말이 되나? 어쨌거나 서기장은 당신한테 물어 볼 말이 있을 게요. 그런데 브레즈네프 서기장 비서들 얘기로는 동지가 한 번도 면담 신청을 한 적이 없다더군."

"다시 말씀드리지만, 면담할 필요가 없었습니다."

"좋소. 하지만, 한번 고려해 보도록 하시오."

그것은 대단히 유용한 충고였다. 당서기장과 유대 관계를 유지하는 게 무엇보다도 중요했다. 브레즈네프는 나를 포함해 지방, 지역당 제1서기들을 수시로 불렀다. 당중앙위를 방문하면 거기서 서기장을 만나는 경우가 많았다. 쿨라코프와의 대화 이후 나도 서기장에 대해 갖고 있던 '뻣뻣한 태도'를 버렸다.

그 이후 브레즈네프와는 상당히 긴밀한 관계를 유지했다. 나는 스타브로폴에서 추진하는 프로젝트에 당중앙위원회의 지원이 필요하면 브레즈네프와 통화를 하거나 직접 찾아갔다.

1977년 말에 나는 표도르 쿨라코프와 장시간 상당히 심각한 대화를 나누었다. 다른 지방당 제1서기들과 마찬가지로 나도 통상적인 업무 문제를 상의하기 위해 그를 만나러 갔다. 나와 대화 도중에 쿨라코프는 러시아 내 중앙아시아의 비(非)흑색토양 지역 사정이 아주 좋지 않다고 했다.

"대규모 투자가 필요하네." 그는 이렇게 말했다.

지방 대표들의 지지가 필요했고, 내게 그 문제를 꺼낸 것도 그 때문인 게 분명했다.

나는 그런 문제라면 추가 자원을 찾아봐야 할 것이라고 했다. 쿠반 지역과 로스토프, 우크라이나에서 자원을 가져다 쓸 수는 없을 것이라고 했다. 이들 지역에도 자원이 부족한 상태이고, 오히려 이들 지역에 투자를 하면 빠른 시일 안에 큰 효과를 거둘 수 있다고 했다.

쿨라코프는 내 말을 자르며 이렇게 말했다.

"그 말에는 동의할 수가 없네. 효과가 좋은 곳에만 반드시 투자를 하는 것은 아니네. 비흑색토양 지역은 우리 역사가 시작된 곳이고, 그런 역사적인 고려도 해야 하는 것이지. 그곳에 사는 사람들의 어려움을 외면하면 안 되네."

나는 그의 말에 동의하고, 농업 문제로 화제를 옮겨 갔다. 나는 농산품 조달 가격을 지금처럼 낮게 책정해서는 곤란하다고 했다. 정부가 농민과 집단농장, 국영농장에 지불하는 가격보다 몇 배 더 비싼 가격으로 같은 품목을 외국에서 수입해 오기 때문이었다. 농민들이 아무리 새로운 기술을 도입하고 비용을 절감해 생산성을 높여도, 그 혜택이 농민들에게 돌아가지 않는다면 무슨 소용이 있느냐고 했다.

9차 5개년 경제계획이 끝난 다음에 어떤 일이 벌어졌는가? 비료, 연료, 그리고 벽돌을 비롯한 건설 자재와 기계류 값이 갑자기 폭등했다. 다시 말해, 농업은 다른 산업의 발전을 돕는 역할만 하는 일종의 '국내 식민지' 같은 분야가 되어 버렸다. 그런 사정은 지금도 마찬가지다.

농업담당 서기인 쿨라코프는 내 지적에 기분이 몹시 언짢은 기색을 보였다. 내 말이 너무 심했나 하는 생각이 들 정도였다.

농업 문제를 다룰 중앙위 전체회의가 이듬해에 열릴 예정이었다. 그래서 나는 이 문제를 이야기할 시점이 됐다고 생각했다. 대화가 끝날 즈음에 쿨라코프가 이렇게 말했다.

"당신 생각이 그렇게 확고하다면, 오늘 말한 내용을 메모랜덤으로 만들어 보고하도록 하시오."

내가 그 제안을 거부할 걸로 생각하고 그런 말을 한 것인지는 모르겠지만 나는 "좋습니다. 당장 시작하겠습니다."고 대답했다.

1978년 1월 1일까지 나는 72쪽에 달하는 메모랜덤을 작성해 표도르 쿨라코프 앞으로 보냈다.

얼마 뒤 쿨라코프가 전화를 걸어왔다.

"이 메모랜덤 내용을 당중앙위 전체회의 준비위원회 위원들에게 회람시켜도 괜찮겠소?"

나는 그 말을 듣고 깜짝 놀라 이렇게 대답했다.

"표도르 다비도비치 동지. 그 문건은 동지께 개인적으로 보낸 것입니다. 전체회의 준비위원 동지들에게 회람시키려면 조금 더 손질을 해야 합니다."

메모랜덤에 다소 과감한 제안을 적어 놓은 게 사실이고, 그래서 준비위원들이 나를 건방진 자라고 생각할 소지가 있었다. 그래서 내용을 조금 바꾸고, 정확하지 않거나 감정적인 부분은 삭제해 다시 만들었다. 54쪽으로 줄인 내용을 쿨라코프에게 보냈고, 쿨라코프는 그것을 준비위원들에게 회람시켰다.

그 메모랜덤은 내 인생에서 큰 역할을 했다. 나는 중앙위원들을 상대로 핵심적인 문제들을 과감하게 제기했다. 다른 동료들이 제기한 문제들도 참고로 해서 내 제안은 당중앙위원회 전체회의에서 본격적으로 다루어졌다.

나는 전체회의에서 연설을 하겠느냐는 제안을 받았다. 내가 제출한 메모랜덤과 관련한 연설이었다. 당시 나는 지방당 제1서기로, 9년 동안이나 중앙위원직을 맡고 있었다. 그동안 갖가지 문제들을 다루는 토론에 참여는 했지만, 정식으로 연단에 나가 연설을 해 본 적은 없었다.

돌이켜 보면 오랜 세월 '한쪽 구석에서 기다리시오.' 하는 식으로 당에서 나를 '교육' 시킨 게 아닌가 하는 생각이 든다. 일부러 모욕 주려고 그런 것은 아닐 테지만, 나를 주변으로 돌린 것은 사실이었다. 아마도 내 생각이 맞을 것이다.

여러 징조로 미루어 볼 때 최고 지도부의 인력 충원 문제는 심각한 위기에 직면해 있었다. 전체회의 개막 전야에 나는 연설을 할지 여부에 대한 입장을 정하라는 독촉을 받았다. 일종의 경고였다. 전에는 그런 일이 없었다. 내 연설에 대해서는 모종의 결정이 이미 내려져 있는 게 분명했다. 나는 연설을 하겠노라고 답하고, 메모랜덤에 적은 내용을 토대로 할 것이라고 했다. 좋다는 답변이 돌아왔다. 나는 전력을 다해 전체회의 준비에 들어갔다.

전체회의에서 다룰 주제와 어떤 결정을 내릴지를 놓고 열띤 논쟁이 오갔다. 전체회의에서 나는 러시아연방 농업장관 레오니드 플로렌티에프 옆에 앉았다. 내가 할 연설문 내용을 보여주었더니 그는 그것을 읽어본 다음 이렇게 말했다.

"내용이 좋군요."

그러면서 그는 내가 중요하다고 생각하는 대목 몇 군데를 지적하며, 빼는 게 좋겠다고 했다.

"문제가 될 소지가 있어요."

"왜요? 이것은 그냥 해 보는 말이 아닙니다. 직접 경험에서 우러나온 것이고, 앞으로 우리한테 많은 혜택을 가져다 줄 내용이라 뺄 수 없습니다."

레오니드 장관은 그래도 자기 생각을 굽히지 않았다.

"내 충고대로 하시오. 하지 않는 게 좋을 겁니다."

나는 마침내 연단에 나가 연설을 시작했다. 처음에는 다른 연설들처럼 별일 없이 진행되었다. 중앙위원들은 신문을 뒤적였고, 연단 뒤에 자리하고 있는 정치국원들은 내 연설에 귀를 기울이고 있었다. 그런데 갑자기 청중석에서 나던 소리가 딱 멈추며 등 뒤에서 브레즈네프의 목소리가 들렸다.

"저자가 도대체 무슨 소리를 지껄이는 건가?"

플로렌티에프 장관의 말이 옳았구나 하는 생각이 번쩍 스쳤다. 그래도 나는 연설을 계속했다. 연설에 호응하는 자들도 있고, 그렇지 않은 자들도 있었다. 전체회의에서는 예상했던 대로 농업 인프라 강화를 위한 여러 가지 결정들이 내려졌다.

당서기장이 되고 나서 나는 1978년 7월에 열린 중앙위 전체회의에 제출했던 그 메모랜덤이 어디 있는지 찾아보라고 지시했다. 나도 개인 보관실에 한 부 갖고 있었지만, 내가 제출한 원본이 어떻게 되었는지 알고 싶었던 것이다. 여기저기 뒤진 끝에 치타에 있는 당중앙위 문서보관소 분실에서 그것을 찾아냈다. 나는 그것을 가져다 내 개인 보관실에 두었다.

당중앙위 농업 담당 서기가 되다

중앙위원회 전체회의가 끝나고 두 주 뒤에 쿨라코프가 갑자기 사망했다. 나는 그의 장례식에 참석하기 위해 중앙위의 허가를 요청했다. 허가가 내려졌고, 나는 장례식에서 할 연설을 어떤 식으로 하는 게 좋을지 생각했다. 그는 크렘린 벽에 안치됐고, 장례식은 묘소인 레닌묘 앞에서 거행됐다. 나는 생전 처음으로 레닌묘 위 연단에 올라서서 연설을 했다. 앞에서 언급한 바 있지만, 수슬로프를 비롯한 다른 정치국원들은 무슨 연유인지 휴가 중이라는 핑계를 대고 장례식에 참석하지 않았다.

그때까지 떠도는 소문으로는 당시 쿨라코프가 잠재적인 총리 후보자였기 때문에 누군가가 그를 제거하려 했다는 풍문이 돌았다, 한번은 안드로포프와 이야기를 나누는 도중에, 쿨라코프의 총리 기용 가능성에 대해 물었더니 그는 이렇게 대답했다.

"자네도 알다시피, 쿨라코프는 지금 일을 잘하고 있네."

다시 말해 그의 총리 승진 가능성을 배제한 것이다. 쿨라코프가 죽고 난 다음, 상부에서는 그의 후임을 누구로 할지를 놓고 논의를 시작했다. 당 중앙위 농업 담당 서기는 여러 부서를 관할하는 중요한 자리였다. 전국을 관할하기 때문에, 각 연방공화국과 지방 공산당 서기들과도 긴밀히 연결이 되었다. 쿨라코프는 당서기장이 신임하던 사람이었다.

여름에 정치국원이자 중앙위 서기인 안드레이 키릴렌코가 휴가차 스타브로폴 지방을 방문했다. 나는 관할 지역 내 이곳저곳을 안내하며 그와 많은 이야기를 나누었다. 그가 우리 지역을 둘러보는 것보다 나에 대해 뭔가 알아보려 한다는 인상을 받았다. 우리는 서로 아는 사이이고, 비교적 자주 대면하는 사이였는데도 그랬다. 나는 그의 그런 언동이 마음에 들지 않았기 때문에 내 생각을 숨기지 않았고, 그도 나를 별로 탐탁지 않게 대하는 것 같았다.

그해 여름에 안드로포프가 내게 전화를 걸어 언제, 어디로 휴가를 갈 생각이냐고 물었다.

"밀 수확이 끝나면 늘 하던 대로 키슬로보드스크로 갈 생각입니다."

"좋았어. 나도 그때쯤 가지. 거기서 보도록 하세."

"좋습니다."

전에는 자기 휴가 일정을 나한테 미리 알려 준 적이 한 번도 없었다. 그래도 나는 꼬박꼬박 휴가지에 미리 가서 그를 기다렸다. 그렇게 하는 게 당연한 관례처럼 되어 있었다. 지방 지도자들은 정치국원이 현지에 오면 미리 나가서 마중을 하고, 떠날 때도 배웅을 했다.

그 휴가 중에 유리 블라디미로비치 안드로포프와 나는 다른 때보다 더 자주 만났다. 여러 번 장시간의 만남을 통해 모든 주제를 놓고 이야기를 주고받았다. 나는 그와의 대화를 통해 그가 나를 가늠해 본다는 느낌을 받았다. 나에 대해 이미 알만큼 알고 있을 텐데도 그랬다.

휴가가 끝날 무렵 어느 날 그는 낮 시간에 내게 전화를 걸어 이렇게 말했다.

"미하일, 내 말 잘 듣게. 레오니드 일리치(브레즈네프) 동지가 조만간 아제르바이잔을 방문할 거야. 큰 축하행사가 그곳에서 열리지. 각 지방의 당 서기들이 미리 가서 서기장 동지를 영접할 텐데 아마 자네도 가게 될 걸세."

"예, 당연히 가야지요. 그런데 그런 말은 처음 듣습니다. 아무도 미리 귀띔해 준 사람이 없었습니다."

"내가 지금 말하고 있지 않나. 나와 같이 가세."

우리는 저녁 9시쯤 미네랄니에 바디 역으로 갔다. 남부에서는 해가 지면 금방 깜깜해진다. 별이 반짝이고, 멀리 즈메이카, 마슈크, 젤레즈나야 등 라콜리스 암반 산봉우리들이 눈에 들어왔다. 사방이 정적에 쌓인 여름밤이었다.

특별 열차가 다가와 멈추고, 브레즈네프와 체르넨코가 모습을 나타냈다. 나를 포함한 네 명은 플랫폼을 왔다 갔다 하며 거의 한 시간가량 이야기를 나누었다. 일상적인 대화였다. 나는 브레즈네프 동지에게 수확(그해는 풍년이었다)과 수로 건설에 관해 보고를 했다. 브레즈네프는 수로 건설에 대해서는 늘 높은 관심을 나타냈다. 휴가를 단축한 건 좋지 않으며, 충분히 휴식하는 게 좋겠다는 말을 했더니, 그는 어림없는 소리 하지도 말라는 투로 한 손을 저었다.

특별한 만남이 아닌 것처럼 보일 수도 있다. 브레즈네프는 기차 여행을 할 때는 항상 지방 서기들과 면담을 가졌다. 돌이켜 보면, 당시 많은 이들이 브레즈네프와 안드로포프, 체르넨코, 고르바초프가 기차역에서 만난 사실에 주목했다. 소련 역사가 종말을 향해 다가가던 시기에 당서기장을 지내게 되는 네 명이 그렇게 한자리에 모였던 것이다. 안드로포프는 그때의 휴가에 대해 만족스러워 했다. 물론 그는 그 휴가기간을 이용해 나를 가늠해 보고자 했다는 말을 이후로도 내게 한 적은 없다. 당시 메두노프(크라스노다르 지방)와 본다렌코(로스토프 지방)도 당중앙위 농업 담당 서기직에 관심이 많았다.

그해 11월 27일 월요일에 중앙위 전체회의가 열렸다. 나는 이틀 전인 토요일 모스크바에 도착했다. 무엇보다도 50세 생일을 맞은 오랜 친구 마라트 그라모프를 만나보고 싶었다. 나와 같은 스타브로폴 출신으로, 우리는 콤소몰 시절부터 친구로 지내 왔다.

정오 무렵에 차를 타고 마라트의 집으로 향했는데, 그 사이에 당중앙위에서 나를 찾아 여기저기 수소문하고 다닌 모양이었다. 내가 어디로 가서 누구를 만나는지 알려고 그랬던 것이다. 오후 6시쯤 체르넨코 사무실에서 보낸 사람이 내가 있는 장소를 찾아냈다. 나는 곧바로 당중앙위 본부가 있는 스타라야 플로샤지로 불려가 잘못을 사과하고, 고향친구 생일잔치에 갔노라고 해명했다. 체르넨코는 이렇게 말했다.

"레오니드 일리치 동지가 당신을 기다리다 방금 떠났소."

"저한테 미리 귀띔이라도 해 주시지 그랬습니까?"

"우리가 서기장 동지한테 이래라 저래라 할 수는 없소. 레오니드 일리치 동지는 내일 열리는 전체회의에서 당신을 중앙위 농업 담당 서기 후보로 추천한다는 사실을 알려주라고 했소."

"저는 그럴 자격이 없습니다. 아마도 다른 사람으로 착각하신 것이겠지요."

"한 가지만 알려 주겠소. 대답은 간단명료하게 하도록 하시오. '영광입니다.' 이 말 한마디로 끝내시오. 동지가 그 일을 감당할 자격이 있는지 없는지는 문제가 아니오. 중요한 것은 레오니드 일리치 동지가 당신을 신임한다는 사실이지, 알아들었소?"

"예, 잘 알아들었습니다. 콘스탄틴 우스티노비치 동지."

나는 그렇게 해서 이튿날 열리는 당중앙위 전체회의에서 당서기장이 나를 중요한 자리에 지명하려고 한다는 사실을 알게 되었다. 이튿날 중앙위원들은 나의 후보 지명을 일단 논의에 부친 다음 만장일치로 통과시켰다.

회의 도중에 나는 레오니드 일리치 서기장에게 다가가 내게 보내준 신임에 대해 감사한다는 인사를 건넸다. 내 말에 그는 머리를 한 번 끄덕여 보였다.

다음 날 크렘린으로 서기장을 찾아갔다. 그의 집무실로 안내되었는데, 특별히 호의적으로 대하는 것 같지는 않았다. 그저 이렇게 한 마디 했을 뿐이다.

"쿨라코프가 그렇게 된 건 참 안됐어. 좋은 사람이었는데."

주변 사람들이 나를 그 자리에 앉히라고 강력히 추천한 게 분명했다. 알렉세이 코시긴은 휴식시간 중에 나를 찾아와 이렇게 말했다.

"축하하네. 자네가 이제 우리 일원이 된 게 정말 반갑네."

안드로포프는 내 손을 잡고 격렬하게 흔들며 말했다.

"작은 도토리가 자라서 우람한 떡갈나무가 되는 법이지."

당중앙위 전체회의가 끝난 다음 내 사무실이 마련되어 있는 스타라야 플로 샤지로 갔다. 경호원이 배정되고, 질(ZIL) 리무진이 제공되었다. 관사가 정해 지기 전까지 임시 묵을 숙소를 알려주겠다고 했다. 하지만 절차가 빠르게 진 행되어 나는 임시 거처에 머물 필요 없이 바로 관사로 들어갔다.

사무실에 앉아 있는데 유리 안드로포프가 전화를 걸어왔다.

"지금 바쁜가?"

"아닙니다."

"그러면 내 방에 잠깐 들르겠나? 지금 사무실에 있네."

나는 안드로포프의 집무실이 있는 KGB의 루비앙카로 갔다. 그는 내게 이 런 충고를 해 주었다.

"우리는 동지이고, 앞으로도 계속 동지로 남아 있기를 원하네. 하지만 미하 일, 모스크바는 어디까지나 모스크바라는 사실을 명심하게. 모든 일은 레오니 드 일리치 동지 손에 달려 있고, 그래서 핵심적인 관건은 그의 신임을 받느냐 못 받느냐 하는 것이네."

"걱정 마십시오. 무슨 말씀인지 이해합니다."

"좋았어. 다시 한 번 말하지만, 자네가 지금 해야 할 가장 중요한 일은 모든 일에 있어서 서기장 동지의 지지를 받는 것이네. 그런데 아까 보니 코시긴이 자네한테 활짝 웃으며 축하인사를 하더군."

쉽게 말해, 안드로포프는 그곳에서 벌어지는 겉과 속이 다른 행태에 대해 경고를 해 주려는 것이었다.

권력
핵심으로

그렇게 해서 나는 거의 25년 만에 다시 모
스크바로 돌아왔다. 라이사와 나는 모스
크바 교외에 있는 작은 시골집 다차에 짐을 풀었다. 국가 지도급 인사로 선출
된 사람들의 임시 거처로 제공되는 그런 다차가 여러 채 있었다.

배가 난파되어 무인도에 홀로 내버려진 기분이었다. 가족들은 나중에 그 집
을 우리의 임시 피난처라고 불렀다. 1978년 겨울은 기온이 섭씨 영하 40도까
지 내려갔다. 모스크바에서도 드문 강추위였다.

밤이 되면 우리는 늘 하던 대로 따뜻한 옷을 껴입고 산책을 나갔다. 숨을 쉬
기 힘들 정도의 냉기가 온몸을 감쌌다. 우리는 그곳에서 처음 겪는 일들을 함
께 나누기 위해 그 추운 날에도 산책을 나갔다.

나는 '차르의 궁정' 생활이 어떤 것인지 나름대로 안다고 생각했다. 하지만
수도에 와서 직접 겪어 보니 일은 내가 상상했던 것 이상으로 복잡하게 돌아
갔다. '권력 최상층부'에서 펼쳐지는 복잡미묘한 관계와 뉘앙스를 제대로 이

해하는 데는 시간이 걸렸다. 그렇기 때문에 마냥 들뜬 기분으로 지낼 처지가 아니었다.

당시 라이사는 가끔 질문을 던졌다.

"우리는 앞으로 어떻게 되는 건가요?"

그러면 나는 아내를 안심시키기 위해 이렇게 말했다.

"처음 스타브로폴로 내려갔을 때를 생각해 봐요. 아무리 큰 어려움이 닥치고, 앞날이 불확실하다 해도 스타브로폴에서 보낸 초기 10년보다는 나을 것이요."

그러면 아내는 고개를 끄덕여 보였다.

"나도 그렇게 생각해요. 당신은 많은 것을 이루었어요. 나는 아직 박사학위 논문 준비를 하고 있고, 앞으로 어떻게 해야 할지 모르겠어요. 논문 작업에 계속 매달리는 게 잘하는 일인지 모르겠어요. 당신 생각은 어때요?"

나는 솔직하게 대답했다. "솔직히 그 생각은 안 해 봤소. 이제 곧 새 집으로 이사를 갈 테고, 집을 제대로 정리하는 데 시간이 많이 걸릴 것이오."

얼마 안 되어 우리는 추세프 거리에 있는 아파트로 이사했다. 모스크비치들이 '상류층의 둥지'로 부르는 건물이었다. 다차도 새로 배정받았다. 그리고 '갓 이사 온 주민'이라는 신분을 벗고, 정식으로 모스크바 시민이 되었다. 다차는 환상도로 안에 있는 소스노프카에 있었는데, 크릴라츠키에 언덕에서 멀지 않은 곳이었다. 모스크바 강 너머에는 세레브리야니 보르가 있었다. 당시에는 소나무 숲이었는데, 지금은 고층 주거 아파트 블록으로 바뀌었다. 지금도 고르바초프 재단으로 출근하는 길에 이곳을 지나는데, 뉴욕 맨해튼의 스카이라인을 연상시킨다.

새로 배정받은 다차는 1930년대에는 당시 지도급 인사 오르드조니키제, 가장 최근에는 체르넨코가 살았다. 지은 지 오래돼 낡은 집이었지만 아늑하고, 건축학적으로 눈길을 끄는 집이었다. 본채로 올라가는 계단은 오르내릴 때마다 삐그덕 소리를 냈는데, 언제 무너질지 몰라 조마조마할 정도였다.

12월 말에 라이사는 스타브로폴로 가서 이리나와 아나톨리를 데리고 왔다. 모스크바에서 필요할 만한 물건들을 챙겨왔다. 나는 아내에게 "웬만한 물건은 내다 버리거나 이웃사람들에게 나눠주고 책은 도서관에 기증하라."고 했다. 아내는 내 말대로 했다. 1955년에 아내가 스타브로폴로 내려오기 전에 내가 미리 사두었던 단단한 강철 의자 두 개는 챙겨서 가져왔다.

아내가 그 의자를 챙겨온 것을 보고 나는 무척 반가웠다.

"이걸 챙겨오다니 정말 잘 했소."

장모가 아내에게 준 밝은 색 매트도 가져왔는데, 그 뒤에 의자는 어디로 갔는지 보이지 않고, 매트는 지금까지 그대로 있다.

라이사는 아파트와 다차를 현대식으로 꾸몄다. 아내는 '먼지가 낀다'는 이유 때문에 카펫을 좋아하지 않았다. 같은 이유로 두터운 커튼과 무거운 가구도 싫어했는데, 쉽게 말해 구식 가구는 좋아하지 않았다는 말이다.

라이사는 새해 전야에 아이들을 데리고 모스크바로 돌아왔다. 우리는 1979년 새해를 온 가족이 함께 맞았다. 크렘린 시계가 울리자 우리는 유리잔을 들고 새해인사를 서로 주고받으며 새 집으로 걸어 들어갔다. 모든 일이 잘 되기를 기원하면서.

나는 처음부터 일에 파묻혀 지냈다. 하루에 12~14시간씩 일했다. 이리나와 아나톨리는 제2의과대학으로 옮겼다. 입학 면접 때 부총장은 스타브로폴 의과대학에서 받은 성적표를 보면서 이렇게 말했다고 한다.

"전부 A학점만 받았는데, 우리 학교에서도 이렇게 좋은 점수를 받을 수 있을지 두고 보겠네."

"우리도 두고 보겠습니다." 이리나는 이렇게 대답했다고 했다.

이리나는 의과대학을 우등으로 졸업하고, 대학원으로 진학해 모교의 교수로 남았다. 이리나는 사회학적인 면과 의학적인 면이 함께 섞인 흥미로운 논문을 한편 썼는데, 논문제목이 '모스크바시 노동 연령 남성들의 사망 원인에 관한 연구'였다. 그 주제와 논문은 곧바로 기밀로 분류되었고, 지금까지도 그 기밀 분류는 해제되지 않고 있다.

나는 생각보다 잘 적응해 나갔다.

아내는 내가 하는 일에 관심을 가졌고, 내 기분이 어떤지도 관심 있게 살폈다. 아내는 우선 집안 정돈부터 하고 나서 젊은 시절 우리가 즐겨 다닌 장소들을 찾아보기 시작했다. 제일 먼저 오랜 친구인 니나 리야키세바를 만났다. 이 책에서 나는 이 여성의 이름을 몇 번 언급했다. 니나는 우리 결혼식 때 라이사에게 예쁜 흰색 펌프스 슈즈를 빌려 주었다. 아내는 철학부를 찾아가 자기를 가르친 교수들을 만났다. 모교를 찾아가니 공부를 계속하고 싶은 마음이 간절해진 모양이었다. 아내는 이렇게 말했다.

"아무래도 학위논문을 마저 써야 할 것 같아요. 만나는 사람마다 내가 공부를 계속하는 줄 알아요."

나는 현실적인 대답을 했다.

"때가 되면 그렇게 합시다."

아내는 내 말에 동의했다. 모스크바로 옮겨와서 새로 배우고, 검토할 일이 무지하게 많았다. 나는 주중은 물론 주말에도 일 때문에 바빴기 때문에 가족과 함께 보낼 시간은 거의 없었다. 이곳 생활에 적응하느라 해야 할 일도 많고, 새로운 사람을 만나는 데도 많은 시간을 빼앗겼다. 이곳 동료들이 사는 모습도 보고, 그러다 보니 사람들과도 차츰 가까워졌다. 하지만 일이 그렇게 간단한 것은 아니었다.

레오니드 브레즈네프 서기장은 정치국원들 가운데서도 극소수만 자기 집에 불러 모았다. 그로미코, 우스티노프, 그리고 가끔 안드로포프와 키릴렌코가 불려갔다. 1979년 초여름 어느 날 미하일 수슬로프(이데올로기 담당 서기 겸 정치국원)가 주말을 함께 보내자고 우리 가족을 초대해 깜짝 놀랐다. 우리는 스탈린이 쓰던 시골집으로 가서 주위를 함께 걸으며 이야기를 나누었다. 온종일 걷고, 이야기하고, 차를 마시며 보냈다. 모스크바에 오래 산 수슬로프는 스타브로폴에서 갓 올라온 젊은 동료에게 그런 식으로 환영인사를 한 것이었다. 지도부 안에서 소그룹 인사들끼리의 관계는 아주 흥미로웠다. 브레즈네프, 코시긴, 수슬로프, 그로미코, 그리고 우스티노프는 공식적인 자리에서도 친근함의 표시로 서로 '너' 라는 뜻의 '티' 로 불렀다. 다른 정치국원들은 자기들 끼리나 브레즈네프를 부를 때 '당신' 이라는 높임말인 '비' 로 불렀다.

재미있는 것은, 나도 지방당 제1서기 시절에는 수슬로프와 서로 높임말인 '비' 로 불렀다. 그런데 중앙위 서기가 되자 수슬로프는 나를 친밀한 의미의 호칭인 '티' 로 불렀다. 나는 수슬로프에게 계속해서 '비' 라는 경칭을 썼다. 그가 나를 '티' 로 부른 것은 나를 자기들의 이너서클로 받아들인다는 의미였다.

몇 년 뒤 나는 정치국원이 되었고, 안드로포프의 다차 옆에 있는 새로운 다차로 옮겨갔다. 한번은 안드로포프에게 점심 초대를 했는데, 그날 일을 생각하면 지금도 당황스러운 생각이 든다.

당시 나는 안드로포프에게 전화를 걸어 부인 타티아나 필리포브나 여사와 함께 우리 집으로 와서 점심을 하지 않겠느냐고 정중하게 말했다.

"스타브로폴 식 점심을 준비했습니다. 그 옛날 좋았던 시절 음식입니다."

안드로포프는 착 가라앉은 목소리로 말했다.

"그래, 참 좋은 시절이었지. 하지만 미하일, 지금은 자네 초대를 받아들일 수 없네."

나는 깜짝 놀라 이렇게 되물었다.

"아니, 왜 그러시는지요?"

"왜냐하면 내일이면, 아니 내가 자네 다차로 떠나는 순간 루머 기계가 바로 작동할 걸세. 누가 누구 집으로 갔으며, 왜 갔고, 어떤 이야기를 나눴는지를 놓고 이러저러한 루머가 쫙 퍼질 걸세."

"오, 이런, 유리 블라디미로비치 동지." 나는 신음하듯 내뱉었다.

"분명히 그렇게 되네, 미하일. 타티아나 필리포브나와 내가 우리 집을 나서서 자네 집으로 걸어가는 순간, 그 사실은 곧바로 레오니드 일리치 동지한테 보고될 걸세. 자네도 이제는 알아야 할 필요가 있으니 말해 주는 거네."

그래서 이너서클 사람들끼리는 서로 초대하거나, 초대받는 것 자체를 아예 금기시했다. 나는 옛 친구들을 만나고, 새로운 친구를 사귀며 인간관계를 넓혀나가는 노력을 했지만, 정치국과 서기국 동료들과는 그렇게 하지 않았다.

라이사는 새로운 관계에 적응하는 데 힘들어 했다. 아내는 '크렘린 부인들'이라고 부르는 특수 집단 부인들과 어울리는 것을 어색해 했다. 아내는 그 부인들 가운데 누구와도 가깝게 지내지 않았다. 부인들끼리의 관계는 그들의 남편 지위를 그대로 반영했다. 수다스러웠던 부인들 모임에 몇 번 참석하고 나서 라이사는 거만함과 천박함, 아첨이 뒤섞인 모임의 분위기에 충격을 받았다.

게다가 한번 모이면 엄청나게 시간을 오래 끌었다. 1979년 3월 8일은 국제 여성의 날이었는데, 정부 주최로 내외국인 고위직 부인들을 초청해 리셉션을 열었다. 정부 고위 지도자의 부인들이 총출동해 호스트 역할을 했다. 라이사는 처음 참석하는 공식행사인지라 남들보다 일찍 도착해 빈자리에 앉았다. 남편 서열에 따라 자리가 철저히 정해져 있다는 걸 몰랐던 것이다. 라이사가 앉은 자리는 키릴렌코 부인 바로 옆자리였는데, 나중에 키릴렌코 부인이 나타나더니 아내에게 손가락으로 자리 끝 쪽을 가리키며 거만하게 말했다. "당신 자리는 저기 끝 쪽이에요."

라이사는 그날 이후 이런 말을 몇 번이나 했다.

"정말 이상한 사람들이에요."

이런 '특수' 서클 사람들을 제외하고는 비교적 편한 관계가 이루어졌다. 이리나와 아나톨리는 다른 학생들과 쉽게 어울려 새로운 친구들을 만났다. 라이사는 모스크바대학과 철학연구소에서 일하는 동료들과 다시 어울렸다. 아내는 학회와 파티에 참석하고, 영어 공부도 시작했는데, 영어를 배운 것은 나중에 큰 도움이 되었다.

모스크바로 온 뒤부터 우리는 쉬는 날만 되면 차를 타고 탐험하듯 시내 곳곳을 돌아다녔다. 처음에는 모호바야, 크라스네 보로타, 크라스노셀스카야, 소콜니키, 루사코프 클럽, 스트로민카 등 우리에게 너무도 친근한 곳들을 찾았다. 야우자 강 너머 프리오브라젠스카야 광장으로도 갔고, 소콜니키 구역 혼인등록소가 있던 건물 앞에서 차를 세우고 잠깐 둘러보기도 했다.

모든 게 변해 있었다. 말라야 그루진스카야 거리와 볼샤야 그루진스카야 거리도 변했고, 프리오브라젠스카야 광장도 달라져 있었다. 레닌 언덕 주변의 모습도 변했다. 우리가 젊었을 때는 저층 건물 몇 채만 서 있을 뿐, 허허벌판 같은 곳에 높이 솟아 있는 대학 본관 건물과 강변의 스키 점프대가 다소 외롭게 보였는데 지금은 그렇지 않았다. 예전에 건설 노동자들이 살던 동네가 있고, 친척들이 보내주는 우편물을 찾으러 자주 다녔던 마을 우체국이 있던 체료무스키에는 현대식 주거 아파트들이 들어서 있었다.

이곳들을 둘러보며 우리는 반가움과 허전한 상실감을 모두 느꼈다. 오래돼 낡은 집들과 함께 우리가 학창시절을 보낸 풍경들이 모두 사라지고 없었기 때문이다. 사람들이 더 좋은 집에서 살게 된 것은 멋진 일이지만, 예전의 모스크바가 사라진 게 아쉬웠다.

모호바야의 옛날 대학 건물 머지 않는 곳에 유명한 아르바트 거리가 있었다. 우리는 학생 시절 아르바트 거리 주변의 사람들로 붐비는 샛길을 자주 돌아다녔다. 그 거리는 고층건물이 즐비한 노비 아르바트(뉴 아르바트)로 바뀌어 있었고, 노비 아르바트는 쿠투조프스키 대로로 연결됐다. 시인 보즈네센스키는 쿠투조프스키 대로를 '모스크바의 어긋난 턱'이라고 불렀는데, 나도 그 말에 동감이다.

우리는 특별한 볼 일도 없이 모스크바 곳곳을 그냥 돌아다녔다. 모스크바의 예전 모습과 지금의 모습을 좀 더 자세히 알고 싶었던 것이다. 우리는 모스크바를 14세기에서 16세기, 17세기, 18세기 등등 세기 별로 분류해 보기로 했다. 라이사는 곧바로 모스크바 역사에 정통한 전문가들을 찾아냈고, 그때부터 수시로 전문가 한 명씩 대동하고 시내를 돌아다녔다.

우리의 탐구 여행은 점차 모스크바의 풍경으로 확대되어 나갔다. 가장 인상 깊은 곳은 모스크바 강 기슭에 펼쳐진 풍경들이었다. 콜로멘스코에가 아름답다는 이야기는 익히 들어왔지만, 우리 두 눈으로 직접 보니 벌어진 입을 다물 수 없을 정도였다. 예수승천교회인 아센시온 대성당은 천국을 향해 솟아 있는 것처럼 보였다.

옛날 모스크바에 들를 때마다 양념처럼 보았던 연극도 모조리 다시 보려고 했다. 타간카 극장에서 '세계를 뒤흔든 10일'을 관람하고, 볼쇼이에서 발레

'스파르타쿠스'도 다시 보았다. 모스크바 생활이 안정되면서 우리는 열렬한 극장 애호가가 되었다.

브레즈네프 정체기

하지만 모스크바에 와서 가장 크게 놀랄 일들은 당중앙위원회에서 일어났다. 내 사무실은 중앙위 서기국 내에 있었다. 매주 회의가 끊이지 않았고, 중앙위에서 결정한 사항들이 제대로 이행되는지 살피고, 노멘클라투라 인력을 새로 채용해 배치하는 일들이 제대로 실행되고 있는지 모니터하는 게 주요 임무였다. 서기국은 한 마디로 강력하고 효율적으로 돌아가는 메커니즘 조직이었다. 정치국이 정책 가이드라인을 정하고, 중앙위 각 부서에서 준비한 결정들을 승인하는 기구라면, 서기국은 행정부의 각 부처와 기관의 모든 업무와 이데올로기 관련 모든 사무를 효율적으로 통제하는 조직이었다.

처음에 나는 서기국에서 맡은 업무에 열성적으로 임했고, 회의에도 열정적으로 참여했는데, 그런 나를 보고 가까운 동료들은 냉소적인 반응을 보였다. 거의 모든 눈들이 나를 미심쩍은 눈초리로 바라보았다. '건방지다'고 생각한 자들도 있었을 것이다. 하지만 나는 전에도 당의 큰 조직에서 일한 경험이 있기 때문에 그런 평판에는 크게 신경 쓰지 않았다.

서기국 회의에 참석하는 것은 여간 부자연스럽고 답답한 게 아니었다. 스타브로폴에서 지방당 제1서기로 있을 때가 권력 최상층부에 오른 지금보다 운신하기가 훨씬 더 자유스러웠다.

나는 스타브로폴 지방에서 제1서기를 9년 동안 맡았다. 정치 최일선에서 일한 것이다. 당에서 일하기 시작한 초기에 나는 과학 분야 일을 하고 싶었던 적이 있다. 하지만 지방 서기로 일하면서 정치 분야에 몸담기를 잘했다고 생각했다. 정치는 다른 모든 지식과 희망 사항을 뛰어넘는 위력을 갖고 있었다. 하지만 나는 정치에 매력을 느끼면서도 스스로 정치의 노예가 된 적은 한 번도 없었다. 서기국에서 일을 시작했을 때 서기국의 우두머리는 수슬로프였다. 서기국은 그의 권한 아래 있었다. 그가 출장을 떠나거나 휴가를 가면 안드레이 키릴렌코 서기가 대신 업무를 관장했다.

내 눈에도 수슬로프는 적임자 같아 보였다. 그는 당 업무 경험이 엄청나게 풍부했다. 스탈린 시절 불과 44세 때 중앙위 서기가 되었고, 이후 줄곧 당 지도부에서 자리를 지키고 있었다. 그는 이데올로기와 국제정치 분야에서 탁월한 능력을 발휘했다. 돈과 부의 축적에는 철저하게 무관심해 검소한 생활을 즐기는 듯했으며, 의상도 아주 특이한 스타일을 고집했다. 사람들은 그를 '갈로시 신은 남자'라고 불렀는데, 중앙위 서기가 되어 사무실로 올라가는 엘리베이터에 탈 때 반드시 이 덧신 장화인 갈로시를 벗는 것으로 유명했다. 그는 또한 긴 회색 망토를 입고 다니는 것으로도 유명했다.

1974년 어느 날 카자흐스탄에서 '처녀지 개간운동' 20주년 기념식이 열렸다. 카자흐스탄과 시베리아를 비롯해 로스토프, 스타브로폴 등 처녀지 개간운동에 참여한 각 지방 제1서기들이 참석했다. 레오니드 브레즈네프는 피춘다에서 조르주 퐁피두 프랑스 대통령과의 정상회담을 마치고 밤늦게 카자흐스탄에 도착했다. 카자흐스탄 지도자들과 지방 서기들이 모두 첼리노그라드 공항으로 영접하러 나갔다. 우리를 비롯한 북코카서스 대표들은 길게 늘어선 줄 제일 뒤쪽에 서 있었다.

브레즈네프는 마중 나온 사람들에게 다가와 일일이 악수를 나누었다. 내 차례가 왔을 때 그는 "어떻게 지내고 있나?"라며 관심을 표시했다. "아주 잘 지내고 있습니다. 카자흐스탄에서 만든 영화도 한편 봤습니다."

"무슨 영화?"

"새로 만든 다큐멘터리입니다. 서기장 동지께서 처녀지 지역 주민들과 만난 장면을 많이 담고 있습니다. 회색 망토를 입고 계시더군요."

"미하일 수슬로프 동지처럼?"

그 자리에 모인 서기들이 일제히 그렇다고 대답했다.

브레즈네프는 수슬로프를 아주 높이 평가하고 신임했다. 브레즈네프는 당 중앙위원회 전체회의나 당 대회에 제출할 보고서를 준비할 때 초안을 정치국원 전원과 중앙위 서기들에게 미리 회람시켜 코멘트해 달라고 했다. 브레즈네프는 초안 작성자들에게 이런 엄명을 내려놓았다. "미하일 수슬로프의 의견은 100퍼센트 반영할 것. 다른 사람들의 코멘트는 논의에 부칠 것."

내가 모스크바로 옮겨갈 당시에는 당 지도부 개편작업이 진행되고 있었다. 1964년 10월에 브레즈네프가 집권한 것은 흐루시초프를 궁정 쿠데타로 실각시킨 여러 세력이 숙의해 이룬 타협의 산물이었다. 처음에 브레즈네프는 그렇게 비중 있는 인물이 아니었다. 모두들 그가 중책을 제대로 수행해 낼 것이라고 보지도 않았다. 하지만 그 예상은 빗나갔다. 그는 주도면밀하게 움직이며 자신의 자리를 다졌고, 누구도 넘볼 수 없는 견고한 권력을 쌓아나갔다.

포드고르니와 코시긴을 물러나게 함으로써 트로이카 체제는 붕괴되고, 브레즈네프는 도전받지 않은 지도자로 군림하기에 이르렀다. 하지만 아이러니하게도 브레즈네프는 자신의 개인 권력은 강화해 나갔지만, 지도부에 대한 장악력은 점차 느슨해지고, 실질적인 권한도 줄어들게 되었다. 그는 눈에 띄게 변해갔다. 어떤 측면에서 보면 민주적으로 바뀌고 있었다. 평범한 인간관계도 마다하지 않게 되었고, 토론을 권장했다. 과거와 달리 정치국과 서기국 회의에서도 활발한 토론이 이루어졌다.

1970년대 중반에 접어들어 브레즈네프 건강이 악화되면서 사정이 변하기 시작했다. 그때 서기장직에서 물러났어야 했다. 그랬더라면 자신은 물론 국가에도 좋았을 것이다. 안드레이 그로미코의 말에 따르면 브레즈네프는 스스로 서기장 직에서 물러나겠다는 의사를 몇 번이나 밝혔다고 한다. 하지만 그를 대체할 인물이 마땅치 않았고, 그래서 계속 자리에 머무르게 되었다.

권력 최상층부의 불안정한 균형을 유지시키기 위해 주도면밀하게 서열이 만들어졌다. 정치국원과 중앙위 서기들 모두 각자의 위치를 명심하고, 더 이상 욕심을 내지 않았다. 이처럼 철저한 서열 체계는 때때로 어색하기 짝이 없었다. 한 가지 예로 정치국 회의실의 자리 배치를 들 수 있다.

회의 테이블에 각자의 자리가 지정되어 있었는데, 레오니드 브레즈네프는 상석에 앉았고, 그의 오른쪽에 수슬로프, 왼쪽에는 총리인 코시긴, 코시긴이 물러난 다음에는 티호노프가 앉았다. 수슬로프 다음에는 키릴렌코, 펠셰, 솔로멘체프, 로마노프, 데미체프가 자리했다. 반대쪽의 코시긴 다음에는 그리신, 그로미코, 안드로포프, 우스티노프, 체르넨코, 그리고 마지막으로 고르바초프 자리였다.

브레즈네프는 정치국 업무를 집중적으로 보기 힘들 정도가 되었다. 그걸 보고 처음에 나는 엄청난 충격을 받았다. 하지만 그전부터 그런 것에 익숙해져 있던 동료들의 행동을 보고는 나도 그대로 따라서 했다.

8

아프가니스탄
침공과 식량난

나는 1979년 12월에 압하지아의 피춘다로 짧은 겨울휴가를 떠났다. 나는 항상 당 지도부 인사들이 여름휴가와 가을휴가를 마치고 모두 모스크바로 돌아온 다음에야 그렇게 겨울휴가를 떠났다.

그곳에서 나는 그루지아 공산당 중앙위 제1서기인 에두아르드 세바르드나제를 만났다. 저녁을 먹은 다음 우리는 해변을 걸으며 우리의 삶과 현재 상황, 당과 국가가 처한 여러 문제들에 대해 이야기를 나누었다. 우리는 그렇게 친밀하지는 않지만, 콤소몰 시절부터 오랫동안 알고 지내는 사이였다. 그날 저녁에 우리는 서로를 더 잘 알게 되었고, 이후 한층 더 친하게 지냈다.

세바르드나제가 아주 진지하고 열정적으로 말했다.

"머리 꼭대기부터 발끝까지 모조리 썩었어요."

"나도 그렇게 생각하오." 나도 맞받았다.

우리 두 사람의 관계를 더 긴밀하게 만들어 준 진실의 순간이었던 셈이다.

이튿날 새벽에 우리 군대가 아프가니스탄을 침공했다는 뉴스가 나왔다. 기이한 상황이었다. 세바르드나제는 벌써 여러 해 동안 정치국 후보위원이었고, 나는 후보위원으로 새로 선출되었다. 그런데 아프간 파병에 대해 사전에 우리 의견을 묻는 건 고사하고, 파병 결정 소식을 어느 누구도 알려주지 않았다. 국가의 앞날에 엄청나게 큰 영향을 미칠 중요한 결정을 명색이 정치국 후보위원인 우리조차도 언론보도를 통해 알았던 것이다.

세바르드나제는 서둘러 트빌리시로 날아갔고, 나는 왜 우리가 그런 대접을 받는지 하루 종일 곱씹어 보았다. 라이사는 상황을 파악하고는 입을 다물었다. 나를 굳이 진정시키려고 하지도 않고, 자세히 묻지도 않았다.

온 세계가 경악했다. 미국이 앞장서고 여러 나라가 소련을 상대로 제재 조치에 나섰다. 미국은 기존에 체결된 협정을 무시하고 곡물 공급을 중단해 버렸다. 곡물 금수로 우리는 1700만t의 곡물이 부족하게 되었다.

나는 곧바로 모스크바로 복귀했다. 얼마 안 돼 브레즈네프가 그로미코와 우스티노프(국방장관), 그리고 나를 불러들였다. 내가 그런 권력 핵심 서클에 불려 들어간 것은 처음이었다. 그로미코와 우스티노프가 먼저 아프간 상황에 대해 상세하면서도 상당히 낙관적인 분석을 내놓았다. 나는 식량 사정이 아주 심각하다는 보고를 했다.

참석자들 모두 식량 사정에 대해서는 우려를 나타냈다. 나는 생존에 필요한 최소한의 식량 비축 방안을 마련하고, 이와 관련해 외무부와 대외무역부에 내릴 지시사항을 준비하라는 지시를 받았다. 나는 그때 곡물을 수입하지 않고 식량 부족을 해결할 방안을 마련할 필요가 있다는 말을 처음 꺼냈다. 그걸 '식량 프로그램'이라고 이름 붙이지는 않았지만, 엄밀히 말하면 그런 것이었다.

그 면담 이후에 당서기장이 정치국에서 발표할 연설문 준비 작업이 시작되었다. 내가 제안한 식량 프로그램 안은 정치국 승인을 받고, 고스플란과 내각, 연구 기관들로 보내져 구체적인 작업에 들어갔다.

그때부터 식량 프로그램을 만들기 위한 노력이 다각도로 진행되었다. 쉬운 일이 아니었다. 우선 목표를 정하고, 이를 달성하기 위한 실천 방안을 마련해야 했다. 전국에 있는 지방 연구센터에서 500곳의 시범농장을 대상으로 지질과 기후 등을 조사한 결과, 흥미로운 결과가 나왔다. 이 조사를 통해 전국의 모든 농장이 이들 시범농장 수준으로 곡물 수확량과 가축 생산능력을 달성할 경우 어떤 성과를 거둘 수 있는지를 알게 된 것이었다.

그럴 경우 오히려 남는 생산량 처리가 문제였다. 2억 6천만t의 곡물이 수확되는 경우, 5천만t이 남아돌게 된다. 곡물 수입의 필요성이 없어지는 것이었다. 이 목표를 달성하기 위해서는 농기계 보급과 비료, 농약, 우수 씨앗과 우수 가축 종자 보급, 그리고 무엇보다도 농촌의 사회적, 문화적 인프라 구축 등을 단계적으로 추진해 나가야 했다. 그렇게만 되면 극적인 수확량 향상을 기대할 수 있었다.

한 가지 덧붙이자면, 시범농장들은 생산과 판매에서 상당한 수준의 독립성을 보장받았다. 전국 대다수의 농장들은 아무리 효율성이 높아도 아무런 인센티브를 제공받지 못해 결과적으로 생산성 향상에 부정적인 영향을 미쳤다. 간단히 말하자면, 새로운 농업정책의 도입이 필요했던 것이다. 식량 프로그램을 만들기 전에 우리는 농업을 경시하는 분위기부터 바로잡아야 한다고 생각했다. 제일 잘못된 오해는 농업이 아무런 희망이 없는 산업이고, 아무리 많은 자원을 쏟아 부어도, 얻는 게 별로 없다는 인식이었다.

밑빠진 독에
물 붓기

나는 고스플란과 관련 학자들, 당 관료, 농민 대표들로 전문가 그룹을 구성해 문제의 핵심이 무엇인지 정확히 파악토록 했다. 궁극적인 목표는 바로 농업이 국가 수입에 기여하도록 하자는 것이었다. 논의 과정에서 숱한 충돌이 있었다. 전문가 그룹의 조사 결과 당시 농업에 대한 비용은 국가 총수입의 약 28%를 차지하고 있었다.

농업 생산량과 농산물 원자재를 이용한 제품은 국영 및 협동조합 전체 소매 거래량의 3분의 2를 차지했다. 이런 통계자료들은 코뮤니스트 저널 (1980,No.1)에 실렸다. 이 자료들이 공개되자 내게 반대하는 세력들은 농업 분야를 '밑 빠진 독'이라고 불렀다. 이를 계기로 농업 생산품에 대해 적절한 구매가격을 적용하는 문제가 다시 수면 위로 부각됐다. 최고 수준의 테크노크라트인 고스플란 의장 니콜라이 바이코프도 논의에 가담했다. 그는 무슨 문제든 인간적인 부분을 대단히 민감하게 고려하는 사람이기 때문에 솔직한 대화를 갖기가 불가능했다. 하지만 그는 농업부문을 포함해, 국가가 안고 있는 많은 문제들은 특히 군수산업처럼 '무한 비용'을 쏟아 부어야 하는 분야가 없어야 해결될 수 있다는 말을 처음으로 내게 해 준 사람이었다.

군사비는 재정 수입보다 훨씬 더 빠른 속도로 증가하고 있었지만, 그 문제를 제기하는 사람은 아무도 없었다. "당신은 이 문제를 제기할 수 있다고 생각하십니까?" 바이코프는 우리 둘만 있는 자리에서 단도직입적으로 내게 이렇게 물었다. 그는 마음속에 담아두고 있던 자신의 꿈을 말하고 있었다.

"아닙니다." 나는 이렇게 대답했다.

"그러실 테지요. 나도 마찬가지입니다."

제26차 당대회는 1981년 2월로 예정돼 있었다. 나는 지속적인 식량공급을 가능하게 할 종합적인 식량 프로그램 내용을 기조연설에 포함시키고 싶었다. 만약에 당서기장이 그런 내용을 당대회에서 밝히면, 모든 관료조직이 그 내용을 뒤집거나 방해할 수 없게 된다. 그렇게 해서 26차 당대회에서는 식량 프로그램을 만드는 것이 필요하다는 결정을 내렸다. 그것은 정치적으로뿐만 아니라 대단히 근본적으로 하나의 진전이었다. 식량문제가 국내 문제 전반에 미치는 영향력이 커지는 때였기 때문이다.

식량 프로그램을 진행하기로 결정이 내려지자, 더 이상 미적거릴 이유가 없었다. 나는 농경제학자 등 관련 학자들을 비롯해 농업 분야 전문가, 집단농장, 국영농장 매니저들과 잇달아 회의를 가졌다. 허심탄회한 대화를 통해 우리는 식량 프로그램이 우선적으로 경작지에서 실제 농사를 짓는 농민들에게 초점을 맞추고 진행되어야 한다는 큰 원칙에 합의했다.

나중에 나는 집단농장화 시기에 일어난 일들이 이후 바로잡힌 적이 한 번도 없었다는 사실을 알게 됐다. 가장 유능한 소농 집단이 몽땅 사라져 버린 것이다. 그들은 부농, 흡혈귀라는 이름으로 매도당했다. 수백만 명이 자신들이 경작하던 땅에서 쫓겨났고, 많은 이들이 가축 무리처럼 집단농장으로 밀어 넣어졌다. 집단농장에서는 가축, 농기구 등 농민들의 삶을 지탱해 주는 모든 것이 공동소유로 바뀌었다. 혁명 직후 다수의 농민이 정부 당국이 분배해 준 토지를 받아 농사를 지었다. 집단화는 무엇보다도 농민들에 대한 완전한 통제체제를 구축하기 위해 시행된 것이었다.

숱한 난관을 딛고 우리는 식량 프로그램의 핵심 요소를 만들고, 이를 실행할 예산안 마련에 나섰다. 가장 우선순위에 놓은 것은 농촌 지역의 인프라 구축이었다. 이를 위해 1400억 루블이 배정됐고, 주택 및 도로 건설과 학교, 유치원, 병원, 도서관 건설 등이 이 예산에 포함됐다.

식량 프로그램을 추진해 나가는 과정에서, 농업 복합단지 건설의 필요성이 절실해졌다. 이전에도 인위적인 단절이 있었다. 원래 다음의 세 가지 '영역'이 있었다. 경작지와 가축 농장에서 이루어지는 순수한 의미의 농업, 관련 기계를 제작하는 농기계 산업, 그리고 마지막으로 '자연의 선물'인 농산물을 식품화 하는 가공 산업이 그것이다.

사실 시장경제에서는 이런 요소들이 나뉘어져 있다는 게 그렇게 중요한 의미가 없다. 왜냐하면 서로 게임의 룰을 지키는 파트너들끼리의 관계가 있고, 시장 스스로 그런 관계를 만들어가기 때문이다. 하지만 계획경제에서는 이들 '세 가지 영역'이 각각 내각의 다른 부서와 기관이 관장하고, 당 중앙위와 정부, 고스플란의 각자 다른 부서에서 감독을 하는데 이들 기관들 사이에 유기적인 연결이 전혀 없다.

나는 한 지역에서만 일한 게 아니라 전국 곳곳에서 일을 하면서, 얼마나 엄청난 혼란과 불균형, 낭비가 벌어지고 있는지 알게 되었다. 솔직히 어떤 때는 겁이 날 정도로 경악했다. 그런 체제가 아직 무너지지 않고 있다는 게 놀랍다는 생각이 들 정도였다. 나는 지금도 그때 당 중앙위와 정치국을 비롯해 당 메커니즘이 있어, 그나마 체제가 버텨준 것이라고 생각한다.

"내가 과연 무엇 하나라도 바꿀 수가 있을까?" 나는 자신에게 몇 번이나 이렇게 물어보았다. 하지만 되돌아가기에는 너무 늦었다.

장시간 토의 끝에 농기계 제작과 가공 산업, 농화학 제조공장, 관련 기관이 입주하는 농산업 복합단지를 건설하기로 합의됐다. 그렇게 되면 내가 추산하기에 전국의 기초생산 자산의 38%, 국가 세입의 40%를 투입해 전국적으로 거대 농산업 복합단지를 건설한다는 것이다.

농산업 복합단지 관리는 국가 농산업위원회에서 맡기로 했지만, 핵심적인 역할은 지방 및 지역의 관련 기관들이 할 것이었다. 각 지방 기관들에는 웬만한 일은 모스크바의 허가를 받지 않고 스스로 결정할 수 있도록 자결권을 부여했다.

전문 학자와 농장 매니저, 각 지방 당 위원회 서기들이 모여 수시로 회의를 갖고, 전문적인 의견을 듣고 제안된 의견에 따라 조직을 정비해 나갔다.

이러한 회의를 통해 변화에 대한 '지지 기반'이 마련됐고, 개인 소유의 가족 단위 농장에 대한 생각들이 바뀌기 시작했다. 가족 농장은 이제 악랄하고 적대적인 '사유재산 분야'가 아니라, 집단농장과 국가 소유 농장의 부족한 점을 보완하고, 농산업 복합단지에서 빼놓을 수 없는 유기체 같은 부분으로 인식되기 시작한 것이다.

지방과 지역당 제1서기들과 각 연방공화국 당중앙위원회도 지지하고 나섰다. 이들의 지지는 여러 회의를 통해 확인이 되었고, 그에 따라 1982년 5월로 예정된 소련공산당 중앙위 전체회의의 성공 전망도 밝아졌다.

궁정 암투

나는 야심찬 이 사업에 모든 시간과 에너지를 쏟아 부었고, 일이 순조롭게 진행되는가 했는데, 정치적 상황변화로 일이 꼬이기 시작했다. 1982년 1월 25일에 (나의 강력한 후원자인)수슬로프가 사망했고, 그의 사망으로 당 지도부 내에 변화가 일어났다. 수슬로프는 여러 해 동안 브레즈네프에게 충성을 바쳤을 뿐

스스로 당서기장이 되겠다는 욕심을 낸 적이 없었다. 어떤 의미에서 그는 다양한 집단과 개인 사이의 대결을 완화시키고 중화시키며 안정을 유지시켜 주는 역할을 해 왔다. 소련 역사에서는 수슬로프의 막중했던 역할이 망각돼 있다. 그는 이데올로기 문제에서 확고한 입장을 고수했기 때문에, 반 계몽주의자, 수구 반동주의자라는 오명도 뒤집어썼다.

그런 수슬로프가 이제 가고 없었다. 첫 번째 문제는 누가 그의 자리를 대신할 것이냐는 것이었다. 그것은 사실상 브레즈네프의 후계자, 다시 말해 '넘버 투'를 정하는 것이나 마찬가지였다. 통상적으로 그 '넘버 투'는 당서기장 생존 시에 권력과 리더십의 고삐를 하나씩 잡아나가게 된다.

물론 여러 가지 면에서 최종 결정은 브레즈네프의 의중에 달렸다. 하지만 브레즈네프는 그때 이미 병이 깊었기 때문에 사태를 제대로 장악하지 못하고 있었다. 대신 당시 브레즈네프와 수시로 긴밀하게 접촉하던 체르넨코가 큰 역할을 했다.

당시도 그랬지만 지금도 나는 그게 궁금하다. 도대체 어떤 연유로, 어떻게 해서 체르넨코와 그의 추종자들이 당서기장에 대해 그처럼 큰 영향력을 행사할 수 있었던 것일까?

콘스탄틴 체르넨코는 브레즈네프의 이미지를 누구도 대신할 수 없는 탁월한 지도자로 부각시키는 일에 공을 세운 일등공신이라고 할 수 있다. 체르넨코 측근들이 언론과 당의 이데올로기 부서와 여러 위원회의 분위기를 주도했다.

브레즈네프를 가리켜 '온 세계가 인정하는 지도자' '최고의 이론가' '난공불락의 권위자' '평화 발전의 탁월한 수호자' 등의 호칭을 전파시킨 주인공도 바로 이들이었다. 병중의 브레즈네프는 만년에 접어들어 하루에 몇 시간도 집무를 볼 수 없을 정도로 악화되자, 외부에 정력적으로 일하는 모습을 만들어

보이는 작업이 필요했다. 체르넨코는 그 일을 아주 능란하게 해냈고, 브레즈네프는 그걸 고마워했다.

수슬로프가 사망한 뒤 세력 간 합종연횡 과정에서 몇 명의 정치국원, 특히 쿠나예프와 시체르비츠키가 기회를 잡았다. 브레즈네프의 보좌관 중 한 명이 내게 시체르비츠키와 관련된 일화를 하나 들려주었다. 당시 그는 우크라이나 공산당 제1서기였는데, 브레즈네프를 면담한 자리에서 우크라이나와 관련된 보고를 했다. 브레즈네프는 그의 보고에 너무 감명을 받은 나머지, 헤어질 때 자기 자리를 가리키며 이렇게 말했다고 한다. "이보게, 내가 가고 나면 이건 자네 자리가 될 거야."

1978년의 일이고, 시체르비츠키는 그때 60세였다. 브레즈네프가 농담이나 일시적인 충동으로 그렇게 말한 게 아니었다. 브레즈네프는 오랫동안 그에게 각별한 총애를 베풀어 왔다. 그래서 당서기장이 되자 곧바로 드네프로페트로프스크에 있던 그를 불러 우크라이나 총리로 임명하고, 곧 이어서 정치국원으로 승진시켰다. 시체르비츠키는 우크라이나를 소신 있게 이끌었고, 무엇보다도 '보단 케멜니츠키'의 열렬한 지지자, 다시 말해 러시아와의 연합을 확고하게 지지했다. 그런 점이 높은 평가를 받았다.

수슬로프의 죽음은 다른 정치국원들에게도 그 자리에 앉을 희망을 불어넣고, 자신을 재평가해 보는 기회를 만들어 주었다. 안드로포프는 내게 당시 안드레이 그로미코로부터 갑자기 받은 전화 이야기를 들려주었다. 두 사람은 오랜 친구 사이였다. 그로미코는 자신이 수슬로프의 자리를 물려받을 수 있을지 가늠해 보고 있었다. 솔직히 말하자면 그는 그럴 만한 자격이 있는 사람이었다. 그는 특히 외교 정책을 비롯해, 여러 분야에서 다양한 경험을 쌓은 사람이었기 때문이다.

그 말을 듣고 안드로포프는 시큰둥한 말투로 이렇게 대답했다.

"안드레이, 그건 당서기장 손에 달렸네."

나는 안드로포프가 그 자리를 차지할 가능성이 제일 높다고 생각했다. 나는 그에게 오랫동안 국가 안보 분야를 책임졌으니, 이제 국내 문제로 다시 돌아올 때가 되지 않았느냐는 말을 했다.

그랬더니 그는 수슬로프 사망 직후에 당서기장이 자신에게 당 중앙위 서기 자리와, 국제 문제 담당 부서를 맡아달라는 부탁을 했다고 했다. 그러면서 이렇게 덧붙였다.

"서기장의 최종 결심이 어떻게 될지는 나도 아직 모르네."

서기장의 의중에는 물론 제3의 인물도 들어 있었는데, 바로 드미트리 우스티노프였다. 나는 지금도 당시 우스티노프는 자신이 그 자리로 승진하게 될 것으로 생각하고 있었다고 확신한다.

콘스탄틴 체르넨코 역시 나름대로 계산이 있었다. 나는 브레즈네프가 최종 결심을 굳힌 시기가 3월 중순이었을 것으로 생각한다. 왜냐하면 그가 레닌 탄생 112주기 추모식 연설을 안드로포프에게 맡겼기 때문이다. '크렘린 관측통'들이 갖고 있는 기준으로 보면 그것은 브레즈네프가 마음을 정했다는 뜻이다.

유리 안드로포프의 연설은 사람들의 관심을 끌었다. 여러 해 만에 처음으로 의례적인 연설에서 그는 실생활에 대한 심각한 문제 제기를 했다. 그 연설에서 안드로포프는 "우리는 지금 우리가 어떤 사회에 살고 있는지 모른다."는 말로 주목을 끌었다.

브레즈네프가 안드로포프를 택한 배경에는 아무도 언급한 적이 없는 고려사항이 있었을지도 모른다. 브레즈네프는 KGB 의장 안드로포프를 당으로 보내면서 국가 안보 분야를 자신의 충복인 페도르추크에게 맡기고 싶어 했다.

안드로포프는 페도르추크에 대해 부정적인 의견을 내고, 대신 체브리코프를 추천했다. 하지만 브레즈네프가 직접 국가 안보를 맡을 후임으로 누가 좋겠느냐고 물었을 때 안드로포프는 이렇게 대답했다.

"그건 서기장 동지께서 정하실 일입니다."

브레즈네프가 페도르추크가 어떻겠느냐고 하자, 유리 안드로포프는 반대하지 않고 그 후보를 지지했다.

한동안 이런 '궁중 암투' 때문에 식량 프로그램 준비작업이 관심 밖으로 밀려났다. 더 이상 미룰 시간이 없는데도 그랬다.

버터와 총

식량 프로그램에 자금과 자원을 충당하는 게 제일 큰 과제였다. 나는 그 일 때문에 골머리가 아팠다. 이 문제를 중앙위 전체회의에서 제기하기 전에 내가 마련해야 할 최소 자금에 대해 생각했다. 재무부와 고스플란은 이 문제를 고의적으로 회피했다. 바이바코프와 가르부조프는 티호노프(총리)와 면담을 하고 나서 짤막하게 이렇게 말했다고 한다.

"자금이나 자원 지원에 관해 고르바초프에게 어떤 약속도 하지 맙시다."

그런 가운데서도 나는 가르부조프, 바이바코프 두 사람의 이해를 구하는 노력을 계속했다. 그리고 약간의 압박도 필요하며, 그렇지 않으면 모든 계획이 공중에 그냥 떠 있을 것이라고 생각했다. 그래서 나는 이런 아이디어를 내놓았다. 농업에 대한 투자는 농업 기계 건설을 촉진하는 데 사용되어야 한다는 것이었다. 하지만 농업 생산품에 대한 조달가격을 인상하는 문제는 여전히 해결되지 않고 있었다.

문제해결을 위해 동분서주하던 나는 브레즈네프와의 긴급 면담을 추진했고, 우연한 계기로 면담이 성사되었다. 구체적으로 설명하면 이렇다. 자금 조달 문제를 다루는 회의를 소집했는데 주요 당사자인 재무장관 가르부조프가 참석하지 못한다는 것이었다. 나는 그에게 직접 전화를 걸어 이렇게 말했다.

"바실리 표도로비치 동지, 모두 모여서 당신이 오기를 기다리고 있소."

당시 그는 1980년에 죽은 코시긴의 뒤를 이어 부총리가 되어 있었다.

"미하일 세르게예비치." 그는 애원하듯 이렇게 말했다. "나는 참석할 수 없습니다."

"왜 못 온다는 거요?"

"거기 가면 나는 죽습니다." 그는 한숨을 푹 쉬며 이렇게 대답했다. 정말 못 올 사정이 있는 것 같았다.

"잠깐, 도대체 그게 무슨 말이오?"

"미하일 세르게예비치." 가르부조프는 말했다. "돈을 내놓으라고 나를 압박하려는 것 아닙니까?. 하지만 내놓을 돈이 없고, 돈을 구할 데도 없습니다. 나는 심장이 약한데, 벌써 동지 사무실에서 심장발작을 한 번 일으켰습니다. 동지 보좌관들이 응급처치를 해서 살았단 말입니다."

그러면 자금을 어디서 구한단 말인가? 나는 머리가 아득했다. 비(非)상환 채권이 생각났다. 도시와 농촌지역 사이의 경제적 거래는 불평등하다고 누구나 생각했다. 하지만 기계, 건축자재, 연료는 비싼 반면 곡물 같은 농산물은 가격이 터무니없이 쌌다. 이런 통탄스러운 상황 때문에 농업분야의 파산상태를 면하도록 하기 위해 보상 메커니즘이 필요했다. 국채 발행도 그런 메커니즘의 일종이었다.

집단농장과 국영농장들은 매년 정기적으로 이 국채를 받았다. 하지만 상환해야 한다는 생각은 아무도 하지 않았고, 상환할 능력도 없었다. "국가에서 조달 가격을 낮게 책정해서 농민들이 정상적인 생활도 할 수 없고 정상적인 방식으로 일을 못하게 만들었다. 그러니 우리한테 돈을 빌려주고, 그 빚을 탕감해 달라. 국가에서는 식량이 필요하니, 이런 식으로 하는 길밖에 더 있느냐." 이런 논리였다.

내가 분석해 본 결과 연간 융자금으로 지불되는 돈은 150~170억 루블에 달했다. 비상환채권은 쉽게 말해 집단농장과 국영농장에 지급되는 국가의 직접 보조금이었다. 그 액수만큼 조달가격 인상을 해 주면 되지 않을까? 가격이 정상화 된다면 농민들은 생산량 증대를 생각하게 될 것이고, 저축도 생각하게 되지 않겠는가? 나는 여기에 출구가 있다고 생각했다. 하지만 곧바로 내 생각을 밝히기 전에 이 문제에 대한 철저한 연구에 들어갔다.

당서기장과의 면담이 필요하다고 판단했다, 식량프로그램은 활발한 토론을 거쳐 마침내 기본 내용이 완성되어 확정됐고, 당중앙위 전체회의 개막이 다가오고 있었기 때문이다, 나는 당서기장이 이 프로그램을 직접 보고하는 게 좋다고 생각했다.

마침내 면담이 이루어져서 내 생각을 서기장에게 밝혔다. 브레즈네프는 망설였다. 두 가지 생각 사이에서 오락가락하는 것 같았다. 전에 열린 당대회에서도 그는 자신이 직접 보고를 하기로 결정을 내리는 데 뜸을 많이 들었다. 하지만 결국 정치국 회의에서 그렇게 하기로 최종 결정을 내렸다.

레오니드 일리치 브레즈네프는 항상 농업과 군사, 이 두 가지 주제에 대해 관심을 보였다. 관심의 순서도 농업, 군사 순이었다. 한번은 수확을 돕기 위해 관례대로 군 트럭을 투입하는 문제를 놓고 그와 나눈 대화가 생각난다. 드미트리 우스티노프 국방장관은 지적이면서도 집요한 성격이었다. 하지만 이 문제에 있어서는 매우 협조적인 입장을 취했다. 그는 수확의 중요성을 잘 안다면서 "총과 버터는 떼어놓을 수 없는 중요한 사안들"이라고 했다. 그 말에 나는 "버터와 총이라는 표현이 더 잘 어울린다고 생각합니다."라고 덧붙였다. 브레즈네프는 웃으면서 "고르바초프 동지 말이 옳네."라며 내말에 힘을 실어 주었다.

그렇게 해서 '버터와 총'으로 낙착되었다.

어느 시점인가 서기장은 군사력을 계속 키워서 미국과 군비경쟁을 계속할 것인지에 대해 심각하게 고려해 볼 필요성을 느꼈을 것이다. 지난 몇 차례의 5개년계획 기간 중에 군비지출은 재정수입에 비해 1.5 내지 두 배의 속도로 증가했다. 끔찍한 희생을 요구하는 이 거대한 괴물 때문에 우리 국민은 아무리 열심히 일해도 소용이 없었다. 군비는 현대화가 필요한 우리의 노후한 생산능력을 무자비하게 착취했다. 기계 제작과 채굴 부문이 가장 심각했다. 당시에도 나는 이런 문제점을 생각했다.

문제가 무엇인지 분석하기가 불가능하다는 점 때문에 상황은 더 심각했다. 군수산업과 관련된 통계 수치들은 철저히 기밀에 부쳐졌다. 만약에 누군가가 군수산업 분야의 비효율성을 지적하면, 국방장관인 드미트리 우스티노프는 책상을 치며 '제대로 알지도 못하면서 그런 비판을 하느냐'고 호통을 쳤다. 정치국 내에서 아무도 감히 그에게 도전할 엄두를 못 냈다. 위기는 바로 우리 코앞에 다가와 있었는데도 말이다. 미국과 대화를 하고, 새로운 외교정책 노선을 취하는 것 외에는 달리 출구가 없어 보였다. 하지만 돌파구는 마련되지 않았다. 기존의 정책이 그대로 추진되었고, 정책의 실패는 점점 더 자주 드러났다.

당시 지도부는 개혁 노선을 선택할 배짱이 없었다. 권력 기관의 주요 관심은 체제에 함부로 손을 대지 않는 것이었다. 너나 할 것 없이 모두 '목표 프로그램'에만 달라붙은 것도 이런 이유에서였다. 그런 의미에서 식량 프로그램은 특정 분야를 '구원'하기 위해 던져지는 생명줄 같은 역할을 했다.

국가는 서서히 멈춰서고 있었다. 사회적 에너지는 고갈되어 가고, 정책은 막다른 골목을 향해 나아가고 있었다. 하지만 나와 동료들 누구도 전반적인 난국을 체제의 위기라고 보지 않았다. 이 점은 자신 있게 말할 수 있다. 하지만 위기는 고조되고, 위기의 전조도 점차 분명해지고 있었다.

그런데도 이데올로기 기계는 최고도로 작동되었다. 하지만 이데올로기만으로는 문제를 감당하기가 점점 더 벅차고, 사회 내부의 불만은 커져 비판자들을 억누르기가 힘겹게 되었다. 미하일 샤트로프의 〈우리는 그렇게 승리할 거라네〉, 아자트 압둘린의 〈13번째 의장〉, 빅토르 로조프의 〈뇌조의 둥지〉 등 삶의 부조리들을 고발하는 작품들이 극장 무대에 올려졌다. 지하유인물인 '사미즈다트'가 유포되고, 기존 질서를 비판하고, 경제운영 방식, 심지어 정권 전체를 비판하는 비공식 전시회도 열렸다.

브레즈네프는 그라노비스키의 병원에서 꼼짝 못하고 드러누운 채 갖가지 검사를 받고 있었다. 그의 병실은 진료실 외에 방문객을 맞는 집무실이 별도로 딸려 있었다. 차를 마시며 담소하기에 아늑한 장소였다. 하루는 체르넨코, 티호노프, 안드로포프와 내가 그 방을 찾았다.

브레즈네프는 우리를 반갑게 맞아 주었다. 자기 상태가 좋다는 것을 억지로 과시하려는 듯 과장되게 유쾌한 기분을 지어 보였다. 실제로 아픈 사람 같아 보이지 않았다. 환자복 대신 멋을 낸 바지에다 지퍼 달린 갈색 재킷을 입고 있었다. 전부터 그를 잘 알고, 그가 얼마나 에너지가 넘치는 사람인지 기억하는 사람이라야 그의 몸놀림이 다소 둔해졌다는 점을 알아챌 수 있을 정도였다.

우리는 인사를 나눈 다음 테이블에 둘러앉아 건강 문제와 여러 현안 등에 대해 일반적인 이야기를 나누었다. 그러다 브레즈네프가 이렇게 말했다.

"당중앙위 전체회의 준비는 잘 돼 가는가?"

모두들 나에게로 머리를 돌렸다.

"현재 막바지 준비 중입니다. 프로그램을 만들고, 회의에 부칠 결의안도 준비됐습니다. 현실적인 목표를 세웠습니다. 자금 조달 방안에 대한 입장만 정해지면 됩니다."

브레즈네프는 즉각 이렇게 덧붙였다.

"전체회의는 예정대로 열도록 하고, 이것 한 가지만 명심하도록 하게. 나한테 주제 보고를 시키려고 했지? 재정 지원 문제는 아직 합의를 못했는데 빈 주머니로 연단에 올라가도 괜찮겠나?"

"아닙니다, 그렇지 않습니다. 레오니드 일리치 동지." 체르넨코가 자리에서 펄쩍 뛰어 일어나며 대답했다.

"모든 일이 다 잘 될 것입니다. 우리가 조치해 두겠습니다." 티호노프도 따라 소리쳤지만 진정성이 담긴 목소리는 아니었다.

안드로포프는 한마디도 하지 않고 사태를 지켜보며 가만히 앉아 있었다. 그는 오는 전체회의에서 자기가 중앙위 서기로 선출될 것임을 알고 있었다. 당과 국가의 명실상부한 2인자가 되는 것이었다. 티호노프도 그런 사실을 알고 있었기 때문에 그는 대화 도중에 계속 안드로포프를 향해 의미 있는 눈길을 보냈다. 체르넨코는 자신이 수슬로프의 후임이 되지는 않을 것이라고 생각했다. 브레즈네프가 자신에게 한 마디도 내색을 한 적이 없기 때문이다. 그래서 그는 더욱 안절부절못하는 모습이었다.

브레즈네프가 편한 마음으로 연설을 하게 하려면 어떻게 해야 할 것인가? 우리는 식량 프로그램과 전체회의에서 채택할 결정의 내용을 중앙위원들을 비롯한 대회 참가자들에게 미리 배포하고, 서기장은 기본적인 문제들만 간단히 언급하기로 의견을 모은 다음 헤어졌다.

체르넨코와 나는 차를 같이 타고 그라노프스키 대로를 지나 스타라야 플로샤지로 향했다. 회의에서 나를 지지해 주어서 고맙다는 인사를 하자 체르넨코는 생각에 잠긴 표정으로 이렇게 답했다.

"중요한 것은 자네도 다른 사람들 눈치 보지 말고 행동하는 것이네."

나는 체르넨코가 티호노프를 싫어한다고 생각했다. (티호노프는 철야금부 차관과 고스플란 부의장을 지낸 뒤 총리직에 올랐다.)

"서기장이 입장을 취하신다면." 나는 이렇게 대답했다. "누구도 이 일을 방해하지는 못할 거라고 생각합니다.

티호노프와 마지막 담판을 지어야 할 때가 왔다. 별로 내키지 않는 일이지만, 그의 지지를 얻어내지 못하면 식량프로그램 자체가 위험에 처할 수도 있었다.

티호노프와의 면담은 크렘린에서 가졌는데, 무려 4시간이나 걸렸다. 나는 문제 전반에 걸쳐 철저히 분석한 자료들을 준비해 갔다. 그와 빈틈없는 토론을 했다고 생각했는데, 160억 루블을 조달가격 인상에 쓰자는 이야기가 나오자, 티호노프는 내 말을 가로막았다. 나도 물러서지 않았다.

"니콜라이 알렉산드로비치 동지, 동지는 경제 전문가입니다, 그 돈이 없으면 이 프로그램이 아무 소용없다는 것을 아시지 않습니까."

"안돼요, 미하일 세르게예비치 동지. 우리한테는 그럴 돈이 없소." 티호노프는 물러서지 않고 맞섰다.

그 말에 나는 비상환채권 이야기를 꺼냈다.

"보고서를 한번 보십시오. 최근 들어 여러 해 동안 집단농장과 국영농장들이 매년 상환하지 않아도 되는 융자금을 170억 루블이나 받아 갔습니다." 이렇게 말하며 관련 자료를 티호노프 앞에 내놓았다.

"그게 어쨌다는 거요?"

"비상환채권은 최악의 자금 지원 방식입니다. 농장들은 아무 책임 없이 그저 돈을 받아쓰고, 그걸 갚지 않아도 되는 겁니다. 사정이 그렇다 보니 동지도 말했다시피 공동이니 먼저 가져다 쓰는 게 임자라는 의식이 팽배해져 있습니다. 이런 의식이 계속되는 한 농업에 미래는 없습니다."

차(茶)가 나오고, 티호노프는 헤아리기 힘든 표정으로 앉아 있었다. 무슨 생각을 하는지 짐작할 수 없는 얼굴이었다. 대화가 재개되었지만 내가 애써 한 설명은 하나도 받아들여지지 않았다. 티호노프의 입장은 요지부동이었다. 그런 다음 그는 다시 입을 다물어 버렸다. 어떻게 해 볼 여지가 없었다. 우리 두 사람이 함께 서기장을 만난 사실을 상기시키며 나도 강경한 입장으로 바꾸었다.

"이것은 우리가 레오니드 일리치 동지를 만난 다음에 내가 정치국에 보내는 메모를 작성한 것입니다. 나와 함께 공동 서명해 주셨으면 합니다. 동지는 총리 자격으로, 나는 농업 담당 서기 자격입니다. 공동 서명해서 정치국에 함께 제출합시다."

티호노프는 아무 말이 없었다.

"만약에 서명을 하지 않으시겠다면, 나 혼자 서명해서 제출하고 정치국의 결정을 기다리겠습니다. 나는 레오니드 일리치 동지께 자금지원 문제가 해결되지 않았다고 말씀 드렸고, 체르넨코 동지와 동지께서는 모든 일이 잘 마무리될 것이라고 서기장께 분명히 말씀하셨습니다."

티호노프는 묵묵히 내 말을 듣고 있었는데, 마음에 동요가 있는 듯했다. 차가 더 나오고, 다시 침묵이 흘렀다.

"장담컨대." 나는 말했다. "정치국에서는 내 입장을 지지해 줄 것입니다. 이 문제를 가지고 여러 차례 회의를 가졌는데, 당과 국가 전체의 입장이 내 생각과 같습니다. 더 이상 머뭇거리지 말고 나와 함께 제출합시다."

마침내 그가 입을 열었다.

"서류를 모두 두고 가시오. 한번 검토해 보겠소."

그는 말없이 메모랜덤과 참고 자료, 통계수치 등을 훑어본 다음 결심이 선 듯 입을 열었다.

"서류를 갖고 가서 한 번 더 검토해 보겠소. 하지만 시간을 끌지는 않겠소. 국가농업위원회 설치는 그만 둡시다. 각 지방별로 위원회를 만드는 것은 좋으나, 중앙에는 하지 맙시다. 중앙에 만들면 옥상옥이 될 것이오."

'4시간이나 앉아 있는 동안 총리의 입장을 해칠 말은 입에 담은 적이 없다.' 문득 이런 생각이 들었다. '경제 관련 분석과 과학적 주장만 말했는데, 저런 말을 하다니…'

티호노프와의 면담을 갖기 얼만 전에 당중앙위 농업부장인 카를로프가 내게 이런 말을 했다. 누군가가 중앙위와 내각에 고르바초프가 국가 경제의 절반을 자기가 휘두르겠다는 야심으로 국가농업위원회를 설치하려 한다는 루머를 퍼뜨린다는 것이었다. 나아가 고르바초프가 소련 총리가 되겠다는 장기 플랜도 갖고 있다는 풍문도 나돌았다.

늘상 있는 아파라치키들의 가십이라고 대수롭지 않게 넘겼지만, 나는 솔직히 그 루머에 신경이 많이 쓰였다. 루머를 의식한 것인지 각료회의(내각)에서는 독자적으로 농업위원회 구성에 착수했다.

"좋습니다." 나는 조금도 망설임 없이 대답했다. 그리고는 정치국에 제출할 메모랜덤에서 위원회 설치 부분은 그 자리에서 삭제했다. 티호노프는 안심이 된 듯 안도의 한숨을 내쉬고는 한결 밝은 표정을 지었다. 이렇게 해서 우리는 소위 '바터 딜'을 맺었다.

모두들 충격을 받은 듯 수군거렸다. '고르바초프가 티호노프를 눌렀다'는 것이었다. 티호노프가 입장을 굽힐 것이라고는 누구도 생각지 않았다. 나를 지지하는 사람들조차도 '고르바초프가 티호노프를 당할 수는 없을 것'이라고 확신할 정도였다. 하지만 나는 그런 말들에 일체 신경 쓰지 않았고, 마침내 지루한 줄다리기가 끝난 것이었다. 1982년 5월 24일 열린 당중앙위 전체회의에서 1990년까지 진행될 '소련 식량 프로그램과 그 추진 방안'에 관한 브레즈네프의 보고를 들었다. 식량 프로그램과 함께 농축산업의 다방면에 관계되는 결의안이 일괄 승인됐다.

안드로포프와 체르넨코의 대결

유리 안드로포프가 당 서열 2위로 부상하면서 엄청난 후폭풍이 밀어닥쳤다.

체르넨코와 안드로포프는 서기장의 신임을 차지하기 위해 치열한 신경전을 벌였다. 체르넨코는 브레즈네프의 게이트키퍼 역할을 하려고 애를 썼고, 브레즈네프를 이해하고 기분을 맞춰 줄 사람은 자기밖에 없다고 자신했다. 그는 자신의 입지를 강화하기 위해서는 무슨 일이든 마다하지 않았다.

유리 안드로포프는 당중앙위 전체회의 폐막 후에 수슬로프 후임으로 자리를 옮겼지만, 서기국 회의를 주재하라는 지시를 공식적으로 받지 못했다. 의도적으로 그렇게 된 것인지 여부는 모르겠다. 하지만 체르넨코와 키릴렌코는 이러한 모호한 상황을 이용해 자기들이 서기국 회의를 주재했다.

이런 상황은 1982년 7월까지 계속됐는데, 그때 한 가지 사건이 일어나면서 상황이 일변했다. 보통 회의 시작 전에 서기들은 대기실에 모여 시간을 보냈다. 하루는 내가 대기실로 들어가니 안드로포프가 이미 와 있었다. 몇 분 지나자 안드로포프는 갑자기 자리에서 일어나더니 단호한 어조로 말하는 것이었다.

"자, 다 모였습니까? 그럼 회의 시작합시다."

유리 블라디미로비치 안드로포프는 이렇게 말한 다음 회의실로 들어가 의장석에 털썩 앉았다. 기분이 상한 체르넨코는 내 맞은 편 의자에 푹 파묻힌 채 죽은 듯이 가만히 있었다. 우리는 고골리의 희곡 〈검찰관〉에 나오는 한 장면 같은 '내부 쿠데타'가 벌어지는 현장을 두 눈으로 목격하고 있었던 것이다.

안드로포프는 서기국 회의를 자기 스타일대로 활기차고 자신만만하게 이끌었다. 그것은 체르넨코의 지루한 스타일과는 극명한 대조를 이루었다. 사실 체르넨코는 모든 회의를 하는 둥 마는 둥 무기력하게 만들었다.

그날 저녁에 나는 안드로포프에게 전화를 걸었다.

"축하드립니다. 덕분에 오늘 중요한 현장을 목격했습니다. 그런데 서기국 회의 시작 전에 상당히 긴장하신 모습이던데요."

"고맙네, 미하일." 안드로포프는 이렇게 말했다. "긴장할 만한 이유가 있었어. 레오니드 일리치 동지가 전화를 걸어와 이런 말을 했어. '내가 왜 자네를 KGB에서 당중앙위 서기로 보냈는지 아나? 서기국을 이끌고, 인사 문제를 책임지라고 그렇게 한 거야. 그런데 왜 그 일을 안 하는 건가?' 그래서 오늘 조치를 취한 거지."

당시 서기장은 건강상태가 악화돼 있었고, 심지도 약해져서 체르넨코와 굳이 부딪칠 생각도 없었다는 것을 나는 잘 안다. 그러니 서기장이 자기 의지로 안드로포프한테 그런 전화를 걸었을 리는 만무하고, 옆에 있는 누군가가 그런 전화를 하라고 훈수를 둔 게 분명했다. 그런 일이 더러 일어났는데, 내 생각에 그런 훈수를 둘만한 사람은 단 한 명, 바로 우스티노프뿐이었다. 그가 브레즈네프에 대해 갖고 있는 영향력과 앞뒤 가리지 않는 정면돌파 형 성품으로 미루어 능히 그럴 만하다고 확신했다. 더구나 그는 안드로포프와 오랜 친구 사이였다. 물론 유리 안드로포프나 드미트리 우스티노프 두 사람 모두 그런 말은 내게 절대로 하지 않았다.

그렇게 해서 다시 지도부는 안정을 되찾았고, 서기국 회의는 형식에 치우치지 않고, 대단히 실무적으로 진행됐다. 결의안도 매우 구체적인 내용들이 채택됐다. 무엇보다도 중요한 것은 확고하고 정확한 태도가 요구되는 분위기로 바뀌었다는 사실이다. 유리 안드로포프는 개인의 책임에 대해 대단히 엄격했는데, 그가 화를 낼 때 당하는 당사자를 보면 불쌍해서 못 볼 정도였다.

그의 태도에 민감한 변화가 감지되었다. 브레즈네프의 건강이 악화되면서 주변에서 암투가 치열해지는 것과 어느 정도 관련이 있는 것 같았다. 그대로 방치하다간 자칫 권력 전체가 마비될 위험에 처해질 수 있는 상황이었다. 안드로포프는 중앙 권력을 강화하기 위해 필요한 조치를 취하기로 하고, 서기장의 건강 악화에도 불구하고 권력의 중심은 확고하게 유지되며 어떤 예기치 않은 사태도 일어나지 않을 것임을 모두에게 보여주기로 했다. 이러한 메시지는 일차적으로 정치국원들을 향해 보내졌다.

1982년 여름에 안드로포프가 뜻밖의 지시를 내린 것도 이런 맥락에서였다. 당시 안드로포프와 나는 모스크바에 머물며 당중앙위에서 '채소 품귀' 문제를 의논하고 있었다. 성수기인데 왜 모스크바에 과일과 채소 품귀현상이 벌어지는지 그 이유를 파악하고 있었다. 우스티노프는 국방부에 있었다. 모스크바에 부족한 물량 공급을 해결하기 위해 특별팀이 구성됐다. 하지만 모스크바의 소매 관련 조직들은 물량을 받지 않겠다고 했다. 자체 소매점이 없다는 이유에서였다. 그 무렵 나도 무슨 조치를 취하라고 모스크바 시당국에 압력을 가하기 위해 개입했다.

바로 그날 저녁에 모스크바 시 당서기인 그리신이 내게 전화를 걸어왔다.

"정치국이 시 당 위원회를 전혀 믿지 않고, 우리 머리 위에서 오이 물량까지 이래라 저래라 모두 결정하는 상황은 받아들이기 곤란합니다. 이건 정말 받아들일 수 없습니다."

나는 그의 말을 가로막으며 이렇게 말했다.

"내말 들어 보시오, 빅토르 바실리예비치 동지. 그건 오해요. 당신은 순전히 현실적인 사안에 대해 정치적 신임 문제를 결부시키고 있소. 문제의 요지는 지금은 한여름 철인데 모스크바에 과일과 채소가 없다는 사실이오. 물량은 확보돼 있소. 그러니 이 문제를 어떻게 하면 풀 수 있을지 논의해 보자는 것이요. 문제를 파악해 해결하는 책임은 내가 지고 있단 말이요."

그리신은 자신의 능력과 세력을 과신하는 사람이었다. 그런 류의 사람들이 으레 그렇듯이 그는 아랫사람과 이야기할 때는 너무 고압적이어서, 문제를 해결하기 위한 논의 자체를 고역으로 생각했다. 그는 당서기장을 제외하고는 어떤 비판이나 다른 생각을 용납지 않았다. 당서기장이 그런 말을 하는 경우에도 그는 어떤 자가 서기장에게 잘못된 정보를 주입하고, 사람들이 자기를 모함해서 그렇다고 생각했다.

하지만 '오이 문제'의 경우에는 내 말에 반박하지 않고, 신속하게 조치를 취했다. 얼마 안 되어 수천 개의 채소 가판대가 모스크바 시내에 등장했고, 문제는 해결됐다. 모스크바의 권력자들 사이에서는 안드로포프가 일을 바로잡겠다는 의지가 정말로 강하다는 말이 나돌았다.

하지만 이 사건 뒤에는 다른 의도가 도사리고 있었다. 지도부 내에서 치열한 자리다툼이 벌어지는 가운데, 당시 그리신도 '왕위 계승자' 후보군에 올라 있었다. 그런 루머는 외국 언론에 먼저 흘려졌고, 안드로포프도 당연히 그 소문을 알았다. 그가 모스크바에 과일과 채소를 공급하라는 지시를 내린 데에는 지금의 모스크바 최고 책임자가 국가의 문제는 고사하고, 모스크바의 문제도 감당할 능력이 없다는 것을 보여주려는 의도가 숨어 있었다는 것이다.

이 문제를 놓고 이야기를 나누는 도중에 안드로포프는 지나가는 말처럼 이렇게 되뇌었다.

"서기장 동지가 개개인에 대해 좀 더 신경을 많이 쓰라고 했네. 아주 문제가 많은 몇 사람에 대해서는 면밀하게 지켜볼 필요가 있어." 그는 날카로운 눈빛으로 이렇게 덧붙였다. "메두노프에 대해선 어떻게 생각하나?"

"한두 해 전에 말씀드린 그대로입니다." 나는 이렇게 대답했다.

크라스노다르 지방에서 벌어지는 불미스러운 사태는 모스크바 중앙에까지 알려졌다. 그곳 휴양지에서 막강한 힘을 가진 마피아 조직들이 당 내부조직에까지 파고들어 영향력을 행사한다는 소식이었다. 나는 당시 이 문제에 대해 메두노프와 대화를 한 다음 그 내용을 안드로포프에게 보고했다. 나는 메두노프에게 불순한 자들과는 거리를 두라는 것과, 그들의 동향을 면밀히 감시하라는 두 가지 주문을 했다. 하지만 그는 내 충고에 귀를 기울이지 않았다. 그는 브레즈네프나 수슬로프, 아니면 키릴렌코가 그런 말을 했다면 몰라도 다른 사람의 말은 듣지 않는 자였다. 내가 자기 일에 주제넘게 관여하고, 자기를 몰아내기 위해 모종의 음모를 꾸미는 것이라고 생각했다.

그에 대한 이야기를 안드로포프에게 보고한 뒤 덧붙여 말했다.

"유리 블라디미로비치, 레오니드 일리치 동지께도 보고하시는 게 좋을 듯합니다. 유야무야 넘어갈 일이 아니라고 생각합니다."

"알겠네." 안드로포프는 대답했다. "하지만 이 문제는 당과 국가 전체가 걸린 문제네. 그러니 철저한 검토를 하는 게 필요하네. 메두노프를 어떤 자리로 보낼지도 생각해 보게."

나는 과일 및 채소 조달부 차관직을 제안했다. 크라스노다르 지역은 과일과 채소의 주요 공급지였다.

메두노프의 경질 소식에 당중앙위와 지방당 서기들 모두 큰 충격을 받았다. 그는 당서기장의 비호를 받기 때문에 절대로 밀려나지 않을 사람으로 알려져 있었다. 그런데 갑자기 물러난 것이었다. 안드로포프의 권력은 급속히 강화되었다.

안드로포프가 취한 행동들을 자세히 들여다보면 그것은 일시적이고 표면적인 제스처에 불과했다. 하지만 당시는 정체의 분위기가 워낙 강해서 이런 미미한 행동은 창틈으로 들어오는 미풍에 불과했지만, 신선한 공기를 불어넣을 것 같은 환상을 심어준 것도 사실이다. 하지만 불행하게도 브레즈네프 통치 시절 동안 쌓인 문제들은 너무나 심각해서 몇 가지 독립적인 방안으로는 해결하기가 불가능했다.

당서기장은 병세가 위중해 더 이상 주도적으로 어떤 정책을 펼쳐 보일 입장이 아니었다. 다른 정치국원들은 브레즈네프가 완전히 업무 불능으로 비춰질 것이 두려워 앞장서 나서기를 꺼렸다. 서기장의 국내순시도 이제 어려워졌기 때문에 다른 정치국원들이 대신 순시하는 게 마땅하지만, 이런 일 조차도 눈치 보느라 엄두를 내지 못했다.

브레즈네프 측근들이 씨름해야 할 또 다른 문제는 당서기장이 조직 관리 면에서 아직도 아이디어가 풍부하고, 활발히 움직인다는 인상을 주도록 인위적으로 만드는 것이었다. 하지만 그는 새로운 아이디어를 내놓는 것은 말할 것도 없고, 쓰고 말하기도 불가능했다. 그래서 그가 신임하는 인사들과 보좌진이 그의 입을 대신했다. 이들은 각종 보고서와 메모랜덤을 작성하고, 서신과 전문을 보내는 데 있어서 대단한 실력을 발휘했다. 이렇게 작성된 '역사적인' 연설문들은 마땅히 광범위한 반응을 불러일으켜야 했고, 중앙위의 모든 부서들은 '반응'을 만들어내느라 동분서주했다. 그런 식으로 해서 서기장이 발표하는 이니셔티브는 전국에 걸쳐, 전 세계적으로 열렬한 반향을 불러일으켰다.

시스템이 그런 식으로 움직였기 때문에, 머리를 잘만 쓰면 가장 합리적인 정책이 채택되도록 만들 수도 있었다. 브레즈네프 주위의 인사들은 아이디어가 별로 없었다. 그래서 어떤 문제를 제기하면서, 서기장을 대신해 해결되도록 해달라는 보고서를 받으면 이들 서기장 주변 인사들은 대체로 이런 '합리적인 결정'을 덥석 받아먹었다.

앞에서도 말했지만, 병약한 당서기장 아래서 유지되는 '안정'은 지도부 내 많은 인사들에게 각자가 맡은 지방과 부서와 관련되는 일을 원하는 대로 처리할 수 있는 좋은 환경을 제공했다. 브레즈네프 측근과 당중앙위에서 일하는 당료들도 자신들의 안녕이 달려 있기 때문에 그런 안정이 유지되기를 바랐다. 새 서기장이 들어서면 최우선적으로 인사가 단행될 수밖에 없다는 것을 알기 때문이었다.

사정이 그렇기 때문에 당서기장의 의견이나 입장이라고 발표되는 것은 사실은 서기장의 생각과는 아무 상관도 없는 것들이었다. 그것은 단지 세력들 간에 서로 손을 잡고 서기장에게 얼마나 영향력을 행사했느냐에 따른 결과물일 뿐이었다.

브레즈네프 말년에 정치국의 사정은 참담했다. 회의가 열리면 브레즈네프가 피곤해 하지 않도록 하기 위해 15~20분 만에 서둘러 끝냈다. 실제 회의 시간보다 회의 시작 전에 기다리는 시간이 더 길었다.

체르넨코는 회의에서 어떤 의제가 제시되면 곧바로 누군가가 '이의 없습니다!'라는 선창을 하기로 우리와 사전에 합의했다. 그래서 정치국 회의에는 다양한 외부 사람들이 초청되어 오지만, 이들은 회의실 문에 들어서고 몇 분이채 안 돼 회의실을 떠나야 했다. 이들은 정치국원들이 그 의제에 대해 사전에 충분한 논의를 거쳤을 것으로 생각했다.

국가 장래에 정말로 중요한 문제가 토의에 부쳐진다면, 유일한 희망은 나중에 행정부서 쪽에서 태클을 걸어주기를 기다리는 것뿐이었다. 하지만 행정부서 쪽에서도 제대로 된 토의가 진행되는 경우는 드물었다. 그들이 회의에서 고수하는 기본적인 태도는 이런 식이었다. "우리 동지들이 이미 힘들여 작업한 것이다. 사전 의견교환도 거쳤고, 전문가들도 작업에 참여했다. 다른 의견 있습니까?" 그러면 모두들 노 코멘트였다. 혹시 불쑥 나서서 질문을 던지는 사람이 있으면, 그 사람은 분명히 체르넨코로부터 못마땅한 시선을 받게 된다.

브레즈네프는 병세가 다소 호전된 다음에도 회의 진행을 따라가거나 결과를 제대로 파악하기가 힘들었다. 그래서 주요한 문제가 다루어질 때면, 브레즈네프는 제일 먼저 발언권을 얻어 준비해 온 텍스트를 읽었다. 그렇게 하면 추가 토론의 여지는 없어지고, 여기저기서 이런 목소리가 나온다. "레오니드 일리치 동지의 의견에 동의합니다…. 그대로 승인하는 게 좋겠습니다." 간혹 브레즈네프가 빠진 게 있다며 몇 가지 추가 제안을 하면, 모두들 좋다고 동의하고, 그걸로 회의는 끝이었다.

연간 국가사업 계획과 예산안을 승인하는 정치국 회의는 회의 시간과 토론의 강도 면에서 예외였다. 특정 경제 분야나 지역을 책임지고 있는 사람들의 이해관계가 걸려 있기 때문이다. 그런 회의는 보통 당서기장의 발언으로 시작됐는데, 서기장은 준비해 온 발언록을 읽은 다음 토론이 시작되도록 했다.

발언자들 모두 나름대로 자기 이익을 챙기려고 제정신이 아니었다. 시체르비츠키는 돈바스 지방 시설물의 현대화 필요성을 역설했다. "그렇게 하지 않으면 이 지방의 철강 산업과 석탄 산업이 공화국의 전력 산업을 비롯해 국가 전체를 무너뜨리게 될 것입니다." 쿠나예프는 처녀지 개간과 에비마스투즈 에너지 허브 개발을 주장하며 정부의 추가 자금 지원을 요구했다. 그리신은 평소처럼 번드레하지만 모호한 말로 장황하게 늘어놓으면서 모스크바에 대한 추가 자금지원을 요청했다. 라시도프도 마찬가지였다. 그는 중앙아시아의 발전과 고용 문제 해결을 위해 관개 사업 등으로 더 많은 일자리를 만들어야 한다고 역설했다.

모두 중요하고 어려운 문제들이지만, 아무런 토론이나 의견 교환, 주장도 제기되지 않았다. 단 한 건의 예산안이나 사업계획도 재검토하라고 되돌려 보내지는 걸 본 기억이 없다. 한 마디로 말해, 모든 게 그저 형식적이고 자기 기만적이었다.

결국 각종 문제들에 대한 처리를 검토하기 위해 스무 개가 넘는 상임위원회, 임시위원회가 설립됐고, 여기서 어떤 결정이 내려지면 정치국은 그저 고무도장 역할만 했다. 중국 문제 위원회, 폴란드 위원회, 아프가니스탄 위원회를 비롯해 각종 국내외 현안마다 위원회가 별도로 있었다. 위원회 회의는 모두 당 중앙위 건물에서 열도록 해 체르넨코가 이들의 활동을 일일이 감시했다. 그러면서 위원회들이 사실상 정치국과 서기국의 활동을 대신하기 시작했다.

당시는 국가의 수많은 부정적인 과정들을 걸러내면서 사회 개혁을 시작할 수도 있었던 시기였다. 하지만 시간은 그저 그렇게 허비되고 말았다. 과학기술의 혁명적인 발전으로 전 세계적으로 생산과 통신을 비롯한 모든 일상생활에 엄청난 변화가 일어나고 있었다. 다른 나라들은 이러한 시대의 변화에 부응하려고 시행착오를 거치면서 안간힘을 쓰고 있었다. 하지만 우리 체제는 기존의 흐름에 몰입된 채 어떠한 새로운 흐름도 거부하고 있었다.

브레즈네프 사망

레오니드 일리치 브레즈네프는 갑자기 죽었다고 발표됐다. 하지만 텔레비전 덕분에 온 나라가 그가 장기간 병중이라는 사실을 알고 있었기 때문에 갑자기 죽었다는 발표는 어색하게 들렸다.

10월 혁명 기념일인 1982년 11월 7일, 브레즈네프는 소련공산당 중앙위원회 서기장, 소련최고회의 간부회의 의장, 최고사령관, 국방위원회 의장 자격으로 군사 퍼레이드를 사열했다. 사열이 끝난 다음에는 그랜드 리셉션에 참석해 연설문도 낭독했다. 평소처럼 일상적인 업무를 수행한 것이다.

11월 10일 나는 슬로바키아 대표단을 영접하고 있었다. 이들과 활발한 대화를 나누고 있는데, 쪽지가 전달됐다. "안드로포프 동지가 지금 즉시 보자고 합니다. 대표단 영접 중이라는 것을 알고 계시지만, 양해를 구하고, 지금 당장 자기 사무실로 와 달라고 하십니다."

안드로포프의 집무실로 들어갔을 때 그는 침착한 표정이었다. 하지만 나는 그를 보자마자 속으로 엄청난 긴장감이 느껴졌다. 그는 차분한 목소리로 브레즈네프의 아내인 빅토리아 페트로브나가 브레즈네프의 사망 소식을 전해 왔다면서 자기는 지금 자레츠에의 다차로 갈 것이라고 했다. 특히 빅토리아 여사는 아무도 오지 말라는 뜻을 전했다고 했다. 안드로포프는 그 전에 이미 다차에 다녀왔고, 아카데미 회원이자 보건부장관인 차조프를 비롯해 경호원들도 만나봤다고 했다. 브레즈네프는 그날 아침 일찍 사망했다.

잠시 침묵이 흐른 다음에 나는 이렇게 말했다.

"스타라야 플로샤지(당중앙위원회)에 중대 사태가 발생한 것입니다. 신속한 결정이 내려져야 하고, 동지께서도 직접 관련이 되는 사안입니다."

안드로포프는 아무 말도 하지 않았다. 나는 그와의 관계를 생각해 말을 돌리지 않고 곧바로 핵심으로 들어갔다.

"이너서클 사람들과 만나 봤습니까?"

그는 고개를 끄덕여 보였다. 그들과 만났는데 모두들 후임 서기장으로 안드로포프를 추천하는 데 동의했다고 했다. 그는 우스티노프, 그로미코, 티호노프 이름을 거론했는데, 체르넨코 이름은 말하지 않았다. 체르넨코가 그 모임에 참석했는지 여부는 알 수 없었다.

"일이 어떻게 돌아가든지 간에." 나는 이렇게 말했다. "거절하지는 마십시요."

그날 정치국 회의가 소집되어 안드로포프를 위원장으로 하는 장례위원회가 구성되었다. 장례 관련한 결의안이 채택되고, 소련공산당 중앙위원회 임시 전체회의 소집도 결정되었다. 티호노프가 나서서 유리 안드로포르를 당서기장에 임명하자는 제안을 했고, 이 제안은 만장일치로 통과되었다. 체르넨코가 정치국을 대신해 후임 서기장 임명을 발표하기로 했다.

솔직히 말해, 브레즈네프의 죽음은 갑작스런 소식이기는 했지만, 누구도 놀라거나 당황해하지는 않았다. 그리고 여러 선전 노력에도 불구하고, 그의 죽음은 소련 사회에 큰 손실로 받아들여지지도 않았다. 그의 사망을 애도하는 선전 활동이 오히려 역효과를 불러일으켰을 수도 있었다. 당시 우리는 모두 앞날을 걱정하고, 국가가 처한 상황을 우려하고 있었다. 브레즈네프 사망으로 모두들 엄청난 변화가 다가오고 있다는 기대감에 들떠 있었던 것은 분명하다.

브레즈네프 아래서 겪은 18년의 정체기에 관해 지금까지 많은 말과 글이 오갔고, 최근에는 브레즈네프주의를 부활시키자는 보수파와 근본주의 세력들의 주장도 있었다. 이런 주장들은 면밀히 분석해 볼 필요가 있었다.

정치적으로 브레즈네프주의는 흐루시초프가 권위주의 모델을 개혁하려고 한 것에 대한 보수파의 반발에 불과했다. 솔직히 말하자면, 그러한 반발은 흐루시초프 시절부터 이미 나타나기 시작했다. 흐루시초프가 국내 정치와 외교에서 서로 모순되는 정책들을 내놓은 것은 이런 반발 때문이었다. 흐루시초프는 당과 국가 관료조직들로부터 여러 압박을 받았지만, 개혁에 대한 의지는 포기하지 않았다. 재임 말기에 당과 경제 관료조직에 갖가지 변화를 도입했는데, 그 배경에는 당과 국가 조직의 막강한 권력을 약화시키려고 한 의지가 있었음을 알 수 있다. 관료조직은 그런 지도자를 용납하지 않았고, 그래서 그는 결국 실각하고 말았다.

브레즈네프는 당과 국가 엘리트, 그리고 군산복합체의 정서를 잘 알고 있었다. 그는 이들 세력에 의지해 '강력한 신(新) 스탈린주의 노선'을 추진하고, 이들의 아낌없는 지지를 받았다. 민주주의를 신장한다는 브레즈네프의 립서비스에 맞춰 새 헌법이 요란한 소리를 내며 채택되었다. 그와 동시에 반체제 인사들에 대한 대대적인 단속이 시작되었다. 많은 사람들이 감옥에 가고, 정신병원에 감금당하고, 해외로 추방됐다. 노련한 방식으로 사람들을 공포 속에 몰아넣었다.

생산을 늘리고, 과학기술 발전을 가속화하고, 기업에 더 많은 자율권을 주어서 '경제가 좀 더 경제적으로' 굴러가도록 할 필요성이 많이 제기되었다. 하지만 1965년에 시도된 지극히 제한적이고 소극적인 '코시긴 개혁' 조차도 격렬한 반대에 부딪쳐 좌초되고 말았다. 과학기술 발전을 의제로 한 중앙위 전체회의는 한해 두해 미루어지다 결국 열리지 않았다. 경제는 대규모로 비효율적인 길을 따라 갈팡질팡하며 파국을 향해 나아갔다.

겉으로는 대대적으로 데탕트 선전전을 펼치는 한편 내부적으로는 군비증강을 계속했다. 엄청난 비용을 감당하며 미국과 군사력의 전략적 균형을 이룬 뒤에도 군비증강 정책은 계속했다. '프라하의 봄'을 짓밟았고, 제2차 세계대전 이후 처음으로 소련의 군사력은 아프가니스탄에서의 군사적 모험에 휘말렸다. 그것은 도저히 이길 수 없는 전쟁이었다.

하지만 브레즈네프 시대를 평가하는 핵심 키워드는 브레즈네프의 지도력이 당시 시대적 요구를 감당할 능력이 없었다는 것이다. 과거의 도그마와 사고에 얽매이고, 과학 기술, 사람들의 삶과 행동에, 그리고 국가와 사회, 지구촌 전체에 엄청난 변화가 일어나고 있다는 사실을 인식하지 못했다. 소련은 결국 막다른 골목에 갇혀, 시대에 뒤처지고, 심각한 사회적 위기를 향해 치닫고 있었던 것이다.

브레즈네프의 사망은 우리에게 이런 질문을 던져주었다. '모든 것이 지금처럼 그대로일까? 우리 사회는 계속해서 내리막길을 걷게 될까? 아니면 특히 새 지도부에 심대한 변화가 일어날까?' 소련은 전 세계 움직임의 한 축을 담당하고 있기 때문에, 우리 지도부의 변화는 우리 국민뿐만 아니라 지구촌 전체와 관련되는 문제이기도 했다.

돌이켜 보면 당시 두 개의 주요 세력들 사이에 두 가지 흐름이 있었다. 첫 번째 세력은 브레즈네프를 또 하나의 '전통적인 권위'로 만들려는 것이었다. 그렇게 해서 주변 인사들은 자신의 자리를 확고하게 보전하기 위해 새 지도부에 엄격한 장벽을 구축하려는 것이었다. 두 번째 세력은 브레즈네프 시대를 특정한 색깔로 규정하는 것을 자제함으로써 변화의 기회를 살려 나가려는 세력이었다.

전에도 그랬던 것처럼 이러한 흐름은 공개적인 토론에 부쳐지지 않았고, 그래서 공개적으로 충돌하지도 않았다. 하지만 노련한 인사들은 민감한 촉각을 동원해 이런 미묘한 뉘앙스의 차이를 간파해 냈다.

체르넨코는 11월 12일 거행된 엄청난 규모의 장례식에서 연설을 했는데 틀에 박힌 언어의 성찬이었다. 그는 보좌진이 준비한 연설을 느릿느릿 읽어나갔다. '레닌 철학의 확고한 신봉자' '탁월한 이론가' 등 고인의 덕목에 대해 동원 가능한 모든 찬사가 이어졌다.

역동성이 보이지 않는 노쇠한 브레즈네프의 지도부를 '위대한 유산'이었으며, '현명하고 대단히 유능하고 결속력이 강한 지도부였다'고 한 것이다. 안드로포프가 브레즈네프의 리더십 스타일과 노련한 인사 관리를 그대로 본받았다고 한 체르넨코의 언급은 저의가 의심스러운 찬사였다. 그는 안드로포프의 새 지도부에서는 브레즈네프가 하던 합의제식 집단지도체제가 더 강화될 것이라고 했다. 그것은 '우리 둘이서 국가를 함께 이끌어 나가자'는 분명한 메시지를 던지는 말이었다.

사회 일각에서는 변화의 필요성이 있으며, 변화의 길로 나아가야 한다는 분위기가 분명히 있었다. 당시 나는 안드로포프 편에 속해 있었는데, 그는 '브레즈네프 시대'의 특성들 가운데 상당 부분을 버려야 한다는 생각을 하고 있었다. 안드로포프는 자신이 취하는 첫 번째 조치들이 어떤 반응을 받게 될지에 대해 상당히 신경을 썼다.

자신을 당서기장으로 추대한 전체회의에서 안드로포프가 행한 연설은 알맹이 있는 내용을 담고 있지 않았다. 공개적으로 누구에게 도전한 것도 아니고, 그저 브레즈네프의 사망과 관련해 애도의 말만 늘어놓았다. 거기서 한발도 더 나가지 않았다. 연설이 끝난 뒤부터 체르넨코는 풀이 죽어 지냈다. 유리 안드로포프가 그를 상당히 관대한 태도로 대해 주었는데도 어쩔 수 없었던 모양이다.

새해 예산안과 국가사업 계획을 다루기 위해 11월 15일에 당중앙위 전체회의가 소집될 예정이었다. 안드로포프는 전체회의에서 예정된 아젠다 외에 앞으로 향후 자신의 일반적인 정책 구상을 밝히기로 했다. 그러다 보니 전체회의 소집이 일주일 뒤로 연기되었다.

Chapter

9

안드로포프 당서기장
재임 450일

유리 안드로포프와 콘스

탄틴 체르넨코 두 사람의

소련공산당 서기장 재임 기간을 합치면 850일이다. 그 28개월은 소련 지도

부의 세대교체를 앞두고 벌어진 고통스러운 '지도자 부재' 기간이었다.

크렘린 내부에서 벌어진 음모를 상세히 설명하지 않고는 내가 최고 지도자

자리에 오르게 된 과정을 제대로 이해하기 어렵다. 그 과도기에 어떤 일이 일

었는지 설명하고, 그때 일어난 사건들이 소련의 미래에 어떤 영향을 미쳤는

지 말해 보고자 한다. 그리고 유리 안드로포프 사망, 그리고 그 직후에 일어

난 콘스탄틴 체르넨코 사망으로 어떤 사태가 벌어질 뻔했는지의 가상 시나리

오도 소개해 보겠다. 이런 말을 하는 것은 당시 사태의 핵심에 내가 깊숙이

개입돼 있었기 때문이다.

안드로포프는 당서기장 취임 초기에 정신없이 빡빡한 일정을 소화했다.

많은 사람을 직접 면담하고 전화로 대화했다. 무엇보다도 그는 당초 브레즈

네프를 위해 준비해 놓은 연설을 어떻게 해야 할지부터 결정해야 했다. 그 연설이 바로 새 당서기장으로서 자신의 생각과 계획을 처음으로 밝히는 것이기 때문이었다. 그는 연설에서 자신이 지나친 야심가로 비쳐지지 않을까 우려했다. '서기장이 된 지 일주일밖에 안 된 사람이 벌써 사태를 완전히 장악했단 말인가!' 그는 이런 말을 듣게 될까 봐 걱정했다.

나는 안드로포프에게 내 생각을 말했다,

"물론, 일주일 만에 앞으로 추진할 일관된 정책 계획을 내놓을 수는 없습니다. 그건 불가능한 일입니다. 하지만 핵심 의제를 선별해서 강조하고, 앞으로 어떤 문제에 대해 해결책을 내놓고, 추진할 것인지는 선을 보여야 합니다."

안드로포프는 나의 이런 제안을 다른 동지들과도 상의했다.

당중앙위 전체회의는 1980년 11월 22일에 열렸다. 안드로포프는 당서기장 자격으로 기조연설을 성공적으로 했다. 당시 으레 들어간 상투적인 문구와 판에 박힌 말은 어쩔 수 없었지만, 그래도 그의 보고에는 몇 가지 새로운 접근 방법이 포함돼 있었다. 그는 소련 경제의 심각한 재정적자, 그리고 연이어 추진되는 5개년계획의 목표를 달성하지 못하고 있다는 사실을 인정했다. 그와 함께 경제운용과 계획경제 시스템의 개선 필요성을 역설했다. 국영 기업들에 더 많은 독립성을 부여해 주고, 노동생산성을 높이고, 현장에서 적극적으로 일하는 분위기를 만들기 위해 인센티브제를 도입하겠다는 내용이 포함됐다. 상당히 새로운 생각들이고, 반응도 좋았다. 그는 정부 조직 내부의 정책 결정과정에 대한 통제를 강화하고, 원칙과 엄격한 기준을 다시 적용하자는 점을 특히 강조했다. 안이한 자세는 더 이상 용납하지 않겠다는 것이었다.

여러 민감한 문제들에 대해서는 간단히 언급만 했을 뿐이지만, 그래도 당시로서는 상당히 파격적인 내용들이었다. 보고서 초안을 놓고 토론을 벌일 당시, 경제운용에 근본적으로 새로운 인식이 필요하다는 데는 모두가 동의했다. 하지만 누구도 구체적인 방안을 갖고 있지는 않았다. 그래서 안드로포프는 이런 모든 문제에 대해 당장 아무런 답을 갖고 있지 않다는 식으로 보고서 문안을 자기 손으로 직접 고쳤다. 그렇게 함으로써 당과 일반 국민 모두를 본격적인 토론의 장으로 불러들인 셈이 됐다.

안드로포프는 보고서에서 지속적으로 업무실적이 저조한 특정 각료들의 문제를 거론하지 않으면 자신은 전체회의에 참석하지 않겠다고 했다. 그래서 보고서 문안에 교통장관, 금속장관, 건설장관에 대한 비판을 포함하는 내용이 들어갔다. 이들은 매년 소비에트 경제의 목표 달성에 실패한 각료들이었다. 그 직후 파블로프스키, 카자네츠, 노비코프 등 세 각료는 경질됐다.

안드로포프는 보고서에 담을 외교정책 분야에 대해서는 외교 전문가인 게오르기 아르바토프, 정치 평론가 알렉산드르 보빈, 브레즈네프의 외교 보좌관을 지낸 안드레이 알렉산드로프-아겐토프와 함께 작업했다. 안드로포프는 보고서 초안이 완성된 다음 외교 부문을 내게 보여주었다.

브레즈네프 사후 우리 외교정책이 좋지 않은 방향으로 더 악화될 것이라는 서방 언론의 우려에 대해 안드로포프는 얼마 전까지 브레즈네프의 외교정책에 대해서도 비난을 퍼부은 자들이라고 냉담한 태도를 보였다. 실제로 안드로포프는 그 전에도 여러 해 동안 소련의 외교정책 입안에 관여해 왔고, 데탕트 외교를 지지한 사람이었다. 서기장이 되자 그는 데탕트 외교가 한번 언급하고 지나칠 것이 아니라, 앞으로도 계속해서 먼 길을 가야 할 방향이라고 선언했다. 레닌이 오래 전에 말한 것처럼 무기 없는 세계가 바로 사회주의의 이상이며, 이념 대결이 국가 간 무력 대결로 이어져서는 안 된다는 게 안드로포프의 생각이었다.

군축과 관련한 소련의 입장을 설명한 다음, 안드로포프는 소련의 목표는 서방 파트너들의 기존 입장과는 다르다고 말했다. 협상 목표는 여러 국가들이 공동노력을 통해 모두 혜택을 누리는 것이라고 했다. 무기경쟁을 멈추고, 핵무기를 동결시킬 필요가 있다고 말했다. 하지만 일방적인 조치를 취하겠다는 말은 아니었다. 그는 또한 중국과의 관계 개선도 주장했다. 그를 위해선 '편견의 벽'을 넘어서야 한다고 역설했다. 이런 주장을 담은 그의 연설은 큰 박수를 받았다.

그가 당서기장이 된 초기에 사람들은 그가 취하는 조치들을 면밀히 주시했다. 안드로포프는 취임 후 첫 당중앙위 전체회의를 인적쇄신의 기회로 활용했다.

앞서 그해 초여름, 브레즈네프가 휴가를 떠나 있는 동안, 나는 경제정책 관련 이슈들에 대해 보고서를 하나 만들었는데, 경제정책을 다룰 정치국 위원회를 만들자는 제안이었다. 나는 그것을 크림반도의 여름 휴양지에 가 있는 브레즈네프에게 보내기 전에 안드로포프에게 먼저 보여주었다. 그는 몇 가지 수정을 가한 다음, 자기도 나의 제안을 지지한다고 했다. 그 다음에 체르넨코, 그리고 브레즈네프의 보좌관들과도 이야기를 나누었다. 나는 그들에게 보고서를 건네주었는데, 그걸로 끝이었다. 그로부터 얼마 뒤, 누군가가 내 제안을 권력 장악을 위한 은밀한 기도로 간주한다는 소문이 돌았다.

그런 음모와 의혹은 계속 증폭되었다. 모두들 이런 제안이 나오면 무슨 개인적인 목적이 감춰진 것으로만 보았다. 하지만 내 생각에 그것은 아주 중요한 제안이었다. 그래서 나는 보고서를 당서기장의 직접 지시로 작성한 것처럼 손질했다. 그렇게 하고서야 보고서는 브레즈네프에게 전달되었다. 그는 크림반도의 휴양지에서 내게 전화를 걸어 이렇게 말했다.

"당신 보고서 잘 읽었소. 모두 옳은 말이오. 하지만 결론이 틀렸소. 위원회를 또 하나 만들자고 하는데, 나는 그놈의 위원회가 정말 질색이오. 그저 모여서 잡담이나 하는 게 위원회 아니오? 지금 있는 위원회만 해도 도대체 몇 개요? 그런데 거기다 하나를 더 만들자고 하는 것 아니오? 내 생각에는 당중앙위 안에 경제 부서를 하나 만들었으면 하는데, 책임자를 누구로 했으면 좋을지 한번 생각해 보시오. 전력을 다해 이 일을 맡아 줄 만한 똑똑한 사람을 구해 보도록 하시오."

내가 제출한 보고서에 대해 꿈인지 생시인지 모를 정도로 너무도 좋은 결과가 나온 것이었다. 신설 부서의 책임자를 누구로 할 것인지에 대해 안드로포프와 상의하면서, 나는 완전한 외부인사로 할 것을 주장했다. 결국 국가계획위원회(고스플란) 제1부의장 니콜라이 이바노비치 리쉬코프로 낙점이 됐다. 나는 그가 테크노크라트 성향이 강한 사람이라 새로운 지평을 제시하고, 새로운 아이디어를 받아들일 능력이 있을 것이라 생각했다. 1982년 11월 당중앙위 전체회의에서 리쉬코프는 당중앙위 서기로 선출됐다.

리쉬코프와 안드로포프는 서로 호흡이 잘 맞았다. 리쉬코프는 안드로포프 숭배자였고, 그와 대화할 때는 한 마디 한 마디 극히 진지하게 호응했다. 리쉬코프는 당중앙위에 합류하면서, 나와도 아주 밀접한 협력 관계를 유지했다. 안드로포프는 우리가 호흡이 잘 맞는지 예의주시했는데, 자기가 만든 팀이 서로 뜻이 맞고, 개인적으로도 좋은 관계를 유지하기를 바랐기 때문이다.

안드로포프는 당중앙위의 이데올로기 담당 업무에도 변화를 주기로 했다. 한마디로 브레즈네프 시절 이들의 주 업무는 한 가지 목표에 집중돼 있었는데, 그것은 바로 브레즈네프 체제를 수호하는 것이었다. 그의 지도 스타일과 정책은 물론이고 인격까지 변호하는 일이었다. 1976년부터 당중앙위의 이데올로기 담당 서기는 미하일 바실리예비치 지미야닌이 맡고 있었다. 체르넨코의 후원으로 그 자리에 오른 사람이었다. 두 사람은 서로 손발이 척척 잘 맞았다.

처음에 나는 안드로포프가 이데올로기 정책에서 과감한 변화를 가져다주기를 기대했다. 전에 이데올로기 분야에 대해 심각한 토론을 가질 때가 됐다는 말을 여러 차례 한 적이 있고, 브레즈네프에게 그런 방향의 건의서도 전달했다는 말을 했기 때문이다.

나중에 그는 그 건의문을 내게 보여 주었는데, 솔직히 말해 실망스러웠다. 새로운 내용이 하나도 없었기 때문이다. 건의문은 선전정책 스타일을 전반적으로 바꾸고, 상투적이고 낡은 방식은 버리자는 정도의 주장을 담고 있었다. 새로운 현실을 이론적으로 재인식할 필요성에 대해서는 언급이 없었다. 더구나 건의문은 기본적으로 KGB 내부에서 만들어진 것이라, 그곳 분위기를 강하게 반영하고 있었다. '원칙을 강화하고', 이데올로기와 관련해 '더 공격적인 입장을 견지하자'는 등의 주장이었다.

그래서 나는 이데올로기 분야에서의 변화가 미온적인 것을 보고도 그렇게 놀라지 않았다. 지미야닌은 그 일을 계속 맡았고, 선전부 책임자는 1982년 12월에 티야젤니코프에서 보리스 이바노비치 스투칼린으로 바뀌었다. 스투칼린은 성실하지만, 지나치게 신중하고, 자기 생각은 별로 없는 사람이었다. 다시 말해, 안드로포프는 이데올로기 정책을 땜질식으로 약간 손보는 데 그칠 뿐, 시스템을 바꾸고 정책의 근간을 새롭게 바꿀 생각은 없었던 것이다.

또 다른 중요 부서인 과학교육 부서를 맡고 있던 S. P. 트라페즈니코프는 1983년 12월에 경질되었다. 과학교육 부서는 지미야닌 책임 아래 있었다. 트라페즈니코프는 1965년에 순전히 브레즈네프의 지원으로 그 자리에 오른 사람이었다. 브레즈네프와는 몰도바에서 함께 일한 인연이 있는데다, 당서기장과 체르넨코의 전폭적인 후원으로 그렇게 장기간 그 자리를 차지할 수 있었다. 그는 그 자리에 있으면서 당중앙위와 소련 과학아카데미의 관계를 최악으로 악화시켜 놓았고, 그 덕분에 과학계는 물론이고, 인텔리겐차 계층 전반으로부터 가장 혐오하는 인물로 찍혀 있었다.

과학아카데미 전체회의는 트라페즈니코프가 과학을 담당하는 당의 직책을 맡는 것을 두 번이나 막았다. 세 번째인 1976년에 그는 중앙위의 막강한 압력 덕분에 겨우 그 자리를 꿰찼지만, 과학아카데미는 다음 전체회의에서 그의 과학아카데미 정회원 자격 부여안을 압도적인 표차로 부결시켜 버렸다. 모두 그의 우둔한 도그마 집착과 스탈린주의 냄새를 풍기는 이데올로기적인 고집 때문에 빚어진 결과였다. 그의 저서 《역사의 전환점에서》를 읽어 보고 나는 그런 자를 과학행정의 책임자 자리에 앉혀놓은 것은 당지도부가 개혁이나 변화에는 조금도 관심이 없기 때문이라는 사실을 새삼 확인할 수 있었다.

나는 경제정책 부서 책임자로 바딤 안드레예비치 메드베데프를 추천했다. 1970년대부터 알게 됐는데, 동료 경제 전문가들 사이에서 창의적이고 진취적이며, 전문성이 뛰어나다고 좋은 평판을 받는 사람이었다. 안드로포프는 나를 보고 그를 만나서 그 자리를 맡을 의사가 있는지 타진해 보라고 했다. 당시 과학아카데미 소장으로 재직중이던 메드베데프는 당중앙위 제안에 대해 시큰둥한 반응을 보였다. 당의 행정직보다는 과학계에서 일하는 데 훨씬 더 매력을 갖고 있었고, 당에서 출세하는 일에는 아무런 관심도 없었다, 그의 그런 자세에 오히려 마음이 끌려서 나는 전국적인 변화의 필요성을 인식하는 사람이 과학 담당 업무를 맡아 줘야 한다고 그를 설득했다. 내 말이 먹혔는지 메드베데프는 새 지도부 밑에서 그 일을 맡겠노라고 승낙했다.

나와 만난 다음에 그는 안드로포프를 만났는데, 안드로포프에게도 아주 좋은 인상을 심어주었다. 서기장은 그를 임명하기로 결정을 내리는 자리에서 트라페즈니코프의 과학아카데미 정회원 자격 투표 부결과 관련해 이런 농담을 했다.

"당신은 앞으로 과학아카데미 정회원 자리는 탐내지 않는 게 좋을 거요."

하지만 그것은 단순한 농담이 아니었다. 당시는 당중앙위원회를 포함해 당 관료조직의 인사들이 과학아카데미로부터 박사학위를 받는 것이 유행병처럼 번지던 때였다. 정당한 실력으로 학위를 받는 경우는 극히 드물고, 대부분은 자기가 갖고 있는 당과 정부의 직위를 배경으로 학위를 받아 챙겼다. 어떤 자들은 앞으로 관료조직에서 자리를 잃게 될 경우에 대비해 보험을 들듯이 학위를 모았다. 만일의 경우에 대비해 연구 기관이나 대학의 행정직이라도 차지해 물러나겠다는 계산이었다.

당중앙위의 조직 부서 책임자인 이반 바실리예비치 카피노토프도 교체할 필요가 있었다. 브레즈네프의 그림자와 같은 자로, 당 인사정책을 실무적으로 뒷받침한 인물이었다. 그는 가끔 내 사무실에 들러 이런 불만을 늘어놓았다.

"교체 필요성이 있는 5명의 명단을 오래 전부터 갖고 다니는데 브레즈네프 동지가 승인해 줄 것 같지가 않습니다." 자기 의지라고는 눈꼽만큼도 없는 자였다. 그는 정치국과 서기국 모임에 참석해서는 미묘한 기류 변화라도 감지하려고 신경을 곤두세웠다. 바람이 어느 방향으로 부는지 알아내려고 기를 썼고, 자기보다 상관인 당 지도부 인사들 모두의 눈에 들려고 필사의 노력을 했다.

중앙위 서기국의 새 후보 명단을 만들 때 나는 예고르 리가체프 같은 인물이 필요하다는 말을 했다. 나는 그의 에너지와 끈기가 맘에 들었다. 당중앙위에서 일할 때 나는 톰스크 지방 당서기 신분이던 그와 정기적으로 만났는데, 그에게서 나는 자기가 맡은 지역을 위해 조금이라도 더 일하려는 진지한 열의를 보았다. 식량 보급 분야에서 특히 열심이었다. 리가체프는 결과를 중시하는 명확한 운영 방식뿐 아니라, 지적, 문화적인 소양 면에서도 지방 서기들 가운데서 군계일학이었다.

그로미코도 나의 생각에 동의했는데, 해외 방문을 여러 번 같이 다니면서 보니 지적 능력과 도덕적인 면에서도 대단히 뛰어난 사람이라는 말을 했다. "그렇다면 '리가체프 같은 사람'을 한번 구해 보도록 하지." 안드로포프는 이렇게 웃으며 말했다. "리가체프 본인은 안 되나?"

리가체프에게 의사를 물어보았더니, 내가 예상한 대로 즉석에서 좋다고 했다. 그렇게 해서 그 인사는 불과 며칠 만에 결정되었다. 1983년 여름에 그는 그 부서 책임자로 임명되었고, 11월 26일 당중앙위 전체회의에서 그는 당서기로 선출되었다.

한 가지 더 중요한 과제는 1965년부터 당중앙위 행정실장으로 있는 파블로프를 교체하는 일이었다. 소련공산당의 권력구조를 조금이라도 이해하는 사람이라면 행정실장이 얼마나 대단한 영향력을 가진 자리인지 알 것이다. 한마디로 그 자리는 당의 모든 물질적 자산을 총괄하는 자리이다. 안드로포프가 이끄는 당조사위원회에서 여러 건의 권한 남용과 횡령 혐의를 포착해 냈다. 특히 모스크바 시내 옥차부리스카야 호텔과 크림반도에서의 휴양지 건설 프로젝트를 포함한 대형 건설 프로젝트에서 권한을 부당하게 행사한 사례가 드러났다. 당중앙위 행정실에서 철저히 감독하는 프라우다 신문 본사에서도 통탄할 만한 부정 사례가 적발되었다.

파블로프의 후임을 누구로 할 것이냐에 대한 합의는 쉽게 결말이 나지 않았다. 체르넨코는 자기가 신임하는 후보를 밀었지만, 나는 크루치나를 앉히자고 주장했다. 나는 그를 여러 해 동안 알고 지냈는데, 대단히 정직하고, 유능하고, 적극적이고, 거기다가 신중하고, 책임감이 뛰어난 사람이었다. 그래서 나는 그를 신임했다.

행정 조직의 인적 쇄신은 큰 혼란을 불러왔다. 앞서 이야기했듯이, 안드로포프는 당서기장이 되자마자 각료 세 명을 교체하겠다고 했다. 브레즈네프 시대에 소위 '간부들의 철밥통'이 무려 20년이나 지속된 뒤라, 뻔히 드러난 쓰레기들도 치우는 게 불가능한 일처럼 되어 있었다. 건설장관인 이그나티 트로피모비치 노비코프 같은 자는 실로 난공불락이었다. 그는 누가 건설부의 문제에 대해 심각하게 지적하면 정말 진지한 어투로 이렇게 말했다. "그런데, 레오니드 브레즈네프 동지와 내가 학교 다닐 때 한 책상에서 공부한 사이라는 걸 아시오?"

노비코프는 완공한 지 얼마 되지 않은 볼고돈스크의 아톰마시 원자력발전소 지반이 내려앉기 시작한 일로 철저한 조사를 받았다. 설계와 시공과정에서 광범위한 실책이 저질러졌을 가능성이 제기되었기 때문이다. 이 문제를 다루는 정치국 회의는 으레 그렇듯이 조사위원회를 설치하고, 조사결과에 따라 처리방법을 결정짓자고 했다. 시간을 끌어 유야무야로 가자는 것이나 다름없었다.

그러자 안드로포프가 나서서 엉뚱하고 무책임한 발언은 그만 두라며 논의를 중단시켰다. 그는 노비코프를 당장 처벌해야 한다고 주장했다. 하지만 시간이 지나며 한결 누그러진 결정이 내려졌다. 노비코프는 스스로 사직서를 제출하고 물러났다. 어쨌든 노련하기로 정평이 난 안드로포프가 그렇게 화를 낸 것을 보고 모두 놀랐다.

1982년 12월에 안드로포프가 시첼로코프 내무장관을 경질한 것은 사람들에게 더 큰 충격이었다. 안드로포프는 그 이전에도 경찰의 부패와 마피아와의 관련 혐의에 대해 여러 차례 언급했고, 범죄율 증가에 제대로 대응하지 못하고 있다는 말을 했다. 하지만 과거에는 브레즈네프의 비호를 받는 시첼로코프와 대적할 힘이 없었다.

안드로포프는 KGB 우두머리인 페도르추크의 업무능력에도 마찬가지로 불만을 갖고 있었다. 브레즈네프 재임 중에 나는 안드로포프에게 KGB의 후임이 잘하고 있느냐고 물어봤더니 이렇게 대답하는 것이었다.

"나는 그자가 나한테 전화를 걸어올 때만 이야기를 하네. 그런데 전화를 자주 걸어오지는 않아. 사람들 말로는 그자가 내가 시작한 KGB 조직개편에 대해 문제를 제기한다더군. 자기가 독자적으로 일한다는 것을 과시하려는 게지. 그자가 우크라이나 지도부와 밀접한 관련이 있다는 말은 들었지. 하지만 나는 상관 않으려고 해. 당서기장이 알아서 할 일이지."

KGB 의장은 당서기장에게 직접 보고하게 되어 있으니 맞는 말이긴 했다. 게다가 페도르추크는 브레즈네프가 직접 발탁해 그 자리에 앉힌 인물이었다. 안드로포프로서는 다음과 같이 처리해 두 가지 문제를 한꺼번에 해결했다. 시첼로코프는 경질하고, 우크라이나 출신인 페도르추크는 우크라이나 지도부, 그리고 시체르비츠키와의 갈등 소지를 피해 내무장관으로 임명한 것이다.

KGB는 안드로포프의 직속 부하였던 빅토르 체브리코프 손으로 넘어갔다. 체브리코프는 그로부터 1년 뒤에 정치국 후보위원으로 선출됐다. 이처럼 변화는 소비에트 정부 최고 상층부에서 진행되고 있었다.

1982년 11월 22일에 열린 당중앙위 전체회의는 오래 끌어온 당중앙위 서기인 안드레이 키릴렌코의 정치국원 자격을 박탈하는 문제에 결론을 내렸다. 치매가 악화돼 이제는 더 이상 미룰 수가 없게 된 것이다. 1981년 3월에 열린 제26차 당대회에서 그는 당중앙위 신임 위원들의 명단이 담긴 보고서를 낭독하게 됐는데 많은 후보들의 이름을 잘못 읽었다. 그가 읽기 좋도록 제일 큰 활자체로 인쇄했는데도 그런 어이없는 실수를 한 것이었다. 청중석에서 당황함과 낄낄거리는 소리가 들렸다. 그 일은 어떤 정치적 보고서보다도 사람들의 뇌리에 더 강하게 남았다.

　　하지만 그런 수치스런 일을 보고도 브레즈네프는 우정을 생각해 키릴렌코를 정치국원 명단에 포함시켰다. 하지만 증세는 계속 악화됐다. 대화를 제대로 따라오지 못하고, 동료들도 알아보지 못하는 지경이 되었다. 마침내 브레즈네프는 키릴렌코의 사직서를 받아 달라고 안드로포프에게 부탁했다.

　　안드로포프는 후일 키릴렌코와 가졌던 껄끄러운 대화 내용을 알려주었다. 키릴렌코 사무실을 찾아가 조심스럽지만 단호하게 이렇게 말했다고 한다.

　　"안드레이, 잘 알다시피, 동지도 이제 늙었소. 당신을 걱정하는 모든 사람들을 대신해 말하는 것이오. 우리 모두 이제 당신 건강이 너무 나빠져서 업무를 제대로 볼 수 없다는 결론을 내렸소. 당신은 많이 아프고, 이제는 치료에 전념해야 할 때가 됐소. 무슨 조치를 취해야 할 것이오."

　　키릴렌코는 감정에 북받쳐 울음을 터뜨렸다. 말을 계속하기가 쉽지 않았지만 안드로포프는 계속했다.

　　"그러니 이해해 주시오, 안드레이. 이제 결정을 내려야 하오. 좀 쉬도록 하시오. 한 달도 좋고, 두 달도 좋으니, 원하는 대로 쉬도록 하시오. 아무 불편함이 없도록 해 줄 것이오. 지금 갖고 있는 자동차, 다차, 의료 혜택 등 모두

다 그대로 보장될 것이오. 친구로서 말하는 것이지만, 물론 결정은 당신이 내려야 하오. 코시긴을 생각해 보시오. 그 사람은 당신보다 상태가 훨씬 더 괜찮았는데도, 자기 손으로…"

"알았소, 유리." 키릴렌코가 마침내 말했다. "그렇게 해야 한다면…사직서 쓰는 거나 좀 도와주시오. 안 그러면 그것도 엉망으로 쓸지 모르니까."

안드로포프가 얼른 간단한 문안을 써 보이자, 키릴렌코는 직접 자기 손으로 힘들게 따라 썼다. 그렇게 해서 그 건은 마무리되었고, 사직서는 브레즈네프 사후에 열린 11월 당중앙위 전체회의에서 처리됐다.

바로 그 회의에서 아제르바이잔 공화국 제1서기인 알리에프를 정치국원으로 선출했다. 나중에 안드로포프에게 왜 아제르바이잔 당 제1서기를 선택했느냐고 물었더니, 그는 마지못해 얼버무리는 식으로 답하기를, 원래 브레즈네프가 그렇게 하기로 해놓은 것인데, 그 뜻을 무시하고 싶지 않았다는 것이었다.

알리에프는 유능한 정치인이었다. 그는 총명하고, 강한 의지의 소유자이며, 치밀한 계산 아래 행동하는 타입이었다. 처음에 나는 그가 아제르바이잔에서 벌인 반부패 캠페인을 보고, 그가 부패 세력과 지하경제를 소탕하는 데 강한 의지를 갖고 있다고 믿었다. 그는 또한 아제르바이잔의 발전, 특히 농업 분야의 발전을 위해 다방면에서 과감한 조치를 시행했다. 확실히 믿을 만한 사람으로 보였다.

하지만 아제르바이잔의 현실을 보다 깊이 들여다보게 되면서, 나는 그곳에서 진행 중인 변화의 정책 배후에 복잡한 동기들이 숨어 있다는 사실을 알게 되었다. 중요한 것은 결과이니, 정치적 업적을 평가하는 데 숨은 동기는 별로 중요치 않다고 말하는 사람들도 있지만, 나는 그런 말에 절대 동의하지 않는다. 나도 지금까지 살아오면서 좋은 결과를 내고도 사심이 들어간 동기 때문에 결국 망가지는 경우를 여럿 보았다. 아제르바이잔 사회 곳곳에 부패 관료 패거리들이 암조직처럼 퍼져 있었다. 알리에프가 이들 부패하고 무능한 세력을 몰아냈지만, '나키체반 그룹'이라 불리는 새로운 패거리들이 그 자리를 대신했다. 그러다 보니 과거와 마찬가지로 핵심 요직들은 몇 번씩 물러난 세력들과 친한 자들이 그대로 차지했다. 족벌주의에 기반을 둔 끼리끼리 네트워크가 촘촘히 구축돼 있기 때문에, 알리에프는 아제르바이잔을 통치하는 게 아니라, 그 위에서 그저 군림만 할 뿐이었다. 다양한 토론과 시위, 기자회견, 시민과의 대화를 비롯해, 여러 민주적인 일들이 진행되지만, 그것은 그저 겉치레에 불과할 뿐, 정부의 정책과 원칙에는 아무런 영향을 미치지 못하고 있었던 것이다.

이제 그 주인공이 정치국에 합류한 것이었다. 물론 그것은 브레즈네프와 했다는 약속과는 상관없는 결정이었다. KGB에서 장기간 근무했던 알리에프는 안드로포프를 단순히 과거 상사가 아니라 감히 넘볼 수 없는 권위로 우러러보았던 사람이다. 그런 알리에프를 정치국에 불러들임으로써 안드로포프는 자신의 입지를 강화했다. 일이 그렇게 된 것이다.

비슷한 이유로 안드로포프는 그리고리 로마노프도 정치국원으로 승진시켰다. 그의 자질이 얼마나 형편없는지, 얼마나 편협하고 권위적인 성향을 가진 자인지 잘 알면서도 그렇게 한 것이다. 그는 정치국에 참여하고 나서 제대로 된 생각이나 건의는 거의 내놓지 않았다. 그럼에도 불구하고 안드로포프는 1983년에 로마노프를 레닌그라드에서 모스크바로 불러올려, 당중앙위 전체회의에서 그를 당서기로 선출토록 추천했다.

당시 당과 정부를 통틀어 국방 분야의 최종 권력은 소련 국방장관 드미트리 우스티노프의 손에 집중되어 있었다. 안드로포프는 국방 분야 권한이 그처럼 한 사람에게 집중되는 것은 위험하다고 걱정했다. 국가나 우스티노프 본인을 위해서도 그런 권한은 분산시키는 게 좋다고 생각했다. 하지만 권한 분산은 우스티노프가 받아들일 수 있는 방법으로 진행되어야 했다.

"드미트리의 기분을 상하게 하고 싶지는 않네." 안드로포프는 내게 이렇게 말했다. "어차피 그 사람은 나의 동료이고, 동지이기 때문이네."

소련 지도부는 당중앙위의 군수산업 담당 서기 직을 맡을 후보를 물색했다. 당 고위직에서 선발한다는 원칙 아래, 안드로포프는 로마노프를 임명하면 우스티노프가 반대하지 않을 것으로 생각했다. 실제로 우스티노프는 반대하지 않았다.

이밖에도 정치국에서는 여러 변화가 있었다. 1983년에는 비탈리 보로트니코프가 크라스노다르에서 모스크바로 불려 올라와 러시아공화국 각료회의 의장(총리)을 맡았다. 그해 6월 당중앙위 전체회의는 그를 정치국 후보위원으로 선출하고, 12월에는 정위원으로 승진시켰다. 미하일 솔로멘체프도 당중앙위 산하 통제위원회 의장으로 임명된 다음, 정치국 후보위원을 거쳐 정위원으로 승진했다.

당 최고위층의 이러한 인적 변화는 다양한 반응을 불러일으켰다. 새로 들어온 인사들이 미래의 개혁을 주도할 것이라는 기대로 낙관적인 입장을 보이는 사람들이 있는가 하면, 그들의 경력을 근거로 불안한 시선을 보내는 사람들도 있었다.

체르넨코는 불안감을 감추지 않고 겉으로 드러냈다. 그는 '당 서열 2위의 서기'였지만, 많은 경우 중요 결정을 내리는 데서 배제되었다. 니콜라이 티호노프, 블라디미르 시체르비츠키, 블라디미르 돌기흐도 마찬가지로 예민한 반응을 보였다. 돌기흐는 우리의 '산업 분야 책임자'들 가운데서 진지하고, 성실하고, 지식이 풍부한 전문가로 자기가 맡은 분야에 철저히 헌신하는 사람이었다. 그는 1972년 당중앙위 서기가 되면서 중공업 분야를 맡았다. 그는 자기가 맡은 중공업 분야가 소련 경제에서 가장 중요한 분야라고 입버릇처럼 강조했다. "여러분들도 중요한 일들을 하지만, 중공업이 없으면 모든 게 무너지고 맙니다."

돌기흐는 다른 산업 분야를 맡고 있는 서기들과 논쟁하며, 자기가 맡은 분야의 중요성을 열렬히 강조했다. 그런 성향으로 인해 확고한 소신을 가진 사람이라는 평판을 얻고 있었다. 하지만 때때로 도를 지나치는 게 흠이었다. 어쩌면 깊은 야심을 품고 있었기 때문인지도 모르겠다. 그는 정치적으로 인정을 받거나 승진에 도움이 된다고 생각되면 무슨 일이든 기꺼이 맡았다. 1982년 5월에 정치국 후보위원이 되고 난 다음부터 그는 자신의 위치를 엄청나게 자랑스럽게 생각했는데, 심지어 사적인 대화에서도 그런 태도를 그대로 드러냈다.

당중앙위에 경제 부서를 신설한다는 이야기가 나오자, 돌기흐는 자신이 책임자가 되어야 한다고 생각했다. 자기 말고 맡을 사람이 누가 있단 말인가라는 식의 태도였다. 그는 전체회의가 열릴 때마다 발언권을 얻어 일장 연설을 늘어놓고, 장황한 보고서를 내놓았다. 그런데 그토록 탐내던 자리가 리쉬코프에게 돌아갔다. 돌기흐는 가까이서 함께 일하던 리쉬코프에게 한방 먹었다고 생각하고, 자존심에 엄청난 상처를 입었다.

안드로포프는 우크라이나 공산당 조직 내에서 거물로 통하는 블라디미르 시체르비츠키와 대단히 껄끄러운 관계였다. 시체르비츠키는 인품이 훌륭한 사람이었다. 그는 유능한 테크노크라트로서 우크라이나 정부의 정책을 일관되게 수행했다. 그는 농업을 중시하면서도 특히 석탄 채굴과 철광산업 분야 등 중공업 분야에서도 탁월한 업적을 보였다. 그는 특히 지방 행정 시스템에 책임제를 도입해서 주목을 받았다.

시체르비츠키는 국가주의에 대해 못마땅하게 생각했다. 소비에트 내 다른 공화국 지도자들과 마찬가지로 그도 중앙정부가 권한을 독점하는 데 대해 불평불만이 많았다. 예를 들어 "불가리아 대통령 지프코프한테 전보 한 통 보낼 때도 모스크바의 정치국 허가가 필요하다는 게 말이 되느냐?"고 불만을 토로했다.

시체르비츠키는 또한 인사문제에 관해서는 다루기 힘든 협상가였다. 그는 대단한 정치적 카리스마를 가지고 자신을 따르는 사람들을 휘어잡았다. 외모도 움직이기 힘든 거대한 바위처럼 보였는데, 이 또한 그의 정치적 위상을 보여주는 데 일조했다.

불행한 일이지만 브레즈네프가 시체르비츠키를 후계자로 삼을 수도 있다고 한 말이 그에게는 치명타가 되고 말았다. 브레즈네프가 죽기 직전에, 시체르비츠키는 크렘린에서 벌어지는 모든 일을 챙기려고 열심히 뛰어다녔다. 우크라이나 KGB 책임자였던 페도르추크와도 수시로 전화를 하고, 직접 만나는 등 분주하게 움직였던 것이다.

안드로포프가 당서기장에 선출되자, 두 사람의 관계는 겉으로는 별 문제가 없는 듯 보였지만, 물밑에서는 라이벌 관계가 지속되고, 무언의 비난이 오가고 있었다. 누구도 먼저 화해를 청하려고 하지 않았다. 시체르비츠키는 안드로포프가 재임하는 동안에는 당서기장 집무실에 단 한 번도 들어가지 않았고, 전화 통화도 거의 하지 않았다.

티호노프는 안드로포프가 당서기장이 되는 데 자기가 일등공신이라고 생각했다. 그래서 안드로포프의 절대적인 신임을 받는 게 당연하다고 생각했는지 다소 안하무인하며 나댔다. "여보시오, 서기장 동지." 그는 당시 안드로포프에게 이런 말을 수시로 했다. "행정 체제와 이데올로기, 외교정책은 당신이 잘 아니, 경제는 나한테 맡기시오."

안드로포프가 리쉬코프와 돌기흐, 그리고 나 이렇게 세 사람에게 경제운용과 계획, 국영기업들의 독립적인 지위를 확대하는 긴급 현안에 대해 리스트를 작성하라는 임무를 맡기자, 티호노프는 긴장했다. 우리 '3인방'은 관련 제1부총리들, 그리고 국가계획위원회의 전문가들과 직접 접촉했다. 이 때문에 티호노프와 우리의 관계에는 긴장감이 나돌았다. 이를 해소하기 위해 안드로포프는 공개 회의석상에서 자기는 티호노프를 신임하고 지지한다는 말을 했다. 그 뒤에 안드로포프는 내게 이런 말을 했다.

"미하일, 티호노프와의 관계를 악화시키지 않도록 조심하게. 지금 그 일이 내게 얼마나 중요한지 아마 자네도 알 테지." 안드로포프는 티호노프가 체르넨코 편으로 넘어갈까 봐 걱정하고 있었던 것이다.

안드로포프는 모든 일을 장악할 필요가 있었고, 그러기 위해 당시로서 가장 핵심적인 과제는 세력 균형을 철저히 유지하는 것이었다. 그는 알리에프, 보로트니코프, 체브리코프, 리쉬코프, 리가체프를 승진시킴으로써 궁극적으로 자신의 입지를 강화하려고 했다. 동시에 안드로포프는 체르넨코, 티호노프, 그리신, 시체르비츠키와의 관계 악화를 피하려고 했다. 자기가 이끄는 지도부 내의 모두가 자신의 정치적 아젠다에 동참하고 기여한다는 기분을 공유하도록 만들고 싶었던 것이다.

"자네도 내 나이가 되면, 내가 왜 이러는지 이해될 거야."

안드로포프가 서기장이 되고 나서 몇 달 함께 일하면서 우리 두 사람의 관계는 더 가까워졌다. 그가 나를 신임한다는 게 피부로 느껴졌다.

안드로포프가 서기장으로 선출된 다음 닥친 첫 번째 문제는 매우 시급히 해결해야 했다. 얼마 전인 브레즈네프 시절에 정치국은 심각한 재정적자 해소 방안의 하나로 빵과 면사 가격 인상 결정을 내렸다. 가격 인상 결정을 담은 문서들이 각 공화국과 지방 당국으로 보내졌고, 1982년 12월 1일을 기해 문서 내용이 일제히 공개될 예정이었다.

안드로포프는 나와 리쉬코프에게 그 결정을 다시 검토해 보고, 결과를 보고하라고 했다. 사안의 중대성을 감안해 우리는 예산 보고서를 볼 수 있게 해달라고 했다. 하지만 안드로포프는 웃으며 이렇게 말했다.

"농담하는 거요! 그걸 보여줄 수는 없소."

소련의 예산 내역에는 '기밀사항' 으로 분류된 게 너무 많아서, 나도 서기장과 대통령이 되고 나서야 처음 본 조항들이 많았다. 하지만 진짜 제일 큰 '기밀' 은 예산 내역에 큰 구멍이 있다는 사실이었다. 스베르방크(저축은행)로부터 계속해서 돈이 메꿔졌는데, 그것은 다시 말해 개인 예금으로부터 돈을 빌리는 것으로, 국내 부채가 계속 증가하고 있다는 말이었다. 하지만 공식 보고서에는 흑자 예산과 균형 재정을 칭찬하는 글들이 실렸을 뿐이다.

리쉬코프와 나는 빵과 면사 가격을 올리는 것만 가지고는 효과가 없다는 결론을 내렸다. 안드로포프는 처음에는 우리 건의를 듣지 않으려고 했다. 그는 가격 인상 조치가 "지도부의 결연한 의지와 용기를 보여주고, 사람들도 결국 이를 이해하고, 따라줄 것"이라고 확고하게 믿는 것 같았다.

우리는 그렇지 않다고 계속 주장했다. 가격 인상안은 경제적으로 정치적으로 아무런 도움이 되지 않는다고 했다. 찬반양론을 모두 들어 본 끝에 정치국은 결국 가격 인상 결정을 취소시켰다.

그 다음으로 시급한 사안은 곡물 수입 문제를 해결하는 것이었다. 항상 그런 것처럼 정부 측에서 반대가 심했다. 소련 정부는 현금 부족에 시달리고 있었다. 하지만 다른 방법이 없었다. 서기장이 결단을 내려야 할 시점이었다. 안드로포프는 결국 찬반 양측 주장을 다 들은 다음 곡물을 수입하기로 결정을 내렸다.

심각해지는 경제적 문제들을 보고 안드로포프는 가끔 아주 심란한 반응을 보였다.

"오, 당신의 그 잘난 식량 프로그램은 어떻게 된 거요!" 그는 툭하면 이런 말을 했다.

"그건 우리의 프로그램입니다. 유리 블라디미로비치. 식량난 해결을 위해 우리 모두 같이 싸우지 않았습니까?" 나도 안드로포프 못지않게 식량 프로젝트에 대한 걱정이 많았다. "우리가 취한 조치들이 아직은 효과를 내지 않는 것뿐입니다. 실망하긴 아직 이릅니다!"

"알겠네." 그는 내 말에 동의하며 말했다. "하지만 공장 현대화와 비료, 기계 공급이 너무 늦지 않게 진행되었으면 좋겠소."

"전들 결과를 어서 보고 싶지 않은 줄 아십니까?" 나도 이렇게 대꾸했다.

결과가 빨리 나타나지 않자, 초조해진 안드로포프는 내가 보기에는 효과가 의심스러운 조치들을 취하기 시작했다. 전국적으로 원리원칙과 법질서를 강화하는 캠페인이 시작된 것이었다. 경찰이 메트로와 상점, 미용실, 사우나에 들이닥쳐 근무시간에 일터에 있지 않은 사람들을 체포해 갔다. 이 캠페인을 벌이면서 안드로포프는 그답게 대중적인 조직 대신 KGB와 경찰의 힘에 의존했다. 그렇게 하는 것이 훨씬 더 효과적이고 지름길이라고 그는 생각했다.

나는 안드로포프에게 왜 그런 조치를 취하는지 이해가 도무지 안 된다는 말을 가끔 했다.

"자네도 내 나이가 돼 보게. 그러면 이해가 될 거야." 내 말에 그는 이런 식으로 대꾸했다.

그로부터 상당한 세월이 흘렀고, 이제는 많은 일들이 잊혀지고, 기억이 가물가물하다. 하지만 지금도 많은 사람들은 그때 안드로포프가 단행한 '원칙과 질서' 강화 캠페인을 이야기한다.

레닌 탄생 113주년 기념 연설

1983년 3월에 안드로포프는 내게 전화를 걸어, 정치국에서 나를 레닌 탄생 113주년 기념식의 공식 연설자로 승인해 주었으면 좋겠다는 말을 했다. 나는 살아오면서 그동안 레닌의 저작물을 여러 차례 연구해 본 터라 연설문 만드는 것은 쉬울 것이라고 생각했다. 어떤 말을 할 것인지 곰곰이 생각해 보았다. 웬만한 말은 그동안 연설과 글을 통해 다 언급된 것이고, 같은 말을 진부하게 되풀이하고 싶지는 않았다. 나는 보좌관과 함께 초안을 만들었는데, 모두가 낡고 진부해 식상할 정도의 수준이었다. 그래서 레닌이 혁명 직후에 쓴 저작물들을 다시 읽어 보았다. 어떤 것은 꼼꼼하게 읽고, 어떤 것은 그냥 훑어보았다. 혁명 후 사건들을 다시 읽어 나가다 '나라면 당시 레닌이 직면한 문제들을 어떻게 해결했을까' 하는 고민을 하기 시작했다.

'그래, 좋았어.' 마침내 레닌이 쓴 글들이 도움이 되었다. 나는 레닌의 후기 저작물도 읽고, 내용을 곰곰이 생각해 보았다. 특히 논문과 연설문에 주목했다. 소비에트 국가 건설을 전체 역사적인 맥락에서 다룬 내용들이 많았다. 그는 볼셰비키가 실수를 범했다고 공개적으로 인정했다. 그리고 정책적인 과오를 공개적으로 인정하는 게 중요하다고 생각했다. 과거의 잘못은 새로운 정책으로 바로잡을 수 있다고 믿었기 때문이다. 과거의 잘못으로부터 교훈을 얻지 못하면 새로운 정책을 만들 수 없다는 것이었다.

레닌 저작을 다시 읽으면서 나는 그가 여러 해에 걸쳐 자신이 이루고자 노력해 온 것을 이루지 못했음을 깨닫고 고뇌하고 있었다는 사실을 알게 되었다. 나는 그가 무엇을 걱정했으며, 후기 저작물을 통해 어떤 경고를 보내고 싶어 했는지 알아내려고 했다. 이런 내용들이 왜 공개되지 않은 채로 남아 있었던 것일까? 두려움 때문이었을 것이다. 위험한 진실을 담은 내용들이었다.

1985년부터 몇 년 동안 나는 레닌 저작을 읽고 거기서 얻은 아이디어들을 다시 떠올렸다. 하지만 1983년에 한 연설 내용은 당시의 정치적, 이데올로기적인 테두리 안에 머물렀으며, '과거의 정책'을 바꾸어야 한다는 문제는 제기하지 않았다. 그럼에도 불구하고 당시 소련 언론과 세계의 언론들이 문제를 제기했고, 연설문에 담긴 몇 가지 점들은 열띤 논란을 불러일으켰다.

당시 정치적인 글에서 행간의 의미를 읽어 내는 데 익숙한 사람들은 내가 연설에서 중공업 발전뿐만 아니라, 첨단 소비산업 부분도 함께 창조하는 사회생산의 틀을 만들어야 한다고 한 말에 주목했다. 경제 구조를 바꾸자고 한 말은 경제구조를 왜곡시키는 비대한 군수산업 분야를 염두에 둔 것이었다.

나는 또한 현대적인 생산과정에서 개인의 역할이 필요하다는 화두를 제시했다. 현대적인 산업은 작업의 성격상 노동력의 기술과 원칙 면에서, 그리고 문화적인 면과 전문적인 수준면에서 전혀 다른 새로운 특성을 필요로 했다.

다시 말해 경제에서 인간적인 요소가 새롭게 강조되는 것이었다. 학문적인 글에서 그런 주장을 하면 당연한 말처럼 들릴지 모르지만, 정치 연설에서 하는 것은 엄청난 차이가 있었다. 성공을 인간적인 요소가 아니라 톤과 킬로미터, 다시 말해 양적으로 계산하는 데 익숙한 체제에서 볼 때 내 연설은 너무 강렬했다.

잔뜩 기대를 가졌던 청중들은 내가 연설에서 소개한 무분별한 경제적, 사회적 결정에 대해서 레닌의 경고를 언급하자, 숨은 의도가 무엇인지 현실적인 면에서 알아내 보려고 애를 썼다. 그리고 나는 재정자립 원칙과 노동 생산성 향상을 위해 유무형 인센티브의 중요성을 강조했다. 또한 경제원칙과 시장개념의 도입에 입각한 경제 정책의 필요성을 역설했다. 나아가 민주집중제를 사람들의 자발성과 독립성을 극대화하는 데 필요한 개념으로 받아들이자는 주장도 했다.

물론 내 연설을 의미심장하게 받아들인 사람들은 당시 소련의 현실에 대해 걱정하고 있던 이들뿐이었다. 다수는 그저 내가 기조연설자로 결정되었다는 사실에만 주목했다. 1년 전에 안드로포프가 그런 역할을 맡았는데, 이후 당과 정부에서 2인자로 부상했기 때문이다. 어쨌든 안드로포프는 나를 지원하는 제스처를 보인 것이지만, 나는 그것을 우리가 처한 현실에 대한 나의 생각을 사람들에게 천명할 기회로 만들었다.

안드로포프의
퇴장

1983년 여름이 되자 한껏 부풀었던 변화에 대한 기대가 무너질 조짐을 보이기 시작했다. 안드로포프가 갑자기 심각한 병을 앓았기 때문이다. 간과 신장에 심각한 문제가 생긴 것이다. 한동안은 극소수 인사들만 그의 병세에 대해 알았다. 하지만 건강이 악화되면서 병색이 완연해졌다. 얼굴은 심하게 창백해지고, 목소리도 잘 나오지 않았다. 불과 얼마 전까지 만해도 안드로포프는 누가 찾아오면 자리에서 일어나 문간까지 나와서 방문객을 맞았다. 하지만 이제는 앉은 자리에서 손만 내밀었다. 걷기조차 힘들어진 것이다.

일주일에 한두 번씩 정기적으로 신장투석을 받아야 했고, 시간이 지나면서 횟수가 늘었다. 더 이상 병세를 숨길 수가 없게 되었다. 치료 받는 사이에는 정맥 혈관주사 튜브가 양 팔에 그대로 붙어 있고, 손등에는 반창고로 붙인 주사바늘이 사람들 눈에 그대로 다 보였다.

당 간부들 사이에 '그 사람은 이제 끝났다' 는 식의 불길한 루머가 나돌기 시작했다. 안드로포프의 중병설을 천상 복음처럼 받아들이는 자들은 난간 위로 머리를 내밀고 주위를 살피기 시작했다. 이들은 처음에는 한구석에 모여 은밀히 귓속말을 주고받았지만, 얼마 안 가 득의양양한 기대감을 감추려고 하지 않았다. 그들은 때가 무르익기를 기다렸다. 1983년 6월로 예정된 당중앙위 전체회의를 앞두고 그런 분위기가 완연해졌다.

이데올로기 정책을 다룰 전체회의를 개최하자는 아이디어는 안드로포프가 낸 것이었다. 그는 소련 사회에 정치적, 이념적, 도덕적 후퇴가 심각해지고 있다고 판단했다. 그래서 고위 간부들이 모여 의견을 나누는 것이 당의 이념적 결집에 도움이 될 것이라고 생각한 것이다.

크렘린 편제상 이데올로기 분야의 공식 책임자는 체르넨코였기 때문에 그가 기조연설을 하기로 했다. 당서기장의 중병은 더 이상 기밀이 아니었다. 체르넨코파인 지미야닌이 이끄는 '이데올로기 그룹'이 힘을 내기 시작했다. 이들은 일치단결해 목청을 높이기 시작했으며 체르넨코의 연설을 브레즈네프주의를 공개적으로 복권시키는 기회로 삼으려 했다.

정치국은 연설 내용에 관여하지 않았다. 나는 회람된 초안을 읽어보고 나서 안드로포프를 만나러 갔다.

"이건 말도 안 됩니다! 이데올로기 관련 전체회의를 마지막으로 연 지 25년이 지난 지금 상투적인 연설을 다시 하겠다니요?"

제일 고약한 것은 연설문에 안드로포프의 말을 보란 듯이 여기저기 인용 내지 언급하는 식으로 연관지은 점이었다. 그렇게 해서 안드로포프의 이름과 정책을 브레즈네프주의의 규칙과 금기사항들을 늘어놓은 케케묵은 이데올로기 저장고와 연결시켜 놓은 것이었다. 순전히 지미야닌 일당의 술책이었다. 나는 그 연설을 변화를 부정하는 공개적인 선전포고로 생각했다.

나는 만약에 안드로포프가 나서서 반대하지 않는다면, 내가 직접 체르넨코를 만나겠다고 했다. 그리고 나와 체르넨코의 면담 결과와 상관없이 안드로포프가 전체회의에 직접 나가 발언을 하라고 했다. 나는 체르넨코와 만났을 때 조심스레 몇 가지 힌트를 던졌다.

"연설문을 보니 방대한 자료들을 서로 연결시켜 놓았더군요. 하지만 동지도 연설 초안을 보시면 아시겠지만, 우리가 최근 몇 달 동안 추진해 온 정책들과 맥을 같이 한다고 하는데 논리적 연관성이 너무 빈약합니다. 무엇보다도 중요한 것은, 우리가 당면하고 있는 문제들에 대한 철저하고 허심탄회한 논의가 부족하다는 점입니다. 분량을 3분의 1정도로 줄이고, 근본적인 문제에 좀 더 집중한다면, 훨씬 설득력 있는 연설이 될 것 같다는 생각입니다."

휴! 온갖 외교적 수사를 다 동원하다시피 했다. 나는 체르넨코가 최소한 마지막 연설문 손질 작업에는 나를 참여시킬 것이라는 기대를 가졌다. 하지만 돌아온 건 크게 실망스런 말뿐이었다.

"읽어봐 줘서 고맙소." 그는 아무런 관심도 없다는 시큰둥한 표정으로 말했다. "여러 가지 초안을 놓고 비교해 봤는데, 이걸로 하기로 결정했소. 당신 의견은 고려해 보겠소."

그리고는 그만이었고, 연설문 내용은 하나도 바뀌지 않았다. 나의 권고는 무시되었고, 나중에 체르넨코가 내가 찾아간 것에 대해 분수를 모르고 주제넘게 자기를 가르치고, 설교하려 했다는 식으로 받아들였다는 말을 전해 들었다. 나는 안드로포프를 만나 전체회의를 망치지 않으려면 서기장이 직접 발언에 나서야 한다고 거듭 강조했다.

체르넨코가 연설 원고를 읽어나가는 동안 나는 줄곧 안드로포프의 표정을 살폈다. 체르넨코가 지미아닌 일당이 적어놓은 장광설을 늘어놓자 안드로포프의 표정은 굳어졌다. 그러다 그는 손짓으로 나를 불러 이렇게 말했다.

"휴식시간이 끝난 다음에 내가 자리를 비우면, 자네가 이 자리에 앉아 회의를 주재하게."

당시 회의 의장이란 자리가 어떤 의미를 갖는지 아는 사람이라면 그런 행동이 체르넨코에게 어떤 타격이 되는지 짐작할 수 있을 것이다. 휴식시간이 끝나고 내가 회의를 주재하게 되자 체르넨코는 뒷줄 어딘가로 자리를 옮겨갔고, 토의내용은 듣지도 않았다. 이튿날 회의가 시작될 때쯤에야 그는 가까스로 수치심에서 회복하기 시작했다.

전체회의가 끝난 뒤 안드로포프와 나는 회의결과를 평가하면서, 회의가 철저히 체르넨코 일당이 계획한대로 진행됐다는 결론을 내렸다. 우리 기대와는 전혀 다른 방향으로 일이 진행된 것이다. 그 대회는 정치적으로 하나의 중요한 분기점이 되었고, 이후 우리는 다시 변화의 동력을 잃기 시작했다.

9월에 안드로포프는 크림반도로 휴가를 떠났다. 나는 그와 수시로 전화통화를 했는데, 병세가 다소 호전되고 있다는 느낌을 받았다. 그러다 한번은 전화를 했더니, 안드로포프가 두브라바라는 곳에 있는 산속 빌라로 거처를 옮겼다는 것이었다. 전에 키슬로보드스크에 함께 휴가를 갔을 때도 봤지만 그가 바다보다 산을 훨씬 더 좋아한다는 것을 알기 때문에, 그 말을 듣고 크게 놀라지는 않았다. 더구나 의사들은 목욕이나 수영을 하지 못하게 했다. 그런 상태에서 몸을 과도하게 긴장시키는 것은 좋지 않다는 이유에서였다.

두 시간 뒤에 안드로포프가 직접 전화를 걸어왔다.

"자네가 전화했다지?"

"그렇습니다. 보고 드릴 게 있습니다."

"며칠간 두브라바에 있을 작정이네. 이곳은 아주 좋아. 날씨도 정말 좋군."

한동안 들어 보지 못한 기분 좋은 목소리였다. 산속 신선한 공기와 자연이 온화한 기운을 불어넣은 게 분명했다. 그때는 그가 그런 가벼운 기분을 두 번 다시 되찾지 못할 것이라고는 생각지 못했다.

이삼일 뒤에 나는 안드로포프의 병세가 아주 심각하다는 사실을 알았다. 의학적으로 병이 어떻게 진전이 되었는지, 감기는 왜 걸리게 되었는지 나는 알지 못했다. 안드로포프는 크림반도에 있는 다차로 긴급 후송된 다음, 그곳에서 곧바로 모스크바로 옮겨져 지도부 요인들의 진료를 담당하는 중앙 병원에 입원했다. 그곳에서 그는 여러 모로 정말 힘든 시간을 보내기 시작했다.

우선 차마 옆에서 지켜보기 힘들 정도로 너무 고통스러워했다. 나는 전화로 그와 수시로 통화하고, 의사 허락이 있으면 면회를 갔다. 당 지도부 거의 전원이 면회를 했고, 그 중에는 더 자주 오는 사람도 있고, 그렇지 않은 사람도 있었다. 어떤 이는 그를 위로하기 위해 왔고, 어떤 이는 분위기를 살피러 왔다. 10월과 11월이 그렇게 지나갔다. 크렘린 안에서 이상 징후가 감돌고, 음모의 기운이 무르익고 있다는 사실을 알고 나서부터 그의 신체적 고통은 더 심해졌다.

당서기장의 건강 상태가 그렇기 때문에, 정치국과 서기국 회의 의장은 체르넨코가 대행했다. 나도 아주 가끔씩 서기국 회의의 의장 대행을 했다. 티호노프는 정치국 회의 의장 대행을 맡고 싶어 했지만 뜻을 이루지 못했다. 그것만은 안드로포프가 개입해 막았다. 그는 극심한 고통 속에서도 정신만은 말짱했다.

그 일이 있기 얼마 전, 크림반도에서 안드로포프는 나와 가진 전화 통화에서 11월로 예정된 당중앙위 전체회의 토론에서는 토론 말미의 마무리 발언을 반드시 나보고 하라고 했다.

"반드시 내가 해야 할 필요가 있습니까?" 그렇게 했다간 정치국 동료들이 얼마나 민감하게 반응할지 뻔히 알기 때문에 나는 이렇게 되물었다.

"그래야 하네." 안드로포프는 거듭 분명하게 강조했다.

"마무리 연설 준비나 잘 하게. 내가 퇴원하면 같이 한번 검토해 보세."

나는 마무리 연설 준비를 시작했고, 연설 준비를 위해 지난 9개월 동안 일어났던 정치를 비롯한 여러 부문의 상황을 종합 정리해 보았다. 티호노프는 휴가에서 돌아와 내가 마무리 연설을 할 것이라는 소식을 듣자 곧바로 안드로포프에게 전화를 걸어 항의했다. 고르바초프에게 발언권을 준다면 자기한테도 발언 기회를 달라는 것이었다.

"내가 그 사람한테 뭐라고 하겠는가?" 안드로포프는 내게 전화로 이렇게 말했다. "하고 싶다면 그렇게 하라고 했네. 연설 준비나 잘하라고 했지."

다가오는 당중앙위 전체회의를 둘러싸고 벌어진 이런 사소한 암투는 바야흐로 시작되고 있는 권력투쟁의 징후들이었다. 정치국에서 오가는 대화와 가십들은 하나같이 씁쓰레한 뒷맛을 남겼다. 마치 누군가를 산 채로 묻으려는 자들 같았다. 이런 움직임은 결국 안드로포프의 인내심을 폭발하게 만들고 말았다.

12월 어느 날, 사무실에 들어서는데 리쉬코프가 뒤따라 뛰어 들어왔다.

"안드로포프 서기장이 방금 나한테 전화를 했는데, 화가 엄청 났더군. '그래, 정치국에서 당서기장을 바꾸기로 이미 결론을 낸 건가?' 이러는 거야. 그래서 '절대로 그렇지 않습니다. 그런 말은 입에 올린 적도 없습니다.' 라고 했지. 그런데도 화를 가라앉히지 않는 거야."

나는 곧바로 병원으로 전화를 걸어 이튿날 병문안 할 수 있도록 허락을 받았다. 병실로 들어서니 그는 흔들의자에 앉아 억지로 미소를 지어 보였다. 우리는 인사를 나누고 우정의 포옹을 했다. 그의 몰골은 지난 번 봤을 때와 놀랄 정도로 달려져 있었다. 얼굴은 초췌한 잿빛으로 변했고, 두 눈은 광채를 잃은 모습이었다. 눈을 제대로 뜨지도 못하고, 의자에 앉아 있는 것도 무척 힘들어했다. 나는 내가 받은 충격을 그가 눈치 채지 못하게 하려고, 그래서 눈을 마주치지 않으려고 무진 애를 썼다. 유리 안드로포프와의 만남은 그게 마지막이었다.

안드로포프의 보좌관인 랍테프와 볼스키는 거의 매일 그의 병실로 찾아갔다. 안드로포프의 연설문을 만들어 중앙위원들에게 배포토록 하자는 아이디어는 아마도 그들이 냈을 것이다. 안드로포프는 연설문을 자기 손으로 직접 고쳐 이런 문구를 넣었다. "심각한 나의 병세와 국익, 그리고 당과 국가 지도부의 연속성을 위해 나는 미하일 세르게예비치 고르바초프가 서기국을 이끌어 주도록 제안하는 바이다."

안드로포프 연설문은 전체회의가 열리기 전에 중앙위원들에게 배포되었다. 하지만 배포된 연설문에는 당서기장이 직접 추가한 나에 대한 서기장 추천 대목이 삭제되고 없었다!

전체회의는 국가계획위원회 니콜라이 바이바코프 위원장과 바실리 가르부조프 재무장관의 보고를 듣고, 연간 예산안을 승인했다. 그리고 보로트니코프와 솔로멘체프를 정치국 정위원으로 선출하고, 체브리코프는 후보위원, 리가체프를 당서기로 선출했다. 티호노프와 나는 전체회의 토론 때 발언했다.

배포된 당서기장의 연설문에서 추가된 부분을 삭제한 자들은 당의 새 지도자 선출이 임박했다는 사실을 알고 있었다.

나는 안드로포프의 죽음이 너무 슬펐다. 소련 지도부에서 내가 그처럼 가까이 지낸 사람은 없었다. 나는 항상 안드로포프의 따뜻한 지지와 신뢰를 피부로 느끼며 지냈다. 그는 나를 대할 때 노련한 정치 지도자가 다른 사람의 운명을 쥐락펴락 결정권을 쥔 것처럼 하는 태도를 절대로 취하지 않았다. 물론 그가 나한테 아주 솔직하게 대하고, 자기 생각을 내게 모두 털어놓았다고는 생각하지 않는다. 하지만 그는 내가 하는 질문을 회피하지 않고 솔직하게 대답해 주었다.

당서기장의 죽음에 대한 반응은 정치국 내에서도 각양각색이었다. 어떤 이들은 슬픔으로 풀이 죽었고, 어떤 자들은 기쁜 감정을 감추지 못해 이를 드러내고 웃고 다녔다. 당 서기들 중에도 노골적으로 즐거운 기분을 드러내는 자들이 있었다.

의심할 여지없이 유리 안드로포프는 천성이 도량이 크고, 정말 지적인 정치인이었다. 그는 파벌, 비밀 음모, 내분, 부패, 도덕적 해이, 비대한 관료주의 등 우리가 '브레즈네프주의'라고 부르는 모든 폐단과 단호히 맞서 싸웠다. 그것은 국민의 눈높이에 맞춘 행동이었다.

국민들은 관료주의를 뼈저리게 혐오하고, 어떤 형태의 권위주의도 싫어하는데, 브레즈네프 후기에는 그런 감정들이 극도로 악화되었다. 안드로포프가 때로는 지나치다 싶을 정도로 과감한 조치를 취한 것도 국민들에게는 희망을 주었다.

그가 취한 방식은 과감하고 본격적인 개혁의 시작을 알리는 신호로 받아들여졌다. 개혁에 대한 그런 기대를 사람들은 '안드로포프 신드롬'이라고 불렀다. 그것은 새 지도자가 국민에게 가져다 준 전국적인 기대와 희망을 말하는 것이었다. 또한 그것은 브레즈네프 시대와 결합된 일체의 부정부패 현상들을 부정하는 것이기도 했다,

내가 던지고 싶은 가장 중요한 질문은 이것이다. 만약 그의 운명이 다른 기회를 만났다면, 안드로포프는 더 본격적인 개혁을 시도했을까? 어느 정도는 그렇게 했을 것이라고 나는 생각한다. 하지만 아주 과감한 개혁은 기대하기 힘들었을 것이다.

나는 스탈린의 범죄에 대해 누구보다도 잘 아는 안드로포프가 왜 그 문제에 대해서는 말을 아끼려 했는지 궁금했다. 그는 브레즈네프가 스탈린이 주도했던 사회질서 모델의 재도입과 함께 그의 명예회복을 시도하는 것을 지켜보면서도 그것을 말리는 어떤 조치도 취하지 않았다. 헝가리 사태와 체코 사태, 그리고 아프간 전쟁을 일으킬 때 안드로포프의 역할이 어떠했던가! 이데올로기 면에서 반체제 인사들을 탄압할 당시에는 사람들이 자유와 인권을 입

에 올리는 것만으로 범죄행위로 처벌받지 않았던가!

어쩌면 철저하게 세뇌를 당하게 되는 KGB에서 여러 해를 보냈기 때문에 그런 행동을 취한 것인지도 모르겠다. 오랜 KGB 근무가 그의 성품과 가치관에 지울 수 없는 영향을 미쳐 의심 많은 사람으로 만들었고, 체제 복종이 체질화 되도록 만들었을지도 모르겠다.

다시 말하지만, 안드로포프는 더 살았어도 선을 넘어 급격한 변화를 시도하지는 않았을 것이다. 어쩌면 체제 개혁에 실패한 흐루시초프의 뒤를 따랐을지도 모르겠다. 그는 어쩌면 앞으로 필연적으로 제기될 여러 문제들과 맞닥뜨리기 전에 죽을 운명이었는지도 모른다. 그렇게 일찍 죽지 않았더라면 자신도 실망하고, 그에 대한 사람들의 기대도 실망으로 끝났을지 모른다.

강대국을 이끈 병자(病者) 체르넨코

안드로포프가 사망하자 나는 그의 후계자로 비록 75세의 고령이지만 드미트리 우스티노프가 가장 적합한 인물이라고 생각했다. 왜냐고? 내가 보기에 그는 어쩌면 안드로포프의 정치적 노선을 계승할 유일한 인물이었기 때문이다. 두 사람은 친밀한 사이였고, 그 사람이라면 안드로포프가 시작한 변화를 유지하고 발전시킬 수 있었을 것이라고 생각했다. 더구나 우스티노프는 당과 국가 전체에서 대단한 권위를 인정받는 인물이었다.

나는 온 힘을 다해 드미트리 우스티노프를 밀었다. 다른 대안은 모두 탐탁지 않았다. 모두들 당서기장의 직책을 맡기에는 능력이 안 되거나, 막중한 책임을 짊어질 준비가 안 된 자들뿐이었다. 우스티노프라면 얼마 되지 않아 당 지도부에 신선한 변화를 가져올 수 있었을 것이다.

나중에 안 일이지만, 나를 후보로 지명할 가능성을 놓고도 논의가 있었다. 안드로포프의 장례식을 마치고 이삼일 뒤에 라이사가 안드로포프의 미망인을 찾아갔다. 타티아나 역시 몸이 불편하고 심란해 있었다. 그녀는 침대에 일어나 앉은 채 큰소리로 울부짖듯이 이렇게 소리쳤다고 한다. "왜 체르넨코를 뽑은 거지요? 왜 그자들이 그런 짓을 했어요? 유리는 미하일(고르바초프)을 시키고 싶어했는데…"

라이사는 그녀를 진정시키고 서둘러 대화를 끝냈다고 했다. 이 에피소드는 안드로포프가 12월 당중앙위 전체회의에 배포할 연설문에 추가한 대목이 감쪽같이 사라진 일과 관련해 당시 나돌던 루머와 어느 정도 관련이 있는 것이었다. 안드로포프가 수정한 부분을 삭제한 것은 체르넨코 일파가 장악한 당 중앙위 행정실에서 저지른 짓이라는 루머가 나돌았다.

여러 해 동안 함께 일하며 친하게 지낸 동료 한 명이 당시 외무부 차관이던 게오르기 코르넨코와 나눈 이야기를 들려주었다. 코르넨코는 최고간부회의장인 그로미코에게서 들은 말이라며, 그로미코, 우스티노프, 티호노프, 체르넨코 등 네 명이 안드로포프 사후에 '비밀' 회합을 가졌는데, 새 당서기장 후보로 누구를 내세울지에 대해 합의를 보지 못했다는 것이었다. 우스티노프는 정치국에서 직접 결정해야 한다는 입장을 내놓으며, 개인적인 입장으로는 고르바초프를 추천하고 싶다는 말도 했다는 것이었다.

실제로 그런 일이 있었는지는 나도 정확히 모른다. 하지만 그런 사실을 뒷받침해 주는 증거는 또 있다. 그 비밀회동은 당중앙위원회 서기국의 부위원장 집무실에서 열렸고, 모임이 끝난 다음 체르넨코 혼자 그곳에 남았다고 했다. 그로미코, 우스티노프, 티호노프, 세 명은 바깥으로 나갔는데, 복도에서는 그들의 보좌관과 경호원들이 대기하고 있었다. 이들은 바깥에서 자기들 보스가 나오기를 초초하게 기다리고 있었다. 그런데 티호노프는 청력이 약해 말소리가 보통 사람보다 훨씬 더 컸다. 티호노프는 복도에 있는 사람들이 모두 쳐다볼 정도로 큰 소리로 이렇게 말했다. "그래도 나는 우리가 올바른 결정을 내렸다고 생각해. 미하일은 아직 너무 젊어. 그 자리에 올려놓으면 어떤 짓을 할지 분명치가 않아. 지금으로선 코스챠(체르넨코)가 제일 적임자야."

거듭 말하지만, 그때 어떤 일이 벌어졌는지 아직도 나는 정확히 모른다. 이들이 그 비밀회동에서 체르넨코를 새 후임자로 하기로 합의했다는 게 사실인지도 확실히는 모른다. 하지만 우스티노프는 안드로포프와 자기가 고르바초프를 추천하기로 합의했다는 말을 나중에 자기 입으로 나에게 했다. 그런데 왜 도중에 사람이 바뀌었는지에 대한 배경은 내게 설명해 주지 않았다. 사실은 나 역시 그에게 물어보지도 않았다.

어쨌든, 새 당서기장 선출은 아주 간단하게 진행되었다. 일사천리였다. 티호노프가 앞장서서 모든 걸 주도했다. 체르넨코가 정치국 회의 개시를 알리기가 무섭게 티호노프가 일어나서 의사진행 발언을 통해 콘스탄틴 체르넨코를 당서기장으로 선출하자고 전격 제안했다. 혹시라도 우스티노프가 뜻밖의 발언을 할까 봐 사전에 차단하려는 것이었다.

우스티노프는 체르넨코 본인이 자격이 안 된다며 그 제안을 고사할지 모른다는 생각을 했을지도 모르겠다. 왜냐하면 당시 체르넨코 본인도 자신의 건강이 그렇게 좋지 않다는 사실을 알았기 때문이다. 하지만 그런 일은 일어나지 않았다. 정치국은 그런 식으로 제안된 긴급동의에 대해 반대한 경우가 없었다. 나를 포함한 정치국원 모두가 티호노프의 제안에 동의하고 체르넨코를 선출했다. 그런 전통이 이어져 온 제일 큰 명분은 분열은 결코 용납되지 않는다는 것이었다.

"코스챠야말로 우리가 필요로 하는 적임자입니다." 티호노프는 이렇게 말했다. 티호노프가 그렇게 앞장서게 된 배경은 이렇다. 그렇게 하면 차기 당서기장은 자기 몫이라고 생각한 것이다. 독특한 성격을 가진 체르넨코가 초강대국 소련의 새로운 지도자가 되었다는 소식을 전해 듣고 국민들은 충격에 빠졌다. 조금이라도 더 생기 있고, 젊은 사람이어야 하는데, 그 사람은 안 된다는 반응들이었다.

평소에 그렇게 유쾌하고 활달한 우스티노프도 정치국 회의 이후 며칠 동안 우울해 있었다. 입을 닫고 자기 사무실에 처박혀 지내기만 했다. 한편 당중앙위 전체회의에는 못 보던 얼굴들이 다시 나타났다. 마땅히 물러나야 할 때가 된 사람들이 위기감을 떨치고 환호성을 지르며 다시 돌아온 것이다. 정체의 시대가 어느새 다가왔다. 브레즈네프 시대로 되돌아간 것이다.

우리가 도대체 어떤 사람을 당서기장 자리에 앉힌 것인가? 초강대국을 그처럼 병약한 사람의 손에 맡겨서는 안 되는 것이었다. 그는 중병에 걸려 있었다. 무슨 의도, 무슨 목적이 있었는지 불문하고 그는 부적격자였다. 그건 모두가 아는 사실이었다. 장님 눈에도 그건 분명해 보였다. 무기력하고, 폐기종을 앓고 있어 숨도 제대로 못 쉰다는 걸 감출 수가 없었다. 마거릿 대처 영국 총리를 수행해 안드로포프 장례식에 참석했던 의사는 체르넨코가 앞으로 얼마나 살 수 있을지에 대한 예측을 내놓았는데, 나중에 보니 오차가 몇 주밖에 되지 않았다.

안드로포프 사망과 체르넨코의 당서기장 선출은 어떤 종류의 개혁에도 반대하는 자들에게 새로운 희망을 안겨 주었다. 이들은 이제 더 이상 자신들의 의도를 숨기지도 않았다. 이들은 안드로포프가 시작한 모든 조치들을 중단시키라고 체르넨코를 압박했다. 나를 포함한 안드로포프 지지자들은 이런 변화를 누구보다도 일찍 감지했다. 나는 놀라지 않았다.

과거 1983년에도 안드로포프의 건강이 눈에 띄게 나빠지자, 일부에서 고르바초프에게 불리한 정보를 캐고 다닌다는 보고가 들어왔다. 그런 '정보 사냥'에 정부 기관들도 개입돼 있다는 것이다. 나중에 당서기장이 되고 나서 관련 정보들을 내가 새로 임명한 알렉산드르 블라소프 내무장관으로부터 상세히 보고받았다.

어쨌든 나는 마음속으로 그런 음모에 대해 준비태세를 갖췄다. 고르바초프를 제거하기 위한 장기 계획이 시작되고 있다는 사실도 알았다. 체르넨코 취임 후 첫 정치국 회의가 열려 정치국과 서기국의 업무 분담을 논의할 때부터 그런 움직임이 확연히 눈에 들어왔다.

당서기장이 정치국의 모든 업무와 권한을 총괄하는 것은 변함이 없었다. 나는 서기국 총괄 업무를 맡기로 되었는데, 티호노프가 돌연 중재자를 자임하고 나섰다.

"왜 고르바초프에게 서기국 운영을 맡기려고 하는지 이해가 안 됩니다." 그는 불쾌하다는 투로 이렇게 말했다. "여러분도 알다시피 미하일 세르게예비치는 농업 부문을 다루는 사람이오. 서기국이 농업문제에 너무 집착하고, 그가 자리를 이용해 압력을 행사하는 사태가 벌어지면 큰일 아닌가요. 내부 분열이 야기될 수 있습니다."

나는 그 자리에 앉아 있었지만 입을 다물고 듣기만 했다.

우스티노프가 티호노프의 발언에 이의를 달았다. 그는 고르바초프는 이미 서기국을 이끈 경험이 있고, 어떤 내부 분란도 없었다고 반박했다. 티호노프는 나를 안 된다고 곧바로 내치지는 않았지만, 빅토르 그리신과 안드레이 그로미코가 이 문제에 대한 결정을 미루자며 시간을 끌기 시작했다. 그들은 본질적으로 티호노프 말을 지지했지만, 우스티노프라는 거물의 장벽을 넘어서지는 못했다. 체르넨코는 무슨 말인가 할 듯했으나, 너무 지쳐 보였다. 내가 보기에는 그 코미디 같은 모임에서 각자가 맡은 역할은 사전각본이 있었던 것 같았다. 체르넨코가 당서기장으로 재임하는 동안은 내게 서기국 운영을 맡긴다는 공식적인 결정은 결국 내려지지 않았다.

나는 임시 자격으로 서기국 운영을 계속 맡았으며, 당서기장에게 계속해서 업무 보고를 했다. 우리는 정기적으로 만나 당 업무와 경제, 이데올로기 문제 등에 관해 의견을 나누었다. 내가 맡고부터 서기국 업무는 더 원활하게 돌아갔고, 그래서 책임자에 대한 기대감도 높아졌다. 티호노프뿐만 아니라, 외무부, 그리고 특히 당서기장의 추종자들은 분을 삭이지 못했다.

그러자 티호노프는 서기국 권한을 약화시키려고 끈질기게 물고 늘어졌다. 그 끈질김은 존경스러울 정도였다. 그는 예고르 리가체프의 환심을 사 보려고 애를 썼지만 크게 성공을 거두지는 못했다. 티호노프는 블라디미르 돌기흐를 면전에서 자기 후임으로 삼을 것이라는 뜻을 비치는 식으로 구워삶았다. 그때부터 돌기흐는 티호노프 총리를 대신해 각종 회의 참석과 면담을 하느라고 눈코 뜰 새 없이 바쁜 시간을 보내고 있었다.

3개월도 채 안 돼 서기국은 당과 모스크바의 중앙 지도부 내에서 존재감을 확실히 과시하게 되었다. 어떤 자들은 서기국 회의에 기를 쓰고 참석하고 싶어 했고, 어떤 자들은 회의 참석을 두려워했다. 티호노프는 격노했다. 그는 노골적으로 불편한 기분을 드러냈고, 서기국의 모든 활동을 의심의 눈초리로 보려고 했다.

우스티노프는 내가 힘겨운 시간을 보내는 내내 나를 지지해 주었다. 그러면서 우리 사이는 더 가까워졌다. 리가체프도 나를 실질적으로 지지해 주고, 기운을 북돋워 주었다. 니콜라이 리쉬코프와는 함께 많은 일을 성공적으로 해냈다. 심지어 미하일 지미야닌과도 자주 만나며 많은 문제를 건설적으로 해결했다.

4월 30일에 체르넨코가 갑자기 나를 보자고 불렀다. 나는 메이데이 행사에 관한 일을 의논하려는가 보다 했다. 하지만 대화를 시작하자 곧바로 수상쩍은 낌새를 차렸다. 그는 두서없이 몇 마디 하더니 이내 몇 가지 문제에 대한 결정을 이야기했다. 자신이 어떤 압박을 받고 있으며, 그 때문에 정부의 업무에 분열과 불협화음이 생기고 있다는 것이었다.

나는 이렇게 물었다. "콘스탄틴 우스티노비치, 도대체 무슨 말씀을 하시는 겁니까?"

"서기국의 리더십에 대한 이야기네." 그는 이렇게 대답했다.

"그건 걱정하실 필요가 없습니다. 지금 신뢰를 말씀하시는 거니까, 이 문제는 정치국에서 해결하도록 합시다. 동지들한테서 내가 무엇을 잘못했고, 무슨 허점이 있는지 들어 보겠습니다. 동지들은 모두 지혜와 경험을 갖춘 사람들이니까 그들이 하는 말을 들어보면 되겠지요. 설마 나를 정치국에 남겨둘 것이냐 말 것이냐는 문제를 말하는 것은 아닐 테지요?"

"도대체 무슨 말을 하는 거요?" 체르넨코는 우물거리듯 말했다. 그 순간 나는 감정이 격해져서 격정적인 토로를 쏟아내고 말았다.

"이런 식으로 하신다면, 나도 내 적들이 도대체 나를 어떻게 하겠다는 건지, 나한테 어떤 비판을 하고 있는지 알 권리가 있습니다. 당중앙위원회 업무를 한번 제대로 평가해 봅시다. 당중앙위 서기국이 다시 힘을 얻는 걸 못마땅해 하는 자들도 있습니다. 서기장께서 이 문제를 잘 판단해서 결정을 내리셔야 합니다. 권력을 쥐려고 기를 쓰는 자들이 있는데, 그 때문에 대단히 위험한 결과들이 초래될 수 있습니다. 그래서 나는 이 문제를 반드시 해결해야 한다고 생각하는데, 문제의 근원을 찾아서 해소하는 방식이어야 합니다. 국가 리더십이 복잡한 상황에 처하게 됐으니, 우리 모두 솔직하게 의논할 필요가 있습니다. 문제는 그냥 놔둔다고 사라지지 않습니다. 무시하고 지나가서는 안 됩니다."

체르넨코는 내 생각이 어떤지 다시 한 번 천천히 말해 보라고 했다. 그리고는 내가 하는 말을 받아 적었다. 우리는 5월 3일 정치국 회의를 열기로 하고, 메이데이 휴일 잘 보내라는 인사를 주고받고 헤어졌다. 나는 기분이 매우 언짢았다. 서기장의 우유부단한 성격으로 미루어볼 때 상황이 어떤 식으로 전개될지 전혀 예측할 수 없었다.

그날 오후 늦게 우스티노프가 전화를 걸어왔다. 오늘은 조금 일찍 퇴근해 쉬는 게 어떻겠느냐는 것이었다. 우스티노프, 고르바초프, 리쉬코프를 비롯해 당 지도부에 있는 인사들 몇 명은 매일 밤늦게까지 12~14시간씩 일을 했다. 나는 고맙다는 인사를 건넨 다음 체르넨코와 면담한 이야기를 했다.

우스티노프는 크게 놀라면서, 그것은 심각한 음모가 진행되는 것이라고 했다. 그는 내 입장을 지지해 주면서, 마음을 단단히 먹으라고 격려했다. 자기가 보기에는 나를 상대로 진행되는 그런 모략은 절대 성공할 수 없으니 걱정할 필요가 없을 거라고 했다.

우리는 5월 3일 정치국 회의에서 만나 상정된 의제를 모두 처리했다. 하지만 서기장과 내가 이야기 했던 문제에 대한 동의안은 올라오지 않았다. 우스티노프가 티호노프 일당의 손에 놀아나지 말라고 체르넨코를 설득했던 것이다. 이삼일 뒤에 체르넨코가 내게 이렇게 말했다. "곰곰이 생각해 본 결과, 그 문제는 다루지 않기로 했네. 지금까지 하던 대로 계속 일을 보게."

여러 해 뒤인 1989년에 티호노프는 내게 사과 편지를 보내 자신에게 경제 개혁 관련 업무를 맡겨 달라고 부탁했다. 하지만 그 당시에는 체르넨코를 통해 나에게 가해지는 압박은 그치지 않고 계속됐다. 그래서 나는 기회만 있으면 모스크바를 벗어나 전국을 돌아다녔다.

1984년 내내 중앙에서는 음모와 이간질, 가십이 계속됐다. 체르넨코의 병세는 다소 호전되었지만, 정치국 상황은 더욱 나빠졌고, 내분은 점점 더 격화되고 있었다. 당시 상황을 일일이 다 쓰지는 않겠다. 지금 와서 그럴 필요성을 느끼지 않기 때문이다. 이데올로기 문제를 다루기 위해 열린 워크숍 대회에서는 당시 음모가 어떤 식으로 진행되고 있었는지 잘 보여주었다.

대회 의제는 체르넨코 자신이 직접 정했다. 1983년 이데올로기를 다루기 위해 열린 소련공산당 당중앙위 전체회의 결의안 시행에 관한 것이었다. 지미야닌은 내게 메인 보고서를 제출하라고 부탁했다. 당시 나는 체르넨코가 맡고 있던 이데올로기 분야를 넘겨받아 일하고 있었다.

나는 당중앙위 이데올로기 담당 부서로부터 보고서 작성에 필요한 자료를 넘겨받고는 크게 실망했다. 전형적인 지미야닌 스타일의 허접스런 말들이 잔뜩 담겨 있었다. 그렇고 그런 이데올로기적 수사와 하나마나 한 경구들, 알맹이 없는 수사를 늘어놓는 말장난들이었다. 그저 내 평판을 떨어뜨리려는 수작이 뻔했다. 하지만 나는 더 열심히 그 일에 매달렸다.

나는 바딤 메드베데프, 세계경제국제관계연구소(IMMEMO) 소장으로 있던 알렉산드르 야코블레프, 나일 비케닌, 발레리 볼딘 등으로 그룹을 만들었다. 내게는 재앙 같았던 6월 전체회의의 파고를 이겨낼 기회를 잡고 싶었던 것이다.

회의 준비를 하며 우리는 재산, 산업관계, 이해관계, 사회정의,소비재와 돈의 관계 등 중요한 이론적인 문제와 실천적인 문제들 모두에 관심을 가졌다. 열심히 작업해서 우리는 상당히 의미 있고 중요한 자료들을 모았다.

하지만 우리가 모은 자료를 보고 모두 다 좋아한 것은 아니었다. 지미야닌은 기분이 상했는지 난리를 쳤다. 내가 자료를 보여주자 그는 별 다른 말없이 현 시점에서 당의 지도 역할을 좀 더 명확하게 부각시키라는 부탁만 했다. 하지만 나중에 메드베데프와 만나서는 화난 어투로 보고서가 엉망이라고 했다.

회의 참석자들이 모스크바에 도착하고, 모든 준비가 끝났다. 그런데 회의 시작 바로 전날 오후 4시에 체르넨코가 내게 전화를 걸어 모든 일정이 취소되었다고 했다. 눈앞에 닥친 당대회 준비도 해야 하고, 따라서 지금 현 시점에서 이데올로기 관련 회의를 여는 건 적절치 않다는 판단을 했다는 것이다. 말투로 미루어 그가 사무실에 혼자 있는 것은 아닌 듯했다. 옆에 있는 자들이 나를 거칠게 다루라고 병약한 당서기장을 부추기는 게 분명했다.

나는 이런 말도 안 되는 오락가락 행보에 화가 났다. 그래서 다소 거친 말투로 항의를 했다. 자제력을 다소 잃었던 것 같다. 당서기장을 둘러싼 사냥개들의 음모가 내 화를 더욱 돋우었다. 나는 체르넨코에게 회의에 참석하기 위해 벌써 전국 각지에서 사람들이 도착했다고 했다. 회의 준비를 시킨 건 서기장이지 내가 하자고 한 게 아니지 않느냐, 나는 그저 지시에 따라 회의 준비를 한 것뿐이라는 말도 했다. 회의가 갑자기 왜 취소되었는지, 사람들에게 어떻게 설명할 수 있겠느냐고 하소연도 했다. 사람들이 도저히 납득하지 못할 것이고, 대규모 항의를 받게 될 것이라는 말도 했다.

마지막으로 물어보았다. "도대체 동지를 이렇게 잘못 이끄는 자가 누굽니까?"

"좋아, 그러면." 마침내 그는 이렇게 말했다. "회의는 그대로 열도록 하게. 하지만 너무 거창하게 하지는 말게."

회의는 예정대로 열려 성공적으로 진행됐다. 보고서를 통해 나는 우리 사회의 민주화를 역설했다. 이전 대회들이 그런 것처럼 요란한 이데올로기적인 말잔치와는 크게 대비되는 대회였다. '핵심은 국민의 창의성'이란 보고서 제목도 사람들로 하여금 많은 생각을 하게 만들었다.

대회 참석자들은 보고서를 공개해야 한다고 주장했고, 나는 그렇게 하겠다고 약속했다. 그런데 프라우다는 이 보고서의 간단한 요약본만 인쇄해 배포했다. 대회의 파장을 차단하기 위해 체르넨코의 글이 신속하게 준비돼 '코뮤니스트' 12월호에 곧바로 실렸다.

같은 해인 1984년에는 큰 파장을 몰고 온 사건이 또 있었다. 6월 12일에 나는 소련 공식 대표단의 일원으로 동유럽상호경제원조회의(COMECON) 주최 경제 컨퍼런스에 참가하기로 되어 있었다. 그런데 모스크바에서 이탈리아 공산당 서기장 엔리코 베를링구에르의 사망소식을 들었다. 공개회의 석상에서 갑자기 사망했다는 것이었다.

우리는 소련공산당 이름으로 조문단을 파견하기로 결정했고, 당중앙위 국제부장인 보리스 포노마레프가 가겠다고 자청했다. 하지만 포노마레프는 이탈리아 공산당 지도부와 우호적 관계가 아니었기 때문에, 그가 조문사절로 갈 경우 큰 문제가 발생할 소지가 있었다. 당서기장 보좌관인 알렉산드로프와 국제부에서 일하는 바딤 자글라딘이 공동으로 정치국에 서한을 보내 그런 사정을 소상하게 설명했다. 정치국은 이탈리아 측과 협의한 끝에 나를 보내기로 결정했다.

나는 개인적으로 베를링구에르를 만난 적은 없지만, 우리 당대회 때 그가 하는 연설을 들은 적이 있었다. 그는 이탈리아 특유의 열정을 드러내지 않고, 잔잔하고 조용한 어투로, 그러면서도 문제의 핵심을 정면으로 파고드는 날카로운 연설을 했다.

나는 로마로 가는 비행기 안에서 자글라딘, 도네츠크 지방당 서기인 바실리 미로노프와 함께 이런 이야기를 상세히 나누었다. 워낙 급하게 준비된 여행이라 정치국으로부터 아무런 지시도 받지 못한 채 떠났다. 이탈리아 공산당 측과 전반적인 관계에 대해 의견을 교환하고 오라는 정도의 지침만 있었을 뿐이다.

로마에서 보고 들은 것은 우리 뇌리에 지울 수 없는 깊은 인상을 남겼다. 수십만 명의 조문객이 장례식에 참석했다. 우리는 지안카를로 파제타와 함께 이탈리아 공산당 건물 발코니에 나란히 서 있었는데, 지나가는 운구행렬은 소련공산당 대표단에 특별한 감사인사를 표했다. 누군가가 이렇게 물었다. "이탈리아에 와서 베를링구에르의 영결식을 보고 느낀 소감이 어떻습니까?"

당시 내 기분으로는 그 물음에 대답하기가 쉽지 않았다. 이탈리아의 모든 정치 단체 지도자들이 베를링구에르에게 마지막 작별인사를 했다. 페르티니 대통령은 전 국민을 대신해 야당 지도자의 무덤 앞에서 고개 숙여 애도를 표했다. 그것은 우리와는 다르고, 너무도 생소한 정치 문화였다.

바로 그날, 6월 13일 저녁에 우리는 우리 대사관 별장에서 이탈리아 공산당 지도부 인사들과 만났다. 파올로 부팔리니,제라르도 치아로몬테, 아르만도 코수타, 아달베르토 미누치, 지안카를로 파제타,후고 페치올리, 안토니아 루비, 지오반니 체르베티 같은 인사들이 참석했다.

우리는 솔직한 대화를 나누었지만, 핵심 내용이 없이 대화가 겉돈다는 느낌을 받았다. 마침내 내가 더 이상 참지 못하고, 이렇게 말했다. "좋습니다, 여러분은 여러분이 자유롭고 독립적인 정당이고, 다른 나라 공산당이 중앙 권력으로부터 명령이나 지시를 받는 것을 인정하지 못하겠다는 말을 일백만 번도 더 했습니다. 우리는 우리가 자유롭고, 독립적인 정당이고, 우리에게 간섭하는 중앙 권력은 없다는 말을 이백만 번도 더 했습니다. 자, 그러니 이제 무슨 이야기를 할까요?"

이탈리아 친구들은 놀라서 눈을 휘둥그레 떴다.

"이제부터 새로 시작해 볼까요." 나는 이렇게 제안했다. "전 세계적으로 일어나고 있는 새로운 상황을 함께 분석하고, 함께 생각하고, 아이디어를 교환하도록 해봅시다."

대화는 밤새 계속됐다. 새벽에 헤어질 때는 어느 정도 상호이해에 도달한 것 같은 기분이 들었다.

이튿날인 6월 14일에는 페르티니 대통령을 만났다. 나는 민주주의에 대한 그의 확고한 신념에 놀랐다. 그는 과거 파시즘을 물리칠 때 우리 국민과 소련이 거둔 승리에 대해 존경을 표시했다. 페르티니 본인도 나치와 맞서 저항운동에 참여한 사람이었다. 나는 그의 느긋하면서도 솔직한 성격에 큰 감명을 받았다. 대통령은 공산당과 사회당 사이의 협력 필요성을 강조했는데, 매우 유익한 회담이었고, 헤어질 때 우리는 진심에서 우러나는 포옹을 했다.

나는 이런 긍정적인 관점에서 이탈리아 방문 보고서를 작성해 정치국에 제출했다.

1984년은 영국 방문으로 마무리됐다. 모스크바에서 이데올로기 컨퍼런스가 끝나고 얼마 지나지 않아서였다. 나는 12월 15일 의회 대표단을 이끌고 런던에 도착했다. 과학아카데미 회원인 예브게니 벨리코프와 두 명의 외교관인 레오니드 자미야틴, 알렉산드르 야코블레프도 동행했다. 소련 의회 대표단으로서는 15년 만에 다시 성사된 영국 방문이었다. 그 동안 두 나라 관계가 매우 복잡하게 진행됐기 때문에 방문의 필요성이 없었다.

당시 우리는 의회 대표단 방문을 순전히 의전적이고 형식적인 행사로 간주했기 때문에 외무부에서도 그 방문에 특별한 의미를 부여하지 않았다. 그런데 전혀 예상치 못한 일이 일어났다.

나는 지난 몇 년 동안 혼자 생각하고 있던 세계질서와 외교정책에 대한 여러 생각을 영국 의회에서 처음으로 밝혔다. 나의 연설은 소련은 물론 세계 각국에서 보도됐다. 당시 내가 말한 내용을 대충 몇 가지만 소개해 보면 이렇다. 핵무장의 세기를 보내는 우리는 이제 '새로운 정치적 사고'를 필요로 하고 있다. 전쟁의 위험이 점점 현실로 다가오고 있다. 냉전은 정상적인 관계가 아니고 전쟁의 위협이 계속 조성되고 있다. 핵전쟁에서는 누구도 승자가 될 수 없다. 다른 나라의 안보를 위협하는 대가로 자국의 안보를 지킬 수 있는 나라는 없다. 우리는 서방 파트너들과 특히 핵무기를 포함한 무기 감축과 제한을 주제로 한 협상을 시작할 준비가 되어 있다는 등의 내용이었다.

내 연설은 전 세계 언론들로부터 엄청나게 열띤 반향을 불러 일으켰다. 언론들은 이 대목을 특히 많이 인용했다. "무엇이 우리를 갈라놓든지 간에, 우리에게는 단 하나의 지구뿐이다. 유럽은 우리가 사는 공동의 집이다. 그것은 '군사작전을 하는 전장'이 아니라 바로 우리가 사는 집이다."

영국 방문 이틀째 나는 마거릿 대처 총리와 만났는데, 언론의 집중 조명을 받았다. 우리는 총리 별장이 있는 체커스에서 만났다. 대처 총리는 남편 데니스경을 비롯해 각료들과 함께 우리를 기다리고 있었다. 현관 입구 기자들 앞에서 두 부부가 함께 서서 포즈를 취하고 사진을 찍었다. (대처 여사 부부는 우리한테 설 자리를 친절하게 안내해 주었다.) 나중에 이 사진을 보고 어떤 사람들은 대처 여사가 라이사의 의상을 세심하게 관찰했다는 해석을 내놓기도 했다.

회담은 오찬을 들면서 시작됐는데, 대처 총리와 나는 테이블 한쪽에 앉고, 데니스경과 라이사는 우리 맞은편에 앉았다. 모든 게 의식을 갖춰 세심하게 배려되어 있었지만, 테이블에서 오간 대화 내용은 다소 신랄했다.

그러던 중에 내가 대처 총리에게 이렇게 말했다. "나는 각하를 자기 소신과 원칙에 충실한 분으로 알고 있습니다. 그래서 사람들이 각하를 존경하지요. 하지만 각하 옆에 앉아 있는 본인 역시 각하와 같은 종류의 사람이란 걸 잊지 말아 주십시오. 더구나 나는 정치국으로부터 각하를 공산당에 입당시키라는 지시를 받고 이 자리에 나온 게 아닙니다."

내 말에 대처 총리는 손뼉을 치며 파안대소했다. 딱딱한 격식 속에 진행되던 가시 돋친 설전은 어느덧 허심탄회하고 유쾌한 대화로 바뀌었다. 우리의 대화는 이튿날 내가 영국 의회에서 연설할 내용에 집중되었다.

공식회담은 점심식사 후에 시작되었다. 우리 측에서는 자미야틴과 야코블레프가 동석했다. 처음에는 미리 준비해간 메모를 보고 회담에 임했지만, 조금 뒤부터 나는 메모를 치워 버렸고, 그러자 대처 총리도 자기 메모를 핸드백에 넣었다. 나는 대처 총리 앞에다 작은 네모 칸이 촘촘히 그려진 큰 그래프 종이를 한 장 내놓았다. 우리가 만든 핵무기 숫자를 네모 칸에다 표시해 두었는데, 그것의 1000분의 1만 있어도 지구를 송두리째 파괴하고도 남을 만한 양이었다.

대처 총리는 크게 감동을 받은 표정을 지어보였다. 그 표정은 진심이었다고 나는 생각한다. 그렇게 해서 그날의 대화는 두 나라 간에 핵무기와 핵안보와 관련된 문제를 다루기 위해 본격적인 정치 대화로 나아가는 하나의 출발점이 되었다.

공식회담이 진행되는 동안 라이사에 대한 예우는 서너 명의 각료들 손에 맡겨졌다. 그런데 라이사가 평소에 관심이 많았던 영국의 문학과 철학에 대한 이야기를 하는 바람에 영국 각료들이 깜짝 놀랐다. 내가 대처와 만나는 세 시간 동안 라이사는 그들과 함께 시간을 보내며 대화를 나누었다. '크렘린의 안주인들'에 대해 분명한 선입견을 갖고 있는 영국 언론들도 이튿날 신문에 라이사에 대해 호의적인 기사를 대대적으로 보도했다.

12월 18일 나의 영국의회 연설은 성공적이었다. 처음에는 영국의원들이 적대적인 태도로 끌고 가려고 했다. 하지만 나는 그런 분위기를 중단시키고 이렇게 말했다. "여러분이 그런 식으로 대화를 하겠다면, 나도 준비해 온 서류를 모두 꺼내 영국이 그동안 소련과의 정상적인 관계를 방해하기 위해 한 행위를 일일이 열거하겠소. 그렇게 하면 누가 더 유리할까요?"

그때부터 대화는 건설적이고, 매우 우호적인 분위기 속에서 진행됐다.

우리 대표단 일부는 칼 마르크스의 묘소를 참배했는데, 나는 그만 그 기회를 놓치고 말았다. 영국 언론은 우리 대표단의 방문 소식을 대대적으로 보도했지만, 정작 소련에서 우리의 영국 방문 소식은 누군가의 지시에 따라 최소한으로 축소 보도됐다.

주미 대사인 아나톨리 도브리닌은 미국 언론도 우리의 영국 방문에 대단한 관심을 보였다고 내게 말했다. 그는 미국 유명 언론들의 보도 내용을 상세히 담은 두 통의 전문을 외무부로 보내왔다. 그런 전문은 정부 고위 인사들에게 모두 회람시키는 게 관례였지만, 나의 영국 방문 소식은 웬일인지 그렇게 되지 않았다.

도브리닌이 본국으로 돌아오자, 그로미코가 그에게 질책하듯 말했다고 한다.

"당신은 노련하고 현명한 정치인이자 외교관이오. 세상이 어떻게 돌아가는지 알 만한 사람 아니오? 그런데 의원 대표단의 영국 방문 뉴스를 담은 전문을 두 통이나 보내다니! 이게 어디 그럴 만한 일이오?" 런던에 있는 동안, 드미트리 우스티노프의 사망 소식을 들었다. 나는 즉각 방문을 중단하고 모스크바로 돌아갔다. 그의 사망은 엄청난 손실이고, 1984년 말미를 장식한 너무도 슬픈 소식이었다. 그해 내내 소련에는 좋지 않은 일만 있었다. 적극적인 정책을 추진할 필요성이 그 어느 때보다 높았는데도, 지도부의 상황은 개탄스러울 정도였다.

당서기장의 건강이 나쁘다 보니 주례 정치국 회의도 제대로 열리지 않았다. 회의 시작을 앞두고 갑자기 체르넨코가 참석하지 못한다는 통보가 오는 일이 잦았다. 그러면 나는 회의 시작 15분이나 30분 전에 체르넨코 대신 회의를 주재하라는 연락을 받았다.

그런 상황이 벌어지면 정치국원들은 다양한 반응을 보였다. 차분한 태도로 아무런 동요 없이 받아들이는 사람이 있는가 하면, 어떤 자들은 당황해 하며 초조함을 숨기지 못했다.

체르넨코가 사실상 업무를 전혀 보지 못하게 된 그해 연말이 되자 문제는 더 심각해졌다. 정치국은 가장 핵심적인 정치 지도부이기 때문에 제대로 기능을 해 주어야만 했다. 그런데 서기장 한 사람의 문제 때문에 아무런 결정이 내려지지 않게 된 것이다. 나와 티호노프를 비롯해 몇 사람이 돌아가면서 정치국 회의를 대신 주재했다.

미하일 솔로멘체프 같은 이들이 나서서 상황이 심각하다며 '임시로' 고르바초프에게 회의 주재 권한을 넘기라고 체르넨코에게 제안했다. 하지만 체르넨코의 직속 라인에서는 회의 권한을 이양해서는 안 된다고 조언했다. 그래서 나는 계속 난처한 입장이 되었다. 나만 난처한 것이 아니라, 그런 비정상적 상황은 정치국과 중앙위원회 전체의 업무에 영향을 미쳤다. 모든 정파에서 음모꾼들이 호시탐탐 기회를 엿보려는 분위기가 역력했다.

전체적인 상황을 파악한 다음에 나는 나름대로 몇 가지 원칙을 지키기로 했다. 첫째는 조용하게 일을 하되 문제 제기는 확실하게 하고, 그들 하수인에게는 어떤 양보도 하지 않는다는 것이었다. 아무리 고위직에 있는 자라 해도 예외를 두지 않았다. 두 번째는 당서기장에게 충실하고, 모든 중요 현안을 그와 협력해서 처리한다는 원칙이었다. 세 번째는 정치국의 단합을 추구하고, 중앙 권력이 흐트러지는 것을 막겠다는 원칙이었다. 네 번째는 연방공화국 출신의 중앙위 서기들과 지방 및 지역 당위원회에 중앙의 상황을 제때 알려준다는 원칙이었다. 그들도 정국의 심각성을 이해하고, 우리가 어떤 환경에서 일을 하는지 알 필요가 있다고 나는 생각했다.

이런 원칙은 효과가 있었다. 행정적인 면에서 나는 동료들과 합심해서 매일 매일 일어나는 상황을 통제하고, 제대로 된 결정을 내릴 수 있었다. 쉬운 일이 아니지만 적시에 사람을 교체하고, 두 번의 중요한 전체회의를 개최했다. 한 번은 봄에 열린 학교 개혁에 관한 것이었고, 또 한 번은 10월에 장기적인 간척 프로그램을 다룬 전체회의로 티호노프가 보고서를 제출했다.

그해 겨울은 혹독하게 추웠다. 많은 지역에서 지원을 호소하는 전문이 모스크바로 쏟아져 들어왔다. 우랄산맥에서 시작된 눈보라로 인해 곳곳에서 교통이 마비됐다. 수십 대가 아니라 수백 대의 화물기차가 멈춰 서는 바람에 생계에 필요한 생필품 운송이 거의 중단상태에 빠졌다. 국가 경제가 전면 마비될 위험에 직면하게 된 것이다.

정부는 이 난국을 극복하기 위해 열심히 매달렸다. 각료회의 제1부의장인 게이다르 알리에프가 일을 제때 잘 처리했다. 나의 요청으로 예고르 리가체프도 이 일에 투입되었는데, 그는 이런 일을 좋아하는 체질이어서 흔쾌히 맡았다. 그는 각 공화국과 지방 차원에서 일을 처리하는 방식이 못마땅하다며 자기 손으로 일을 제대로 돌아가게 만들고 싶어 했다. 더구나 당서기장의 병세가 위중한 상황이라 리가체프는 당중앙위원회가 일을 제대로 처리한다는 것을 보여주고 싶었던 것이다.

체르넨코는 입원하고 나서부터 정상집무가 더욱 힘들어졌다. 자리 보존에 급급한 사람들은 체르넨코를 만났더니 뭐라고 하더라는 식으로 각자 대화 내용을 열심히 소개했다. 그러다 보니 똑같은 사안을 두고도 체르넨코의 말이라며 누구는 어떤 말을 하는데, 다른 사람은 그와 정반대되는 말을 인용하는 촌극이 벌어지기도 했다. 지도부와 행정 조직 간에 괴리가 생겨나기 시작했다. 내가 하는 일을 더 복잡하게 만들고 방해하는 자들이 있는가 하면, 내가 추진하는 정책을 공개적으로 지지하는 자들도 있었다. 나를 지지하는 자들의 수가 점차 늘어났다.

나는 전술적인 조치를 취할 수밖에 없었다. 과학기술 발전 관련 문제들을 다루기 위한 당중앙위 전체회의를 개최하기로 계획을 세우고 직접 보고서를 제출하기로 했다. 그렇게 하기 위해서는 보고서 작성 준비를 위한 특별 그룹을 구성해서 일을 신속히 진행시켜야 했다.

우리는 두 가지 보고서를 만들어서 독회를 가졌다. 하나는 과학아카데미 회원인 블라디미르 이노젬체프가 만든 것이고, 다른 하나는 중앙위 엔지니어링 부서에서 작성한 보고서였다. 당중앙위 보고서에는 지난 10년에 걸쳐 당에서 주도해 만들었으나 그동안 빛을 보지 못한 갖가지 계획이 망라돼 있었다. 당에서는 브레즈네프가 과학기술 발전의 중요성을 역설하는 유명한 연설을 한 이후부터 이 전체회의를 몇 년 동안 계획해 왔다. 내가 보기에 우리는 그동안 시간을 너무 많이 허비했다. 그 기간 동안 많은 다른 나라들은 엄청난 발전을 이루면서, 미래의 극적인 발전을 준비해 왔는데도 말이다.

하지만 개막일이 가까워지면서 체르넨코, 티호노프, 그리신, 그로미코가 회의 연기를 원한다는 느낌이 들었다. 그들은 회의가 나의 입지만 강화시켜 줄 뿐이라는 생각을 했던 것이다. 더 솔직히 말하면 그들은 전체회의 개최에 반대하는 입장이었고, 그것을 굳이 숨기려 하지 않았다. 어떻게 해야 하나? 결국 나는 체르넨코에게 직접 말해, 전체회의 개최가 부적절하다는 입장을 전달하는 게 좋겠다고 생각했다. 나는 리가체프와 함께 병원으로 찾아갔다.

"콘스탄틴 우스티노비치, 우리는 당대회에 제출할 서류 준비를 하고 있습니다. 과학기술 발전을 위한 당중앙위 전체회의 개최는 이미 시기를 놓친 것 같습니다. 그렇지 않습니까?" 나는 체르넨코에게 이렇게 물었다. 그의 생각이 어떤지는 이미 알고 있었기 때문에 회의 연기에 대한 승인은 어렵지 않게 얻어냈다.

이튿날 정치국 회의가 열렸다. 회의 시작 때 나는 침착한 어투로 말했다.

"어제 예고르 동지와 함께 콘스탄틴 우스티노비치 동지를 방문했는데, 조금 차도가 있어 보였습니다. 우리는 대화를 통해 지금 추진 중인 일에 속도조절을 하는 데 의견을 같이했습니다."

무언의 표정들이 보였다. 이렇게 생각하는 자들이 많았을 것이다. '고르바초프와 리가체프가 체르넨코를 찾아갔다. 두 사람이 각자 따로 찾아갔다면 큰일이지만, 둘이 같이 찾아갔다? 이게 무슨 뜻인가?' 모두들 귀를 쫑긋 세웠다. "우리는 콘스탄틴 우스티노비치와 이야기를 나눈 끝에 과학기술 발전에 관한 전체대회를 연기하기로 전반적인 합의에 도달했습니다." 나는 이렇게 밝혔다.

모두들 만장일치로 이 결정을 지지했다. 모두들 미칠 듯이 좋아했다는 표현이 더 적절할 것이다. 그렇게 해서 국가 발전에 가장 시급한 과제를 해결하기 위해 준비했던 당중앙위 전체회의 개최 계획은 두 번째로 무산되고 말았다. 이 일과 관련해 얻은 것이라고 한다면, 내가 당서기장이 되고 나서 1985년 6월에 당중앙위가 과학기술 발전을 주제로 내가 준비한 보고서 '당 경제정책의 근본적인 문제'를 토대로 대규모 컨퍼런스를 개최했다는 점이다.

체르넨코의
마지막 날들

종말은 급속도로, 그리고 필연적으로 다가오고 있었다. 그 점은 누구도 의심하지 않았다. 겉으로는 당서기장과 소련최고회의 의장이 정상적으로 직위를 유지하고 있는 것처럼 보이기 위해 엄청난 노력이 진행되고 있었다. 내가 보기에 체르넨코는 업무는 고사하고 말하거나 호흡하기도 힘들어했다. 나는 이런 생각을 떨칠 수가 없었다. '왜 자리를 모두 내려놓고 병간호에만 전념하지 못하는 걸까?' 하는 의문이었다. '무엇 때문에 산적한 난제로 정말 힘들게 된 국가 경영의 짐을 내려놓지 못하는 것일까?' 아무리 생각해도 왜 그러는지 답이 쉽게 떠오르지 않았다.

물론, 누구든 마찬가지겠지만, 스스로 권좌에서 물러나고 싶은 마음은 없을 것이다. 아프다는 말로는 설명하기 힘든 무언가 복잡한 사정이 있었다. 육체적으로 업무를 감당할 능력이 없는 사람이 국가를 지도한다는 것은 큰 문제가 되지 않았다. 우리는 권력 이양에 있어서 정상적인 민주적 메커니즘을 갖추고 있지 않았다. 그런 시스템이 아니었다. 당시 소련 권력 시스템은 설사 정신장애가 있는 사람이 권력 피라미드의 정상을 차지해도 무방할 정도로 독특한 자체 논리에 의해 움직였다. 누구도 감히 이 법칙을 침해할 엄두를 내지 못했다. 그런데 갑자기 이 건강하지 않은 시스템이 빅토르 그리신을 비롯한 몇 명의 지도자들의 노력에 의해 세상 사람들의 이목을 끌게 되었다. 권력을 둘러싼 온갖 추악한 행태가 하루아침에 세상 사람들의 눈에 드러나게 된 것이다.

그것은 1985년 2월에 치러진 러시아공화국 최고회의 대의원 선거 기간 중에 벌어진 일이었다. 여러 해 계속돼 온 전통에 따라, 정치국원들이 일종의 의식처럼 선거일 전 날 저녁에 모스크바 선거구에서 유권자들과 만나는 행사가 열렸다. 연설 순서를 놓고 그토록 사력을 다해 다투는 것은 처음 봤다. 모두들 마지막 순서인 당서기장 바로 앞 차례에 연설하고 싶어 했다. 늦게 연설하는 사람일수록 당 서열이 더 높다고 여기는 게 유권자들의 일반적 관측이다. 그래서 통상 마지막 연설자인 당서기장 직전에 연설한다면, 그 사람은 당서기장의 최측근 대우를 인정받게 된다고 생각한 것이다.

선거는 2월 24일로 예정돼 있었고, 유권자들을 상대로 한 선거운동은 모두 끝난 시점이었다. 체르넨코는 참석할 수 없었고, 그렇다고 모임을 취소할 수도 없었다. 그래서 정치적 파장을 최소한으로 줄일 묘안을 짜낸 끝에 내가 나서서 서면 연설문을 체르넨코로부터 받아오게 하자는 의견을 냈다. 그런 다음 선거관리위원회에서 그 연설문을 낭독할 모임을 조직하자는 것이었다. 당서기장의 연설문이기 때문에 그 모임에는 당중앙위 대표자가 참석토록 했다.

그런데 그 과정에 놀랍게도 그리신이 개입해 체르넨코와 개별 면담을 가졌다. 그것 하나만으로도 도저히 용납될 수 없는 무례한 일이었지만 그의 행동은 엄청난 의미를 함축하고 있었다. 어쨌든 그 일로 있어서는 안 될 정치적 혼란을 불러왔지만, 그로서는 호기가 왔다고 판단하고 그 때를 놓치지 않고 일을 벌인 것이었다.

물론 그리신 혼자서 일을 벌인 것은 아니었다. '고르바초프를 저지시켜야 한다.'는 생각을 가진 지도자들은 그를 매우 높게 평가했다. 차기 지도자는 '제대로 된 인물'이어야 한다며 체르넨코 측근들이 특히 그리신을 부추기고 있었다. 그렇게 해야 체르넨코 사후에도 자기들이 영향력을 계속 유지할 수 있다는 계산에서였다. 그와 함께 소수이기는 하지만 정보 분야 일부 인사들이 그리신을 괜찮은 인물로 '그리는' 작업을 했다.

정치국과 서기국이 내 지휘 아래 있었기 때문에 나를 건너뛰기 힘들다고 판단한 그리신은 내게 전화를 걸어, 당서기장의 지시를 받아 자기가 모임을 주선해 체르넨코의 연설을 유권자들에게 대독하겠다는 말을 했다. 나는 체르넨코에게 직접 전화를 거는 대신, 그의 보좌관들에게 전화로 그리신의 말이 사실이냐고 물어 보았다.

2월 22일, 소련공산당 모스크바 시당 제1서기 자격으로 그리신이 유권자들과의 모임 장소에서 체르넨코의 연설문을 낭독했다. 나는 예고르 리가체프, 안드레이 그로미코, 미하일 지미야닌, 바실리 쿠즈네초프와 함께 연단에 앉았다. 그런 우스꽝스런 거짓 행사에 참여하는 것 자체가 나로서는 속이 불편하기 짝이 없었다. 그리신은 특유의 지루하고 단조로운 어투로 연설문을 읽어나갔다. 나름대로 생동감과 열정, 영감을 불어넣겠다는 노력을 보였지만, 소용이 없었다. 모든 것이 현실과 동떨어진 분위기를 연출했다. 하지만 체르넨코의 마지막 뜻이 그러했기 때문에 그걸 저지할 수는 없었다.

그리신이 벌인 코미디는 그게 다가 아니고 아직도 두 가지 더 남아 있었다. 체르넨코가 투표용지를 투표함에 넣는 모습을 공개하고, 러시아공화국 최고회의 대의원으로 선출됐다는 당선증도 교부받도록 되어 있었다.

2월 24일에 투표함이 체르넨코가 입원한 병실 바로 옆방으로 옮겨졌고, 투표장면이 어디서 이루어졌는지 사람들이 눈치 채지 못하도록 모든 게 완벽하게 준비되었다. 투표함이 있는 방으로 옮겨진 다음 카메라 세례를 받으며 투표한 체르넨코는 끔찍한 몰골에다 완전히 얼이 빠진 상태였다. 그리신, 당서기장 보좌관 빅토르 프리비코프, 모스크바 시당 쿠이비세프 구역위원회 제1서기인 유리 프로코피에프가 옆을 지켰다. 그렇게 함으로써 그리신은 마침내 자기 목적을 달성했다. 어쨌든 텔레비전을 통해 사람들에게 당서기장의 건강이 양호하다는 것을 보여주었기 때문이다.

그것은 체르넨코의 측근이라는 자들이 벌인 시니컬하고 부도덕한 '신격화 도박'이었다. 그들이 실제로 가진 것이라곤 추악한 출세욕뿐이었다. 그것만으로도 부족해 이 병약한 지도자는 대의원 당선증을 교부받은 후 다시 한 번 텔레비전 카메라 앞에서 그것을 읽어야 했다. 구부정한 노인이 두 손을 벌벌 떨며, 꺼져가는 목소리로 원칙과 사심 없는 봉사를 다짐하는 장면이 지금도 기억에 생생하다. 그 와중에 당선증이 그의 손에서 힘없이 바닥으로 떨어졌다. 한번은 실제로 바닥으로 넘어질 뻔한 그를 아카데미 회원 예브게니 차조프가 겨우 붙잡았다. (차조프는 저명한 심장병 전문의로, 소련보건부장관이

자 크렘린 지도자들의 건강을 책임지는 제4총국의 책임자를 여러 해 지냈다.) 물론 그런 장면은 텔레비전에 비치지 않았다.

차조프의 격렬한 반대에도 불구하고 이런 장면이 연출됐는데 어느 의미에서는 체르넨코 본인의 동의와 희망에 따라 진행된 것이다. 그리신 일당이 체르넨코를 그렇게 부추겼다. 이런 코미디는 2월 28일에 벌어졌고, 체르넨코는 결국 3월 10일 사망했다.

퇴근해서 집으로 들어서는데 차조프 박사로부터 체르넨코의 사망 소식을 전하는 전화가 걸려왔다. 나는 곧바로 티호노프를 비롯한 정치국원들에게 알려, 밤 11시에 정치국 회의를 열기로 했다. 협력의 필요성 때문에 그로미코를 만나기로 했다. 같은 정치국원으로서 어차피 우리 앞에 놓인 책임감이 너무 컸다.

그로미코는 세레메티에보 공항에 가 있었다. 우리는 그의 차에 연결된 내부 보안 전화로 통화했다. 나는 체르넨코의 사망 소식을 알리고, 밤 11시에 정치국 회의를 열기로 했다고 말했다. 그리고 회의 시작 30분 전까지 회의장으로 와달라고 부탁했다.

우리는 약속한 대로 둘이서 만나 짧은 대화를 나누었다. 나는 그에게 어차피 각오했던 일이 일어났고, 그러니 우리가 정말 책임 있는 결정을 내려야 하지 않겠느냐고 말했다. 잘못하면 큰일 나는 것이었다.

"사람들은 변화를 원합니다. 지금도 늦었어요. 이제는 더 이상 늦출 수가 없습니다. 어렵겠지만 해결책을 찾아야 합니다. 이런 상황에서는 우리가 힘을 합칠 필요가 있습니다." 나는 그에게 이렇게 말했다.

그로미코는 차분하면서도 단호한 목소리로 대답했다. "동지의 평가에 동의합니다. 제안을 받아들입니다."

"그러면, 합의가 이뤄진 겁니다." 나는 이렇게 말했다.

그로미코나 나 두 사람 모두에게 쉬운 결정이 아니었다. 그때까지 우리는 사태 판단에 뜻을 같이 하면서 서로 조금씩 가까워지기는 했지만, 그날 합의는 어려운 결정이었다. 전에도 이런 문제를 놓고 둘이서 대화를 나눈 적이 있지만, 어느 한쪽 누구도 결정적인 속내는 드러내 보이지 않았다. 하지만 그럼에도 불구하고 우리 두 사람이 더 긴밀하게 협조해야 한다는 필요성에는 서로 뜻이 통했던 것이다.

3월 10일 밤 11시에 정치국원과 서기들이 시간에 맞춰 도착했다. 나는 회의를 시작하고 경과를 이야기했다. 모두들 일어서서 묵념을 올렸다. 그런 다음 차조프 박사가 체르넨코의 사망과 관련된 의학적 소견을 설명했다. 우리는 장례일정을 확정짓고, 이튿날인 3월 11일에 정치국 회의와 당중앙위원회 전체회의를 소집키로 했다.

리가체프, 당중앙위 총무부 책임자인 클라브디 보골리보프, 국방장관 세르게이 소콜로프에게는 철도부와 공군의 도움을 받아 중앙위원들이 제 시간에 모스크바에 도착할 수 있도록 만전을 기하라는 지시가 내려졌다.

정치국원 전원을 포함시킨 장례위원회를 구성했는데, 장례위원장을 정하는 데 있어서 작은 걸림돌이 있었다. 관례대로라면 새 당서기장이 전임 서기장의 장례위원장을 맡도록 돼 있었다.

그리신이 갑자기 이렇게 말했다. "장례위원장 문제 가지고 머뭇거릴 게 뭐 있나요? 모든 게 명백한데. 미하일 세르게예비치(고르바초프)가 맡아야지요." 그 말이 하나의 새로운 신호탄이 되었다!

나는 서두르지 말자고 사람들에게 말하고, 이튿날 오후 2시에 정치국 회의,

5시로 당중앙위 전체회의 소집 시간을 정했다. 나는 남은 이틀 반 동안 모든 문제를 심사숙고해 우리가 택할 수 있는 해결 방안을 생각해 보라고 모두에게 말했다. 정치국에서 결정을 내리고, 그 결정내용을 당중앙위 전체회의에 붙이도록 돼 있었다.

당중앙위 관료들이 긴급 호출을 받고 모스크바로 속속 모여들었다. 보고서 작성 작업을 맡길 여러 그룹을 만든 다음, 나는 바딤 메드베데프, 알렉산드르 야코블레프, 그리고 내 보좌관인 발레리 볼딘과 함께 내가 전체회의에서 행할 연설문 컨셉을 정했다. 콘스탄틴 체르넨코의 당서기장 재임기간은 불과 13개월이었다. 지금 제일 중요한 과제는 새 당서기장 후보를 정하는 것이었다. 나는 과연 이 문제에 대해 스스로 어떤 생각을 하고 있는지 자문해 보았다.

나는 이 문제와 관련해 오가는 정보를 모두 다 들어 보았다. 가능한 후보로 내 이름이 점점 더 자주 거론되고 있었다. 하지만 나는 가능성은 높지만 마지막 순간까지 가 봐야 될 일이라고 생각했다. 우선은 정치국과 서기국에 부여된 업무 처리에 매달렸다. 이를 통해 나는 소중한 경험을 했다. 사람들을 다루면서 많은 것을 배웠고, 사람들도 나에 대해 훨씬 더 많이 알게 되었다.

시간이 지나면서 몇몇 음모가들의 희망사항과 달리, 내가 유력한 후보라는 분위기가 서서히 자리를 잡아갔다.

"이렇게 살 수는 없다."
우여곡절 끝에 서기장이 되다

3월 11일 새벽 4시가 다 돼서야 나는 집으로 돌아왔다. 라이사가 자지 않고 나를 기다리고 있었다. 우리는 다차 마당으로 나갔다. 모스크바로 온 이후 아파트에서건 다차에서건 한 번도 진지하게 이야기를 나눠 본 적이 없었다. 지금 어떤 상황이 벌어지고 있으며, 앞으로 어떤 결과가 나타날지 등을 놓고 나와 라이사는 마당을 걸으며 이야기했다.

그날 우리가 나눈 대화를 일일이 다 기억할 수는 없지만, 내가 아내에게 한 마지막 말은 생생하게 기억난다. "당신도 알다시피 모스크바로 올 때 나는 무슨 일인가 하고 싶고, 또 할 수 있을 것이라는 희망을 갖고 왔소. 하지만 지금까지는 제대로 하고 싶은 일을 하지 못했소. 내가 정말 무언가를 변화시키고자 한다면, 제안을 받아들여야 할 것 같소. 물론 아직 정식으로 제안을 받은 것은 아니지만 말이오. 당신도 봐서 잘 알지 않소. 우리가 정말 지금처럼 이렇게 살 수는 없는 일 아니오."

예고르 리가체프가 아침에 전화를 걸어왔는데 지방, 지역당 제1서기들한테 포위당하다시피해 못 살 지경이라는 말을 했다. 모두들 차기 당서기장에 대한 정치국의 입장이 무엇이냐고 계속 물어본다는 것이었다. 나는 곧바로 당중앙위로 출근했다. 정치국과 당중앙위 전체회의 막바지 준비를 마쳐야 했다.

당시 상황에 대해서는 지금까지도 설왕설래가 있다. 치열한 다툼이 있었다느니, 정치국이 신임 당서기장 후보를 누구로 할 것인지 정하지 못하고, 여러 명의 후보를 전체회의에 붙였다는 루머도 있다. 하지만 그런 루머들은 사실이 아니다. 그런 일은 없었다. 당시 그 일에 깊숙이 관여한 인사들 중에 지금도 건강하게 살아 있는 사람들이 있으니 내 말이 맞다. 당시 어떤 일이 벌어졌는지 정확한 사정은 이러했다.

물론 체르넨코의 건강이 급격히 악화되면서 후계 문제는 자연스럽게 거론된 이슈였다. 일부 인사들은 이 문제에 온 신경을 집중한 채 자신에게 기회가 돌아올지를 열심히 타진했다. 당시 당중앙위의 최대 관심사도 이 문제였다. 지도부 내 파벌들이 제각기 움직이며 이 문제를 다루었다는 건 다 알려진 사실이었다.

내가 후계자로 선출되는 것을 원치 않는 자들도 있었다. 체르넨코가 사망하고 얼마 지나지 않아서 당시 KGB 의장이던 빅토르 체브리코프는 니콜라이 티호노프와 가졌다는 대화 내용을 내게 전해 주었다. 나의 선출을 반대하는 티호노프를 자기가 설득했다는 것이었다. 티호노프가 다른 사람의 이름은 거론하지 않더라는 말도 했다.

"그러면 이 사람이 자기 자신을 후보로 생각한다는 말인가 하는 생각이 들었다."고 체브리코프는 덧붙였다.

나를 반대하는 자들은 일반 여론과 지방당 제1 서기들 입장도 궁금해 했다. 여론은 정치국이 또다시 새 서기장 선출을 질질 끌거나, 병약한 사람을 선출하는 것은 용납하지 않을 태세였다.

지방당 제1 서기들이 여러 그룹으로 나뉘어 나를 찾아왔다. 그들은 나보고 빨리 입장을 정해 당서기장의 중책을 맡으라고 촉구했다. 그들 가운데 어떤 그룹은 정치국이 중앙위원들의 입장을 고려하지 않고 독단적으로 엉뚱한 결정을 내리지 못하도록 막기 위해 자기들이 나서서 핵심 조직을 만들었다는 말도 했다.

나는 리가체프건 리쉬코프건 불문하고 누구에게도 예스나 노라는 입장을 분명하게 밝히지 않았다. 왜 그랬느냐고? 모든 상황을 다 고려에 넣고 싶었기 때문이다. 사실 나는 가장 시급한 일이 무엇인지, 나라가 어떤 상황에 놓여 있는지, 지도부 교체와 관련해 어떤 점이 필요한지 알고 있었다. 그런데 만약에 내가 50% 플러스 한 표로 간신히 선출되거나, 하여튼 압도적인 지지로 선출되지 않는다면, 우리가 직면한 산적한 모든 문제를 해결해 나가지 못할 것이라고 생각했다.

오후 2시에 당시 해오던 대로 나는 의장직을 맡아 회의주재를 시작했다. 나는 새 서기장 선출과 관련해 정치국의 뜻을 정해 당중앙위에 전달할 필요가 있다고 했다. 그러면서 참석자들에게 모든 가능성을 자유롭게 제기할 기회가 부여돼 있음을 강조했다.

제일 먼저 그로미코가 일어나 짤막한 추천 이유를 붙여서 나를 추천한다고 했다. 다른 사람 몇몇이 그의 추천에 동의 의사를 밝혔다. 티호노프도 동의했다. 정치국원들은 이 문제에 대해 자기들끼리 이미 기본적인 합의를 도출해 놓았다고 말하고, 이런 결정을 당중앙위 전체회의에 전달하면 된다고 했다.

나중에 제19차 당대회에서 리가체프는 이렇게 말했다.

"솔직히 말하면 너무도 긴장된 날들의 연속이었다. 전혀 다른 결정들이 내려질 수도 있는 상황이었다. 그럴 위험성이 다분히 있었다. 하지만 정치국원 동지들인 체브리코프, 솔로멘체프, 그로미코, 그리고 지방 당위원회 제1서기 동지들이 확고한 입장을 지켜준 덕분에 3월 당중앙위 전체회의에서 올바른 결정이 내려질 수 있었다."

그의 말이 정확하게 무슨 뜻을 내포하고 있는지는 나도 잘 모른다. 아마도 리가체프 자신과, 그가 거명한 사람들이 내가 당서기장에 선출되도록 함으로써 국가를 중대한 위기로부터 지켜냈다는 말이 아닐까 짐작할 뿐이다. 상황을 정확하게 전달하기 위해 당시 정치국 회의 대화록 일부를 논평 없이 그대로 소개한다.

안드레이 그로미코 내 생각을 솔직하게 말하겠다. 소련공산당 중앙위원회 서기장 후보라면 나는 당연히 미하일 세르게예비치 고르바초프라고 생각한다. 미래를 생각한다면 장기적인 접근을 해야만 한다. 그리고 우리들 가운데 상당수는 미래를 장담할 수 없다는 점을 부인할 수 없을 것이다. 미래를 생각한다면 지금 단합을 해치는 단 한 치의 분열도 용납되어서는 안 된다. 다시한 번 강조하지만, 고르바초프 동지는 뛰어난 지식과 놀라운 경험의 소유자이다. 그의 경험과 우리의 경험이 합쳐진다면 놀라운 위력을 발휘할 것이다. 우리는 소련공산당 중앙위 새 서기장에게 가능한 모든 도움과 지원을 아끼지 않을 것을 다짐하는 바이다.

니콜라이 티호노프 미하일 세르게예비치에 대해서 내가 무슨 말을 덧붙일 수 있겠는가? 그는 가까이 하기 쉬운 사람이고, 그와는 어떤 문제든 의논할 수 있다. 그는 경제를 잘 아는 최초의 당중앙위 서기이다.

빅토르 그리신 어젯밤 콘스탄틴 우스티노비치 동지의 서거 소식을 전해 듣고, 우리는 곧바로 미하일 세르게예비치 동지를 장례위원장으로 정하는 데 합의했다. 그는 당서기장의 요건을 가장 잘 충족시키는 사람이다.

딘부하메드 쿠나예프 오늘 이 자리에서 논의가 어떤 방향으로 전개되든지 간에, 카자흐스탄 공산당 동지들은 미하일 세르게예비치 고르바초프 동지를 소련공산당 중앙위 서기장으로 선출하도록 투표라는 지시를 받았음을 밝히는 바이다.

그리고리 로마노프 그는 지식이 풍부한 사람이다. 예를 들어, 그는 과학 기술 발전과 관련한 여러 복잡한 문제들을 순식간에 판별해 내는 능력을 가진 사람이다. 니콜라이 알렉산드로비치 티호노프 동지도 미하일 세르게예비치 고르바초프 동지가 경제 메커니즘을 향상시키는 위원회에서 큰 업적을 남겼다는 말을 했다. 나는 그가 우리 당의 지도부에서 연속성을 유지하고, 자기에게 주어지는 의무를 충분히 잘 수행해 나갈 것이라고 믿는다.

비탈리 보로트니코프 우리가 이런 결정을 내리게 된 것은 지극히 당연한 순리이다. 미하일 세르게예비치가 지닌 가장 중요한 자질은 바로 책임감이다. 그는 다방면에 훌륭한 지식을 갖추고 있고 다른 사람의 말을 경청할 줄 안다. 이런 자질 때문에 당내에서 그토록 높은 신망을 유지하는 것이다. 나는 러시아 전역의 많은 지방당 조직 대표들과 만나 이야기를 들었는데, 모든 동지들이 고르바초프 동지를 소련공산당 중앙위 서기장으로 선출해야 된다는 말을 했다.

보리스 포노마레프 그와 새로운 당 강령 만드는 일을 함께 했는데, 나는 그가 마르크스-레닌주의 이론에 해박하고, 아무리 어려운 정책 이슈들도 제대로 이해하고 있다는 확신을 가졌다.

빅토르 체브리코프 나는 이 문제를 당연히 우리 동지들과 의논했는데, 새 서기장은 외교정책뿐 아니라, 국내 사회적인 문제들에 대해서도 해박한 지식을 가진 사람이어야 한다는 게 우리 동지들의 생각이다. 우리 KGB 직원들은 고르바초프 동지를 서기장으로 추천하라는 지침을 내게 주었다.

블라디미르 돌기흐 우리는 그가 풍부한 경험의 소유자이면서 동시에 위대한 미래를 약속한다는 견해에 일치를 보았다.

에두아르드 세바르드나제 나는 미하일 세르게예비치 고르바초프 동지가 소련공산당 중앙위 서기로 일하기 전부터 알고 지냈다. 솔직히 말해, 국가와 당이 오늘 이런 결정이 내려지기를 기다리고 있다.

예고르 리가체프 미하일 고르바초프 동지의 가장 큰 장점은 일에 대한 열정이다. 그는 크고 작은 일을 가리지 않고 반드시 해결책을 찾아내는 사람이며 탁월한 조직관리 능력을 갖고 있다. 여러분도 아시다시피, 이것은 당과 조직관리 면에서 대단히 중요한 자질이다. 고르바초프 동지는 당과 노조, 청년조직, 당 핵심 그룹과 일반 국민 모두로부터 깊은 존경을 받고 있다.

미하일 고르바초프 우리는 지금 어렵고도 대단히 중요한 시기를 맞고 있다. 경제는 엄청난 활력을 필요로 하고, 우리의 민주주의와 외교정책에도 이런 활력이 필요하다…나는 여러분과 함께 새로운 해결책을 모색하고, 조국을 전진시킬 막중한 책임을 느낀다… 활력을 찾아, 앞으로 나아가야만 한다….

우크라이나 공산당 중앙위 제1서기인 블라디미르 시체르비츠키는 정치국 회의에 참석하지 않았다. 그는 의회 대표단을 이끌고 미국 방문 중이었는데,

당중앙위 전체회의 개막 직전에 귀국했다. 그와 동행한 아카데미 회원인 게오르기 아르바토프는 나중에 당시 시체르비츠키가 소식을 전해 듣고는 즉각 귀국을 결정하고, 고르바초프를 지지한다는 확고한 의사를 밝혔다고 전했다.

당중앙위 전체회의가 남아 있었다. 동지들의 이야기를 들어보니 당중앙위원들은 나를 지지하는 게 분명했다. 전체회의는 오후 5시에 시작됐고, 안드레이 그로미코가 정치국을 대표해서 나를 새 당서기장으로 추천했다. 그는 마치 즉석연설 하듯이 연설을 했는데, 그 때문에 더 진지하고, 설득력이 있었다. 나는 그 연설에 큰 감명을 받았다. 나에 대해 그토록 좋은 말로 칭찬하는 것을 그때까지 들어본 적이 없었다.

그로미코가 한 연설 내용을 일부만 소개한다.

정치국은 만장일치로 미하일 세르게예비치 고르바초프를 소련공산당 중앙위원회 서기장으로 추천키로 결정했다…(중략)

그는 무엇보다도 당무 경험이 풍부하다. 처음에는 지방에서 시작해 당중앙위 핵심으로 진출했으며, 서기를 거쳐 정치국원이 되었다. 여러분이 알다시피 그는 서기국을 맡아 이끌었고, 콘스탄틴 체르넨코 동지 부재시에는 정치국회의 의장 역할을 대신 맡았다. 그는 놀라운 자제력을 보이며 이 일을 수행했다…(중략)

미하일 세르게예비치는 날카롭고 심오한 지성의 소유자이다. 그를 알고, 그를 만나는 사람들은 한눈에 그러한 사실을 알아챌 수 있다. 그와 오랜 시간 함께 일했기 때문에, 나는 그가 지닌 이러한 장점을 남들보다 조금 더 잘 안다고 할 수 있다. 그는 국제무대에서 벌어지는 일들도 사태의 핵심을 빠르게 간파해 낸다. 나는 그가 사태의 핵심을 신속하고도 정확하게 파악해내 올

바른 결정을 내리는 능력을 보고 놀란 게 한두 번이 아니다…(중략)

미하일 세르게예비치는 교육과 경험을 통해 광범위한 지식을 갖추었다. 그래서 문제의 본질을 정확하게 분석할 뿐만 아니라, 올바른 추론을 통해 결론을 도출해내는 능력을 갖고 있다. 문제를 조정하고, 파악하는 것만으로는 부족한 경우가 많다. 결론을 내고, 그 결론을 바탕으로 정책을 입안해 나가는 것이 필요하기 때문이다. 그는 정치국과 서기국 회의에서 이런 능력을 입증해 보인 게 한 두 번이 아니다…(중략)

그렇기 때문에 이번에 정치국에서 내린 결론은 올바른 것이다. 미하일 세르게예비치는 소중한 인물이고, 탁월한 지도자이다. 그는 소련공산당 중앙위 서기장의 직책을 품위 있게 수행해 줄 것이다….

모두들 당중앙위 전체회의에서 선출될 새 당서기장이 무슨 말을 할까 기다리고 있었다. 나는 연설 내용을 준비했다. 사회경제적인 발전을 가속화 하고, 국민의 삶을 모든 면에서 향상시키는 전략을 계속 추진한다는 점을 강조하는 게 무엇보다도 중요했다. 그러기 위해서는 경제를 과학기술의 엄청난 발달에 보조를 맞추도록 전환시켜야만 했다. 나는 경제 메커니즘과 전반적인 관리 시스템을 향상시키는 것을 가장 중요한 목표로 내세웠다. 이와 함께 사회정책에도 큰 관심을 기울여서, 민주주의와 사회적 의식을 발달시키는 것을 중요한 과제로 강조했다.

그와 함께 나는 우리가 질서와 원칙, 법의 지배를 강화하는 문제를 회피해서는 안 된다고 말했다. 외교정책과 관련한 내 입장은 분명했다. 평화를 유지하는 게 바로 우리의 정책 목표였다. "이제 군비경쟁을 끝내고, 더 이상은 하지 말자." 나는 이렇게 공언했다. "우리는 핵무기를 동결시키고, 핵미사일 추가배치를 하지 않겠다. 우리는 이제부터 새로운 무기체제를 만들지 않을 것이며, 보유 중인 무기를 대규모로 감축하고자 한다."

마지막으로 나는 소련공산당이 사회를 통합하고, 오랫동안 미뤄왔던 필요한 변화를 감당할 수준으로 사회를 변화시킬 주체라고 선언했다. 우리는 진정한 선택의 순간에 직면하고 있다고 나는 말했다. 그리고 새 지도부는 매우 결연한 각오로 이 과제를 맡을 것이라고 했다.

이 책을 읽는 독자들은 이런 생각을 할 것이다. 도대체 1985년 3월에 고르바초프가 한 말이 뭐 그리 중요한 의미가 있는 건가? 물론, 돌이켜보면, 당시에 늘 하던 틀에 박힌 소리에 불과한 것 아니냐고 생각할 수도 있다. 하지만 그 연설은 그야말로 모든 것이 새로 시작되는 하나의 출발점이었다.

나는 내가 제안하는 모든 사안에 반응이 뒤따르기를 기대했다. 당중앙위 전체회의는 국내 정치적인 문제를 비롯해, 내가 연설에서 밝힌 내용을 모두 지지해 주었다.

체르넨코 장례 기간 중에 나는 외국에서 온 주요 인사들과 만났다. 이들과 만날 때는 외무장관을 배석시켰다. 알맹이 있는 회담이 계속 이어졌다. 조지 H.W. 부시, 조지 슐츠, 헬무트 콜, 프랑수아 미테랑, 대처와 만났고, 나카소네 야스히로 일본 총리와도 흥미로운 대화를 나누었다.

어려운 시기였지만, 나는 바르샤바조약기구 동맹국 지도자들과도 개별 회담을 갖기로 했다. 그들의 독립성과 주권을 존중해 줄 것이라는 점을 분명히 밝힐 필요가 있다고 생각했기 때문이다. 각국의 지도자들은 자국의 정당과 국민을 위해 독자적으로 책임 있는 정책을 입안하고 집행해야 된다는 게 나의 지론이었다. 또한 우리가 한 약속을 지킬 것을 거듭 다짐하는 동시에, 이들과 광범위한 협력관계를 계속 해나갈 것임을 분명히 했다. 핵심은 그들의 내정에 간섭하지 않을 것이라는 점이었다. 그것은 한마디로 소위 브레즈네프 독트린을 폐기하는 것이다. (브레즈네프 독트린, 혹은 주권제한론은 브레즈네프 시절 소련의 외교정책에 대해 서방 정치인들과 언론이 붙인 용어이다. 그것은 '사회주의 공동체'의 단결을 위협하는 사태가 발생할 경우, 소련이 바르샤바조약기구 형제국들의 내정에 개입할 권리를 가진다는 의미였다. 이 이론은 1968년 8월 소련이 이끄는 바르샤바조약기구 동맹국들이 체코사태에 개입한 이념적 근거가 되었다.)

하지만 당시 사회주의 국가의 지도자들은 내가 하는 말과 생각을 과거 소련공산당 서기장들이 하던 틀에 박힌 선언들과 같은 것으로 간주했다. 말은 그럴싸하지만 실제 행동은 전과 달라지지 않을 것이라고 그들은 뼛속깊이 그렇게 믿고 있었다. 하지만 나는 사회주의 국가들이 변화를 시작할 때는 물론이고, 내가 물러날 때까지도 국제관계를 민주적으로 바꾸고, 냉전을 종식시키겠다고 한 약속을 끝까지 지켰다.

불과 3년이 채 안 되는 기간에 소련은 3명의 당서기장을 포함해, 훌륭한 국가 지도자와 정치국원들을 잃었다. 알렉세이 코시긴은 1980년 말에 죽었고, 미하일 수슬로프는 1982년 1월, 브레즈네프는 그해 11월, 펠셰는 1983년 5월, 안드로포프는 1984년 2월, 우스티노프는 그해 12월, 그리고 체르넨코는 1985년 3월에 사망했다.

이들의 퇴장에는 어떤 상징성이 내포돼 있었다. 이들의 죽음으로 그들이 움직이던 시스템과 정체된 낡은 피는 더 이상 핵심적인 위력을 발휘하지 못하게 된 것이다. 나는 내가 어떤 짐을 지게 되었는지 알았다.

집에 돌아오자 가족들이 크게 반겨 주었다. 모두들 들뜬 분위기였지만 한

편으론 불안감도 있었다. 당중앙위 전체회의가 열리기 전날 밤에 내가 당서기장으로 선출될 가능성이 있다는 사실을 놓고 라이사와 이야기를 나누었는데, 라이사는 그때 내게 이런 말을 했다. "그게 좋은 일인지 안 좋은 일인지 솔직히 모르겠어요."

그 말을 듣고, 나는 한 번도 입 밖에 내 본 적이 없는 말을 했다. 안드로포프가 생전에 어느 날 나와 대화 도중에 갑자기 이런 말을 한 적이 있었다. "자네는 농업문제에만 매달려서는 안 되네. 국내외의 모든 문제에 관여를 해야 하네. 모든 책임이 갑자기, 어쩌면 내일 당장이라도 자네 어깨에 내려앉을 수 있다는 가정 하에 일을 하도록 하게."

당시 나는 그가 너무도 진지하고 직설적으로 말을 하는 바람에 그저 어안이 벙벙할 뿐이었다. 그러고 나서 안드로포프는 내게 다짐하듯 물었다. "내가 무슨 말을 하는지 알아들었나?"

"알겠습니다. 그런데 제게 왜 그런 말을 하시는 겁니까?" 내 물음에 그는 "우리끼리만 하는 이야기일세."라고 대답했다.

"좋습니다. 알겠습니다." 나 역시 그렇게 말했다.

안드로포프와의 대화 내용을 들은 라이사는 놀란 눈으로 나를 쳐다보았다.

당서기장이 되고 나서 며칠은 금방 지나갔다. 우리 가족들의 삶도 완전히 바뀌었다. 앞으로 우리 가족들의 삶이 어떻게 전개될 것인지 냉정하게 평가하고, 대처 방안을 심사숙고할 필요가 있었다. 사회 전체가 나뿐만 아니라, 라이사와 우리 가족 구성원 모두를 지켜볼 것이고 앞으로 몇 년은 그런 상황이 계속 이어질 것이기 때문이었다.

Chapter

10

아내의
발병

다시 한 번 라이사의 마지막 날들, 그리고 아내가 겪은 고통을 생각한다. 그때 아내를 위해 나는 무슨 일을 해야 했고, 무슨 일을 하지 말아야 했을까? 그건 지금도 잘 모르겠다. 아내는 줄기세포 이식수술을 받기 이틀 전에 눈을 감았다. 아내는 자기와 같은 암환자, 특히 어린 암환자들이 겪는 고통에 대해 마음 아파했고, 그들을 위로하고 돕는 일을 했는데, 정작 자신이 암의 희생자가 되고 만 것이다.

암은 처음 진단받고 난 다음 정말 빛의 속도처럼 급속히 진전됐다. 1999년 5월 우리 부부가 호주 여행에서 돌아왔을 때였다. 고단하지만 아주 흥미로운 여행이었다. 정말 가기를 잘했다는 생각이 들었다. 그동안 호주 정부와 환경단체에서 몇 번이나 초청했지만 번번이 거절한 다음에 성사된 여행이었다.

우리가 초청을 받아들이기로 마음을 바꾼 것은 호주 국민들을 대상으로 한 '20세기의 인물'에 대한 여론조사 결과를 보고 나서였다. 75% 이상이 고르바초프를 꼽은 것이다. 나는 깜짝 놀랐다. 그 조사 결과가 나오고 나서 또 다시 초청장이 왔는데, 도저히 거절할 수가 없었다. 그래서 가기로 한 것이다.

방문 일정에는 호주 의회 연설과 함께, 서부 최대 도시인 퍼스 방문도 포함돼 있었다. 이어 멜버른을 방문해, 여러 모임에 참석하고 연설을 했다. 우리에게 멋진 추억을 많이 안겨 준 여행이었다. 하루는 시드니 교외로 가서 유칼립투스 숲길을 걸었다. 호주의 마스코트인 코알라가 서식하는 숲이었다. 코알라가 뒤뚱거리며 돌아다니는 폼이 너무 귀여웠고, 그 놈들을 보면 꼭 우리나라가 처한 상황을 보는 것 같았다.

귀국 길은 길고 힘들었지만 특별한 문제는 없었다. 하지만 오늘날까지도 나는 그 여행이 아내의 몸속에 자리하고 있던 병의 진전을 빠르게 만들었다는 생각을 지울 수가 없다. 그해 초에 아내는 정밀검사를 받았는데, 처음에는 아무 문제도 없다는 진단을 받았다. 7월에 휴가계획에 대해 이야기하는 도중 아내가 몸이 좋지 않다고 했다. 등에 통증이 있다고 했다. 감기나 신경통이겠지 하고 대수롭지 않게 생각했는데, 통증이 계속 가시지 않아 다시 정밀 진단을 받아보았다. 하지만 통증의 원인은 밝혀지지 않았다. 아내는 통증이 너무 심해 움직이기 힘들 지경이 되었다.

혈액암
진단

골수검사를 해본 결과 혈액암으로 판명됐
다. 더 고약한 것은 이 병은 원인도 알려진
게 없지만, 치료법도 없다는 사실이었다. 나는 클린턴 미국대통령과 슈뢰더
독일총리에게 전화를 걸어 도움을 청했다. 두 사람은 와서 치료받으라며 전
화한 그날 자로 바로 우리를 초청해 주었다. 아내의 몸 상태가 너무 좋지 않
아 긴 여행은 바람직하지 않다는 생각에 독일로 가기로 했다. 뮌스터에 있는
세계적인 암센터에서 최첨단 방법을 동원해 치료를 시작했고, 우리는 라이사
가 나을 것이라고 믿었다.

혈액검사를 포함해 여러 차례 정밀 진단을 받은 다음 화학요법이 시작됐
다. 라이사는 이 모든 과정을 용기 있게 버텨냈다. 하지만 간혹 멍한 상태가
되어 입을 닫아 버렸다. 우리는 단 한 시간도 라이사 혼자 있도록 두지 않았
다. 아침에는 이리나가 시중을 들었고, 오후에는 내가 가서 밤늦게까지 머물
렀다. 경호 요원인 발레리 페스토프와 올레그 클리모프도 두 달 동안 하루도
쉬지 않고 우리 곁을 지켰다.

뮌스터 병원은 환자나 면회객, 의사들 모두에게 특별한 규칙을 지키라고
요구한다. 그곳에서 암치료에 사용되는 약품은 병든 세포를 공격할 뿐만 아
니라, 건강한 세포도 공격한다. 환자의 면역체계를 파괴해 사실상 무방비 상
태로 만든다는 말이다. 그렇기 때문에 무슨 감염이라도 되면 치명적이 되고
만다. 그래서 병동은 철저히 소독이 되고, 공기 정화기는 계속해서 철저하게
관리된다. 면회객은 병동에 들어가기 전에 특수 위생 마스크를 써야 하고, 손
과 입은 옷을 철저히 소독해야 한다. 그리고 갖가지 의료 장비들이 동원돼 환
자의 심장을 비롯해 모든 기관의 상태를 계속 모니터한다.

라이사는 우리가 곁에 있어서 좋다고 했다. 무척 고통스러워했고, 혼자서

는 자기 몸도 가누지 못했다. 한번은 나보고 좀 도와달라고 해서 두 팔로 부축해 주었더니 아내는 기분이 좋다고 했다. 조용해서 보니 금방 잠이 든 것 같았다. 그래서 살그머니 팔을 뺏더니 아내는 금방 눈을 뜨고 이렇게 말하는 것이었다.

"제발 가지 말아요. 나 혼자 두지 말아요. 좀 더 안아 줘요."

나는 이렇게 말했다.

"잠깐 쉬어야겠어. 나도 등이 아파."

그러자 아내는 아쉽다는 투로 이렇게 농담을 했다.

"한때는 나를 안아 올리기도 했는데, 이제는 부축도 못하는 거예요."

"그랬지. 하지만 그거야 오래 전 일이고. 당신은 지금보다 더 가볍고, 나는 힘이 더 셀 때였지."

아프기 전에 라이사는 시간이 나면 책을 읽고, 강의 준비를 하며 보냈다. 그런데 병실에서는 그런 일을 전혀 할 수 없었다. 할 수 있는 일이 아무 것도 없었다. 초기에는 메모를 하려고 애를 썼다. 하지만 며칠 못 가 포기하고 말았다. 병이 계속 진전되고 있었던 것이다.

치료 경과를 보고, 앞으로의 치료 방법을 의논하기 위해 독일 전문가 몇 명이 뮌스터 병원으로 왔다. 전문가들은 무려 3시간 동안 회의를 계속했다. 종양학 권위자들의 회의였다. 라이사의 주치의인 부흐너 교수는 1단계 치료 결과를 놓고 동료들과 의견을 교환했다. 어떤 합병증이 나타났고, 다음 단계는 어떻게 해야 될지를 놓고 의견이 오갔다. 다음 액션 플랜을 짜는 것이었다. 나보고도 회의에 참석하라고 했는데, 회의는 몇 시간 계속됐다.

병실로 돌아오자 아내는 의사들이 무슨 말을 했는지 궁금해 안절부절못하고 있었다.

"회의가 왜 그래 오래 걸렸어요. 상태가 안 좋은 건가요? 숨기지 말고 말해 줘요. 더 이상 손쓸 수 없다고 한 게 아니에요?"

나는 아내의 말을 가로막고 이렇게 말했다.

"진정해요. 이제 견디기가 좀 낫지 않소. 그렇지 않아요?"

"아니에요. 어서 말해요. 3시간 동안이나 무슨 말을 했는지."

"최고 전문가들이 몇 명 모였어요. 1단계 치료를 마쳤고, 이제는 골수이식 수술을 해 보자는 말을 했어요. 우리도 준비를 해야 해요. 당신도 마음을 굳게 먹고 준비를 합시다. 먼저 루드밀라 처제를 오라고 해야겠소. 두 사람의 혈액 파라미터는 100% 일치하니 괜찮을 거요."

"그러면 어서 서둘러요. 왜 시간을 지체해요?"

"그렇게 간단한 일이 아니오. 당신 몸 상태도 체크해야 하고, 여러 가지 준비할 일이 많다고 했소. 당신이 기력을 회복하는 게 우선이요. 그리고 몇 가지 합병증이 나타났소. 가망이 없다면 골수이식을 하지도 않을 거요. 그러니 쓸데없는 걱정하느라 기력을 소모해선 안 돼요."

아내는 두 눈을 감고 가만히 있었다. 우리가 나눈 대화를 다시 음미해 보는 것 같았다. 나는 착잡한 마음으로 창가에 앉아 있었다. 아내가 갑자기 눈을 뜨더니 이렇게 말했다.

"이리 와서 여기 손을 대 봐요."

아내는 내 한손을 잡고 자기 배위에다 대더니 금방 잠이 들어 버렸다. 나는 그런 자세로 몇 시간을 가만히 있었다…. 아내는 곤히 잠을 잤다.

이튿날 아침에 평소처럼 이리나가 병실로 와서 간호사와 함께 이런 저런 일을 했다. 내가 도착했을 때 아내는 조용히 있었다. 하지만 우리 둘만 남자, 아내는 눈물이 그렁그렁 해서 이렇게 말했다.

"집에 가고 싶어요. 이제 어떻게 되든 상관없어요…."

전혀 예상치 못한 반응이었다. 그동안 아내 마음이 어떤 상태인지 제대로 살피지 않았던 것이다.

아내는 다시 말했다.

"내 말 안 들려요? 집에 가고 싶다구요. 우리 방, 우리 침대에 눕고 싶어요. 여기는 정말 싫어요."

나는 침대 곁으로 가서 아내의 두 손을 꼭 잡았다. 아내는 말없이 흐느꼈다.

"라이사, 당신은 반드시 완치될 거요. 나도 병실을 얼마나 싫어하는지 당신이 알잖소. 하지만 우리는 지금 병원에 와 있고, 집은 물론, 다른 어떤 곳보다도 여기가 더 좋아요. 골수이식을 마치면 집에 갈 수 있어요. 나를 봐요. 나도 최근에 아팠지만, 이렇게 멀쩡해지지 않았소."

1년 전쯤에 나는 알레르기가 생겨 한동안 앓았다. 알레르기는 순식간에 퍼져 머리부터 발끝까지 온몸이 붉은 반점으로 뒤덮였다. 외출도 제대로 못했다. 거기다 기분 나쁜 합병증까지 나타났다. 강한 약을 써서 더 이상 번지는 것은 막았지만 완치되지는 못했다. 그러다 어느 날 갑자기 알레르기 증세는 깨끗이 사라졌다.

하지만 나는 아내를 구해 줄 수 없다는 생각 때문에 죄책감에 사로잡혔다. 마음이 아프다 못해 부끄러웠다. 다툴 때 아내한테 심한 말을 한 것도 후회막급이었다. 아내의 신경계는 이제 더 이상 버틸 수 없을 정도가 되었다. 아내는 가끔 "왜 내게 이런 벌이 내리는 거지요?"라며 흐느꼈다.

아내는 특히 지식인들을 비롯해, 많은 사람들이 하는 행동 때문에 놀라고 상처를 받았다. 사람들이 나와 아내에 대해 무자비하고 조직적인 비방전을 벌이는데도 누구 하나 공개적으로 나서서 이를 나무라는 사람이 없었다. 유독 직설적인 성격으로 유명한 영화감독인 스타니슬라프 고보루킨만이 크라스나야 프레스나야 영화센터에 열린 한 모임에서 이런 말을 했다.

"고르바초프 대통령과 라이사 막시모브나 여사가 오늘 이 자리에 오신 줄 압니다. 외람되지만 곧바로 결론부터 말씀드리고자 하니 부디 양해해 주시기 바랍니다."

고보루킨에 대한 일화를 소개하려고 하니 또 다른 모임에서의 이야기가 생각난다. 같은 장소에서 저명한 가수 요시프 코브존('백학'이라는 노래로 유명)의 업적을 기리는 모임이 열렸다. 사실 코브존은 내세울 게 많은 사람이었다. 그러나 그날 모임에서 나는 유리 루쉬코프(전 모스크바 시장)의 연설을 듣고 충격을 받았다. 그는 자기 연설에 도취된 나머지 흥분상태에 빠졌다. '엄선된' 청중들의 반응이 뜨거운 것을 보고 기분이 고조된 것이었다. 루쉬코프는 특히 국가의 미래를 책임지는 지도자들에 대해 장광설을 늘어놓았다. 청중들은 그의 연설에 모두 일어서서 열광했다. 갑자기 코브존이 청중들을 향해 지나가는 말처럼 고르바초프 대통령과 라이사 여사가 와 있다는 말을 했을 때는 벌써 이 '특별한' 저녁이 무려 4시간이 지난 무렵이었다. 그는 목소리를 더 높여 이렇게 소리쳤다.

"미하일 세르게예비치 동지, 한번 일어나 주시겠습니까? 두려워할 필요 없지 않겠습니까?"

그 말에 나는 인내심을 잃고 말았다. 나는 일어나서 연단으로 걸어 나갔다. 연단 가까이 가며 나는 이렇게 말했다.

"첫째, 나는 누구도 두려워하지 않소. 그 점은 오해 없길 바라오. 요시프를 포함해 여기 모인 청중들 모두 마찬가지요. 둘째, 내게도 할 말이 좀 있소."

나는 연단으로 가서 요시프 코브존이 들고 있는 마이크를 빼앗아 들었다.

눈치 빠른 자라 내가 파티를 망칠지 모른다는 생각을 했던 것이다. 물론 나는 파티를 망칠 짓은 하지 않았다. 나는 마이크를 들고 이렇게 말했다.

"나도 여러분과 함께 축하하기 위해 이 자리에 왔소. 몇 마디만 덧붙이고자 합니다. 요시프 동지, 축하하오. 그리고 당신이 한 업적에 대해 찬사를 보내고자 하오. 당신이 이룬 업적은 실로 대단한 것이고, 온 국민과 온 나라가 모두 그렇게 생각할 것이오. 한 가지만 알려 주겠소. '이반 바실리예비치는 왜 직업을 바꿨나?'라는 영화를 기억할 줄 아오. 충고하건데 당신은 직업을 바꾸지 말도록 하시오." (당시 모스크바에서는 코브존이 사업에 뛰어들 것이라는 루머가 나돌고 있었다.)

그는 내 말에 못마땅한 표정을 지어보였으나 아무 말도 하지는 않았다.

"그리고 사람을 끌어 모으는 당신의 능력에도 찬사를 보내고 싶소. 예를 들어 방금 연설한 유리 루시쉬프는 내가 최근 들어 거의 만나보지 못한 사람이오. 공식적인 자리에서 어쩌다 마주치는 정도요. 하지만 오늘 당신을 축하하는 자리에 와서 루쉬코프를 만난 거요. 가장 최근에 유리 루쉬코프와 나눈 대화는 법정에서였소. 그는 (무슨 이유에서인지는 모르지만 그 모임이 있기 얼마 전에 모스크바 시장에서 해임됐다) 내가 모스크바의 부정부패에 대해 비판한 것을 문제 삼아 세 번이나 나를 고소했기 때문이요. 나는 세 번 다 패소했소. 모스크바에는 부정부패가 없다고 한 것이니, 이 얼마나 놀라운 일이오!"

청중들은 모두 입을 다물었다. 루쉬코프는 조크를 해서 그 순간을 모면해 보려고 했다.

"돈이 유죄지요. 우리는 돈이 필요했습니다. 모스크바 시청에는 해결해야 할 문제들이 산적해 있기 때문입니다."

우리 부부가 함께 보낸 마지막 날들은 아무나 쉽게 견뎌내기 힘든 나날이었다. 내가 가장 사랑하는 사람을 살리지 못하고, 병을 이겨내도록 해 주지 못하는 나 자신을 용서할 수 없었다.

회상

뮌스터 병원에서 이리나가 다급하게 전화를 걸어왔다. "엄마가 얼른 오시래요." 무슨 일 때문에 그러는가 싶어 가슴이 덜컥 내려앉는 기분이었다. 전에도 아내는 특별한 일이 생기면 제일 먼저 나를 찾았다. 나는 얼른 옷을 갈아입고 병원으로 향했다. 우리 둘만 남게 되자 아내는 입을 열었다.

"우리 둘이 좀 더 쳐다보고, 이야기도 좀 더 하고 싶어요."

무슨 예감이 들어서 이런 말을 하나 싶어 겁이 덜컥 났다.

우리는 함께 지낸 이야기를 하기 시작했다. 대학에서 처음 만나던 순간부터 스트로민카 기숙사 생활, 그리고 유학을 위해 고향 집을 떠나오던 때의 이야기도 했다. 아내는 시베리아의 스테를리타마크에서 오고, 나는 프리볼노에서 왔다. 라이사는 나무 가방 하나를 들고 왔는데, 가방 안에는 절반이 먹을 것들이고, 나머지는 소지품들이었다. 무지하게 무겁고 부피가 자기 덩치만한 큰 가방이었다. 내 가방도 라이사 가방만큼이나 컸지만, 안에 든 내용물은 달랐다. 내 가방에는 먹을 것만 잔뜩 들어 있었다.

기차 타고 오면서 겪은 이야기도 했다. 당시에는 비행기로 여행하는 사람은 극히 드물었다. 기차여행 때는 가끔 침대칸을 탄 적도 있기는 하지만, 대부분 3등 객실에 탔다. 오랜 시간 기차 여행을 하다 보면 갖가지 일을 겪게 된다. 움직이는 거대한 세상의 일부분이 된 기분이 들었다.

아내가 말했다.

"첫 키스 때 생각나요?"

"그럼, 그걸 어떻게 잊어. 키스를 좀 더 일찍 했어야 하는 건데. 누구 때문에 그렇게 늦어진 거지?"

"그야 당신 탓이지요." 라이사는 웃으며 대꾸했다.

그때 일이 생생하게 기억난다. 1952년이었다. 우리는 소콜리니키 공원에 자주 갔는데, 평소 때처럼 아이스크림을 먹으며 함께 걸었다. 그날 저녁에 우리는 숙소에 돌아가고 싶은 생각이 없었다. 후텁지근한 날이었다. 갑자기 하늘이 흐려지더니 날이 어둑어둑해졌고, 사람들은 서둘러 공원을 빠져나갔다. 공원에는 사슴 연못이라는 유명한 곳이 있다. 내가 그녀에게 살며시 말했다.

"저기 들어가 수영 한 번 해볼까?."

"제 정신이에요?"

하지만 날씨가 무더웠기 때문에 한번 해보기로 했다. 우리는 옷을 벗고 연못에 뛰어들었다. 10분쯤 지나자 요란한 천둥소리가 나기 시작했다. 비도 억수같이 쏟아졌다. 다시 한 번 천둥소리가 울렸다. 번쩍 하는 불빛에 라이사의 얼굴이 환하게 비쳤는데, 두 눈은 두려움과 호기심으로 반짝였다. 나는 두 팔로 라이사를 안고 키스를 시작했다. 서툴지만 열정적인 키스였다.

나는 말했다. "왜 우리 관계를 그렇게 서둘러 끝내려고 했던 거야?"

"내 룸메이트들이 내게 이런 말을 했어요. '너는 아나톨리와 헤어진 지 얼마나 됐다고 벌써 다른 남자와 데이트 하니?'라고 말이에요. 엘비라라고 알지요? 아제르바이잔에서 온 여자애 말이에요."

"응, 알아."

"그 애가 당신한테 맘이 있었어요. 내가 장애물이 된 거지."

"그래서 포기하려고 했던 거야?"

"보다시피 포기한 게 아니에요. 우린 지금 함께 있잖아요."

"한 가지만 더 물어볼게. 우리가 언제 부부가 된 거지?"

"법적으로는 9월 25일."

"맞아, 그런데 실제로는 언제였지?"

아내는 이렇게 대답했다.

"레닌 언덕에서였지요."

"그게 언제냐구?"

"그건 기억이 안 나요."

"이봐요. 난 생생하게 기억해. 1953년 10월 5일이었소."

그렇다. 우리는 열정적인 관계를 지속했고, 영원히 헤어지지 말자고 언약했다. 친구들은 우리를 보고 이런 말을 했다. "이제 손잡고 돌아다니는 짓은 그만 해." 하지만 우리는 결혼하기 전까지는 부부관계를 맺지 않았다.

함께 사는 동안 우리는 어디를 가든 쉴 새 없이 이야기를 주고받았다. 당서기장이 되고, 대통령이 되고 나서도 내가 전화를 하든, 아니면 아내가 전화를 하든 내가 일하러 나와 있는 하루 12~14시간 동안 서너 번은 통화를 했다.

다차에 가면 아침 운동을 같이 했다. 그리고 나면 아내는 자기 일을 하고 나는 내 일을 했다. 아내는 자기 방에서, 나는 옆방에서 일했다. 우리는 문을 열어놓고 지냈는데, 가끔 아내는 "여보, 이리 와 봐요." 하고 나를 불렀다.

"왜?"

"이 운동 정말 좋아요."

아내는 물구나무서기를 해 보였는데, 내가 보기에는 그렇게 하면 목 부위에 부담이 너무 심하게 가서 좋지 않을 것 같았다.

"여보, 그러다 잘못하면 목 부러지겠소."

"조심해야 할 거야. 의사 말이 당신은 트랙터 운전기사 같은 근육을 갖고 있지만, 계속 신경 써서 관리를 해야 한다고 했어." 그러자 아내는 이렇게 말했다.

"손 이리 내 봐요."

"아야."

"꽉 잡아 봐요. 출근하려면 아직 시간 많아요."

우리는 샤워를 함께 하고 나서 침대로 갔다….

아내는 여러 문제에서 내 의견이 어떤지 알고 싶어 했다. 페레스트로이카 시절에는 더 많은 질문을 나한테 했다.

다른 에피소드 하나를 소개하겠다. 한번은 라이사가 새 옷 몇 벌을 살 작정으로 쇼핑 약속을 잡았다. 내가 심판관 역할을 했다. 아내는 새 옷을 입고는 내 앞에 섰다. 예쁜 옷을 좋아했던 아내에게 좋은 옷을 입으라고 호기를 부리기도 했지만, 가끔은 우리 형편에 버거운 경우도 있었다. 아내는 "이 옷 어때요?" 하고 내게 물었는데, 내가 조금이라도 미심쩍은 반응을 보인다 싶으면 절대로 그 옷은 두 번 다시 입지 않고 치워 버렸다.

아내는 예뻤다. 내 눈에만 그런 게 아니라, 그녀는 우아하고, 매력적이고, 정말 여성스러웠다. 그리고 귀족적인 자태를 타고 났다. 위엄이 몸에 배 있었다. 아내를 한번이라도 만나 본 사람은 고상한 여자라는 느낌을 받게 된다. 그리고 아내를 잘 아는 사람들은 그녀가 재치 있고, 사려 깊고, 친절한 성품을 지니고 있으며, 이야기 해 보면 진지하고 재미있는 사람이라는 것을 알게 된다.

뮌스터 병원

뮌스터 대학병원에 한 달 간 있으면서 우리는 새로운 걱정과 희망을 동시에 갖게 됐다. 고통스런 화학요법을 받은 결과, 라이사의 치료가 성공할 것이란 희망을 조금 가질 수 있게 된 것이다.

7월말에 내가 라이사와 함께 뮌스터로 가면서, 딸 이리나가 모스크바로 와서 일주일 동안 머물렀다. 그 기간 동안 라이사의 여동생 루드밀라가 모스크바로 와서 언니에게 기증할 수 있는 혈액인지 알아보려고 혈액검사를 받았다. 최종 결론을 내리기 위해 혈액 샘플을 해외로 가져나가는 것은 대단히 어려운 일이었는데, 발렌티나 마트비엔코와 겐나디 오니센코가 적극 나서서 이 문제를 신속하게 해결해 주었다.

이리나는 우리 외손녀인 크세냐와 아나스타샤를 데리고 뮌스터로 와서 3주 내내 우리와 함께 머물렀다. 크세냐에게만 딱 한 번 라이사 면회가 허용되었다. 막내 외손녀 아나스타샤는 외할머니에게 시와 편지를 계속 썼는데, 나는 지금도 그것을 보관하고 있다.

라이사의 외모는 크게 변했다. 화학요법을 받는 것 자체도 힘들었지만, 치료를 받는 동안 염증 등 여러 가지 합병증상이 나타났다. 사실상 24시간 내

내 정맥주사를 맞았는데, 그것만으로도 환자에게는 여간 고통스런 일이 아니었다.

그 기간 동안 우리는 예상치 못하게 봇물처럼 쏟아지는 위로와 격려를 받았다. 편지와 팩스, 전보를 수백 통 받는 날들도 있었다. 격려 편지는 카렌 가라제지얀(고르바초프재단에서 일하는 나의 보좌관 겸 직원. 우리가 뮌스터에 있을 때는 훌륭한 독일어 통역원이었다)의 방에 모두 보관했다. 가족들 모두 대부분의 시간을 라이사가 입원한 병원에서 지냈기 때문에, 그 편지들을 다 읽을 수는 없었지만, 일부는 아내에게 큰 소리로 읽어 주었다. 그러면 아내는 울음을 터뜨리며 이렇게 말했다. "사람들이 이런 말을 할 정도로 내가 정말 끔찍한 병에 걸렸단 말인가요?"

내가 당서기장으로 선출되고 난 다음 며칠 동안 아내는 계속 이렇게 물었다. "내가 할 일은 뭐죠? 어떻게 해야 돼요?"

"아무 것도 바뀌는 건 없고, 우리가 갑자기 다른 사람이 되는 것도 아니라오. 평소에 하던 것처럼 그대로 하면 돼요. 문명 세계에서는 대통령이나 총리 부인들이 온갖 종류의 공적인 역할을 한다는 사실만 기억해요." 나는 이렇게 말했다.

아내가 정치적 결정에 관여하고, 내게 압력을 행사했다는 루머는 모두 근거 없는 헛소문이다. 라이사는 정치국이 무슨 일을 하며, 어떻게 돌아가는지도 몰랐다. 그녀는 신문과 텔레비전 방송 보도를 살펴보는 데 더 관심이 많았다. 예상했던 대로, 우리 사회는 퍼스트레이디가 공적인 활동을 하는 데 대해 상반된 반응을 보였다.

분노의
시간들

크림반도의 휴양지 포로스에서 처음으로 불길한 사변이 일어났다. 1991년 8월 18일에(보수 쿠데타 발생) 우리는 그곳에 억류되어 외부로부터 고립되었다. 라이사는 약한 뇌출혈을 일으켰고, 어느 순간에는 오른쪽 팔에 마비가 왔다. 그녀의 두 눈에는 두려움과 절박함이 가득했다. 지금도 그 눈이 생생하게 기억난다.

예고르 보리소프 교수와 니콜라이 포쿠트니 교수와 같은 의사들의 도움으로 그 위험스런 순간을 벗어날 수 있었다. 딸 이리나와 사위 아나톨리도 도움이 되었다. 두 사람 모두 의사이다. 하지만 모스크바로 돌아온 뒤로 라이사는 침대에 누워 지냈다. 의사들이 차례로 드나들어야 했고, 양쪽 눈에 모두 망막출혈이 있었다. 시력이 심하게 손상되고, 불면증과 우울증에 시달렸다. 이런 증상들이 한꺼번에 닥쳤다.

1991년 여름은 실로 견디기 힘들었다. 나라는 붕괴되고, 나는 대통령직에서 물러났다. 우리 가족, 특히 내게 온갖 추악한 비방이 가해졌다. 라이사는 결국 회복하지 못한 채, 감정을 이기지 못하고 기진맥진해 갔다.

1991년 12월 25일 텔레비전 연설을 통해 나는 소련 대통령을 사퇴한다고 발표했다. 내 연설이 미처 끝나기도 전에 보리스 옐친은 크렘린궁 지붕위의 소련 국기를 재빨리 끌어내렸다.

나는 연설을 마친 다음 크렘린궁 대통령 집무실에서 옐친과 만나 후속문제를 협의하기로 합의했다. 하지만 그는 나타나지 않았다. 전화를 걸었더니 그는 내 연설 내용이 사전에 약속한 것과 너무 다르다며, 내가 먼저 합의를 어겼다는 것이었다.

이제 보리스 옐친은 저 세상 사람이 되었고, 나 역시 인생의 종착역에 가까이 가고 있다. 당시 상황을 있는 그대로 사람들에게 알리고 싶을 뿐이다. 옐친은 크렘린궁 안의 '중립 지대'에서 만나자고 했다. 외국 대사를 접견하는 방 중에서 하나를 골라 만나면 좋겠다는 것이었다. 나는 대통령 권한 이양에 관한 소련 대통령 포고령을 그에게 보내고, 샤포슈니코프 국방장관에게 '핵 가방'을 즉각 새 대통령에게 넘겨주라는 지시도 내려 보냈다.

당시 나는 여러 차례 옐친과 만나 대통령 권한 이양에 관한 절차를 논의했다. 두 사람은 1991년 12월 30일을 기해 소련 대통령 행정실의 업무를 중단하기로 합의했다. 하지만 12월 26일 오전에 옐친을 필두로 이반 실라에프, 겐나디 부르불리스, 그리고 루슬란 하스불라토프가 내 집무실로 밀고 들어와, 위스키를 들이키며 자기들의 승리를 자축하는 술판을 벌였다. 이 일을 주도한 것은 옐친이었다. 많은 러시아 국민들은 옐친의 이런 식의 행동을 좋아했다.

1991년 12월 23일에 우리는 퇴임 후 내가 재단을 설립할 수 있도록 시설을 제공한다는 협정에 서명했다. 그 자리에서 옐친이 이렇게 물었다. "자, 그러면 당신이 만드는 재단이 야당 역할을 하는 것입니까?"

나는 대답했다. "천만에, 우리가 최근 몇 주 동안 합의한 대로 해 준다면, 나는 당신이 하는 일을 지지하고, 옹호해 줄 용의도 있소. 왜냐하면 나는 지금도 러시아에 대해 책임감을 느끼고 있기 때문이오. 하지만 당신이 내가 받아들이기 어렵고, 국가에 해가 되는 정책을 추진한다면, 당연히 그것을 비판할 것이오. 나는 이런 일을 공개적이고 직접적으로 할 것이오. 뒤통수를 치거나 음모를 꾸미는 일은 없을 것이오."

1992년 3월과 4월에 나는 옐친의 정책에 대해 몇 가지 신랄한 비판을 퍼부었다. 옐친의 정책을 지지하는 자들은 앞으로 러시아의 운명이 어떻게 되든 상관하지 않고, 그저 소련 연방 해체에만 환호작약하는 무리들에 지나지 않았다. 그 일로 나는 헌법재판소까지 끌려갔고, 해외여행 권리도 유보되었다. 해외여행 제한은 내가 방문하기로 예정되어 있던 이탈리아에서 사람들이 거리로 나와 항의시위를 벌이고, 다른 나라에서 새 러시아 정부의 조치에 대해 일제히 비난에 나서자 도로 해제됐다.

그해 하반기에 다시 옐친 비판을 시작하자, 우리 재단이 입주해 있는 건물을 몰수하라는 명령이 내려졌다. 어느 날 아침 재단 직원들이 출근했는데, 재단 건물 주위를 자동소총을 든 무장 경관들이 에워싸고 있었다. 거리낌 없이 이런 짓을 하는 데는 누구도 그를 따를 수 없다.

주요 TV 채널들에는 고르바초프 뉴스를 내보내지 말라는 지침이 내려졌다. 어떤 기자는 1분 30초짜리 나와의 인터뷰를 방송에 내보냈다가 쫓겨났다. 나와 관련된 뉴스는 일절 방송이 금지됐다.

한번은 상트페테르부르크를 방문했는데, 아나톨리 소브차크 시장이 나를 영빈관에 묵게 했다. 우리는 회담을 갖기로 되어 있었는데, 옐친이 그에게 전화를 걸어 이렇게 다그쳤다고 했다.

"당신 도대체 누구와 일할 생각이요? 나요, 아니면 고르바초프요?"

소브차크는 굴복했고, 나와 관련된 모든 스케줄은 바뀌었다. 국민들은 옐친이 소련 대통령을 어떤 식으로 대우하고, 어떻게 행동하는지 지켜보았지만, '새로운 엘리트' 들은 나에 대한 공격을 결코 늦추지 않았다.

페레스트로이카의
진실

이 장을 쓰면서 내가 당서기

장으로 선출될 당시의 일과,

당시 내 보좌관이던 이리나 바게예나 생각이 났다. 그녀는 내 자서전 원고를

정리하다 말고 갑자기 이렇게 소리쳤다. "미하일 세르게예비치! 오늘이 3월

11일이네요!" 정말 그랬다. 내가 당서기장에 선출된 바로 그날이었다.

나는 이런 질문을 자주 받는다. 페레스트로이카는 실패한 시도인가? 아니

면 성공한 것인가? 그러면 나는 페레스트로이카는 무산되었다고 대답해 준

다. 더 정확하게 말하면 유산되고 말았지만, 그것이 가져다 준 성과는 부정할

수 없다고 믿는다.

세월이 지나고 보니, 당시 상황이 보다 분명하게 보이고, 더 많은 정보도 갖

게 되었지만 나의 근본적인 입장은 바뀌지 않았다. 다시 처음으로 돌아간다

해도, 나는 그때와 같은 목표, 다시 말해, 더 많은 민주주의, 더 많은 사회주의

를 위해 싸울 것이다. 나는 페레스트로이카를 통해 사회주의가 제2의 전성기

를 맞을 것이라고 확신했다. 내 생각이 그러했고, 안드로포프와 이야기하면

서 '더 많은 민주주의'가 '더 나은 사회주의'를 가져다 줄 것이라는 생각은

한층 더 확고해졌다.

페레스트로이카의 핵심은 전체주의 체제를 극복하고, 자유민주주의로 전

환하자는 것이었다. 중병에 걸린 전체주의 정권과 사회를 치료하는 임무가

페레스트로이카의 손에 주어졌던 것이다.

이것은 페레스트로이카를 시작한 의도를 이해하는 데 반드시 알아야 할 열

쇠가 되는 부분이다. 그것은 바로 소비에트 국민들이 자유를 누리게 되면 창

의성을 발휘하게 될 것이고, 창의적인 에너지는 또한 개혁 조치를 추진하는

원동력이 될 것이라는 굳은 믿음이었다.

'계속 이렇게 살 수는 없다.'는 절실한 구호는 현실에 대한 깊은 절망에서 나온 것이다. 교육수준이 상당히 높은 데도 자유를 누리지 못하는 현실에서 사회는 질식해 가고 있었던 것이다. 국가 전체가 페레스트로이카의 탄생을 고대하고 있었다. 서방에서는 거대한 구조적 변화가 일어나고 있었다. 여러 가지 어려움과 문제점에도 불구하고, 서방 사회는 새로운 기술 시대를 맞이해 더 높은 수준의 효율성을 성취해 가고 있었다.

브레즈네프 시대의 전체주의 체제로는 이러한 새로운 선진 발전 단계의 도전을 감당할 능력이 없다는 사실이 입증됐다. 우리는 시간을 허비했고, 역사에서 패배하고 있었다. 국가의 기반이 흔들리기 시작했다. 한때 대부분의 선진국들을 따라잡고, 생산수준의 격차를 좁혀가던 높은 성장률은 1970년대 들어 떨어지기 시작했다. 앞에서도 밝힌 바 있지만, 유리 안드로포프 체제가 들어섰을 때는 제로 성장률을 기록하고 있었다.

1985년 당중앙위 전체회의 이후 모든 게 새롭게 시작됐다. 초기 페레스트로이카 계획은 개혁이 필요하다는 생각에 바탕을 두었다. 그와 함께 우리 사회가 현재 처한 상황, 특히 경제 분야에 대한 종합적인 분석을 하는 데 심혈을 기울였다. 산업 분야의 여러 기관들로부터 수많은 보고서를 제출받고, 현 상황에 대한 전문가들의 견해가 어떤지 물어 보았다. 결과는 참담했다. 거의 모든 사람들이 불만을 갖고 있었는데, 심지어 상당한 특혜를 누리는 군수산업 분야 노동자들조차 그랬다.

내일, 아니면 모레라도 당장 모든 게 무너져 내릴 수 있는 상황이었다. 기분에 휩쓸린 게 아니라, 냉정하고 책임 있는 분석을 해서 내린 결론이 그렇게 나왔다. 변화의 길로 나아가야 할 때가 온 것이다. 우리는 고통을 받을 만큼 받고 있었고, 그래서 페레스트로이카가 더욱 필요했다. 나라 전체가 변화와 개혁을 기다리고 있었다.

투명성이 확대되고 변화에 대한 사람들의 의식이 커지면서, 페레스트로이카 과정은 힘을 내기 시작했다. 해가 솟아오르며 안개가 걷히듯이 냉담과 무관심이 자취를 감추기 시작했다. 명령 통제 시스템의 집요하고 강력한 족쇄를 벗어던져야만 했다. 국민들의 삶 모든 요소에 싱싱한 활력이 받아들여지도록 확실한 방안을 취할 필요가 있었다. 사람들에게 자유가 필요했고, 그에 따른 정치 개혁 방안을 취하는 게 시급했다.

나는 여러 사정을 감안할 때, 우리 사회의 근본적인 변화는 새로운 세대의 지도부가 소련 권력의 최고위직을 차지한 다음에야 가능하다고 생각했다. 유리 안드로포프가 당서기장이 되기 전에 그와 나눈 대화가 생각난다. 당시는 내가 스타브로폴에서 일할 때였다. 당시 소련 지도부가 물러나면 누가 그 자리를 대신할지에 대해 정치국에서 큰 관심이 없는 것 같다는 말을 했더니, 안드로포프는 희미한 미소를 지으며 이렇게 말했다. "국가와 국민을 먼저 생각해야지, 다른 게 우선일 수는 없지 않나?"

나는 생각이 달랐고, 그래서 솔직하게 말했다. "예를 들어 작년 11월 7일에 찍은 지도부 사진을 보면, 솔직히 걱정이 많이 됩니다. 사진에 나오는 사람들 거의 전부가 70세 이상의 고령자들 아닙니까?"

이어서 나는 반농담조로 이렇게 덧붙였다. "모두 조만간 밥숟가락을 놓을 분들 아닙니까?"

"뭐라구, 우리 모두를 갖다 묻을 참인가?" 그는 이렇게 반문했다.

"물론, 그런 말씀은 아니지요, 제가 그럴 사람이라는 게 아니라, 어차피 인생이 그렇다는 말이지요. 동양의 어떤 현자가 말한 것처럼 '태어나서 고통 받고 살다가 떠나는 게 인생' 아닙니까? 이미 두 세대까지 이승을 떠났고, 3세대도 피해갈 수 없지 않습니까? 이제는 국가 지도부에 젊은 피를 수혈해야 할 필요가 있다고 생각합니다. 이제는 절실한 문제입니다."

"미하일, 지금부터 내가 하는 말 잘 들으시게." 안드로포프는 말했다. "경험 없는 젊은이들이 기를 쓰고 지도부로 올라가면 일을 그르친다네. 늙은 말은 밭고랑을 망가뜨리지 않지."

"예, 그건 사실입니다, 유리 블라디미로비치 동지. 하지만 고랑을 새로 만들 때 늙은 말은 옛날 방식 그대로 일합니다. '경험 많고 노련한 사람과 젊은 사람의 조화가 필요하다'고 한 레닌의 말은 온당합니다. 나이든 지도자들은 젊은 지도자들이 무모한 실수를 하지 않도록 경험을 나누어 주고, 젊은 지도자들은 나이든 동지들을 잘 모시자는 말이지요."

"나도 레닌의 말이 옳다고 생각하네." 안드로포프는 웃으며 말했다.

"하지만, 유리 블라디미로비치, 작은 도토리가 강건한 상수리나무로 성장합니다."

이 말이 안드로포프의 뇌리에 박혔던 모양이다. 그는 죽는 날까지 내내 그 말을 내게 상기시켰다.

Mikhail Gorbachev

03 페레스트로이카의 길

변화의 출발점에
서다

페레스트로이카를 시작한 지 25년, 4
반세기가 지난 지금 이 책을 쓰고 있
다. 사람들은 다시 페레스트로이카에 대해 이야기를 하고 있다. 페레스트로
이카는 우리에게 무엇을 가져다 주었는가? 이 시기는 우리에게 어떤 기대를
충족시켜 주었고, 어떤 실망을 안겨 주었는가?

페레스트로이카는 당과 국가에서 여건이 무르익었을 때 시작하는 게 맞다
고 나는 생각했다. 조국이 처한 상황에 극렬한 반응을 보인 힘이 표출되기까
지 우리 사회는 심사숙고를 거듭했고 많은 고통을 받았다. 사람들이 엄청난
어려움을 겪었고, 기본 생필품조차 구할 수 없었다.

처음에는 정치국에서 인적 쇄신이 이루어졌다. 이 작업은 안드로포프 때
시작되어 내가 당서기장에 선출된 이후까지 계속되었다. 새로운 인사들이 당
지도부에 들어왔다. 니콜라이 리쉬코프, 알렉산드르 야코블레프, 바딤 메드
베데프, 에두아르드 셰바르드나제, 예고르 리가체프, 비탈리 보로트니코프,

빅토르 체브리코프, 게오르기 라주모프스키, 보리스 옐친, 그리고 빅토르 니코노프, 아나톨리 도브리닌, 니콜라이 슬륜코프, 아나톨리 루키아노프, 알렉산드라 비류코바, 니콜라이 탈리진, 블라디미르 이바시코, 안드레이 기렌코, 발렌틴 팔린, 갈리나 세메노바 등이다.

인적 쇄신 작업은 연방공화국들과 각 지방, 지역 및 공산당 중앙위원회 서기국으로까지 확대됐다. 내각과 정부 기관들도 모두 포함됐다.

지금은 당중앙위 4월 전체회의가 페레스트로이카의 출발선이라는 게 정설로 굳어져 있다. 왜 새 지도부가 선출된 3월 전체회의가 아니고 4월 대회가 출발선이냐고 묻는 사람들이 있다. 4월 대회를 출발선으로 보는 게 맞다. 새로운 정책의 개념이 4월 전체회의에서 제시되었고, 그것은 대단히 중요한 사실이다.

앞에서 이미 밝혔듯이 당시 나는 당중앙위 전체회의를 전후해서 일반 국민과의 만남을 자주 가졌다. 모스크비치들로부터 실로 많은 이야기를 들었다.

나는 리카체프 공장을 방문했고, 주민들이 사는 거주지역과 병원, 상점을 찾아갔다. 가장 중요한 대화는 리카체프 공장 회의실에서 가졌다. 그곳에서 나는 처음으로 우리가 1970년대 초 이후부터 다른 선진국들에 비해 점점 더 뒤처지고 있다는 사실을 공개적으로 밝혔다. 그리고 성장률 하락으로 경제, 사회적 상황이 악화일로에 있으며, 국방 분야에서도 영향을 받고 있다고 솔직히 털어놓았다.

북부 시베리아와 극동에서 천연자원을 새로 채굴해 내기는 점점 더 힘들어지고, 인구문제는 심각해지고 있었다. 산업노동생산성 성장률은 선진국들에 비해 70% 넘게 더 낮았다. 특히 농업 성장률은 80%나 낮았다. 우리가 만드는 제품 가운데 글로벌 스탠더드에 맞는 것은 21%에 불과했다. 소련은 과학과 기술 발전 면에서 선진국들에 비해 점점 뒤떨어지고 있는 게 분명했다. 모임 참가자들은 모든 문제를 공개적으로 말했고, 큰 우려를 나타냈다.

사람들은 급격한 변화를 원했다. 레닌그라드를 방문했을 때 나는 대단히 흥미로운 일을 목격했는데, 그곳 사람들은 당중앙위 4월 전체회의 결의안에 대해 열렬한 지지를 나타냈다. 레닌그라드의 한 대로에서 차를 세우고 수백 명의 군중을 직접 만났다. 그런 다음에 나는 엘렉트로실, 키로프 팩토리 볼셰비키 같은 큰 공장들을 찾아갔고 폴리테크닉 인스티튜트를 방문해 교수와 학생들도 만났다.

나는 스몰니 인스티튜트를 끝으로 레닌그라드 방문을 마무리했다. 1917년 소비에트 권력이 탄생한 바로 그 스몰니였다. 사람들은 3월과 4월의 당중앙위 전체회의에서 채택된 결의안의 내용을 나한테 직접 설명 듣고, 새 지도부의 계획이 어떤 것인지 알고 싶어 했다. 나는 위대한 도시 레닌그라드 시민들이 이룬 영웅적인 업적에 경의를 표한 다음, 이 도시가 처한 많은 문제들에 대해 공개적으로 입장을 설명했다. 연설 말미에 나는 내가 한 말을 곰곰이 생각해 보기 바란다고 당부했다.

모스크바로 돌아오는 비행기에 탑승하자, 레닌그라드 공산당 제1서기인 레프 자이코프가 내가 스몰니에서 행한 연설 장면을 담은 비디오 사본을 건네주었다. 크렘린으로 돌아와서 나는 라이사와 함께 내가 레닌그라드 시민들과 만나는 장면을 제3자의 입장에서 다시 보았다. 스몰니의 열기는 한마디로 놀라웠다.

나는 예고르 리가체프에게 테이프를 보내서 한 번 보고 언론보도를 어떻게 하면 좋을지 의견을 말해보라고 했다. 리가체프는 곧바로 미하일 지미야닌과 함께 테이프를 봤는데, 전국의 텔레비전 방송에 편집하지 말고 그대로 내 보내기로 했다.

스몰니 연설은 여러 가지 면에서 하나의 이정표가 될 만한 사건이었다. 시민들과의 그런 만남을 어떤 식으로 다루어야 할지 하나의 선례가 마련된 것이다. 6월과 7월에는 우크라이나와 벨로루스를 방문했다. 그곳에서도 나는 시민들과 직접 대화를 나누었다. 이들 공화국 시민들의 생각을 직접 듣는 건 대단히 중요한 일이었다. 개혁에 대한 그들의 지지가 절대적으로 필요하기 때문이다.

드네프르-페트로프스크 야금 공장에서 행한 연설에서 나는 청중들을 향해 이렇게 물었다.

"여러분들 중에서도 '우리가 너무 나가는 것 아니냐?'고 묻는 사람들이 있을 것입니다. 여러분도 그렇게 생각합니까?"

"지금 진행하는 방향이 옳소. 당연히 이렇게 나아가야 됩니다." 사람들은 이렇게 대답했다.

나는 다시 물었다. "여러분 몇 사람의 생각입니까. 아니면 여기 모인 모두들 그렇게 생각하나요?"

"우리 모두 그렇게 생각합니다!" 청중들은 나를 격려하듯 뜨겁게 외쳤다.

우크라이나 방문 말미에 우리는 키예프에서 공화국과 지방 지도자들을 만났다. 그곳 각료들과 학계, 문화계는 물론, 학생 대표들까지 참석했다. 내가 우크라이나인들이 이룬 업적과 조국에 기여한 엄청난 헌신에 대해 치하하는 동안 홀 안은 우호적인 열기가 넘쳐났다. 나는 첫 번째 공식 방문 때 본 우크라이나의 부정적인 면에 대해서도 이야기했다. 당시 우크라이나는 여러 해 동안 브레즈네프 영향 아래 놓여, 자율권을 제대로 행사하지 못하고 있었다. 사람들은 내가 무슨 말을 하려는 것인지 알아듣는 듯했다.

나는 여러 해 동안 벨로루스와 우호적인 관계를 유지했다. 이곳 사람들은 2차 대전 때 독일군에 맞서 영웅적인 항전을 한 사람들이다. 민스크에서는 가는 곳마다 사람들이 나를 열렬히 지지해 주었다. 나는 격한 감동을 안고 모스크바로 돌아왔다. 극동 시베리아도 찾아가 그곳 주민들이 어떻게 살고, 일하는지 내 눈으로 직접 보고 싶었다. 그리고 석유와 가스 생산이 왜 그처럼 저조한지 그 이유도 내 눈으로 직접 확인하고 싶었다.

휴가 직후인 9월 4일에 나는 블라디미르 돌기흐, 보리스 옐친, 니콜라이 바이바코프, 그리고 가스산업 담당 장관 빅토르 체르노미르딘을 대동하고 투멘 지방에 도착했다. 방문일정은 석유산지인 이곳의 수도 니즈네바르토프스크에서 시작했다. 그런 다음 대규모 공사가 진행 중인 북극권의 신흥도시 우렌고이로 갔다. 수르구트에 건설 중인 발전소 현장도 직접 보러 갔고, 주민들이 사는 도시 곳곳도 둘러보았다.

석유, 가스 노동자들과 대화를 하며 나는 특히 가슴이 아팠다. 그곳 시 당국과 주민들 모두 열악한 그곳의 삶에 대해 걱정이 이만저만이 아니었다. 낙후된 지역에서 대규모로 새로운 사업을 벌이려면, 도로, 주택, 전기, 난방, 학교, 병원, 도서관, 운동장 같은 인프라 구축부터 먼저 해놓아야 한다는 게 새삼 실감이 되었다. 주민들이 정상적인 생활을 영위하기 위해 갖추어야 할 것이 한두 가지가 아니었다.

우렌고이 방문은 감동적이었다. 북극권 바로 옆에 새로운 도시를 세우는 건설공사가 한창 진행 중이었다. 많은 주민들이 당서기장을 만나려고 거리로 나왔다. 주민들은 거침없이 말을 쏟아냈다.

"우리를 판잣집과 철도 객차에서 살도록 계속 내버려 두실 건가요? 생필품은 모두 바닥이 났어요. 모스크바를 비롯해 다른 도시로 가는 정기 항공편도 없습니다. 소련이나 유럽 모두 가스는 필요로 하면서, 우리는 안중에도 없다는 게 말이 됩니까?"

배급 담당 관리들이 북극과 시베리아에 와 있는 개척자들에게 다른 지역 사람들은 쳐다보지도 않을 잉여 제품들을 보낸다는 사실을 알고 나는 분노가 치밀었다. 한심한 일이 한 두 가지가 아니었다.

술과의 전쟁

나는 주요한 조치의 하나로 금주 캠페인을 시작했는데, 그것은 일반 국민으로부터 엄청난 반향과 갖가지 파장을 몰고 왔다. 지금도 내가 당서기장에 오른 지 얼마 지나지도 않아서 어떻게 그런 엄청난 결정을 내릴 수 있었는지 의아해 하는 사람들이 많다.

당시 사정은 이랬다. 레오니드 브레즈네프가 살아 있을 때에 정치국에서 국민들의 엄청난 압박을 받고 금주 프로그램을 시작한다는 결정을 내렸다. 이 정책은 유리 안드로포프 때도 계속되었다. 정치국과 정부는 각종 보고서를 참고하면서 이런저런 지시를 내렸다. 콘스탄틴 체르넨코가 집권했을 때도 마찬가지였다.

페레스트로이카가 시작되면서 금주 프로그램은 다시 정치국으로 넘겨졌다. 정치국은 이 정책을 재검토하기 전에 전국의 200개 대형 사업장을 대상으로 의견수렴을 했다. 금주 문제가 노동자들과의 직접 대화를 통해 공개적으로 논의되기 시작한 것이다.

　당시 의견 수렴 자료들이 어디 있는지 다시 보고 싶다. 분명 어딘가에 남아 있을 것이다. 하지만 그 내용은 생생하게 기억난다.　사람들은 즉시 단호한 조치들을 취해 술과의 전쟁에서 이겨달라고 일제히 주문했다. 왜 당국에서 아무런 조치도 취하지 않는지 도무지 이해가 안 된다고 아우성을 쳤다. 술로 인해 사회의 도덕적 기강은 무너지고 생산성도 떨어졌다. 음주로 인한 악영향이 미치지 않는 곳이 없었다. 가정을 망치고, 자라는 아이들에게도 나쁜 영향을 미쳤다.

　이런 보고서들을 읽으면서 나는 눈앞이 캄캄했다. 우선 몇몇 지역을 대상으로 일명 '드라이 법'(dry law)이라고 부른 알코올 금지법을 도입키로 했다. 소련 건국 초기 몇 년간 당국은 세원 확보 때문에 금주법을 일시 폐지했었다. 술을 사악한 것으로 간주한 니키타 흐루시초프는 가격을 올리고 판매를 제한하는 등 술을 근절하기 위해 단호한 조치들을 취했다. 하지만 이런 노력들은 시간이 지나면서 서서히 멈춰 버렸다.

　그러다 결국 사태가 심각한 지경에 이른 것이다. 금주 캠페인이 시작된 초기에는 전국적으로 알코올 중독자로 등록된 사람의 수가 무려 5백만 명에 달했다. 음주로 인한 국가경제 손실이 매년 8천만~1억 루블에 달했다. 1인당 알코올 소비는 10.6리터에 달했는데, 음주연령에는 어린이들까지 들어 있었다. 러시아가 1914년 금주법을 도입했을 당시 1인당 보드카 소비량은 1.8리터였는데, 제2차 세계대전이 끝난 뒤에는 2리터로 늘었다.

　어느 날 안드레이 그로미코가 브레즈네프와 나눈 대화내용을 내게 들려주었다. 두 사람은 자비도보에 있는 브레즈네프 자택에서 돌아오는 길이었고, 브레즈네프가 직접 운전을 했다고 한다. 그로미코는 자기가 보고받은 정보를 인용해 서기장에게 술 문제가 재앙의 수준에 이르렀으며, 사회 전체에 심각한 영향을 미치고 있다고 했다. 그는 '무슨 조치를 취해야 하지 않겠습니까?' 하고 질문하듯 말했다.

브레즈네프는 한참을 아무 말도 않더니 이윽고 이렇게 말했다. "이것 보게, 안드레이, 러시아 사람은 술 안 마시면 아무 일도 못 한다네."

당시 어떤 요인 때문에 음주가 그렇게 기승을 부렸는지는 단정적으로 말하기 힘들다. 몇 가지 요인을 들 수 있을 것이다. 전통적인 문제이기도 하고, 수백 만 명이 어려운 생활여건 속에서 살고 있었고, 술을 자제하는 문화도 없었고, 억압적인 사회 분위기도 한몫을 했을 것이다. 당국도 '악마의 음료'인 술에 대해 너무 관대한 입장을 취함으로써 부정적인 역할을 했다. 그러다 보니 일반국민들 사이에 음주에 대해 관대한 문화가 형성되었다. 이런 술 문화와 관련된 우스갯소리가 얼마나 많았는가!

페레스트로이카 시절에는 더 신랄한 조크들이 난무했다. 그중 하나만 소개해 보겠다.

보드카를 사려는 사람들의 줄이 1km도 넘었다. 기다리다 지친 사람들은 당국을 욕하고, 특히 당서기장에게 험한 욕설을 퍼부어댔다. 그들 중 한 명이 이렇게 소리쳤다. "지금 당장 크렘린으로 달려가서 그자를 죽여 버릴 거야!" 늘어선 사람들은 낄낄거리며 이렇게 말했다. "그렇게 하라구, 가서 죽여 버려!"

그자는 크렘린으로 갔다가 한 시간 뒤에 원래 줄 있는 곳으로 다시 돌아왔다. 상점 앞에는 여전히 긴 줄이 늘어서 있었다.

"그쪽 줄은 더 길더군요." 그는 이렇게 말했다.

'그게 뭐 그렇게 우습나?' 하는 반응을 보이는 사람도 있겠으나, 당시 러시아인들은 이 조크를 좋아했다.

사람들은 그때 술과의 전쟁을 시작한 게 누구 아이디어였느냐고 궁금해 한다. '자기가 평생 마실 술을 다 마신' 정치국원들이 낸 아이디어라고 비꼬는 말도 들린다. 물론 그런 추측도 해 볼 수는 있을 것이다. 하지만 이번에는 아이디어가 밑에서 올라왔다. 당과 정부 기관에는 아내와 어머니들로부터 금주를 호소하는 서신이 수도 없이 접수됐다. 작가와 의사들이 나서서 음주 문제를 직접 거론하며 금주법 도입을 요구했다.

처음 정치국에서 이 문제를 놓고 활발한 논의를 벌였지만 금주법 도입은 거부됐다. 정치국에서 제시한 방법은 독주 생산을 점진적으로 줄이고, 대신 도수가 약한 드라이 와인과 맥주, 알코올 없는 음료의 생산량을 늘리자는 등이었다. 술 판매 감소로 생기는 세수 부족분은 다른 데서 보충하자고 했다.

국민들도 일부를 제외하고는 처음에 정치국의 결정을 받아들였다. 하지만 금주 캠페인이 진행되면서 사람들은 이 방안에 못마땅한 반응을 보이기 시작했고, 나중에는 분노로 발전됐다.

왜 그랬을까? 무슨 일이 있었던 것일까? 정치국의 결정은 현실적인 문제에 대해 책임감을 갖고 내린 것이었지만, 일단 결정이 내려지자 선의의 의도는 흔적도 없이 사라지고 일이 꼬여만 갔다. 금주 캠페인 사건은 정부가 법령을 공표하는 톱다운 방식으로 일을 추진하다간 무슨 일이든 망치고 만다는 사실을 다시 한 번 보여준 사례였다.

위에서 압력이 내려오자 상점과 양조장들은 얼른 문을 닫았고, 어떤 곳에서는 포도 재배 면적까지 줄여 버렸다. 드라이 와인 생산도 함께 날아간 것이다. 체코에서 들여온 값비싼 맥주 생산 장비들은 녹이 슨 채 버려졌다. 더 심각한 것은 밀주가 광범위하게 퍼졌다는 사실이다. 상점에서는 설탕이 동났고, 설탕 부족은 과자 생산 부족으로 이어졌다. 과자 한 봉지 사려면 상점 앞에 몇 시간이나 긴 줄을 서야 한다는 현실에 사람들은 분노하고 수치감을 느꼈다. 사람들은 당국에 욕을 퍼부었고, 특히 모든 일에 책임을 진 당서기장을 비난했다. 그렇게 해서 나는 '미네랄 당서기장'이라는 별명을 얻었다. 나를 포함해 정치국의 모든 이들이 상황을 진정시켜 보려고 해 봤지만 허사였다. 하지만 시간이 지나며 결국 금주 캠페인은 효과를 내기 시작했다.

흥미롭고도 중요한 사실은 우리가 취한 조치들이 부상과 사망률을 줄인 것은 물론 작업장에서의 작업정지 시간까지 줄였다는 점이다. 근로자들이 이상행동을 보인 사례가 줄고, 음주 관련 이혼도 줄었으며, 평균수명과 출산율은 증가했다.

시험대에 오른 글라스노스트

체르노빌 충격

페레스트로이카가 진행되는 동안 글라스노스트에 대한 논의가 엄청나게 많았다. 솔제니친도 "고르바초프의 글라스노스트가 모든 것을 다 망쳐놓았다."는 말을 해서 나는 깜짝 놀랐다. 그는 이런 말을 여러 차례 했기 때문에 계속 모른 채 할 수가 없었다. 나는 모스크바에서 열린 세계신문편집인협회 회의에서 이렇게 지적했다. "나는 솔제니친을 존경하지만 그가 하는 말에는 동의하지 않습니다. 글라스노스트 없이 페레스트로이카는 가능하지 못했을 것입니다. 언론과 표현의 자유가 없었더라면 어떤 민주적 절차도 시작되지 못했을 것입니다."

서방 민주주의 국가는 물론이고 소련과 러시아에 사는 대부분의 사람들도 글라스노스트를 자유가 제대로 기능하기 위한 하나의 필요조건으로 받아들였다. 소련 지도부에게 글라스노스트란 국민들에게 국가와 세계가 처한 상황에 대해 진실을 말하기 시작했다는 의미였다. 하지만 무엇보다도 그것은 새로운 정치적 노선을 설명하는 도구였으며, 사람들로 하여금 자신들이 사는 사회를 개선하는 적극적이고, 독립적이고, 의식적인 노력을 하도록 만드는 중요한 방법이었다.

페레스트로이카는 하나의 민주적 개혁 과정으로 출발했기 때문에, 우리는 그것을 실천하는 과정도 민주적으로 해나갈 필요가 있었다. 글라스노스트는 국민을 정치에 참여시키고, 스스로 새로운 삶을 영위해 나갈 수 있도록 촉구하는 수단이었으며, 페레스트로이카의 위대한 성과물이었다.

글라스노스트가 진행되는 동안 유명한 텔레비전 쇼 '페레스트로이카 스포트라이트'가 탄생됐다. 당시 이 프로그램은 막강한 영향력을 발휘하며 사회의 어두운 분야 곳곳을 밝혀주었다. 글라스노스트가 진행되면서 소련 사회는 두려움에서 벗어나기 시작했다.

정치국은 글라스노스트가 제기하는 시험을 계속 참아내지는 못했다. 우리들 가운데는 글라스노스트가 '인민들을 당과 우리 역사에 대한 근거 없는 비판 쪽으로 유도한다'고 생각하는 사람들이 있었다. 동지들은 수시로, 특히 공식적인 회의장 밖에서 언론과 언론인들의 '방약무인'하고 거침없는 태도에 불편한 심경을 드러냈다. 이들은 언론이 조국을 위해 훌륭한 기여를 한 유명인들에게 모욕을 준다고 생각했다.

언론이 고압적인 자세로 모든 일에 심판관 같은 역할을 자임하고 나서자, 정치국은 언론에 재갈을 물려야 한다고 요구했다. 언론이 무슨 일이든 쉽게 보도하고, 정확한 분석이나 사실 보도에 대한 책임은 너무 가볍게 여긴다는 것이었다. 솔직히 말해, 이런 성토 분위기에도 일리는 있었다. 바츨라프 하벨이 한 말이 생각난다. "언론의 자유에는 항상 위험이 따른다. 선량한 자유가 있으면 악마의 자유도 반드시 함께 있으니까."

글라스노스트는 또한 환경 문제를 국민 여론의 법정에 제기했다. 그렇다고 글라스노스트 이전에도 환경 문제가 완전히 금기시된 것은 아니었다. 스탈린 시절에도 사람들은 숲이 감소한다는 경고를 했고, '위대한 지도자 동지'의 지시로 조성된 방풍림의 중요성을 강조했다. 흐루시초프 시절에는 습지와 토양의 염류화에 반대하는 항의시위가 벌어졌다. 브레즈네프 때는 바이칼호, 아랄해, 라도가호, 카스피해, 아조프해의 심각한 환경오염 문제를 제기하는 보도가 심심치 않게 나왔다.

하지만 당시에는 절대로 넘어서는 안 되는 한계선이 그어져 있었다. 아주 적은 양의 정보만 일반인들에게 알려졌다. 야만적인 마구잡이식 훼손으로 우리가 사는 자연에 어떤 규모의 재난이 일어나고 있는지 사람들은 실상을 제대로 알지도 못했다.

유명한 작가들이 자연보호 운동에 가담했다. 바이칼호 문제에는 발렌틴 라스푸틴, 볼가강 문제에는 세르게이 잘리진, 세미팔라틴스크 인근의 핵실험장 문제에는 올즈하스 술레이메노프, 시베리아 삼림과 강 문제에는 빅토르 아스타피에프, 북러시아 삼림 문제에는 바실리 벨로프가 나섰다. 글라스노스트는 우리 사회에 만연한 자연에 대한 소모적인 태도를 드러내 보여주었다. 자연이야 우리가 한 세기는 쓰고도 남을 만큼 갖고 있다는 식의 안이한 태도를 말하는 것이다.

글라스노스트 덕분에 일반 국민들은 전국 90개 도시에서 대기오염도가 허용치를 넘었다는 사실도 알게 되었다. 그것은 사실상 소련 내 대규모 산업단지를 총망라하는 수치였다. 유전자 공급원이 위험에 처했다는 사실을 뒤늦게 알게 된 사람들의 분노와 후회가 전국을 휩쓸었다.

글라스노스트는 또한 과거에 금지됐던 영화와 저작물들의 복권을 의미했다. 사실상 모든 반체제 작가와 망명 작가들의 저작물의 출간이 허용되었다. 첫 번째 조치로 아나톨리 리바코프의 〈아르바트의 아이들〉, 블라디미르 두딘체프의 〈화이트 로브〉, 알렉산드르 베크의 〈뉴 어포인트먼트〉가 출간되었다.

리바코프는 내게 편지와 함께 원고를 하나 보내왔다. 원고는 문학적인 면에서 깊은 인상을 주는 것은 아니지만, 스탈린 시대의 분위기를 다시 느끼게 해 주는 것이었다. 원고를 모스크바의 지식인들에게 돌려 회람시켰더니, 당 중앙위에 서신과 책에 대한 반응이 홍수처럼 쏟아져 들어왔다. 사람들은 그 소설을 '세기의 소설'이라고 극찬했다.

나는 〈에카테리나 보로니나〉 〈헤비 샌드〉 등 리바코프의 소설은 익히 알고 있었다. 나는 이들 소설의 출간을 허용해야 되겠다고 생각했다. 리바코프 소설을 둘러싼 이야기는 당 지도부 내에 전체주의 시절의 일을 다시 들추는 것에 대해 사람들이 갖고 있던 두려움을 완화시켜 주었다.

텡기즈 아불라제 감독의 작품 '회한'을 특별히 언급해 보겠다. 이 영화는 에두아르드 세바르드나제의 지원으로 제작되었고, 다른 비공개 극장에서 상연되기 전에 시네마 하우스에서 엄선해서 초대한 관중을 대상으로 시사회를 가졌다. 영화는 큰 충격을 가져왔고, 예술적으로뿐만 아니라 정치적으로 하

노벨평화상 수상자로 지명된 고르바초프가 오슬로 시청에서 강연을 위해
연단으로 오르고 있다.(1991년 6월5일)

고르바초프 서기장과 레이건 대통령이 1985년 11월 제네바에서 역사적인 정상회담을 갖고 있다.

고르바초프와 레이건 대통령의 유명한 '벽난로 대화' (1985년 11월 19일)

3일간의 정상회담을 마치고 악수하는 고르바초프와 레이건(1985년 11월 21일)

보수파가 일으킨 쿠데타 당시의 모스크바 광경. 붉은광장에 보수파가 동원한 탱크가 들어와 있다.(1991년8월)

1986년 10월 레이캬비크 정상회담에서 레이건이 지켜보는 가운데
고르바초프가 손목시계의 시간을 맞추고 있다.

고르바초프와 레이건대통령이 조약에 서명한 후 만년필을 교환하고 있다.

소련 대통령을 사임하기로 한 고르바초프가 크렘린궁 게오르기홀에서 옐친,
야코블레프 등과 얘기를 나누고 있다. 고르바초프가 화난 듯
양복 재킷을 벗는 모습이 상징적이다.(1991년 12월)

10월혁명 70주년 기념행사에 참석한 쿠바 지도자 카스트로와
고르바초프(1987년 11월7일)

10월혁명 70주년 기념 경축행사가 열리고 있는 붉은광장

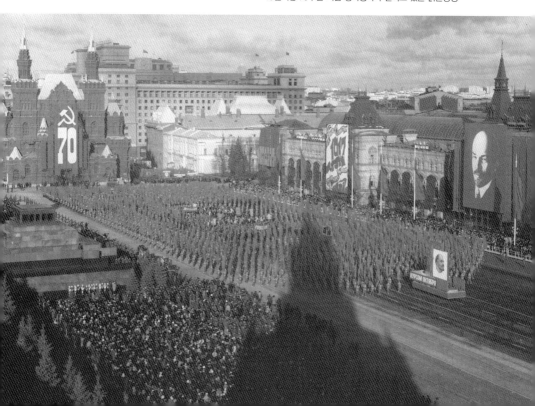

소련을 방문한 레이건 대통령과 붉은광장에서 포즈를 취한
고르바초프 서기장(1988년 5월)

1990년 11월 7일 붉은광장에서 노동자들의 시위대 앞에서 걷고 있는 소련 지도부

1988년 10월 24일 모스크바를 방문한 헬무트 콜 독일총리의 연설을 듣고 있는 고르바초프

유엔총회에서 연설하는 고르바초프(1988년 12월 7일). 세계평화를 위해
대결에서 협력으로 전환하자고 호소해 열렬한 환영을 받았다.

옐친으로부터 사임 압박을 받아온 고르바초프가 마침내 1991년 12월 25일
침통한 표정으로 소련 대통령직을 사임하는 고별사를 읽고 있다.

보수파의 8월 쿠데타가 발발하기 직전 흑해 휴양지 포로스로 휴가를 떠난 고르바초프 가족이 비행기에서 내리고 있다. 보수파의 쿠
데타로 고르바초프 가족은 이곳에서 3일간 연금당했다.

나의 현상으로 다루어졌다. 정치국은 이 영화를 일반 국민에게 공개할 것인지 여부를 놓고 회의를 가졌다.

나는 일반 공개 여부는 영화제작자와 창조 노동자 노조가 결정할 문제라고 생각했다. 제작자와 노조는 나의 조치를 환영했고, 이것이 선례가 되면서 검열에 걸려 창고에 들어갔던 영화들이 모조리 해금되었다. 바실리 비코프, 바실리 그로스만, 칭기즈 아이트마토프, 빅토르 아스타피에프, 발렌틴 라스푸틴, 보리스 모즈하에프를 비롯해 '사회주의 리얼리즘'의 기준에 걸려 출판금지당한 많은 작가들의 신작이 잇따라 출간되었다. 그리하여 비판적 리얼리즘에 기초한 자연주의 문학의 위대한 전통이 회복되기 시작했다. 니콜라이 카람진, 세르게이 솔로비요프, 바실리 클류체프스키, 니콜라이 코스토마로프를 비롯한 여러 역사학자들의 작품도 출판되기 시작했다.

V. 두딘체프는 소설 〈화이트 로브〉를 써놓고 20년 동안 붙잡고 있다가 1987년에서야 드디어 출간하게 되었다. 리바코프의 소설 〈아르바트의 아이들〉은 1960년대에 쓰여졌으나 1987년에 출간되었다. 리바코프의 작품 가운데 연작 〈1935년과 그 이후〉는 1985년에 출간됐고, 〈공포〉는 1990년, 〈먼지와 재〉는 1994년에 출간됐다. 1965년에 창작된 알렉산드르 베크의 〈뉴 어포인트먼트〉는 1986년에야 출간이 허용됐다.

텡기즈 아불라제 감독의 영화 '회한'은 1984년에 제작되어 전국적인 화제가 되었다. 이들 작품의 발표에 이어 이번에는 이반 부닌, 드미트리 메레즈코프스키, 블라디미르 나보코프, 예브게니 자미아틴, 마르크 알다노프 등 러시아 망명 작가들의 작품이 출간되었다. 혁명 후에 추방당한 수많은 위대한 사상가들이 조국으로 돌아오게 된 시절이었다. 여기에는 알렉산드르 야코블레프의 공로가 컸다. 그렇게 돌아온 작가들의 이름을 일일이 거명하지는 않겠지만, 내가 아는 사람들의 이름만 적으면 다음과 같다. 블라디미르 솔로비요프, 니콜라이 페도로프, 니콜라이 베르댜에프, 파벨 플로렌스키, 그리고 이반 일린 등이었다.

많은 사람들이 똑같은 말을 하지만 나 역시 돌이켜 생각하면 학창시절에 이런 책들을 읽지 못한 것이 후회가 된다. 우리 세대는 정신적인 면에서 공허한 삶을 살았다. 공식 이데올로기가 먹여 주는 한줌의 양식만 받아먹었던 것이다. 스스로를 비교해 보고, 다양한 철학적 사상을 접하며, 스스로 옳은 것을 선택할 기회를 온전히 박탈당한 채 살았다.

글라스노스트를 시험대에 올린 가장 핵심적인 사건 가운데 하나는 체르노빌 사고와 그것을 처리하는 우리의 태도였다. 체르노빌 사고는 나로 하여금 우리 과학계의 현실과 핵시설 안전, 우리 핵시설 노동자들의 실력 등 실로 많은 일들에 대해 눈 뜨게 했다. 체르노빌은 우리 경제에서 가장 중요한 분야 중 하나인 중형 기계 건설 분야가 안고 있는 심각한 문제점들을 그대로 드러냈다. 방위산업과 핵무기 제조가 속한 이 분야에서 일하는 노동자와 지도자들은 국가에 기여하는 바가 컸지만, 그런 자부심은 도리어 자기비판에 소홀하고, 책임감이 결여되는 결과로 나타났다.

정치국은 첫날 체르노빌 핵발전소 사고 관련 정보를 보고받는 자리에서 책임자급 사람들이 놀라울 정도로 안이한 사고방식을 갖고 있다는 사실을 알게 됐다. 소련 과학아카데미의 아나톨리 알렉산드로프 원장과 에핌 슬라프스키 기계건설 장관이 정치국 회의에서 이런 말을 하는 것을 듣고 나는 깜짝 놀랐다. "별 일 아닙니다. 산업형 원자로에서는 전에도 여러 번 일어난 일이고, 잘 수습되었습니다. 술을 실컷 마시고, 잘 먹고, 한숨 푹 자면 방사능에 노출될 걱정은 하지 않아도 됩니다." 그토록 저명한 과학자와 담당 장관이 한 말이라고 도저히 생각되지 않았다.

실제로 어떤 일이 일어났는지 아무도 몰랐다. 폭발이 있었는지, 방사능 물질이 공기 중으로 분출되었는지, 화재가 일어났는지 등등 아무 것도 분명치 않았다. 사정이 그랬기 때문에 사고 직후 이틀 동안 우리는 아무 것도 발표할수가 없었다. 하지만 체르노빌에서 무언가 대단히 위험한 일이 발생했다는 사실을 감지하고 우리는 마침내 행동에 나섰다.

핵발전소와 방사능 전문가, 의사, 환경 관련 단체 정부 대표들로 정부 대책위원회를 구성했다. 소련과 우크라이나 과학아카데미도 별도 조사위원회를 만들었다. 하지만 4월 27일, 정부 대책위원회로부터 접수된 보고는 책임을 모면하려는 변명만 잔뜩 늘어놓고, 결정적인 정보는 하나도 담고 있지 않았다. 니콜라이 리쉬코프, 예고르 리가체프, 블라디미르 시체르비츠키가 현장을 방문하면서 사고 규모에 대해 좀 더 자세한 사실들이 드러나기 시작했다. 주민 안전 확보가 제일 시급하다는 게 명백해졌다.

어린이 20여만 명을 포함해 거의 1백만 명이 의료 지원을 받았다. 프리피야트 시 주민들을 소개시키는 결정이 내려졌다. 초기 방사능 오염지도를 만든 결과, 그곳에 주민이 살 수 없다는 결론이 내려졌기 때문이다. 1차로 반경 10km, 다음에 30km 지역 내 주민들을 이주시키기로 했다. 주민들이 떠나지 않으려고 했기 때문에, 강제 이주 방식을 쓰지 않을 수 없었다. 5월초까지 대략 13만 5천명이 소개됐다.

가장 어려운 것은 파괴된 원자로를 어떻게 처리하느냐는 문제였다. 방사능 물질이 토양을 통해 드네프르강으로 흘러들어가는 것을 막아야 했다. 화학전 부대가 배치되고, 필요한 장비들이 동원돼 원자로의 작동을 정지시키는 작업이 시작됐다. 제일 큰 관심은 키예프 시와 드네프르강의 운명에 모아졌다. 벨로루스의 모길레프 시가 특히 심각한 피해를 입었다는 사실도 드러났다.

하지만 솔직하게 말해, 사고 직후 며칠 동안은 국가 차원이 아니라 전 지구적인 규모의 재앙이 일어난 것인지는 분명히 드러나지 않았다. 초기에 진상이 분명하지 않았기 때문에 여러 루머와 공포가 퍼졌다. 그때부터 지금까지도 우크라이나, 벨로루스, 그리고 연방 중앙정부가 제대로 조치를 취하지 않았다고 비난하는 사람들이 있다. 내가 아는 한 재난을 입은 사람들의 운명에 관해 무책임한 행동을 하지 않았다고 확신한다. 필요한 조치를 제때 취하지 않은 게 있다면, 그것은 지식이 부족하고 효율적인 시스템이 갖춰져 있지 않기 때문이다. 정치인들뿐만 아니라 과학자와 전문가들까지도 그런 상황에 제대로 대응할 준비가 갖춰져 있지 않았던 것이다.

1986년 7월 3일 정치국 회의에서는 체르노빌 비극에 대해 전반적으로 논의했다. 회의에서 나는 이런 말을 했다.

"30년 동안 우리는 과학자, 전문가, 담당 장관이라는 사람들로부터 이곳의 모든 것이 안전하다는 말만 들었다. 우리는 그 사람들의 말을 신처럼 믿었다. 하지만 그게 아니었다. 담당 부서와 과학 연구기관들 모두가 통제력을 상실했다. 전체 시스템이 아첨과 굴종, 지도자들 간의 파벌과 연줄에 지배되고 있음이 들러났다."

나는 5월 중순에 텔레비전에 나가 희생자들에게 애도와 위로의 뜻을 전하고, 지금까지 어떤 조치를 취했고, 앞으로 어떤 조치를 취할지 설명했다. 그리고 사고 뒷수습에 참여한 사람들의 용기에 경의를 표했다. 여러 나라가 정부 차원에서, 그리고 공공 단체, 기업과 개인들이 직접 나서서 진화장비와 로봇 기술, 의약품을 보내 왔다. 사상 처음으로 소련 국민들과 국제적인 협력이 이루어진 것이다. 미국의 의사인 로버트 게일 박사와 폴 테라사키, 한스 블릭스 IAEA 사무총장은 체르노빌의 영웅들이었다.

하지만 소련 바깥에서 너무나 많은 사람들이 체르노빌 비극을 우리의 정책을 비난하는 기회로 삼았다. 이들은 특히 정보 공개 면에서 많은 비난을 퍼부었다. 정치국에는 두 개의 노선이 있었다. 첫 번째는 공포심을 막고, 추가적인 피해를 줄이기 위해 정보를 단계적으로 공개하자는 입장이었고, 두 번째는 정보가 입수되는 대로 모조리 다 공개하자는 입장이었다. 정확한 정보라는 사실만 확인되면 아무런 제한을 두지 말고 공개하자는 것이었다. 대세는 후자 쪽이었다.

7월 3일 정치국 회의에서 나는 이렇게 말했다.

"어떤 상황에서도 우리는 진실을 숨기지 않을 것이다. 실질적인 문제를 해결하는 과정에서도 그렇고, 국민에게 설명하는 과정에서도 마찬가지다. 세밀하게 평가해서 정확한 결론을 내려야 할 책임이 우리에게 있다. 우리는 국민과 전 세계의 눈높이에서 일을 수행하고 있다. 우리 스스로 불만족스러운 조치를 취하거나 민감한 문제를 회피하는 자세는 용납할 수 없다. 사고와 관련된 종합적인 정보가 필요하다. 비겁한 정책은 수치라는 것을 명심하자."

리쉬코프, 리가체프, 야코블레프, 메드베데프, 그리고 세바르드나제 등 모두가 나의 입장에 강력한 지지를 표시했다. 정치국과 내각은 물론이고, 모든 국민이 체르노빌 사고의 뒷수습에 이렇게 힘을 모았다. 개인적으로는 내 생애를 통틀어 가장 심각한 사건이었고, 특히 페레스트로이카 시기에 정말 중요한 사고를 당한 것이었다. 많은 것을 감내해야 했고, 많은 일을 다시 생각해 보고, 미래를 위한 결론을 내려야 했다. 나는 이렇게 생각한다. 나의 삶을 두 부분으로 나눈다면 하나는 체르노빌 사고 이전이고, 하나는 이후라고.

앞에서 언급했듯이 체르노빌 사고는 우리 체제 내의 수많은 병폐에 스포트라이트를 비춰준 셈이었다. 재앙을 감추기부터 하려는 자세와 무책임, 무사안일, 작업장에서의 나태와 음주문제 등등. 그렇지만 나는 이런 문제들은 행정차원의 억압적 방식이나 원리원칙을 강조한 나머지 강압적으로 해결하려 해서는 안 된다는 점을 인식하고 있었다.

경고음이
울리다

지방 당국들이 시간만 죽이며 수수방관하고 있다는 경고를 담은 서신들이 전국 각지에서 날아들었다. 1986년 7월 극동을 방문하기 직전에 나는 지방신문 편집인들과 만난 자리에서 모호한 태도를 버리고 분명한 목소리를 내라고 질책했다. 하지만 그들은 오히려 나를 원망하는 반응들을 나타냈다. "미하일 세르게예비치, 지금 우리한테 말한 내용을 당의 지방위원회, 시위원회, 지역위원회 서기들에게도 이야기 해 주십시오. 우리 신문은 사실상 당위원회 손안에 있는데, 그 사람들의 눈에 글라스노스트는 아무 것도 아닙니다."

결국 고위직들이 문제였다. 이번에는 당 고위관리들이었다. 지방에서는 실질적인 조치가 더뎌지는 주요 요인이 당 관리들인 것 같았다. 미적거리는 행태가 하나의 추세로 자리 잡고 있었다.

나는 암담한 기분을 안고 블라디보스토크, 콤소몰스크-나-아무르, 바로프스크 등 극동 순방에 나섰다. 편집인들의 말이 옳았다. 가는 곳마다 당 관리들은 주민들의 삶에 대해 무관심했다. 주민들은 변화에 대한 희망을 걸어보지만 돌아오는 게 아무 것도 없다며 격렬한 불만을 쏟아냈다. 고위 관리들이 페레스트로이카를 훼방하고, 변화의 열망에 찬물을 끼얹고 있으며, 사소한 문제도 해결할 의지를 보이지 않는다는 것이었다.

나는 머릿속이 복잡한 채 극동 방문에서 돌아왔다. 그래서 휴가 때는 가족과 함께 크림반도로 갔다. 정말 우울했다. 곧바로 새로운 인사방침을 정해서 사람 바꾸는 작업에 들어갔다. 하지만 어떤 사람을 어떤 자리에 앉히느냐가 능사가 아니라, 사람들을 어떤 자리에 앉혀도 현 체제의 엄격한 테두리 안에서 일한다는 게 문제라는 생각이 점점 더 강하게 들었다. 그러다 보니 주도적으로 무슨 일을 추진할 여지가 거의 없었다. 위에서 계획이 내려오고 예산이 배당되었으며, 각 기업들은 독립성이 거의 없었던 것이다.

나는 휴가일정을 서둘러 단축하고, 크라스노다르와 스타브로폴을 방문했다. 사람들을 만나 내 생각이 맞는지 직접 확인해 보고 싶었던 것이다. 기적은 없었다. 크라스노다르와 스타브로폴에서 나는 당과 고위 관료조직이 고루한 방식에 사로잡혀 있는 반면, 페레스트로이카에 대한 일반 국민들의 지지는 전혀 약화되지 않았다는 사실을 새삼 확인했다. 모두가 변화를 지지하지만, 아무 것도 바뀌는 게 없는 형국이었다. 이런 생각이 들었다. 도대체 이게 뭘까? 새로운 방식으로 일하는 게 영영 불가능한 것인가? 아니면 자기보호 본능 탓인가? 우리 사회가 처한 상황은 전혀 개선될 기미를 보이지 않고 있었다.

당중앙위에는 편지가 계속 밀려들었다. 어떤 일이 벌어지고 있는지 걱정이 돼 고발한다는 내용의 서신들이었다. 벨로루시에 사는 어떤 작가는 직설적으로 이렇게 썼다. "미하일 세르게예비치, 공격 명령을 내리십시오!" 그는 중국 문화혁명 때 쓰던 구호를 그대로 쓰라고 권했다. 일반 국민들의 정서를 반영하는 말이었다. 물론 그 작가도 실제로 나보고 공격 명령을 내리라는 뜻은 아니었을 것이다. 글라스노스트와 민주화 덕분에 우리는 이미 다른 시대에 살고 있었다. 그런데도 사람들은 최고 지도자가 나서서 공격 명령을 내려주기를 원했다. 그것은 사람들의 진심에서 우러나온 요청이었고, 지금의 당정 고위 관리들이 권좌에 있는 한 변화의 가능성을 믿지 못하겠다는 말이었다.

1986년 말이 되자, 나는 인적쇄신을 의제로 당중앙위 전체대회를 개최할 필요성을 절감했다. 회의 자료 준비에 들어갔는데, 보고서 작성에 시간이 많이 걸려, 대회 개막이 두 번이나 연기되었다. 정치국 내에 이견이 있고, 고르바초프가 일부 정치국원들로부터 지지를 얻지 못하고 있다는 루머가 국내외로 퍼졌다.

12월 1일에 우리는 가까스로 보고서 초안을 만들고 1차 독회를 했다. 정치국원들 사이에 일부 세부 내용을 싸고 미묘한 입장 차이가 있었지만 핵심 내용은 지지를 얻는 데 성공했다. 뒤이어 나는 모스크바 교외에 있는 당서기장 별장인 자비도보로 가서 알렉산드르 야코블레프, 바딤 메드베데프, 발레리 볼딘과 함께 보고서의 최종 문안 작업을 마무리했다.

변화는 너무 더디게 진행됐다. 사회, 특히 경제면에서 새로운 기회를 만들기 위해 앞으로 한 발, 두 발, 세 발 내딛는 것도 너무 힘들었다. 결국 회의는 교착상태에 빠졌고 의견차로 옥신각신했다. 나는 회의를 중단하고 각자 별도로 심사숙고할 시간을 갖자고 동지들에게 제안했다. 이틀 뒤에 우리는 다시 만났다.

라이사와 나는 이틀 쉬는 동안 숲을 산책했다. 회의 참석자들을 모두 교체해 버릴까 하는 생각도 해 봤지만, 실제로 그렇게 하지는 않았다. 일단 감정을 가라앉히고 일을 다시 시작했다. 기본적인 사안들에 대해서는 얼마 후 합의가 이루어졌다. 가장 먼저 도달한 결론은 노멘클라투라 방식을 극복하지 않는 한 인적 쇄신은 이룰 수 없다는 것이었다. 노멘클라투라 방식은 요직을 공산당 엘리트 관료들에게만 맡기는 것을 말한다. 그것을 포기하지 않는 한 당과 사회의 민주화도 계속 추진하기 어렵다는 결론을 내렸다. 당시 우리가 처한 상황을 분석한 결과 내린 결론이었다.

리쉬코프가 정치국원들을 상대로 의견을 들어보니, 60명의 각료 가운데 스스로 사의를 표한 자는 단 한 명도 없다고 했다. 오래 전에 물러났어야 할 자들이 많았고, 새로운 현실에 맞지 않는 자들도 하나같이 물러나지 않고 버틴다는 것이었다. 이런 인적 구조와 개개인의 자질로는 진정한 개혁을 추진하기에 총체적으로 역부족이었다. 당중앙위 전체회의 개최 준비와 관련해 대화를 나누면서 나는 리쉬코프와 세바르드나제의 지지는 전적으로 믿을 수 있다는 사실을 알게 되었다.

우여곡절 끝에 1987년 1월 19일에 보고서가 정치국에 제출되었다. 반응은 예상보다 좋았다. 정치국원들과 당 서기들 거의 모두가 보고서 내용을 지지했다.

안드레이 그로미코가 분위기를 주도했다. "초안 내용이 아주 좋다…아직 능력을 제대로 보여주지 못한 사람들도 많고, 자질이 부족한 것으로 드러난 자들도 많다. 하지만 문제는 사회주의 국가체제를 계속 유지할 수 있느냐 없느냐이다."

리쉬코프는 "신랄한 비판이 쏟아졌지만 좌절감에 빠지는 분위기는 아니었다."고 했다. 민주화에 대해서는 확고한 지지가 쏟아졌다. 이것은 경제적인 문제들과 연관되어 있었기 때문이다. 나는 각료를 포함한 정부 요직들에 임기제를 도입하고, 각급 당위원회 서기직 선출에도 비밀투표제를 실시하자고 제안했다.

리가체프는 보고서 초안에 조직 부서에서 준비하고 자신이 승인한 일상적 자료가 사실상 하나도 담기지 않았다는 사실을 알았다. 그럼에도 그는 상당히 호의적인 평가를 내렸다. 나아가서 그는 정치체제의 개혁 필요성까지 역설하며 이렇게 말했다. "나는 주기적으로 닥치는 위기를 피하기 위해 우리가 무엇을 해야 하는지 끊임없이 생각하고 있다. 이러한 위기는 우리에게 계산할 수 없을 정도의 피해를 입히고 있다. 가장 핵심적인 과제는 민주화라고 나는 생각한다."

세바르드나제도 이 문제를 제기하고, 아프가니스탄 전쟁을 언급하며 말했다. "동료 간의 협력정신은 훼손되고, 소규모 집단이 중앙위원들과 정부 고위 조직은 말할 것도 없고, 정치국원들도 모르는 가운데 결정을 독점하고 있다." 그는 이렇게 계속했다. "이제 실수가 반복되지 않도록 보장해 줄 조직적인 방안이 만들어지고 있다. 지금 우리가 하고 있는 것은 도덕적인 혁명이다."

옐친은 발언 의사를 나타내지 않았기 때문에, 할 말이 있으면 해 보라고 내가 권했다. 그는 "보고서에 적시된 대부분의 문제들에 공감한다."며 발언을 시작했다. 그리고 과거에 대한 비판적인 시각을 나타냈다. 그러면서 옐친은 페레스트로이카 전반에 대한 엄정한 평가도 필요하다고 했다. 그런 다음 지금 조국이 처한 침체와 후퇴에 대해 과거 정치국원과 당중앙위원들에게 책임이 있다고 했다. 그러면서 과거 인사들 개개인에 대한 철저한 평가가 필요하다는 말을 덧붙였다.

우리는 새로운 세력을 끌어들일 정책을 추구해야 하지만, 그렇다고 기존의 인사들을 단죄해서는 안 되며, 그럴 필요가 생겼다고 해도 그들의 삶을 우리 무릎 밑에 내동댕이쳐서는 안 된다는 게 나의 지론이었다. 페레스트로이카를 계기로 우리 사회와 당에 민주적인 원칙을 세우는 작업을 시작했다는 점이 중요했다. 민주적인 것과 거리가 먼 전술을 써서는 이런 목표를 달성할 수 없다는 점도 강조했다.

내 연설이 끝나자 옐친은 당혹스러워하며 낙담한 표정을 지었다. 당시 모스크바에서는 옐친의 태도가 너무 무례하고, 지나치게 편향된 입장을 갖고 있으며, 사람들에게 거칠게 대한다는 말들이 많았다. 나는 모스크바에서 일하는 게 얼마나 힘든지 잘 알았고, 당과 경제 노멘클라투라들 사이에 페레스트로이카에 대한 저항이 심하다는 것을 옐친이 누구보다도 절감하고 있을 것이라고 생각했다.

정치국은 보고서를 국민에게 공개하는 게 하나도 부끄러운 일이 아니라는 결론도 내렸다. 나는 그 결론이 무척 맘에 들었다. 당중앙위 전체회의에는 모두 77명이 토론에 참석해, 그 가운데 34명이 발언에 나섰다. 관료주의를 비판하지 않는 사람은 아무도 없었다. 모두들 쌍수를 들어 민주화를 지지한다고 입을 모았다.

토론의 분위기와 깊이 면에 있어서 이전 대회들과는 판이하게 달랐지만, 참석자들은 주요 쟁점에 있어서는 과거와 똑같은 입장을 취했다. 공직 임명에 있어서 당의 전권 행사가 당연하다는 데 대해서는 누구도 의문을 제기하려 들지 않았다. 자유선거를 노멘클라투라 메커니즘과 어떻게 결합할 것이냐는 문제에 대해서는 발언자들 모두 언급을 피하려고 했다.

공산당은 오랜 세월 노멘클라투라에 기반을 두고 이어져 온 막강한 권력기관이다. 그러다 보니 자신들에게 유리한 '게임의 룰'과 낡은 습관에 깊숙이 젖어 있었고, 정치국은 그 유기체의 일부분이었다. 정치국원 대부분은 공산당 개혁에 기꺼운 마음으로 동참할 생각이 없었고, 발을 질질 끌며 마지못해 따라오는 형국이었다. 당서기장은 막강한 권한을 행사하지만, 그렇다고 전지전능한 신은 아니었다.

나는 대통령이 되고 나서도 당서기장 직을 유지하기로 했다. 공산당이 점점 페레스트로이카의 적대 세력으로 변해가는 게 분명한 가운데서도 그렇게 결정했다. 당서기장을 내놓으려면 그럴 만한 구실이 있어야 하는데, 그만두면 어떤 점이 좋을지 도무지 생각이 떠오르지 않았다. 어쨌든 국가의 운명에 영향을 미칠 권을 움켜쥐고 있는 정치국 정위원과 후보위원들을 요직에서 몰아내려면 당서기장을 겸하는 게 나을 것 같았다.

하지만 상황은 그렇게 호락호락하지 않았다. 당시로서는 당대회 이후 고위직에 남아 있는 공산당 노멘클라투라들을 단기간에 몰아낼 준비가 아직 덜 돼 있었다. 그리고 페레스트로이카를 진정으로 지지해 줄 인재들을 끌어 모을 방안도 쉽지 않았다. 스탈린주의 테두리를 벗어나지 못한 공산당이 '출세의 사다리' 역할을 해 온 당을 과감히 외면하지 못하게 사람들을 부여잡고 있었다.

다시 말해, 당을 개혁하는 것은 쉽지 않았다. 사람들이 충고하는 대로 공산당을 해체하기도 쉽지 않았으며, 페레스트로이카를 지지하는 자들만 따로 추려내기도 용이한 일이 아니었다. 큰 흐름은 대체로 개혁의 방향으로 움직이고 있었지만 전국적으로 보면 속도가 상당히 느렸다.

무엇보다도 중요한 것은 이제 글라스노스트와 민주주의, 자율성이 우리 국민의 삶에 도입되었다는 사실이다. 나는 이 세 가지 기둥이 지금 우리 국민과 당이 직면하고 있는 큰 문제들을 해소시켜 줄 것으로 생각한다. 문제를 해소시켜 주지 못한다면 최소한 완화시키고, 우리의 기준에 맞게 길들여 줄 것으로 기대한다. 우리가 바라는 것은 완전한 글라스노스트, 철저한 민주주의, 국민이 참여하는 자율이다. 사람들이 기계의 톱니바퀴처럼 돌아가던 시절은 지났다. 이제는 사람들이 자기 손으로 정부를 꾸려나가야 할 시대가 왔다.

보고서는 우리가 엄청나게 많은 문제를 안고 있다고 분명하게 밝히고 있다. 페레스트로이카는 더디고 힘들게 진행돼 우리의 기대치에 미치지 못하고 있다. 이것이 바로 우리 당이 처한 현실이다. 이런 현실을 드러내면 안 되는가? 아니면 만사가 잘 돌아가고 있다고 호도해야 하는가? 누군가의 심기를 불편하게 만들까 봐 겁을 내야 하는가? 그런 짓은 과거에 할 만큼 하지 않았는가? 사실은 이 정도의 말을 하는 것조차도 대단히 위험한 짓이다. 언론인들이 분수를 모르고 그러는 건가? 그래서 언론에 압박을 가해야 하는가?…

당중앙위 전체회의는 우리가 제출한 보고서를 채택했고, 1970년대 말과 1980년대 초 국가가 처한 위기의 원인이 무엇인지에 대해 우리가 내린 평가에 동의했다.

1986년 말부터 1987년 초 사이는 페레스트로이카가 첫 번째 심각한 위기를 겪은 시기였다. 국민들은 멋지고 순조로운 변화를 원했지만 반대세력과 급진세력의 완강한 저항으로 야기되는 난관들을 미처 예상하지 못했다.

12

새로운 세계관
핵 없는 세상을 향해

새로운 업무(당서기장)를 맡은 처음부터 나는 호의적인 국제환경이 조성되지 않고서는 본격적인 개혁이 불가능하다는 사실을 깨달았다. 우선 국력을 소진시키는 무리한 군비경쟁의 부담, 세계 곳곳에서 벌어지는 분쟁에 개입함으로써 야기된 부담을 줄여야 했다. 그리고 새로운 세계로 나아가는 데 걸림돌이 되는 갖가지 냉전의 잔재들을 씻어내야 했다. 이런 과제들과 함께 국제관계에 변화를 가져다 줄 해결책도 동시에 찾아야 했다. 두 가지 다 더 이상 미룰 수 없는 일이었다. 이러한 과제가 우리가 추진하는 정치 전략의 핵심이었다.

사람들이 페레스트로이카 전략의 배후에 놓인 동기는 무엇이고, 논리는 무엇이냐고 물으면 나는 항상 국내적인 요인을 강조했다. 하지만 대외적인 요인도 그 못지않게 중요했다. 특히 핵위협으로 소련과 전 세계에 예상할 수 없는 결과를 초래할지도 모른다는 현실은 엄청난 부담이었다.

1980년대 중반 들어 전 세계적으로 핵전쟁의 위협이 급격히 확산되고 있었다. 국제사회는 난관에 봉착했다. 핵무기를 실은 지옥행 열차는 믿을 수 없는 속도로 빠르게 달려가고 있었고, 달리는 열차를 어떻게 해야 멈출 수 있을지, 아니면 속도를 늦출 수 있을지에 대해서도 아무런 대책이 없었다.

대치하는 두 진영 모두 제어 시스템이 고장 났다는 점을 알고 있었다. 우리가 원하지 않더라도, 정치적으로 핵전쟁을 원하지 않더라도, 핵전쟁이 일어날 가능성은 언제든지 있었다. 무엇인가 조치가 취해져야만 했다.

조국에 이익이 되는 길이 무엇인지 정확하게 인식하게 되자, 우리는 신사고를 통해 소련의 이익을 인류 전체의 이익과 일치시키는 게 가능하다는 생각을 하게 되었다. 그렇게 하자 다른 나라들과의 유익한 협력 기회가 조성되기 시작했다.

페레스트로이카를 시작할 당시의 주요 목적은 소련 국민들에게 자유를 안겨주자는 것이었다. 소련 지도부는 같은 목적을 다른 나라 국민들에게도 적용시킬 수 있다는 것을 알게 되었다. 우리는 이미 브레즈네프 독트린을 원칙적으로 포기하고, 바르샤바조약으로 맺어진 소위 '형제국'들의 내정에 대한 간섭을 중단했다. 그것은 스탈린주의와 결별하는 데 있어서 가장 중요한 조치들 가운데 하나였다. 소련 정부는 이 약속을 끝까지 지켰다.

나는 지금도 유럽 중동부 국가들에서 일어난 변혁사태에 개입하지 않은 소련 지도부의 결정이 옳았다고 확신한다. 지금도 나는 '그 나라들(동구권)을 송두리째 내주었다.'는 비난을 듣는다. 내가 만약에 그 나라들을 누군가에게 내준 게 맞는 얘기라면 그것은 바로 그 나라 국민들에게 돌려준 것이다.

페레스트로이카의 새로운 원칙과 접근방식은 독일 통일에도 결정적인 역할을 했다. 독일 통일을 입안한 사람들은 바로 독일 국민이었고, 그러한 사실은 이들이 상호이해와 협력을 쌓아가는 데 가장 믿을만한 토대가 되었다.

우리와 프랑스와의 교류가 1970년대 데탕트를 만드는 데 큰 촉진제가 되었다는 것은 널리 알려진 사실이다. 그런 연유로 해서 나는 당서기장이 되고 난 다음 첫 번째 공식 해외 방문국으로 프랑스를 택했다. 프랑스 방문에서 우리는 모두 하나의 집에 살며, 어떤 사람은 이 문으로 들어가고, 또 어떤 사람은 다른 문으로 집에 들어가는 것뿐이라는 요지의 연설을 했다. 우리는 이 집에서 살며 서로 협력하고 상호 소통할 필요가 있다고 했다. '우리가 더불어 사는 유럽공동의 집'이라는 말을 처음 사용한 것도 프랑스 방문에서였다.

1980년대 중반은 냉전의 긴장이 가장 고조된 시기였다. 미국과 소련의 지도자들은 6년 동안 한 번도 얼굴을 맞대지 않았다. 소련군이 아프가니스탄에 침공해 들어간 이후 전 세계는 과거 그 어느 때보다도 더 긴장된 상황에 놓였다. 무엇인가 조치를 취할 필요가 있었다. 나는 모든 일에는 상호적인 조치가 취해져야 한다는 생각을 갖고 있었다. 그래서 미국과 소련 양국 지도자 사이에 대화를 복원시켜야 한다고 판단했다. 그런 상황이 계속되도록 방치한다면 상황이 더 악화될 뿐이었다. 어쨌든 만나야 했다.

회담은 1985년 제네바에서 열렸다. 전 세계가 이 회담에 엄청난 기대를 가졌다. 3,500여 명의 기자가 정상회담을 취재하기 위해 몰려들었다. 우리는 철저히 준비했다. 새로 임명한 에두아르드 세바르드나제 외무장관의 지휘 아래 우리 외무부는 회담 준비에 전념했다. 회담에서 논의할 의제들도 빠짐없이 정리됐다.

의제 준비는 각종 위원회와 외무부, 국방부, 국가보안위원회의 실무 그룹들이 맡았다. 경제 관련 의제 준비에는 국가계획위원회를 비롯해 저명한 전문가들이 참여했다. 정치국원 레프 자이코프가 이끄는 특별위원회가 구성돼 모든 작업을 총괄했다. 준비 작업이 끝난 다음에는 정치국이 사전 보고를 받고 최종 점검을 했다.

이 과정을 이처럼 상세히 설명하는 것은 당시 의제와 관련한 결정들이 어떻게 내려졌는지에 대해 많은 추측들이 오가고 있기 때문이다. 정치국은 제안을 기각시키거나 새로운 지시를 내리는 등 최종 결정권을 가졌다. 정치국은 핵심 제안들에 대한 보고를 받고 초안에 대해 중요한 코멘트를 덧붙였다.

제네바 정상회담은 모두 합쳐서 열다섯 시간이나 계속됐다. 레이건과 나는 일대일 회담을 5~6번 가졌고, 매번 우리는 예고된 일정을 무시하고 회담을 계속했다.

레이건과의 첫 번째 회담은 뜨거운 분위기 속에서 진행됐다. 양측 참석자들 모두 물러서지 않았다. 우리는 전 세계를 핵전쟁 일보 직전까지 몰고 간 군비경쟁과 관련해 격렬한 토론을 벌이고 서로 상대를 비난했다.

레이건은 우리가 제3세계 사태에 개입하는 것에 대해 장황하게 이야기했다. 그것 때문에 미국과 소련 사이의 긴장이 지속된다고 주장했다. 나는 우리는 '혁명을 수출할' 계획이 없다고 분명하게 대답했다. 미국과 마찬가지로 우리도 우리의 기본적인 이익에 따라 행동하고, 우리의 우방들을 지원하는 것이라고 했다.

첫 번째 회담이 끝난 뒤 소련 대표단은 모두 나를 빙 둘러싸고 모였다. 레이건에 대한 인상이 어땠는지 궁금했던 것이다. 당시 레이건은 소련뿐만 아니라 전 세계적으로 강경 '매파'로 불렸다. 나는 그때 레이건이 엄청나게 보수적인 신념을 가진 인물이라고 생각했는데, 사실은 그런 표현으로도 부족한 사람이었다. 그는 한마디로 공룡 같은 사람이었다.

얼마 뒤 나는 주간 뉴스위크지에서 레이건이 나에 대해 깊은 관심을 표현한 기사를 읽었다. 뉴스위크 기사에 의하면 레이건이 '고르바초프는 뼛속까지 볼셰비키'라고 했다는 것이다.

하지만 두 사람 사이에 오간 대화의 열기는 시간이 가면서 차츰 가라앉았다. 나는 레이건에게 우리는 아프가니스탄에 계속 주둔할 계획이 없으며, 아프간 사태의 정치적인 해결을 원한다고 했다. 소련은 미국과 전쟁을 할 생각이 없다는 말도 레이건에게 했다.

정상회담 첫날 점심식사 후에 우리는 군축에 관해 이야기했고, 레이건은 줄곧 공세적인 입장을 취했다. 그는 핵 억지력 독트린이 군비경쟁을 부추겼다며 강하게 비판했다. 그런 다음 그는 공격용 핵무기의 수를 감축하고, 이를 방어용 시스템으로 전환할 필요가 있다고 역설했다. 그는 이런 점에서 전략방위구상(SDI)이 '최선의 방안'이며, 소련도 이를 겁낼 필요가 전혀 없다는 주장을 폈다.

그는 SDI에 대한 나의 생각을 바꾸려고 무진 애를 썼으며, SDI가 순수한 방어용 시스템이라는 점을 확신시켜 주려고 노력했다. 나의 대답은 확고했다. SDI는 군비경쟁을 우주에까지 확대하는 것에 지나지 않는다는 것이다. 이 문제에 관해 나를 설득시키려던 레이건 대통령의 노력은 아무 효과가 없었다. 나는 미국이 SDI에 대한 우리의 입장을 받아들여주지 않는다면, 우리도 같은 방식으로 대응하는 외에 선택의 여지가 없다는 점을 분명히 했다.

레이건과의 그 정상회담 이후 많은 세월이 지났다. 지금 이 자리에서 나는 다시 한 번 밝히고 싶다. 당시 레이건의 SDI 구상에 대해 같은 방식으로 대응하겠다고 한 나의 말은 허풍이 아니었다. 우리는 당시 SDI에 상응하는 프로그램 개발계획을 실제로 갖고 있었다.

미국이 내 말을 믿지 않는다고 보았기 때문에 그때 나는 레이건에게 이렇게 말했다. "왜 미국이 우리를 믿는 것보다 우리더러 미국을 더 믿으라고 하는 건가요?" 대화는 교착상태에 빠진 것 같았고, 어색한 침묵이 이어졌다.

"잠깐 걸을까요?" 레이건 대통령이 이렇게 제안했다.

그는 회담이 진행된 빌라 마당에 있는 작은 집으로 나를 데리고 갔다. 그곳에서 우리의 '벽난로 대화'가 시작됐다. 그 벽난로 대화는 레이건이 의도적으로 준비한 게 분명했다. 의자에 앉자마자 레이건은 주머니에서 종이 한 장을 꺼내 내게 건네주었다. 9개 항으로 된 군축 관련 제안이 적혀 있었는데 러시아어였다.

나는 그 제안을 읽어 보았지만, 얼핏 훑어봐도 도저히 우리가 받아들일 수 없는 내용들이었다. 그런데 그런 제안들을 '패키지'로 받아들이라는 것은 미국이 SDI 프로그램을 그대로 진행하는 것을 양해해달라는 것이나 마찬가지였다.

대화 소재는 고갈되었지만 방안의 분위기는 따뜻하고 아늑했다. 벽난로 안에서는 타닥거리며 장작 타는 소리가 들렸지만 대화의 분위기는 전혀 나아지지 않았다. 우리는 일어나 회담장으로 돌아왔다. 돌아오는 길에 레이건은 나보고 미국을 방문해 달라는 말을 했다. 나도 그 자리에서 레이건에게 소련을 방문해 달라고 했다. 초청은 받아들여졌다.

그렇게 해서 우리 두 사람을 비롯해 수행원들 사이에서도 어렵지만 약간은 고무적인 분위기가 조금씩 만들어지기 시작했다. 같은 날 레이건은 갑자기 이런 질문을 내게 던졌다.

"우리 두 나라가 우주에서 공격을 받을 경우 서로 협력하자는 제안에 대해 어떻게 생각하시오?"

나는 이렇게 대답했다. "그런 제안이라면 받아들이겠소. 미국도 같은 생각일 것이라 믿소."

"물론이지요." 레이건도 이렇게 대답했다.

이튿날 회담은 레이건이 좋아하는 주제인 인권에 집중되었다. 그는 만약 소련이 미국과 관계 개선을 원한다면 개인의 자유에 관한 소련의 평판을 개선시켜야 할 것이라고 했다. 나는 그 중요한 문제에 대해 나의 입장을 설명한 다음, 미국도 자신의 기준을 다른 나라에 강요하려 들지 말아야 한다는 점을 강조했다.

저녁에 우리는 레이건과 벽난로 대화를 가졌던 바로 그 집에서 만찬을 하고 그날 일정을 마쳤다. 전문가들이 모여 최종 코뮈니케 문안 손질을 계속했다. 코뮈니케가 초안 내용대로 채택될지는 알 수 없었다.

커피를 기다리는 동안에 조지 슐츠 미국 국무장관과 게오르기 코르녠코 소련 외무1차관, 알렉산드르 베스메르트니흐 외무부 국장이 최종 코뮈니케 문안 작업 진행상황을 보고하기 위해 들어왔다. 코르녠코가 진행상황을 보고했다. 그런데 항상 조용하고 균형 잡힌 입장을 유지하며 합리적이라는 평판을 갖고 있던 슐츠가 갑자기 코르녠코와 큰소리로 언쟁을 벌였다. 코르녠코도 같이 목소리를 높이며 슐츠와 맞섰다. 코르녠코는 내 뒤에 서 있었는데, 어느 순간 갑자기 마치 미사일이 발사되는 것처럼 슐츠를 향해 돌진했다. 내가 몸을 돌리자 바로 내 코앞에 벌겋게 상기된 제1외무차관의 얼굴이 나타났다. 전혀 외교관답지 않은 언쟁이었다.

슐츠 장관이 내게 하소연하듯 이렇게 말했다. "서기장 각하, 우리 일이 어떻게 되어 가는지 보십시오. 이런 식으로 해서 무슨 합의가 이루어지겠습니까?!"

그러자 레이건 대통령이 응답했다. "자, 우리 모두 주먹은 테이블에 올려놓

읍시다.”

“좋습니다. 그렇게 합시다.” 나도 맞장구를 쳤다.

그렇게 해서 우리는 주먹을 모두 쾅 하고 테이블에 올려놓았다. 실제로 그건 테이블이 아니라 검정색 피아노였다. 그런 다음 우리는 헤어졌다. 그러고 나서 나는 우리 팀들을 불러 물었다 “도대체 무슨 일이 있었던 거요?”

코르넨코의 어투나 행동을 보아 두 사람 사이에 근본적인 의견 불일치가 있었던 같았다. 하지만 베스메르트니흐가 보고한 바로는 단순한 문구상의 견해차가 있었는데, 그 문제는 해결이 되었다고 했다.

“그럼 다른 문제는?” 나는 재차 물었다.

아에로플로트의 미국행 운항을 재개하는 데 의견차가 있는데, 소련 민항부에서 몇 가지 반대 의견이 있다는 것이었다. 나는 곧바로 민항부 장관인 보리스 부가에프에게 전화를 걸었고, 그는 “별 문제 없습니다. 몇 가지 사소한 문제가 남아 있지만, 문제없도록 처리할 수 있습니다.”라고 대답했다.

“다른 문제는 없소?” 이렇게 묻자 그는 “다른 문제는 없습니다.”라고 대답했다.

그렇게 해서 우리는 15분 만에 ‘엄청난 문제’ 인 것처럼 보였던 그 일을 별 것 아닌 것으로 끝냈다.

우리 외교 스타일이 가끔 그랬다. 적어도 외무부 고위 관료들 중에는 외교 협상에서 무엇보다도 중요한 건 단호한 태도를 보이는 것이라고 생각하는 사람들이 더러 있었다. 정치적으로나 현실적으로 계산해 보더라도 점잖게 행동하는 게 유리한 데도 종종 그런 식으로 돌출행동을 하곤 했던 것이다.

이튿날 아침에 최종 서명식이 진행됐다. 서명식장에는 소련과 미국 국기가 나란히 세워지고 취재진이 참석했다. 우리는 무대로 나란히 걸어 들어갔고,

마침내 정말로 역사적인 선언문에 서명했다. 선언문은 '핵전쟁은 결코 일어나서는 안 되며, 핵전쟁에서는 누구도 승자가 될 수 없다.'고 밝혔다. 그것은 핵무기 경쟁은 무의미하다는 말이었고, 보유하고 있는 핵무기를 폐기할 필요성이 있음을 인정하는 것이었다.

레이건과 나, 두 사람 모두 연설을 했다. 우여곡절이 있었지만 회담은 열렸고, 의미 있는 회담이 되었다. 양국 모두 핵 없는 세상을 원한다는 희망을 나타냈다. 모두들 큰 발걸음이 내디뎌졌다는 느낌을 가졌다. '제네바 정신'은 그렇게 해서 탄생되었다.

우리가 핵군축과 관련해 그때 이룬 성과는 20세기말에 일어난 가장 중요한 사건임이 분명했다.

위기에 처한 제네바 정신

우리는 제네바 합의에 따른 후속 조치들을 취해 나갔다. 제27차 소련공산당대회 때 신사고 개념을 소개하고, 1월 15일에는 단계적 군축을 선언했다. 후속 조치를 위해 여러 나라와 협상과 회의를 빈번하게 가졌다. 이런 식으로 소련은 후속 조치 이행에 적극적인 의지가 있음을 보여주었다. 반면 미국에서는 또다시 반공 히스테리가 갑자기 시작되었는데, 레이건 자신이 앞장서서 분위기를 주도했다.

미 해군 함대가 크림반도 연안에 나타났고, 네바다주에서는 강력한 핵실험이 실시되었다. 이와 함께 미국은 뉴욕에 있는 우리 외교관 수를 갑자기 40% 줄이라는 요구를 했다. 우리는 정보채널을 통해 미국 국가안전보장위원회(NSC)가 회의를 갖고, 소련의 새 지도부가 추진하는 외교정책이 미국의 이익에 부합되지 않으며, 이를 저지해야 한다는 결론을 내렸다는 정보를 입수했다. 사태가 심상치 않았다.

1986년 여름에 나는 레이건으로부터 서신 한통을 받았다. 당시 나는 크림반도에 가 있었는데, 세바르드나제가 외무부에서 답신 초안을 만들었다고 전화로 보고해 왔다. 간단하고 의례적인 답신이었다. 그 답신에 서명을 해 준다면 국제관계 전반이 미국의 논리대로 끌려간다는 의미가 되었다. 무엇보다도 제네바 정상회담에서 논의한 핵무기 감축 문제에 있어서 미국의 의도를 그대로 추인하는 꼴이 되었다.

나는 이 문제를 놓고 세바르드나제, 리쉬코프, 리가체프를 비롯한 여러 동료들과 의견을 나누었다. 미국이 지금 우리와 거창하고도 위험한 게임을 벌이고 있었다. 미국은 우리가 시작한 새로운 정책의 방향을 돌려놓으려는 것이었다. 우리가 시작한 새로운 정책은 소련은 물론 전 세계로부터 긍정적인 반응을 얻어낼 노선이었다.

상황을 파악한 다음 나는 레이건 대통령에게 당장 정상회담을 갖자고 제의하기로 결론을 내렸다. 나는 제네바 합의를 지금처럼 미국의 연막장치처럼 이용하는 것은 안 된다고 했다. 미국은 실제로는 아무런 실질적인 조치도 취하지 않았고, 지구촌이 미국의 의도에 놀아나는 꼴이 되고 있었다. 우리의 목표는 핵위협에서 벗어나 보다 안전한 지구촌을 만들자는 것이었다. 미국은 우리의 이러한 노력을 약화시키려고 했다. 미국의 의도가 성공하도록 두고 볼 수는 없었다.

동지들은 나의 입장을 지지했고, 나는 미국 대통령에게 답신을 보내 제네바 합의 이행을 촉진시키기 위해 즉각 정상회담을 갖자고 제의했다. 나는 회담장소로 런던과 레이캬비크, 파리가 어떻겠느냐고 제안했다.

레이건은 회담 제의를 받아들이고 중간지점인 레이캬비크를 회담장소로 하자고 했다. 회담준비는 매우 신속하게 진행되었다.

정치국 회의에서 나는 다음과 같은 방안을 제안했다. "핵무기 능력의 균형 내지 전략적 평등은 이루어져 있다. 세 가지 전략핵무기(지상발사 핵무기, 전폭기 발사 핵무기, 전함과 잠수함 발사 핵무기)의 절반 감축을 우리가 제안하자. 이 세 가지 핵무기를 각각 절반씩 감축한다. 그렇게 될 경우 대규모 감축이 이루어지는 것이다."

레이건 대통령은 매우 솔직한 자세로 레이캬비크 회담에 임했다. 그는 실제로 회담의 과실을 바구니에 담아가고 싶어 했다.

회담은 일대일 대화로 시작됐다. 우리는 현 상황에 대한 각자의 입장을 교환한 다음 내가 먼저 우리의 안을 제시했다. 레이건은 우리의 제안에 대해 전혀 사전 준비가 안 돼 있었다. 실제로 그는 깜짝 놀라는 표정을 지었다. (이것은 내가 처음 밝히는 것이다.) 그의 표정을 보고 나는 세바르드나제와 슐츠를 회담에 배석시키자고 했고, 두 사람이 들어온 다음부터 보다 실무적으로 회담이 진행됐다. 그런 다음 소련군 총참모장 세르게이 아흐로메예프를 비롯해 다른 전문가들도 회담에 참여했다.

우리의 목적은 난관에 봉착한 군축과정에 돌파구를 마련하는 것이었다. 우리는 지상발사 전략핵무기의 감축에는 합의했다. 하지만 우리는 대신 미국이 우리보다 우위에 있는 잠수함 발사 전략핵무기와 전략폭격기 발사 핵무기의 수도 절반으로 줄여야 한다는 요구를 조건으로 내걸었다. 미국은 핵무기 감축 문제에서 우리를 코너로 몰아붙였다고 생각했는데, 자기들이 내세운 까다로운 조건을 우리가 선뜻 받아들일 것이라고는 예상을 하지 못했다. 오판을 한 것이다.

하지만 SDI가 여전히 장애물이었다. 협상은 난관에 부딪쳤고, 분위기는 어색해졌다. 레이건은 나와 흥정을 벌이려 했다. 자기와 타협하면 앞으로 미국은 소련에 크게 협조할 것이라고 했다. 나는 그에게 우리 제안을 받아들인다면 평화를 이룬 대통령으로 역사에 기록될 것이라고 말했다. 하지만 나는 미국의 국가안보에 손상을 줄 제안을 받아들여달라고 요구하지는 않을 것이며, 그건 레이건도 내게 그럴 요구를 하지는 않을 것이라는 점을 되풀이 강조했다.

그렇게 해서 회담은 끝났고, 레이건과 나는 회담장을 떠났다. 이미 황혼이 지고 있고, 분위기는 가라앉아 있었다. 레이건이 내게 원망조로 말했다. "당신은 처음부터 나를 이렇게 몰아붙일 작정을 하고 이곳에 온 것이었군요!"

"그렇지 않습니다, 대통령 각하." 나는 이렇게 대답했다. "각하께서 우주를 군비경쟁의 장으로 만들지 않겠다고 하면 나는 지금이라도 회담장으로 되돌아가 합의문에 서명할 준비가 되어 있습니다."

"대단히 미안하지만 그건 곤란하오." 레이건의 대답은 단호했다.

그렇게 해서 우리는 헤어졌다. 레이건은 귀국하기 위해 군용기지로 갔고, 나는 40분 뒤에 기자회견을 갖기로 되어 있었다. 나는 언론과 전 세계를 향해 뭐라고 해야 하나 하는 생각으로 머리가 복잡했다.

기자회견은 1000명 정도 수용할 수 있는 거대한 격납고에서 진행됐다. 회담장을 떠나 전 세계 기자들이 기다리는 격납고로 걸어가는 동안 머릿속은 여러 가지 생각으로 복잡했다. 이런 생각이 머리를 떠나지 않았다. 전략핵무기와 중거리 핵미사일 감축에는 합의가 이루어졌다. 이것은 새로운 상황이다. 그렇다면 일시적인 선전전에서 이기기 위해 모든 것을 희생하는 게 과연 옳은 일인가? 그 문제에 대해 그렇게까지 집요하게 물고 늘어질 필요가 없었다는 생각이 들었다.

기자회견장에 들어서자 모두들 침묵 속에 일어선 채 나를 기다리고 있었다. 회견장 안은 걱정하는 분위기로 가득 차 있었다. 수백 명의 눈을 보자 놀라운 생각이 들었다. 인류 전체가 내 앞에 일어서 있는 것 같은 기분이었다.

그 순간 나는 어떤 일이 벌어졌으며, 내가 할 말이 무엇인지 분명하게 떠올랐다. 그날 내가 한 연설은 기자와 정치인들이 논평을 했으며, 연설 내용을 여기서 다시 인용하지는 않겠다. 연설의 핵심적인 구절은 이런 것이었다. "레이캬비크에서 진행된 드라마에도 불구하고, 이것이 실패는 아니다. 이것은 하나의 돌파구이다. 처음으로 우리는 수평선 너머를 보았다." 회견장에 갑자기 활기가 돌더니 우레 같은 박수가 쏟아졌다. 모두들 자리에서 일어났다. 나중에 어떤 기자는 이렇게 썼다. "당서기장이 실패로 끝난 레이캬비크 회담을 승리라고 표현했을 때 회견장에 앉아 있던 라이사 여사는 존경심이 가득한 눈길로 남편을 올려다보았다. 그녀의 얼굴에서 눈물이 흘러내렸다."

세계는 우리를 주시했으며, 우리는 그 여세를 몰아 변화의 과정을 계속 이어나갈 수 있었다. 같은 시각에 군 기지에서 가진 회견에서 슐츠 미 국무장관은 레이캬비크 회담이 실패했다고 말했던 것이다. 하지만 미국으로 돌아가 내가 한 평가를 검토한 뒤에 슐츠는 자신의 생각을 바꾸어 돌파구가 마련되었으며, 후속 작업을 계속 이어나갈 것이라고 했다. 그는 레이캬비크에서 소련이 군축문제를 해결하려는 진지한 의도를 보였으며, 합의도달이 가능할 것으로 본다고 평가했다. (슐츠는 최근에 모스크바를 방문해 나와 만났다. 우리는 몇 시간 같이 이야기를 나누며 레이캬비크 회담을 회고했다. 그는 당시 레이캬비크 회담 성과를 자기가 잘못 평가했다는 점을 시인했다.)

1년 뒤에 우리는 미국과 소련 간 중단거리 미사일 폐기조약을 체결했다. 역사상 처음으로 상호합의하에 특정 사거리의 핵무기를 감축하기로 합의한 것이다. 아무리 강조해도 지나치지 않을 만큼 중요한 조치였다.

아직도 당시 고르바초프가 한 일은 자기 앞에 준비된 문서에 그냥 서명만 한 것이며, 합의는 사전에 이미 이뤄진 것이라는 무책임한 말을 하는 사람들이 있다. 한마디로 당시 합의가 어떻게 이루어졌으며, 세부 사항이 얼마나 힘든 협상과정을 거쳐 만들어지고, 모든 민감한 문제들이 어떻게 조정되었는지 모르는 사람들의 말이다.

당시 상황은 퍼싱-II 미사일이 민스크까지 도달하는 데 2분, 모스크바까지 3분, 볼가까지는 5분밖에 안 걸리는 때였다. 그것은 마치 소련의 머리에 누군가가 총구를 겨누고 있는 것과 마찬가지였다. 국가 지도자로서 나는 이러한 위협을 제거하고, 나아가 그것을 폐기하기 위해 내가 할 수 있는 모든 노력을 다해야 했다.

레이캬비크회담과 중단거리 미사일 폐기를 합의한 후속 조치는 현대사에서 가장 위대한 사건 가운데 하나임이 틀림없다.

그것이 단순히 핵무기 감축의 토대를 닦았기 때문만이 아니라, 신뢰, 그리고 인류에 대한 도덕적 의무감이 있다면 아무리 어렵고 복잡한 문제가 가로놓여 있더라도 합의에 도달할 수 있다는 것을 보여주었기 때문이다. 핵무기 같은 어려운 문제도 예외는 아니다.

다음은 1987년 워싱턴에서 레이건을 만났을 때의 이야기이다. 첫 번째 회담 때 그는 마치 나를 학생을 가르치는 선생이나 피고 앞의 검사처럼 말하기 시작했다. 나는 1~2분 동안 그가 하는 말을 듣고는 이렇게 가로 막았다. "대통령 각하, 죄송하지만 단도직입적으로 말씀드리겠습니다. 나는 피고가 아니고 각하는 검사가 아닙니다. 나는 학생이 아니고 각하는 선생님이 아닙니다. 우리는 전 세계에 큰 영향력을 미치는 두 강대국을 대표해 이 자리에 왔습니다. 그러니 동등한 입장에서 말씀해 주시기 바랍니다."

그는 잠시 당황스런 표정을 짓더니 그건 오해라고 했다. 두 정상 간의 대화와 협력을 이끌어내기 위해 일부러 그렇게 한 것이라는 설명도 덧붙였다.

하여튼 얼마 뒤 레이건은 나보고 괜찮다면 서로 이름을 부르자고 했다. "날 로니라고 불러요. 당신이 좋다면 나는 당신을 미하일이라고 부르겠소."

나는 좋다고 했다. 그것은 우리 두 사람의 관계가 좋아졌다는 것을 상징하는 것뿐만이 아니라, 회담의 분위기도 그렇게 만들었다. 그때부터 우리는 서로 이름을 불렀다.

당시 백악관에서 레이건을 만났을 때 재미있는 순간도 있었다. 어느 날 저녁 아주 흥겹고 허심탄회한 분위기 속에서 리셉션이 열렸다. 미국의 피아니스트 반 클라이번, 소련 측에서 메조소프라노 엘레나 오브라초바, 테너 주라브 소트킬라바의 공연이 있었다. 리셉션에서는 조지 부시 부통령이 라이사 옆에 앉았는데, 엘레나 오브라초바의 공연 도중에 부시는 "이 가수가 누구입니까? 저렇게 아름다운 여인이 저토록 아름다운 목소리까지 갖고 있다니!"라고 외쳤다. 그 말에 라이사가 웃으며 이렇게 대꾸했다. "부통령 각하, 조심하셔야죠. 부통령이시란 걸 잊으시면 큰일 납니다."

디너와 공연에 이어 우리는 미국 측 인사들과 함께 백악관 복도를 이리저리 기분 좋게 구경하며 다녔다. 미군 장성 두 명이 우리와 함께 다녔다. 링컨 대통령 초상화 옆을 지나갈 때 장성 한 명이 동행한 장성에게 이렇게 말했다.

"링컨 대통령이 이런 장면을 본다면 어떤 기분일까. 낫과 망치가 그려진 붉은 기가 백악관 출입문에 내걸리고, 백악관 안에서 모스크바 나잇츠 노래가 울려 퍼지다니!"

방문 말미에 열린 이 리셉션은 두 나라의 공동 노력에 중요한 하나의 전기가 되었다. 레이건 대통령은 연설에서 자신과 동료들 모두 소련의 협조 자세에 감사한다며 이렇게 말했다. "하지만 우리는 '믿어라, 그러나 검증하라!'고 한 멋진 러시아 격언을 기억하지 않을 수 없습니다."

레이건이 1988년에 모스크바를 방문해 우리는 다시 만났다. 동행한 낸시 여사는 러시아 내 여러 곳을 방문했는데, 그녀는 둘러보며 큰 감명을 받았다. 레이건 일행은 다양한 프로그램을 갖고 왔고, 몇 가지 홍보행사도 열었는데, 우리는 그들을 일체 방해하지 않았다. 그들은 상트페테르부르크와 톨스토이의 고향인 야스냐야 폴랴나를 찾아가고, 크렘린과 붉은광장도 방문했다. 나는 저녁에 레이건과 함께 아르바트 거리도 걸었다.

Chapter

13

지도부
균열

페레스트로이카의 주창자들은 당면한 빈

곤상태를 하루빨리 극복하고 싶어 했다.

1985~86년 2년에 걸쳐 사회 부문에 400억 루블이 넘는 자금이 투입되었다. 5
개년 계획에서 예정했던 규모보다 많은 액수였다. 1987년에 추진한 경제개
혁은 시장경제 체제를 발전시키기 위한 것이었지만 당과 정부 관료들 사이에
견고하게 자리 잡은 보수 세력들의 저항으로 저지되고 있었다. 국민의 소득
은 계속 증가하고 있었지만, 1988년 이후 생산량 증가속도는 점차적으로 늦
춰지다가, 결국은 멈춰서고 말았다.

경제난으로 전반적인 상황이 악화되고 있었다. 긍정적이지 못한 국내외 상
황이 겹쳐지면서 초래된 소비시장의 무질서가 특히 문제였다. 유가와 석유
소비재 가격이 전 세계적으로 3분의 2가량 하락했고, 이로 인한 수입 감소 등
으로 국가예산은 직격탄을 맞았다. 전 세계 시장에서 주요 소비재 구매도 크
게 감소했다.

특히 금융 통화 쪽이 심각했다. 금융 불안은 사회 전반에 걸쳐 상황악화를 부추겼다. 전국 어디를 가나 상점 앞에 사람들이 길게 줄을 서는 게 일상적이 되었다.

정치국 회의에서 마침내 일이 터지고 말았다. 당중앙위원회의 니콜라이 슬륜코프 서기는 똑똑하고 점잖은 사람이지만, 이 문제를 통렬하게 비판하며, 긴급히 결정적 조치를 취할 것을 주문했다. 리쉬코프는 그가 내놓은 보고서의 일부 내용에 동의하지 않았다. 정치국 안에서 뜨거운 설전이 벌어졌다. 나는 슬륜코프의 입장에 동의하면서도, 그를 완전히 지지하지는 않았다. 지금 같으면 그렇게 하지 않았을 것이다.

당시 우리는 눈앞에 벌어지는 상황을 곧이곧대로 믿지 않았다. 우리 나름대로 '뭔가를 성취했다'고 믿었기 때문에, 사람들의 말을 절반 정도만 믿었다. 정치에 몸담고 있다 보면 그렇게 된다. 우리는 개혁을 추진하고 있다고 생각했다.

사람들의 삶이 그 지경이었으면 당연히 단호한 조치를 취했어야 했다! 그러기 위해서 정치를 하고, 어려운 결정을 내리는 게 아니겠는가. 하지만 우리는 시장상황을 정상화시키기 위해 반대를 무릅쓰고 단호한 조치를 취하지 않았다. 무엇보다도 가격정책을 바꾸기 위한 조치를 즉각 취해야 했었다. 하지만 얼마 전까지 그런 조치를 취하자고 한 사람들까지도 막상 일이 닥치자 반대로 돌아섰다. 뿐만 아니라 우리는 일부 사회적 프로그램에 대한 지출 중단, 특히 국방비에 대한 정부 지출을 삭감하는 조치를 취하지 못했다. 우리는 무엇보다 소요를 두려워했다. 하지만 결국에는 더 큰 저항을 초래했고, 우리에 대한 믿음도 점점 줄어들게 되었다.

1987년 초가 되자 상황이 더욱 좋지 않았다. 페레스트로이카는 서서히 동력을 잃어가고 있었다. 엔지니어링, 전자를 비롯한 여러 산업 분야에 투자한 금융 자원은 필요한 성과를 만들어내지 못했다. 새로운 기술을 만들어내지도 못했다. 새로운 산업이라면서 낡은 기술을 사용하는 일이 비일비재했다. 정부는 기업들에게 자율권을 보장해 주지 않았다. 우리가 경주해 온 모든 노력이 수포로 돌아가는 듯했다. 모든 지표가 시스템이 무너지고 있음을 가리키고 있었다.

이런 상황을 종합적으로 판단해서 우리는 1987년 초 경제문제를 다룰 당중앙위 전체회의를 개최해 경제개혁에 관한 개념을 전면 재검토하기로 했다. 리쉬코프, 슬륜코프, 야코블레프, 메드베데프에게 보고서 작성을 지시했다. 아카데미 회원인 아벨 아간베기얀, 레오니드 아발킨, 알렉산드르 안치스킨, 니콜라이 페트라코프, 스테판 시타리얀, 블라디미르 모즈힌, 가브릴 포포프, 발렌틴 파블로프 등이 보고서 작성에 함께 참여했다.

2월에 민주적인 경영원칙을 강화한 기업법안을 발표했다. 새로운 경제 시스템의 토대가 마련된 것이다. 열띤 공방 끝에 탄생한 기업법안은 노동자들로부터 강력한 지지를 받았다. 모두들 기본적인 문제들을 해결해 줄 법안의 필요성에 공감했고, 법 집행을 위한 정부 시행령이 필요하다는 데도 의견이 모아졌다.

과거에는 개혁 옹호자와 국가 계획 시스템이 논란을 벌였지만, 이제는 경제 시스템 개혁의 폭과 속도를 놓고 입장이 갈렸다. 정부 각료와 각종 기관, 특히 국가계획위원회, 군수위원회, 재무부, 나중에는 당 관료들이 저항에 가담했다. 공개적으로 개혁에 반대하고 나서는 사람은 없었다. 모두들 말로는 개혁을 지지한다고 하면서도, 여차하면 과거로 돌아갈 여지를 남겨놓는 등 마지못해 하는 모호한 입장을 취했다.

니콜라이 리쉬코프는 정부 부서에서 함께 일한 동료들로부터 압박을 받고 있었다. 올바르지 않은 생각과 요구들이 끊임없이 그의 귀에 전달되었다. 사람들은 정부의 통제에서 벗어나 국가경제를 효율적으로 경영해야 한다고 주문하면서도, 그의 손에 진정한 자율권을 쥐어주지는 않았다. 리쉬코프 스스로도 수시로 미적거리는 등 일관되지 않은 모습을 보였다.

나는 여전히 그를 신뢰하며 전적인 신임을 보였다. 개혁 입장을 고수하라고 그를 설득했다. 그럼에도 불구하고, 1987년 6월, 당중앙위 전체회의에 제출한 보고서 초안과 요약본 채택을 싸고 첫 번째 의견충돌이 벌어졌다. 4시간 동안 비공개로 허심탄회한 의견교환이 있었다.

리쉬코프는 우리가 추진하는 개혁이 '사회주의의 틀을 벗어나서' 진행되지는 않을 것이라는 자신의 확고한 입장을 강조했다. 그의 말에 동의를 표시하면서도 나는 이렇게 덧붙였다. "개혁은 사회주의의 틀 안에서 진행되어야 하지만, 그 틀이라는 것이 사회를 침체시키고, 국민의 이익과 자율권을 박탈하는 틀이어서는 안 됩니다."

그런 여건 하에서는 당시 사회가 요구하는 목표와 기대를 담은 보고서를 채택하기가 매우 어려웠다. 당중앙위 전체회의에 올릴 보고서 요약본은 5월 초 정치국에 배포돼 토의에 부쳐졌다. 요약본은 '위기'라는 말을 직접 쓰지는 않았지만, 국가가 처한 위기의 실체를 상세히 기술했다. 이와 함께 경제개혁의 주요 핵심 방향을 소개하고, 과도한 지출을 통제할 메커니즘 창설의 필요성을 역설했다.

요약본은 또한 페레스트로이카는 사회주의 체제의 틀 안에서 진행된다는 점을 강조했다. 하지만 사회주의 체제의 틀을 벗어나지 않으면서도 1930년대에 실시된 사회주의 모델의 특성들과는 크게 다르다는 점을 분명히 했다.

보고서는 자산 국유화, 협동조합 활동과 사적인 노동을 억제하는 행위와 같은 관행을 강하게 비판했다. 아울러 민주적인 경영과 자율을 억제하는 계획 경제와 중앙통제주의를 비판했다.

5월 14일에 정치국은 다시 회의를 열어 당중앙위 전체회의 보고서 요약본에 대한 상세한 토의에 들어갔고, 돌발상황은 일어나지 않았다. 많은 찬사가 쏟아졌고, 심지어 열광하는 분위기까지 있었다. 리쉬코프, 리가체프, 탈리진, 보로트니코프를 비롯한 여러 전문가들이 검토와 비평을 맡았다. 당서기장이 직접 보고서 작성에 참여한 것으로 알려지면서 비판의 목소리는 자취를 감추었고, 생각을 달리한다는 정도의 코멘트도 '개인적인 생각' 이라는 단서가 붙여졌다.

리가체프는 갑자기 페레스트로이카를 민주화로 생각하면 안 된다는 취지의 논지를 펴기 시작했다. 민주화는 페레스트로이카에 수반되는 부수적인 효과 중 하나일 뿐이며, 사회주의를 강화한다는 목표는 변함이 없다는 것이었다. 그는 또한 과거에 대한 비판의 강도를 완화할 것을 제의했다. 옐친은 보고서의 깊이와 독창성에 대해 코멘트를 하고, 당의 업무와 관련한 대목을 좀 더 보완하자는 입장을 밝혔다.

1987년 6월 25일에 나는 당중앙위원회 전체회의를 열고, 경제운용의 근본적인 개편에 관한 보고서를 제출했다. 그것은 페레스트로이카의 한 획을 긋는 사건 중 하나였다. 보고서에 대한 논의의 출발점은 민주화였다. 민주화는 페레스트로이카의 목표였고, 가장 첨예한 문제들을 풀기 위한 전략이었다. 명령에 입각한 행정 위주의 내각 운영이 우리가 나아가는 길을 더디게 하고 있었다. 그로 인한 무기력과 타성이 큰 문제였다. 일반 사람들은 자신들의 삶의 터전인 도시와 마을에서는 페레스트로이카를 조금도 실감하지 못하겠다는 말들을 했다.

보고서는 우선순위를 식량, 주택, 소비재, 서비스에다 두었다. 중요하게 언급해야 할 사안이 하나 더 있었다. 그것은 바로 국가가 당면한 긴급한 문제들 모두 급진적인 경제개혁을 통해서만 풀 수 있다는 점이었다. 나는 우리가 사회 및 집단의 이익과 노동자 개인의 이익 사이에 어떻게 하면 균형을 유지할 수 있을 것인지, 양측 간 상호협력을 통해 만들어지는 기회를 어떻게 활용할 것인가에 대해 특별히 강조했다. 나는 이런 식의 문제 제기를 통해 중앙위 전체회의 참석자들이 편협한 실용주의에서 벗어나 진지한 토론에 임하도록 유도했다.

전체회의는 경제개혁의 주요 목적, 방법과 함께 개혁의 방향이 민주화로 나아간다는 점을 재확인했다. 그렇게 함으로써 회의는 페레스트로이카 개혁이 다음 단계로 나아가는 다리를 만들어 주었다. 그 다음 단계란 바로 제19차 소련 공산당대회를 말하는 것이다.

우리는 또한 당중앙위 전체회의에서 오래 끌어온 인사 문제도 매듭지었다. 정치국 후보위원인 슬륜코프, 야코블레프를 정회원으로 승진시키고, 알렉산드르 니코노프를 새로운 위원으로 선출하고, 딘무하메드 쿠나예프를 정치국에서 축출했다. 국방장관 세르게이 소콜로프는 정치국 후보위원직을 박탈당했다. 소콜로프는 서독 청년 마티아스 루스트가 경비행기를 타고 붉은광장에 착륙한 사건의 책임을 물어 해임됐다. 신임 국방장관 드미트리 야조프는 정치국 후보위원에 임명됐다.

1987년 그때나 지금이나 나는 당시 당중앙위 전체회의에 제출된 문서들이 타협의 산물이었다고 생각한다. 하지만 높은 수준의 집단의식이 있었기 때문에 급진적이고 혁명적인 해결책들이 마련되었다. 일단 그 길을 따라 행동을 시작하는 게 중요했다. 어떤 개혁을 어떤 식으로 추진해 나갈지는 저절로 드러날 것이었다. 많은 것이 정부와 중앙 경제 기구들의 손에 달렸지만 불행히도 이들은 개혁에 쉽게 동참하지 않았다. 이들은 당중앙위 전체회의에서 채택된 해결책들을 개혁파에게 지나치게 양보한 것이라고 생각했다.

국가 생산조직이란 이름으로 각 내각 산하에 관료적인 행정위원회 시스템을 만들려는 시도가 거셌다. 그렇게 해서 부서 간 장벽과 비대한 관료조직을 그대로 존속시키려는 움직임이었다. 개혁 움직임에서 벗어나려는 이러한 시도는 정치국에서 열띤 토론을 거친 뒤 잠재울 수 있었다. 다시 말해, 서로 다른 입장을 가진 세력들 간에 일전이 벌어졌던 것이다. 개혁을 추진할수록 우리는 더 깊은 수렁으로 빠져들었다. '본능적'이고 의도적인 사보타주와 방해 발언이 끝도 없이 이어졌다.

저서《페레스트로이카》 출간

2년쯤 지나자, 신사고와 정책의 영향으로 일반 국민의 생활은 조금씩 변하기 시작했다. 하지만 정치와 사회의 괴리는 더 커졌다. 우리 지도부와 내가 어떤 생각을 하고 있는지에 대해 사람들이 너무 모른다는 느낌이 들었다. 변화들이 일어나고 있는데, 사람들은 그 변화가 얼마나 특별하고 새로운 것인지 제대로 이해하지 못했다. 제일 먼저 우리 팀 안에서 불협화음이 들렸다. 마치 남의 나라에서 일어나는 일인 것처럼 페레스트로이카는 내부에서 호된 비판을 받았다.

이런 상황에 대해 어떤 식으로든 분명한 입장 정리가 필요했다. 그래서 나는 책을 쓰기로 했다. 10월혁명 70주년을 앞둔 시점에서 나는 그러한 생각을 동료들에게 밝혔다. 내 생각을 지지해 준 것은 아나톨리 체르냐예프 한 사람 뿐이었다. 이반 프롤로프, 알렉산드르 야코블레프, 아나톨리 도브리닌 등 다른 사람들은 순회강연을 하거나 글을 여러 편 써서 발표하는 게 낫다는 입장을 밝혔다. 체르냐예프는 책을 쓰겠다는 입장을 지지하며, 정치국을 비롯해 일반 국민들이 모르는 각종 비밀회의에서 한 발언 내용을 그대로 책에 소개하라고 권했다. 우리가 추진하는 정책과 실질적인 계획, 실행방안 등에 대해 일반 국민들의 이해가 부족한 것은 제대로 된 정보가 부족하기 때문이라는 것이었다.

나는 여름, 특히 크림반도에 가 있을 때 원고작업을 본격 시작했다. 원고를 쓰기 위해 크림 체류일정을 열흘 더 연장하기까지 했다. 초고를 리가체프, 리쉬코프, 야코블레프, 메드베데프, 세바르드나제, 프롤로프에게 보내 주며 피드백을 해달라고 부탁했다. 메드베데프는 대단히 중요한 피드백을 보내주었는데, 보내 준 내용을 거의 전부 그대로 책에 반영시켰다. 다른 사람들은 그저 좋다는 식의 칭찬만 했다.

책은 소련과 미국을 비롯해 세계 전역에서 출간되었다. 모두 160개국에서 64개 언어로 출간되어 5백만 부가 팔렸다.

책은 기본적으로 페레스트로이카가 어떻게 진행되며, 이에 대한 나의 입장이 어떤 것인지에 대해 쓴 것이었다. 국내 개혁정책과 외교정책에서의 개혁의 토대가 된 나의 생각과 계획을 가지고 이 과정을 설명했다. 그래서 책 제목도 이렇게 붙였던 것이다. 《페레스트로이카: 국내와 세계에 대한 신사고》.

너무 거창한 제목인지 모르겠으나, 내가 말하고 싶은 가장 정확한 내용이 바로 이것이었다. 책은 소련 국내에서는 복합적인 반응을 받았고, 외국에서는 의심과 냉소적인 반응을 받았다. 근거 없는 이상론이거나 아니면 또 다른 선전책이라는 것이었다. 우리는 불과 몇 년 만에 핵무기 감축과 냉전 종식을 향해 움직여 왔지만 진정으로 우리를 믿어 주는 이들은 별로 없었던 것이다. 우리는 국제정치에서도 고르디우스의 매듭을 단칼에 잘라내지는 못했지만, 매듭을 느슨하게 만든 것은 사실이었다.

이야기의 출처를 제대로 밝히지 않았고, 어떤 주제는 실상을 제대로 묘사하지 않았다는 비판도 받았다. 하지만 거듭 말하지만, 책에 대한 관심은 엄청나게 컸다. 물론 이 같은 관심에는 페레스트로이카를 시작한 장본인이 바로 저자라는 점도 많이 작용했을 것이다. 어쨌든 이 책은 페레스트로이카의 정신을 상세히 기술한 첫 번째 책이었다.

옐친과 나

옐친이 문제의 인물로 떠오른 것은 1987년 무렵이었다. 옐친의 문제점은 조금씩 단계적으로 드러나기 시작했는데, 주로 그가 사람을 대하는 방식, 일하는 방식과 관련이 있었다.

나는 옐친이 모스크바 시를 잘 이끌어가 주기를 바랐다. 처음에 그는 주저하지 않고 모스크바를 맡았다. 나는 원칙적으로 그의 편이었다. 그가 지나친 언동을 한다는 정보가 내 귀에 들어오기 시작했지만 그를 지지했다.

그의 업무 스타일에는 두 가지 특징이 있었다. 하나는 행정주의적인 방법을 선호하는 것이고, 다른 하나는 포퓰리즘이었다. 페레스트로이카가 민주적인 성격을 갖고 있음에도 불구하고 그는 행정적인 절차를 중시했다. 포퓰리즘적인 성향은 그 자신이나 우리 모두에게 좋지 않았다. 하지만 그의 포퓰리즘에 이끌린 모스크비치들은 옐친을 자신들의 어깨 위로 떠받들기 시작했다.

당시 러시아의 상황은 이랬다. 수도 모스크바에서 어떤 일이 일어나면 그것은 곧바로 나라 전체로 퍼져나갔다.

옐친은 자신이 소련공산당의 가장 큰 조직인 모스크바 시당 제1서기인데도 정치국원이 아니라는 사실을 아주 못마땅해 했다. 그 때문에 그는 자존심과 허영심에 큰 상처를 입었다. 하지만 그는 모스크바에서 보인 자신의 부정적 이미지 때문에 전국적인 인물로서의 입지를 넓혀나가는 데 발목이 잡혔다. 가장 큰 흠은 자제력이 부족하다는 점이었다.

내가 크림반도에서 휴가를 보내던 그해 여름에 옐친이 한 통의 편지를 보내왔다. 당중앙위 서기국, 특히 리가체프에 대해 심한 험담을 담은 편지였다. 옐친은 리가체프가 자기를 마치 어린애 다루듯 한다고 주장했다.

나는 그가 상대를 제대로 만난 것이라고 생각했다. 예고르 리가체프 역시 거친 자였다. 나와 리가체프와의 관계에 대해 잠시 소개를 하는 게 좋을 것 같다. 그는 엄청나게 적극적인 사람이었다. 그는 정치적인 자질을 갖추고 있었고, 자기가 생각하는 식의 사회주의를 위해 열심히 일했다. 나름대로 교양도 있고, 자기 가족에 대한 충실함, 특히 아내 지나이다와의 관계를 보고 나는 감명을 받았다.

지나이다의 부친은 스탈린의 대숙청 당시 처형당한 군지휘관 40명 가운데

한 명이었다. 보통 사람 같았으면 아내와 헤어질 만한 사유가 되었을 터이지만 그는 달랐다. 두 사람은 젊은 학생시절에 만났는데, 그는 아내 곁을 결코 떠나지 않았다. 그는 진정으로 한 여자에게 헌신하는 남자였다. 이러한 사실이 그의 많은 면을 대변한다.

그는 개방적이고 솔직한 사람이었다. 하지만 그는 권력의 맛에 길들여졌고, 야심만만하고 권위적이었다. 정치국원으로 승진하기 전 18년 동안이나 톰스크 지방당 제1서기로 일한 영향인지도 모르겠다. 톰스크에서 일하기 전에는 소련공산당 중앙위 서기국에서 일했다. 한마디로 그는 길들일 필요가 있는 거친 야생마 같은 존재였다.

옐친이 보낸 편지에는 정치국원들에 대한 비난도 잔뜩 들어 있었다. 그는 내가 휴가에서 돌아오는 대로 만나고 싶다고 했다. 모든 문제에 대해 터놓고 논의해 보고 싶다는 것이었다. 나는 만나는 것은 좋지만 잠시만 기다려 달라고 했다. 10월혁명 70주년에 행할 연설문 작성으로 바빴기 때문이다.

하지만 옐친은 기다리지 못하고, 10월 21일 보고서 관련 토의를 위해 열린 당중앙위 전체회의에서 문제를 일으켰다. 전체회의는 몇 가지 제안을 덧붙이면서 보고서 내용에 합의했다. 회의 끝 무렵, 표결만 남겨놓고 있었고 회의를 주재하던 리가체프가 회의를 마무리 지으려고 할 때였다. 바로 그때 옐친이 한 손을 드는 게 보였다. 리가체프는 그걸 보고 옐친에게 발언권을 주었다.

그는 당 지도부가 새로운 형태의 개인숭배 분위기를 만들고 있는 것으로 의심된다는 말을 했다. 모두들 그 말에 경악했다. 그의 발언은 당서기장을 겨냥했고, 그건 바로 나였다.

그의 발언은 정말 의외였다. 옐친은 발언을 통해 정치국 후보위원과 모스크바 시당 제1서기 직에서 물러나게 해달라고 했다.

그의 어투는 최후통첩처럼 단호해 보였다. 참석자들 역시 즉각적인 반응을 보였다. 곧바로 그의 발언에 대한 토의가 이어졌다. '자만심이 도를 넘었다' '야망이 지나치다' 같은 말들이 제일 많이 나왔다.

모두 24명이 발언에 나섰고, 옐친을 당중앙위원회에서 축출하라는 요구들이 쏟아졌다.

나는 자리에 앉아 옐친을 바라보면서, 도대체 그가 무슨 생각으로 이런 행동을 하는 것일까 곰곰이 생각해 보았다. 그는 분노와 불안감, 그리고 후회로 뒤범벅이 된 표정을 하고 있었다. 불안한 정신 상태를 가진 사람이 보이는 전형적인 얼굴이었다. 어제까지만 해도 그의 비위를 맞추려고 하던 사람들까지도 발언에 나서서 그를 가차 없이 비난했다. 이런 일에는 모두 일가견이 있는 사람들이다. 열띤 분위기가 이어졌다.

그때 내가 이렇게 말했다. "옐친 본인의 말을 들어봅시다. 당중앙위 동지들이 한 발언에 대해 옐친 자신의 입장이 무엇인지 들어보도록 합시다."

그러자 회의장에서는 "무슨 말을 할지 뻔한데, 들어볼 필요도 없다."는 반응이 쏟아졌다.

하지만 나는 옐친에게 발언권을 주도록 했다. 발언대로 나온 옐친은 먼저 발언과는 무관한 말을 한참 늘어놓더니 갑자기 자신이 잘못했다며 과오를 시인했다. 나는 사퇴 관련 발언은 철회하는 게 좋지 않겠냐며 그에게 구명줄을 던졌다. 하지만 그는 매우 신경질적인 반응을 보이며 "그러지 않겠소. 나의 직위를 박탈해 주기 바라오."라고 우겼다.

중앙위 회의는 옐친의 발언을 평가한 다음, 정치국과 모스크바 시당위원회에다 제1서기직 사퇴문제를 처리하도록 넘기기로 했다.

11월 3일, 옐친은 마치 아무 일도 없었던 것처럼 내게 짧은 편지를 보내왔다. 하던 일을 그대로 계속할 수 있도록 해달라고 부탁하는 내용이었다. 그리고 11월 7일 기념 퍼레이드에 참석한 그는 천연덕스럽게도 다른 인사들과 함께 레닌묘 위 연단에 올라 행사를 주관했다.

11월 9일에 모스크바 시당위원회에서 긴급 사안이 발생했다는 보고가 올라왔다. 옐친이 복도에서 피투성이가 된 채 발견되어 예브게니 차조프를 비롯한 의사들이 현장으로 달려가 응급처치를 했다는 보고였다. 옐친이 돌발적으로 가위를 들고 죽겠다며 자해 소동을 벌인 것으로 드러났다. 의사들 말로는 상처가 깊지 않아 생명에는 지장이 없다고 했다. 옐친은 입원했고, 나는 즉시 정치국 회의를 소집했다. 우리는 당중앙위 전체회의에서 이 일에 관해 일체 함구하기로 했다. 얼마 뒤에 나는 옐친에게 전화를 걸어 무슨 일이 있었는지 보고를 받았다고 말하고, 회복되는 대로 모스크바 시당위원회 전체회의를 개최할 것이라고 했다. 모스크바 시당위원회 전체회의는 11월 12일에 열렸다.

그 무렵 그는 나와 몇 차례 이야기를 나누었는데, 한번은 은퇴해서 연금이나 받으며 지내고 싶다는 말도 했다. 우리는 논의 끝에 그의 중앙위원직을 유임시키되 모스크바 시당 제1서기직은 물러나도록 하는 대신 각료급인 건설·농업·주택정책 담당 국가위원회 제1부위원장에 임명하기로 결정했다.

나중에 나는 그 당시 왜 일을 그렇게 미지근하게 끝냈느냐는 비난을 많이 들었다. "그때 옐친을 당중앙위원회에서 쫓아내 지방으로 보내 버렸어야 했다. 그렇게 하기가 내키지 않는다면 해외 대사로라도 보냈어야 했다. 그랬더라면 그걸로 일이 마무리됐을 텐데." 이런 말을 하는 사람들이 여럿 있었다. "당신 일생에서 최대의 실수를 한 것!"이라는 말까지 들었다.

하지만 나는 그렇게 생각하지 않았다. 나는 사람을 함부로 버리지 않았고,

당에서도 그런 마음가짐으로 일을 처리했다. 나는 당시 그에게 악감정이 없었고, 더구나 보복하고 싶은 생각은 추호도 없었다. 그가 내가 하는 일에 시시콜콜 시비를 걸 때도 나는 티격태격하는 논쟁에 말려들지 않으려고 했다.

사후약방문이 되고 말았지만, 옐친의 측근이던 미하일 폴토라닌과 최근에 가진 대화 내용을 소개하고자 한다. 폴토라닌의 말에 따르면, 당시 옐친은 당 중앙위에서 한 자신의 발언이 엄청난 파장을 불러오고, 많은 위원들이 자신을 지지해 줄 걸로 생각했다는 것이다. 하지만 그것은 오산이었고, 당시 옐친은 그 발언으로 오히려 수세에 몰렸던 것이다. 국가건설위원회에서도 그는 별로 눈에 띄는 업적을 보이지 못했다. 하지만 페레스트로이카의 문제점이 쌓이기 시작하고, 사람들의 불만이 고조되면서 그의 과격하고 포퓰리스트적인 성향이 인기를 모으기 시작했다. 페레스트로이카가 겪는 어려움들이 그가 정치 무대에서 재기하는 데 도움을 준 것이다. 역사의 수레바퀴는 그렇게 굴러갔다.

과격 세력의 저항
니나 안드레예바의
반(反)페레스트로이카 선언

10월혁명 70주년 기념식이 끝난 뒤, 페레스트로이카에 대한 국민들의 관심은 극적으로 증폭되었다. 사람들은 본격적으로 우리의 과거사를 입에 올리고, 우리가 직면한 각종 문제들에 대한 논의가 전국적으로 활발하게 전개되기 시작했다. 과거에는 입에 올리는 것조차 두려워했던 사상가, 작가, 예술가들의 이름이 문서보관소와 도서관 서고에서 끄집어내져서 사람들의 입에 올랐다. 역사학자, 경제학자, 정치학자, 사회학자, 문학가들은 연구 지식 분야에서 스탈린주의가 만든 왜곡된 논리를 바로잡고, 역사와 사회를 진실과 '사상의 자유'란 토대 위에서 재평가하기 시작했다.

사람들의 열정은 부글부글 끓어올랐다. 우리는 페레스트로이카라는 솥의 뚜껑이 터져 날아가 버리지 않도록 예방책을 마련해야만 했다. 사회주의의 본질은 무엇이고, 사회적 가치의 핵심은 무엇이냐는 문제가 전면에 등장했다.

사람들은 이제 더 이상 '반 소비에트 선동'이라는 죄목으로 잡혀갈지 모른다는 걸 전혀 두려워하지 않았다.

정치국과 서기국 회의가 열리기 직전에는 이런 논란들이 더 거세게 전개되었다. 회의가 열리면 라디오방송, 텔레비전 방송, 각종 출판물들이 총동원되어서 회의에서 논의되는 사안들을 사람들에게 퍼트렸다. 리가체프는 우리가 언론에 대한 통제력을 상실했으며, 그 책임이 야코블레프에게 있다고 주장했다. 미하일 솔로멘체프, 빅토르 체브리코프, 드미트리 야조프가 리가체프 입장에 동조했고, 곧 이어서 리쉬코프도 그 대열에 합류했다.

이 문제에 대해 본격적인 논의를 해야 할 시점에 다다른 게 분명했다. 2월로 예정된 차기 중앙위 전체회의의 의제는 학교 개혁이었다. 리가체프가 보고서 준비 작업을 책임지기로 했는데, 나는 그의 작업에 일체 간섭하지 않으려고 했다. 당시 상황에 맞지 않는 의제였지만 의제를 바꾸기에는 시간이 촉박했다. 나는 전체회의에서 이데올로기적인 문제들에 대해 내 입장을 밝히기로 했다.

개혁 이데올로기가 필요했다. 글라스노스트는 현실에서 많은 허점을 드러냈지만 페레스트로이카의 필요성 자체에는 의문의 여지가 별로 없었다. 하지만 페레스트로이카의 목표를 둘러싸고는 격렬한 논쟁이 계속되고 있었다. 서로 대립되는 입장들이 충돌해 폭발하기 일보 직전이었다. 당과 정부의 고위 관료들은 현 체제를 수정할 필요성엔 공감하면서도 다른 체제로 대체하는 것은 필요치 않다는 생각을 했다. 다른 체제로 바꾸는 것은 절대로 안 된다는 입장이었다. 이들이 주장하는 '체제 수정'이라는 게 구체적으로 어떤 뜻인지 생각해 보니, 그것은 큰 기념일을 앞두고 도심 거리의 빌딩 전면에 페인트칠을 새로 하는 정도의 수준으로, 겉치레용 미화작업에 불과한 것이었다. 건물 안쪽이나 후면은 달라지는 게 하나도 없다는 말이었다.

무분별한 급진주의가 극단적인 보수주의를 키웠다. 자유로운 인텔리겐차 그룹의 주류를 형성한 어제의 반체제 인사들이 너도나도 '허용된 자유의 범위를 확대하는 일'에 뛰어들었다. 불과 며칠 전까지만 해도 자신들이 찬양했던 사회주의적인 가치를 부정하며 이들은 지금의 체제를 즉각 해체하라고 요구했다. 그 과정에서 일어날지 모르는 폭력과 혼란 같은 부작용은 안중에도 없었다. 자신들이 어떤 종류의 사회,정치적인 체제를 요구하는지도 분명치 않았다.

당중앙위 전체회의 연설에서 나는 70년 동안 쌓아 온 우리의 과거와 사회를 부정하고, 저속하고 원색적인 비난을 퍼붓는 데 대해 경고하지 않을 수 없었다. 우리 조국의 역사가 피로 물든 범죄의 역사만은 아니다. 조국의 미래를 위해 사심 없이 희생한 사람들의 기억에 조소를 퍼붓는 것을 방관만 하고 있을 수 없었다.

2월의 당중앙위 전체회의가 끝난 뒤에도 우리는 '대오각성'하지 못하고 오히려 더 분열되어 갔다. 발밑에서 땅이 갈라지는 위기를 체감한 사람들은 조국에 닥친 변화의 바람을 곧 자신들이 움켜쥐고 있는 권력의 상실로 받아들였다. 완고한 노멘클라투라 세력들은 국민의 앞날보다는 자신들의 특권과 특혜를 잃을지 모른다는 사실이 더 불안했다.

그러는 와중에 페레스트로이카 역사에 기록될 하나의 사건이 일어났다. 3월 13일에 소베츠카야 로시야 신문은 '나는 원칙을 버릴 수가 없다' 는 제목의 기사를 보도했다. 레닌그라드 출신의 교수인 니나 안드레예바가 쓴 글이었다. 글에 담긴 내용, 문체, 용어들을 보면 그것은 한마디로 말해 공개적인 반(反) 페레스트로이카 선언문이었다.

소베츠카야 로시야가 소련공산당 중앙위원회의 기관지였기 때문에, 그 글은 내가 추진하고 있고, 당중앙위 전체회의가 승인한 지 얼마 되지 않은 개혁 노선에 대한 정면 도전처럼 보였다.

나는 일부 지방 당위원회 서기들과 심지어 일부 정치국원들까지 이 글에 대해 보인 반응을 보고 기분이 매우 언짢았다. 글을 보고 나서 동료들과 처음 이야기를 나누는 자리에서 몇몇 정치국원들은 글의 내용을 지지한다는 반응을 보였다. 3월 23일 크렘린에서 열린 집단농장원 총회 도중 휴식시간에 우리가 나눈 대화내용이다.

리가체프 언론이 먼저 도발을 한 겁니다. 주둥이에다 한 방 먹여야 돼요. 소베츠카야 로시야에 실린 글은 이보다는 훨씬 나아요. 그건 정말 좋은 글입니다. 우리 당 노선과 일치해요.

보로트니코프 맞아요! 정말 시의적절한 좋은 글입니다. 글이란 이렇게 써야 합니다. 그런데 모두들 제멋대로 하려고 든단 말이야.

그로미코 맞아요. 이건 정말 좋은 글입니다. 사태를 제대로 보고 쓴 글이에요.

고르바초프 나도 유고슬라비아로 출발하기 전에 그 글을 한번 보기는 했소.
(사람들이 내 말을 가로막으며 정말 좋은 글이니 제대로 읽어 보라는 말들을
했다.)

고르바초프 그래요, 유고슬라비아에서 돌아온 다음에 그 글을 다시 읽어 봤소.
(모두들 입을 모아 그 글을 칭찬하느라고 소란을 떨었다.)

고르바초프 내 생각은 좀 다릅니다.

보로트니코프 그래요? 나는 전혀 그렇지 않은데!

고르바초프 전혀 그렇지 않다는 게 무슨 말이요?!
(어색한 침묵이 흘렀고, 모두들 의아한 눈빛으로 서로 쳐다보았다.)

고르바초프 그렇다면 정치국에서 이 문제를 한번 논의해 봅시다. 내 생각에는
그냥 두면 안 되겠다는 겁니다. 분열주의 냄새가 납니다. '나는 그렇지 않은
데'라고 했나요? 그 글은 페레스트로이카에 반대하고, 2월 당중앙위 전체회
의 결정에 반대하고 있소. 나는 누가 자기 생각을 말하는 데 반대한 적이 없
소. 인쇄된 책자로 하든, 서신으로 하든, 신문에 싣든 어떤 생각이든 상관하
지 않소. 문제는 이 글은 지시문 형식으로 만들어졌다는 것이오. 당 조직에
서 이미 이 글이 무슨 정책인 양 논의하고 있소. 이 글에 반대되는 글을 쓰지

말라는 금지령이 내려졌소. 이건 전혀 다른 문제요.

2월 전체회의에서 나는 '내가 쓴' 보고서를 읽은 게 아니요. 우리 모두 토의를 거친 다음 승인한 보고서였소. 그것은 정치국에서 만든 보고서이고, 당 중앙위 전체회의에서 승인한 것이었소. 그런데 이제 그것과 다른 당 노선이 나타난 거요. 나는 자리를 물러나는 게 두렵지 않소. 하지만 내가 이 자리에 있는 한, 나는 페레스트로이카의 길을 지킬 것이요. 이건 안돼요! 이런 식으로는 곤란합니다. 정치국에서 이 문제를 다루도록 합시다.

이튿날인 3월 24일, 정치국 업무가 끝난 다음 그 문제에 대해 몇 마디 했다. 하지만 나의 발언이 너무나 강경한 어조였기 때문에 참석자들 모두 창백한 표정으로 입을 닫았다. 그러자 리가체프가 먼저 말문을 열었다.

리가체프 좋습니다, (소베츠카야 로시야 편집인인) 발렌틴 치킨이 나를 찾아 왔었소. 나는 그 글을 보고 좋다고 했소. 하지만 나는 그 외에 다른 말은 일체 하지 않았습니다.

그로미코가 나서서 두서없이 뭐라고 떠들었으나, 그는 어느 쪽 편도 들지 않으려고 했다.

보로트니코프는 "나는 전혀 그렇지 않은데"라고 한 전 날의 발언을 희석시켜 보려고 웅얼거리더니 갑자기 신문들이 통제불능이라며 화살을 언론 쪽에다 슬그머니 돌리며 빠져나갈 구멍을 찾으려고 했다.

보로트니코프의 발언이 끝나자 야코블레프가 발언에 나섰다. 야코블레프는 회고록에서 이렇게 썼다. "나는 20분 정도 발언했다. 나는 그 글을 한 줄

한 줄 짚어가며 글의 의도가 무엇인지 설명했다. 의도와 어투에서 그 글은 처음부터 끝까지 고르바초프와 2월 전체회의 노선에 반대하는 내용이었다. 한마디로 반 페레스트로이카 선언문이었다. 내가 발언을 마치자 시간은 저녁 10시쯤 되었다. 고르바초프가 이렇게 말했다. '오늘 회의는 여기서 마치도록 하고, 내일 계속합시다.'"

이튿날 첫 발언은 리쉬코프가 했다. 그는 문제의 글에 대해 엄숙하고, 무뚝뚝한 어조로 비난을 퍼부었다. 가장 강력한 반대 연설이었다. "나는 이 글을 보고 두 가지 인상을 받았소." 리쉬코프는 말했다. "이 글은 먼저 페레스트로이카가 도대체 왜 필요한가라고 묻고 있소! 그런데 이런 재앙 같은 일이 이미 시작되었으니, 가능한 한 빨리 이 일을 억누르고 제재를 가해야 합니다."

야코블레프 회고록은 회의 내용을 이렇게 소개하고 있다. "세바르드나제는 강력히, 그리고 단정적으로 글의 내용을 비판했다. 메드베데프는 결정적인 어조로 노련하게 비판했다. 슬륜코프와 마슬륜코프는 간략하지만 감동적으로 분노를 담아 비난했다. 전날 회의 때 실언에 가까운 발언을 한 체브리코프는 조용한 어조로 비난에 가담했다."

국방장관 야조프 장군은 언론에 대해 우물쭈물 분명치 않은 어조로 몇 마디 했다. 언론이 기준이 없다는 식의 말이었으나 전체적으로는 당서기장의 입장에 섰다.

당연한 일이지만, 그 글을 비난하는 결의문이 만장일치로 채택되었고, 프라우다에 반박문을 실으라는 지시가 내려졌다.

야코블레프는 체르냐바예프에게 한 설명을 마무리지으며 이렇게 말했다고 회고록에 썼다. "그것은 페레스트로이카의 역사에서 하나의 전환점이었다. (리쉬코프는 리가체프의 이데올로기 담당 직책을 박탈해야 한다는 제안까지 내놓았다!)"

나는 지방 서기들과 허심탄회한 대화를 갖는 게 필요하다고 생각했다. 3월과 4월에 가진 당 관료들과의 모임에서 내가 한 연설과 발언의 핵심 주제는 바로 이것이었다. "니나 안드레예바의 글은 스탈린주의로 돌아가자는 공개건의문이다. 스탈린주의는 범죄적이고 엄청나게 부도덕한 현상이다. 그러니 니나 안드레예바의 뜻에 동조하는 사람은 당에서 떠나라" 나는 지방 서기들에게 이렇게 일갈했다. "여러분에게 분명히 밝히겠다. 수십만 명에 달하는(1백만명이 될지도 모른다) 당 활동가들이 처형되었고, 3백만 명이 수용소로 보내졌다. 수백 만 명의 삶에 영향을 미친 집단화운동은 차치하고라도 그렇다. 니나 안드레예바는 새로운 1937년(대숙청시기)을 우리에게 강요하고 있다. 그 여자의 논리에 동조하는 사람이 하나라도 있으면 나와 보라. 당중앙위 위원인 여러분들은 그렇게 되기를 바라는가? 조국의 운명을 직시해 보자. 우리는 사회주의를 원하는가? 그렇다! 하지만 어떤 종류의 사회주의? 스탈린 치하에서 가졌던 그런 종류의 사회주의는 우리에게 필요없다."

정치국의 지시에 따라 프라우다는 '니나 안드레예바 사건'이란 제목으로 대단히 비판적인 기사를 실었다.

그 글을 둘러싸고 벌어진 사태는 초기에 내가 가졌던 의혹을 확인시켜 주었다. 나와 함께 진정으로 일관되고, 일사불란하게 페레스트로이카를 시작해 초기 단계를 밟아 나갔던 동지들은 각자 나름대로 한계를 가지고 있었던 것이다.

양극단의 협공 받는 페레스트로이카

니나 안드레예바의 글이 보도된 것은 페레스트로이카 시대에 우연히 일어난 단순 사고가 아니었다. 그것은 철저히 계산된 정치적 행위였다. 나는 사건 직후에 그 일이 예고르 리가체프의 승인 하에 그의 휘하 기관 패거리 그룹이 나서서 저지른 짓이라는 것을 알았다. 당의 최고 상층부에서 직접 취한 행동인 것이었다.

물론 나는 이런 일이 내 등 뒤에서 벌어졌다는 사실에 신경이 곤두섰다. 하지만 나는 그 일의 배후 세력을 철저히 조사해 소베츠카야 로시야의 편집인 발렌틴 치킨을 비롯한 주범과 가담자 모두를 처벌하라는 건의를 받아들이지 않았다. 진짜 문제는 다른 데 있다고 생각했기 때문이다. 문제는 사람들이 당의 노선을 제대로 이해하고, 그것을 의식적으로, 그리고 충실히 이행하느냐는 것이었다. 그래서 나는 각 공화국과 지방, 지역 당위원회, 당중앙위 서기들을 비롯한 당 고위 관리 모두의 생각을 직접 얼굴을 맞대고 확인하는 작업이 필요하다고 생각했다. 어떻게 하면 당과 사회 전반의 관심을 페레스트로이카에 보다 효과적으로 몰두하도록 할 것인지에 대한 동지들의 생각을 알고 싶었다.

이런 작업은 당원들이 한데 모이는 곳이어야 가능할 것 같았고, 제29차 당대회가 시의적절한 장이 될 것으로 생각했다. 나는 당대회에서 해야 할 일은 정치체제 전반의 근본적인 개혁을 준비하는 것이라고 생각했다. 그때까지도 정치체제는 과거 스탈린 시대에 확립된 관료적인 명령체제의 특성이 깊이 각인돼 있었다. 당 관료들의 정치의식이 과거의 틀에서 벗어나지 못하고, 굳어 있는 가장 큰 이유가 바로 이 때문이라고 생각했다. 당의 최고위직에서 말단에 이르기까지, 그리고 전반적인 국민들의 의식이 그러했다. 이것이 바로 페레스트로이카가 해결해야 할 가장 중요하고, 가장 어려운 과제였다. 나는 당 서기들과의 대화를 통해 그러한 방향으로의 발전이 가능하다는 희망을 갖게 되었다. 그들 대부분은 정치,경제,사회 체제를 개혁하고 변화시켜야 한다는 필요성을 이해하고 있었다.

1985년 3월부터 시작해 이후 3년간 페레스트로이카, 글라스노스트, 민주화는 국민들의 의식을 조금씩 자유롭게 만들었고, 조국과 사회의 운명에 관심을 가진 사람들의 사고와 행동에도 영향을 미치기 시작했다. 사람들의 마음속에서 싹트기 시작한 민주적인 변화는 침묵시키거나 억압할 수 없는 단계에 이르렀다. 언론과 새로 발간되는 서적, 연극, 창의적인 인텔리겐차들의 연설에서 그러한 증거들은 거의 매일 늘어나고 있었다. 비공식적인 청년 조직들과 인권, 환경을 비롯한 각종 단체들이 생겨나는 것도 그러한 변화의 증거들이었다.

확실히 국민과 사회 전체가 무관심과 무의식의 긴 동면에서 깨어나고 있었다. 어떻게 하면 이러한 과정을 건설적이고 창의적인 것으로 이끌어갈 것인가? 이러한 상황에서 당은 어떤 일을 할 수 있고, 또 해야 할 것인가? 그리고 어떻게?

나는 이런 물음에 대한 답을 차기 당대회에서 찾기로 했다. "페레스트로이카라는 비행기의 행선지가 어디이며, 어떤 사람들이 탑승할 것인가?" 나는 이런 물음을 당원들에게 던질 생각이었다.

니나 안드레예바의 반(反)페레스트로이카 선언을 둘러싸고 벌어진 정치적인 소동은 페레스트로이카 정책과 우리 사회와 국가의 운명에 대한 근본적으로 다른 시각들이 건재함을 드러내 보였다. 소련공산당 상층부와 하부의 당 활동가 그룹 모두에 존재했다. 개혁 과정이 가져올 결과와 전망에 대한 회의적인 시각과 브레즈네프 시절의 정체기에 대한 향수, 심지어 스탈린 시대에 대한 향수는 노멘클라투라와 자신들의 이익에 관심이 있는 고위 관료 집단에만 뿌리를 내리고 있는 게 아니었다. 일반국민들의 고정관념 속에도 깊게 자리하고 있었다. 그러한 고정관념은 수십 년에 걸친 전체주의적 정치, 이데올로기적인 통제와 스탈린 시대에 만들어진 명령 체제와 행정 위주 시스템의 산물이었다.

페레스트로이카는 첫 번째 난관에 부딪쳐 경고음을 울렸다. 뒤로 후퇴해, 과거로 돌아가 예측할 수 없는 결과를 초래할지 모른다는 가능성이 현실로 다가오고 있었다.

사람들은 왜곡된 사회주의, 막다른 골목에 이른 사회주의를 오랫동안 '현실'로 받아들이며 살아 왔다. 하지만 그건 아니었다. '스탈린식 사회주의'는 결코 우리의 모델이 될 수 없었다. 그런 식의 사회주의로부터는 일관되게, 결단코 벗어나야 하며, 스탈린주의의 악령으로 절대로 되돌아가지 않도록 만들어야 했다. 1960년대의 사람들인 나의 많은 친구와 동료들과 마찬가지로, 나는 인간적이고 민주적인 사회주의가 분명히 가능하다고 믿었다.

1988년 봄 다시 위험한 갈림길에서 나는 지도부 내의 혼란과 분열을 막고, 단합된 사회로 나아갈 수 있는 가능성을 보았다. 다양한 계층의 국민들을 사회적 발전과 개혁의 과정에 동참시킬 수 있는 길이 보였던 것이다. 나는 29차 당대회에서 그 가능성을 확인하고자 했다.

당대회에 대한 일반 국민들의 관심은 아주 높았다. 알기 쉽게 말하자면 사람들은 이런 문제들에 대한 답을 기다리고 있었던 것이다. 정권 내부에 무슨 일이 벌어지고 있는 거지? 도대체 무슨 일을 꾸미고 있는 거지? 도대체 이 나라를 어디로 끌고 가려고 하는가? 당대회에 제출한 중앙위원회의 건의문은 대회가 열리기 전 프라우다에 먼저 발표되었다. 이어서 모든 언론이 건의문 내용을 보도하고, 대의원 선출에 대한 기사를 실었다.

나는 모스크바 시당 지도자 몇 명을 불러 대의원 후보 몇 명에 대해 제발 편견을 갖지 말고 인내심을 갖고 지켜봐 달라고 당부했다. 유리 아파나셰프와 알렉산드르 겔만 같은 후보를 말하는 것이었다. 대회장에서는 열띤 공방이 벌어졌고, 대의원들은 앞다투어 발언대로 달려 나갔다. 유명한 작가인 유리 본다레프는 페레스트로이카를 '이륙은 했지만 어디에 착륙할지는 아무도 모르는' 비행기에 비유했다. 보수파 대의원들은 박수갈채를 보냈다. 그의 반대파인 작가 그리고리 바클라노프가 발언할 때는 '우' 하는 야유가 쏟아져 나왔다.

옐친은 급진 좌파 세력을 대변해 당 지도부 비판을 주도했다. 그는 자신을 지도자 위주로 정치가 굴러가는 '리더리즘' 의 가장 치열한 반대자이며, 진정한 민주주의의 가장 열렬한 옹호자라고 선언했다. 옐친은 '정치국에 10~15년씩이나 자리를 꿰차고 있는 사람들', 병약한 체르넨코를 당서기장으로 선출하자고 주장한 사람들, 당과 조국을 지금과 같은 위험한 상태로 몰아넣은 사람들에게 책임을 물어야 한다고 주장했다. 그는 또한 당서기장에 대해서도 '모든 비판에서 초월해 있는 사람' 이라며 화살을 날렸다. 그는 마피아들이 득실거리는 중앙정부와 모스크바 관료 조직의 규모를 대폭 줄여야 한다고 주장했다. 옐친은 특혜와 특권, 특별 식량배급, 특별 병원, 특별 휴양시설과 함께 모든 사회적 불평등이 제거되어야 한다고 말해 요란한 박수갈채를 받았다. "우리가 사는 사회주의 사회에서는 누군가가 무엇인가 부족하다고 느낀다면, 그런 부족함을 모든 사람들이 공평하게 느껴야 한다. 여기에 예외가 있어선 안 된다." 미래의 '차르' 옐친은 엄청난 환호성이 쏟아지는 가운데 열변을 토했다.

　그렇게 해서 당대회는 한 쪽은 보수 노멘클라투라 진영의 페레스트로이카 비판자와 반대자들, 그리고 다른 한쪽에는 급진 좌파들이 완강하게 버티고 있다는 사실이 여실히 드러났다. 그럼에도 불구하고 나는 이 대회가 당의 리더십을 공고히 하고, 조국의 정치체제를 민주적으로 개혁하려는 당의 방침을 확실히 잡아 준 중요한 계기로 되었다고 생각했다. 대회에서 내려진 결정들은 페레스트로이카를 지속, 강화한다는 원칙에 대해 광범위한 합의가 이루어졌음을 보여주었다.　형식적이 아니라 정부의 모든 단계에서 실질적이고 자유로운 선거를 통해 정부와 사회를 개혁한다는 목표를 분명히 했다. 당과 지방 소비에트 사이에 철저한 역할분담이 이루어지도록 하는 방침도 승인됐다. 당은 국민들의 진정한 자유선거에 의해 구성되는 소비에트에 권력을 넘겨주기로 했다. 그것은 국가 조직에 대한 소련공산당의 독재 체제에 종언을 고하는 것이었다.

　당대회에서 통과된 결의안들은 단순한 구호에 그치는 게 아니라, '모든 권력은 소비에트로!' 라는 슬로건을 국민들이 실천하도록 만들었다. 하지만 국민들이 언제 당을 보고 모든 일을 지배하라고 한 적이 있었단 말인가? 당 스스로 정부의 기능을 뺏고, 나아가 모든 권력을 독점한 게 아니던가?

　당대회 결의안은 이렇게 천명했다. "앞으로 소련공산당은 절대로 개인숭배와 정체가 되풀이되도록 하지 않을 것이다. 과거의 이런 해악들은 사회주의 사회에 깊은 상처를 남기고, 수십 년에 걸쳐 발전을 막았으며, 대규모 인명손실과 이루 말할 수 없는 도덕적, 이념적 손실을 초래했다."

　대회의 정신과 결의안에 보조를 맞춰 소련공산당 중앙위원회 정치국은 젊은 층이 대거 들어오면서 활기를 되찾았다. 미하일 솔로멘체프, 표트르 데미체프, 블라디미르 돌기흐를 비롯해 몇 명은 연금생활자로 물러났다. 당 관료조직은 재편되고, 감축됐다. 당의 주요 업무를 관장하는 위원회가 신설되면서 중앙위원들 사이의 유대감은 더 강화되었다. 여러 산업, 경제 분야 담당 부서들과 함께 소련공산당 중앙위원회 서기국은 폐지됐다.

새로운 사람들이 정치 영역에 대거 들어옴으로써 국민생활과 정치권의 모습에도 큰 변화가 일어났다. '페레스트로이카 전위대'와 페레스트로이카의 친구 클럽, 페레스트로이카를 지지하는 국민전선 같은 조직이 생겨나면서 민주화와 사회개혁 지지자들의 입지가 강화되었다. 이와 함께 보수 세력과 개혁 반발 세력에 대한 저항은 더 거세졌다. 분명해진 것이 하나 더 있었다. 경험이 없고, 세련된 정치적 기술을 갖추지 못한 정치 신인과 초보자들이 대거 출현하면서 본래의 볼셰비키로 되돌아가자고 주장하는 자들이 등장했다. 한편에서는 공산정권은 무조건 쳐부수자는 과격주의자들도 나타났다. 자신들의 이익과 자기만족을 위해 그런 주장을 내세우는 자들이었다. 하지만 사람들이 이들의 정체를 알아차린 것은 때가 너무 늦은 다음이었다.

신사고 헌장
유엔총회 연설

페레스트로이카는 국내에서 갖가지 어려움과 엄청난 도전에 직면하고 있었지만, 전 세계적으로는 차츰 긍정적인 인식과 신뢰를 얻기 시작했다. 이런 면에서 1988년은 하나의 분수령이 된 해였다.

그해 2월에 우리는 5월 15일부터 시작해 향후 10개월 안에 아프가니스탄 주둔 소련군을 철수할 것이라고 발표했다. 그 계획은 제네바에서 열린 아프가니스탄과 소련, 파키스탄 3자회담을 통해 공식 확인되었다.

앞서 언급했듯이 5월말에는 레이건 미국 대통령이 소련을 공식 방문했고, 10월에는 헬무트 콜 독일총리가 소련을 방문했다. 이로써 우리는 외부 세계와의 관계에 새로운 장을 열어 나갔다. 프랑수와 미테랑 프랑스 대통령이 소련을 방문함으로써 페레스트로이카는 다시 한 번 공개적인 지지를 받았다. 우연의 일치로 그해 파리에서 열린 유네스코 총회는 기독교의 러시아 전파 1000주년을 기념해, 이를 유럽과 세계의 역사와 문화에 가장 큰 사건 중 하나로 선포했다. 세계 언론은 소련 정부가 교회와의 관계를 크게 개선시킨 것을 대단히 긍정적인 변화로 추켜세웠다. 소련에서는 사회적, 정치적으로 의미가 큰 1000주년 기념식을 가진 뒤, 여러 개의 교구가 새로 설립되고, 교회 건물이 복원되기 시작했다. 신앙과 종교 기관의 자유에 관한 법률이 만들어지고, 교회는 완전한 사회 조직으로 인정받게 되어, 정신교육과 도덕교육은 물론, 자선사업과 평화활동에 참여하게 되었다.

나는 그해 11월말 두 번째 인도 방문길에 올랐다. 라지브 간디 총리와 친구이자 신뢰하는 정치적 동반자 사이로 만났다. 우리는 델리 선언을 채택하고, 이를 실천하는 데 양국이 적극 노력하기로 약속했다. 우리는 중국과의 관계에 대해 특히 많은 대화를 나누었다. 라지브 총리와 나 두 사람 모두 중국과의 관계 개선을 할 때가 되었다고 생각했다. 그래서 소련과 인도의 관계 증진에 대해 중국이 두려워 할 이유가 하나도 없다는 점을 중국이 믿도록 해야 한다는 데 의견을 같이했다.

12월 초에 나는 모스크바에서 중국 외교부장 첸치천(錢其琛)을 만났다. 우리는 국제문제에 대해 광범위한 논의를 갖고, 문제 해결을 위한 가능한 방안에 대해 이야기했다. 소련과 중국 두 나라 모두 이 회담에 대해 중요한 의미를 부여했다. 두 글로벌 초강대국과 두 나라 국민 사이의 관계를 정상화할 수 있는 길이 열릴 것이라는 기대를 갖게 된 것이다.

모스크바를 방문한 사회주의인터내셔널 의장 빌리 브란트와의 만남은 특히 인상에 남는다. 그는 니나 안드레예비치의 글로 촉발된 반(反) 페레스트로이카 운동에 대해 놀라움을 나타냈다. 나는 페레스트로이카는 계속 진행될 것이며, 국내 정책이나 대외 정책에서 페레스트로이카를 포기할 의사가 없다는 점을 그에게 분명히 다짐했다. 브란트 의장은 사회주의인터내셔널도 소련과의 관계에서 '페레스트로이카'를 실천하겠다고 약속했다. 그는 사회주의인터내셜과 소련의 관계는 양측 간 이념적 차이에도 불구하고, 불균형이 줄어들기 시작했다고 강조했다. 브란트는 새로 채택된 사회주의인터내셔널 강령은 지난 1952년에 채택된 강령과는 전혀 다르다는 점을 강조했다. 1952년 강령은 냉전 이데올로기와 반 공산주의, 반 소련 정서가 크게 반영된 것이었다.

1988년이 되자 여러 어려움과 문제점에도 불구하고, 사회적, 정치적 민주화 측면에서 페레스트로이카는 분명한 성과를 나타내기 시작했다. 우리는 그러한 성과를 바탕으로 국제사회에 새로운 세계질서에 대한 상세한 계획과 실천방안을 제시하기로 했다. 1988년 12월 뉴욕에서 열릴 예정인 유엔총회에서 페레스트로이카의 기본 골격과 실천 가능성을 논의에 부칠 생각이었다. 우리는 특히 정치와 국방 관련 분야에서의 개념 정리와 실천방안을 철저히 준비했다.

11월에 정치국은 현실적인 여건 하에서 군산복합체의 활동을 재점검했다. 나는 젊은이들과 가졌던 모임에 대해 이야기했다. 그 모임에서 젊은 공산당원들이 내게 이렇게 물었다. "이렇게 많은 군대가 왜 필요합니까? 탱크를 이렇게 많이 보유할 필요가 있습니까?" 29차 당대회는 우리에게 중요한 원칙을 제시해 주었다. 그것은 바로 이제 우리에게 필요한 것은 양보다 질이라는 원칙이었다. 이 문제에 대해 주요한 결정을 내릴 때가 온 것이었다. 사실 우리는 1인당 국민소득을 기준으로 미국과 비교해 국방비는 150%나 더 많은 예산을 지출하고 있었다. 글라스노스트 하에서도 이런 추세가 계속된다면, 우리가 내세우는 신사고는 아무짝에도 쓸모없는 게 아닌가. 군대를 그대로 놔두고는 우리가 내세운 페레스트로이카의 목표는 달성할 수 없을 것이었다.

다른 사회주의 국가들에 주둔한 우리 군대를 감축하는 문제를 이제는 해결할 때가 온 것이었다. 사회주의 우방들과도 이 문제를 논의할 필요가 있었다.

국내에서 추진한 페레스트로이카와 변화에 대한 의지는 우리 외교정책에 큰 힘을 실어 주었다. 고르바초프가 막다른 길에서 유엔을 찾아갔다고 생각하면 오산이다. 페레스트로이카는 우리나라를 현대화로 이끄는 길을 열었고, 새로운 평화의 시대로 나아가는 데 필요한 과제들에 해답을 제시해 주었다.

군사력 감축은 총참모장인 세르게이 아흐로메에프 원수가 이끄는 군 수뇌부가 나서서 방안을 마련했다. 군 병력과 무기 감축과 관련된 주요 제안과 함께 우리는 인도적인 문제에 대해서도 추가적인 조치를 마련하기 시작했다. 우리는 모든 '정치범'을 석방하고, 부당하게 정신병동에 강제입원당한 사람들을 풀어 주는 문제를 논의했다. 국민들의 해외여행을 부당하게 자의적으로 규제하는 조치도 해제했다. 특별위원회가 구성돼 정치적 이유로 유죄판결을 받은 사람들을 복권하는 작업도 시작했다. 이 작업의 일환으로 비밀리에 처형당해 묻힌 수십만 명의 집단묘지가 전국에서 발굴됐다. 쉽게 말해, 우리는 국가와 국민생활 모든 분야에서 현대화, 복원, 민주화, 인도주의화를 위해 열심히 일했다.

내가 유엔총회에서 한 연설의 요점은 세기적 전환기를 맞아 전 세계의 정치적 문제들과 관련해 우리가 진행하고 있는 새로운 접근방법과 시각에 대해 지구촌이 관심을 가져달라는 것이었다. 우리는 대결에서 협력으로 전환하기 위한 세계적 차원의 종합 플랜을 제시했다. 새로운 기회와 위험이 도사리고 있다는 사실도 함께 제기했다. 정치적인 플랜이지만 과거처럼 정치 선전물은 아니었다. 우리가 제시한 새로운 계획은 우리의 평화선언문이고, 평화헌장이었다. 그것은 과거 냉전의 시작을 알린 처칠의 대결적인 연설과 대비되는 연설이었다.

　20년도 더 지난 지금 그 연설을 뒤돌아보니 감회가 새롭다. 1988년 12월 7
일 당시에는 큰 뉴스가 됐던 원칙과 생각들이지만 지금은 너무도 당연하고
평범한 말이 되었다.　현대 세계에서 국제 안보를 보장해 줄 가장 중요한 요
소 가운데 하나는 국제법을 존중하는 가운데 이루어지는 정부 간 협력이다.
그리고 모든 나라, 특히 강대국들이 외부에 대해 무력사용을 자제하고, 전면
배제할 필요가 있다. 이제는 비폭력의 세계가 바로 현대적인 이상이 되어야
한다.　무력사용이나 무력사용 위협이 외교정책의 수단이 되어서는 안 된다
는 것이다. 군사력 증강으로 전지전능한 강대국이 될 수는 없다.

　연설 말미에 나는 유엔총회 회원국들을 상대로 소련이 군사력 감축을 위해
그동안 구체적으로 어떤 조치를 취했는지를 밝히고, 동독, 헝가리, 체코 등
바르샤바조약기구 동맹국들에 주둔한 소련군 철수 계획에 대해서도 설명했
다. 그리고 소련 국민들의 해외여행 자유화와 같은 민주화 조치에 대해서도
설명했다. 내 연설은 많은 사람들에게 큰 화제가 되었다.

　유엔총회장을 메운 많은 청중들은 내 연설을 세심하게 경청했고, 연설을
마치자 기립박수를 보냈다. 당시 뉴욕타임스는 사설을 통해 이렇게 썼다.
"아마도 우드로 윌슨이 1918년에 14개조 평화원칙을 발표한 이래, 아니면 프
랭클린 루즈벨트와 윈스턴 처칠이 1941년에 대서양헌장을 선포한 이래, 세계
적인 인물이 유엔총회에서 이런 비전을 선보인 것은 미하일 고르바초프가 처
음이다." 그밖에도 세계적인 명성을 가진 여러 신문이 나의 연설에 호의적인
평가를 했다.

다당제로의
길을 열다

제29차 당대회에서 가진 논의와 결정들은 페레스트로이카에 대단히 중요한 의미를 갖는다. 당대회는 사회의 양식 있는 세력이 페레스트로이카를 지지하고 끌고 나갈 필요성이 있다는 데 초점을 맞추었다. 그리고 근본적인 정치 개혁에 대한 의지를 확고히 보여 줌으로써 페레스트로이카에 큰 힘을 실어 주었다. 당대회에서 나온 페레스트로이카 지지는 페레스트로이카의 지평과 전망을 넓히는 데 도움이 되었다. 우리는 당의 권력독점에 기반을 둔 낡은 정치체제로부터 진정한 권력이 국민과 소비에트에 속한다는 전혀 다른 체제로의 이행이 비폭력적이고 평화로운 방식으로 이루어져야 한다는 이야기를 했다. 새로운 체제에서는 헌법 정신에 따라 국가 권력이 국민과 소비에트에 속하게 된다.

그것은 국민의 이해와 지지가 필요한 일이었다. 대단히 어렵고 복잡한 과정을 거쳐야 했으며, 누구나 다 그런 일을 감당할 능력을 가진 것도 아니었다. 소련공산당 중앙위원회 서기장으로서 나는 당 활동을 하는 데 있어서 마지막 순간까지도 민주적인 원칙에 따랐다. 모든 결정은 정치국과 중앙위 전체회의, 당대회에서 자유로운 토론을 거쳐 내려지도록 했다. 물론 신속하고, 권위적이고, 임의적인 결정을 내리는 데 익숙한 동료들이 항상 내 방식을 이해한 것은 아니었다.

29차 당대회에 이어 당이 직면한 첫 번째 중요한 도전은 1989년 3월에 실시된 인민대의원대회 선거였다. 투표율이 높았고, 경쟁률도 15~17대 1로 치열했다. 수천 개의 비공식 단체와 조직들이 선거운동에 뛰어들었다. 예상치 못한 선거결과가 나왔다.

고위 당 관료들이 행정조직, 선전기구와 자원을 총동원해 선거에 임했음에도 불구하고 패배하자 당 노멘클라투라 세력은 충격을 받았다. 모스크바와 레닌그라드에서는 시당과 지역당 책임자들이 거의 모두 패배했다. 산업기술 단지가 있는 볼가, 우랄, 시베리아와 극동 지역을 비롯해 동남부 우크라이나, 발트해 국가, 아르메니아, 그루지아에서도 당 관료들은 참패를 기록했다. 문화계와 과학계, 예술계의 유명 인사들을 비롯해 일반 대중에 거의 알려진 적이 없는 시민운동가들이 대거 대의원으로 선출됐다.

대의원의 85%가 소련공산당 평당원이고, 이들이 당 상층부 노멘클라투라에 진출하는 선거 결과가 나온 것이다. 연방공화국과 지방의 당 지도자들 다수가 선거 결과를 뼈아프게 받아들였으며, 패배감과 함께 페레스트로이카가 실패했다는 성급한 결론을 내리기도 했다.

나는 선거 뒤에 열린 첫 번째 정치국 회의에서 이런 분위기를 절감했다. 그때나 지금이나 그 선거 결과에 대한 나의 평가는 분명하다. 페레스트로이카와 국민이 압도적인 정치적 승리를 거둔 선거라는 것이었다. 전 세계인들에게 우리도 자유선거를 실시할 수 있음을 보여주었던 것이다. 그렇게 해서 정부의 상층부가 민주적이고 합법적으로 구성되었으며, 죽은 것이 아니라 살아 있는 민주적 의회제도가 자리를 잡았다. 체르노빌 참사와 아르메니아와 아프가니스탄의 대지진, 유가 하락, 국제분쟁, 그리고 여러 인재와 자연재해 등 어려운 여건에서 이루어낸 값진 결과였다.

이제 정치는 시민과 시민단체, 정당들에게 열려 있는 공적인 분야가 되었다. 더 이상 정치가 한정된 소수의 전유물이 아니며, 일반인은 전혀 모르는 '음모'의 영역에서 벗어난 것이 되었다. 그동안 일반 국민들은 정치에서 기계부품이나 합창단의 코러스처럼 당이 결정한 사항을 묵묵히 따라가는 역할만 했을 뿐이었다. 그것은 사회적, 정치적으로 엄청난 방향전환이었고, 질적으로 새로운 사회로 나아가는 하나의 돌파구였다.

하지만 영향력 있는 중간층과 고위층 당 관료조직의 상당수는 페레스트로이카를 점점 더 부정적이고 적대적인 것으로 받아들였다. 보수적인 노멘클라투라 계층에서 페레스트로이카에 대한 저항 움직임은 점점 더 눈에 띄게 두드러졌다.

1990년 여름에 나는 레닌그라드의 당 조직과 산업 조직이 어떤 상황에 놓여 있는지 알게 됐다. 노동자들은 이런 질문을 던졌다. "도대체 우리 당 조직이 어떻게 돼가는 건가요? 사람들은 불만으로 부글부글 끓고 있는데, 당에서는 침묵을 지키고 낮잠만 자고 있다니." 하지만 당 조직에서는 사람들의 이런 불만을 들은 체도 안했다. 심각한 문제들을 해결하기 위한 어떤 조치도 취해지지 않고 있었던 것이다.

당 조직은 "대중 매체와 대중의 불만으로부터 우리를 지켜 달라!"고 요구했다. 지방의 당과 행정 조직 대부분이 기능이 마비된 것이나 다름없었다. 연방 공화국과 지방에서는 지도자들이 토지 임대를 중단하고 그냥 놀렸다. 농민들의 불만은 터지기 일보 직전까지 쌓여갔다. 노동자들은 코페라치브(협동조합)의 목을 졸라죽일 기세였지만, 노멘클라투라들은 고소하다는 듯 양손을 비비며 이렇게 말하는 듯했다. "우리가 할 수 있는 일이 별로 없소. 우리도 이제 곧 물러날 텐데 뭐. 페레스트로이카는 여러분을 위해서 하는 것 아닌가!" 이들은 우리를 코너로 몰아, 절망에 빠진 나머지 우리가 곤봉을 빼들고 사람들을 머리부터 내려치기를 기다리는 것 같았다.

지방 단위에서 페레스트로이카에 대한 반대와 방해가 계속되는 것은 자연발생적으로 일어나는 현상이 아니었다. 당 노멘클라투라와 급진적인 '민주 지역그룹'(IDG), 그리고 '민주 러시아'가 적극적으로 나서서 페레스트로이카에 대한 반대와 방해를 후원했다. 옐친이 파견한 대표단들은 근로조건을 개선해 달라는 광부들의 정당한 요구도 자신들의 정치적 목적을 이루는 데 이용했다. 파업이 전국을 휩쓸었고, 소련 정부와 대통령의 사임을 요구하는 정치적인 슬로건들이 내걸렸다. 철도를 비롯해 기간 수송 수단들이 멈춰 서고, 항구는 폐쇄됐다. 식품과 각종 소비재 등 사람들이 먹고 사는 데 필요하고 경제가 돌아가는 데 필요한 자원을 실어 나르는 철도와 배도 움직임을 멈췄다.

급진 과격파들은 자신들의 정치적 목적을 위해 그런 식으로 이미 위기에 처한 경제에 돌이킬 수 없는 손상을 입혔다. 리쉬코프 내각은 가까스로 광부들과 타결에 도달했으나, 옐친이 나서서 타협을 강하게 비난했다. 하는 수 없이 리쉬코프 총리는 명령 위주 행정 시스템의 근간을 철폐하는 '결정적인' 조치를 취하는 대신 미지근한 조치를 택하는 것으로 물러섰다.

전국적으로 정치적 이념의 스펙트럼이 다양한 비공식 조직들이 우후죽순처럼 생겨났다. 이들은 그저 페레스트로이카를 '지지하느냐' '반대하느냐'에 따라 입장을 달리할 뿐이었다.

이런 가운데 당과 최고 소비에트는 대통령직을 신설하겠다는 제안을 내놓았다. 처음에 나는 대통령제가 소비에트 체제와 제대로 조화를 이루지 못할 것으로 생각하고 거부했다. 하지만 사회적, 정치적 긴장이 고조되고, 여러 개의 정당이 새로 만들어지면서 정부의 권위, 특히 대통령으로 상징되는 행정권을 시급히 강화할 필요성이 제기됐다.

1990년 3월에 열린 제3차 인민대의원대회 임시회의에서 관련 결의안이 통과되었다. 소련 헌법 제6조에 명시된 공산당의 권력 독점 조항이 폐기됐다. 이렇게 해서 다당제로의 길이 합법적으로 열리게 됐고, 정치 개혁으로 나아가는 근본적인 뒷받침이 마련된 것이었다. 예상한 대로 좌파와 우파 양 진영의 급진세력 모두가 하나같이 대통령제 도입과 고르바초프가 대통령이 되는 것에 반대했다.

하지만 안타깝게도 의회에서 승인한 우리의 대통령제 도입은 각 공화국들이 연이어 대통령제를 도입함에 따라 그 취지가 크게 약화되고 말았다. 내가 의도하지 않은 사태가 벌어진 것이다. 공화국들의 대통령제 도입은 연방에 반대하는 자들에 의해 소련이라는 국가의 존재를 약화시키고 파괴하는 수단으로 이용되었다.

각료회의의 기능이 바뀌지 않고 그대로 있기 때문에 대통령의 권한은 미약할 수밖에 없었다. 강력한 사법부와 법집행 시스템을 새로 구축할 시간도 없었다. 여러 해에 걸쳐 세밀한 준비 작업이 필요한 사안들이었다.

급진 경제개혁의 속도가 늦추어지면서 국내의 정치적 긴장은 더 높아져갔다. 나는 당대회를 열어 전혀 새로운 내용의 정강을 채택함으로써 당을 위기로부터 구해내자는 생각을 했다. 정치 체제가 계속 변하고 있고, 사회가 다원화, 다당제로 나아감에 따라 당도 주변과 세계를 다른 방식으로 보기 시작했기 때문에 새로운 정강이 필요했다.

나는 변화된 사회에서는 당이 영향력을 회복해 인간적이고 민주적인 사회주의 가치에 의해 움직일 수 있을 것이라고 생각했다. 이런 관점에서 나는 당이 젊은 층과 과학기술 및 인도적인 인텔리겐차 등 모든 건강한 사회 세력과 협력 관계를 회복할 수 있다고 생각했다. 이들은 과거 당이 국민을 대하는 방식 때문에 실망하고 소외된 사람들이다.

하지만 나의 이런 기대는 당내 보수주의자들이 중앙과 지방 각 단계에서 적극적이고도 교묘한 방해를 계속한 때문에 제대로 실현되지 못했다. 이들은 자신들의 이익을 위해 전혀 다른 출구 전략을 마련했다. 이들은 당대회에서 공식적으로는 새 정강에 찬성하는 모습을 보였다. 그런 다음에 이들은 비밀리에, 그리고 나중에는 공개적으로 정치국과 당중앙위에서 개혁세력을 약화시키는 공작에 나섰다. 그렇게 해서 이들은 극단적인 방법으로 자신들이 '질서'를 회복하는 길을 닦은 것이다.

봇물 터진
독립선언

1990년에 접어들면서 정치 개혁의 바람은 각 공화국과 지방 당국으로 번져나갔고, 이에 따라 페레스트로이카에 대한 찬반 대결도 새로운 국면을 맞았다.

전국 단위의 상층부에서 우리는 소련 역사상 처음으로 실질적인 의회 민주주의 기본 틀을 1년 안에 완성시킨다는 구상을 만들었다. 다음 단계로 각 공화국에서도 우리와 같은 방식으로 정치 개혁을 해나가면 된다는 구상이었다.

그런 차원에서 나는 여러 장단점이 있기는 하지만, 인민대의원대회와 소비에트 운용 경험이 대단히 중요한 역할을 할 것이라고 생각했다. 그러던 중에 1991년 8월에 이른바 국가비상위원회가 주도한 쿠데타가 일어났고, 이후 개혁의 흐름은 완전히 다른 방향으로 흐르고 말았다.

앞서 1989년 12월 사하로프의 갑작스런 죽음은 급진적인 IDG(민주지역그룹)에 엄청나게 부정적인 결과를 가져왔다. 사하로프는 뛰어난 지성을 갖췄을 뿐만 아니라, 사심이 없고 너그러운 인품을 가진 사람이었다. 그는 정치적 낭만주의자이긴 했지만 음험한 음모 세력과는 거리를 둠으로써 소련과 러시아 민주세력의 상징적인 인물이 되었다. 그의 명성과 권위, 활동에 힘입어 IDG는 특별한 도덕적, 정치적 입지를 확보했다. 그러나 사하로프가 죽고 IDG는 회원들 다수가 옐친에 대한 지지를 선언하면서 소련공산당과 고르바초프, 페레스트로이카를 파괴하는 망치 역할로 전락해 버렸다.

이후 의회와 연방최고회의에서의 대결상황은 더 격화됐다. 건설적인 대화는 더욱 멀어져 가는 대신 상호비난과 대결만 남았다. 그리고 당 관료조직 안에서 페레스트로이카는 반대 세력에 의해 철저히 봉쇄당했다. 파괴적인 대규모 파업이 전국적으로 확산되고, 정부와 대통령에 대한 사임 요구가 정치 슬로건의 핵심이 되었다.

물론 그런 정치 노선은 소련공산당의 전국적인 권력 구조와 당 지도부 내에서 IDG의 위상을 강화해 주지 못했고, 결국 IDG는 와해되기 시작했다. 그중에서 가장 급진적인 활동가들은 선거 블록을 만든 다음 옐친을 지지하는 민주 러시아당에 들어갔다.

고르바초프의 대안으로 '결단력 있고' '단호한 성격의' 지도자를 선택한다는 무모한 도박이 결국 민주 러시아를 바꾸고 말았다. 가브리엘 포포프는 민주 러시아를 '뎀러시아'(DemRussia)라고 불렀다. 뎀러시아는 민주화 운동의 리더적 위치에서 새로운 노멘클라투라 층과 과두 권력이 야합한 복합체 정도로 전락하고 말았다. 유리 아파나세프도 낭만적인 민주 세력들이 권력 장악에 혈안이 된 뎀러시아의 앞가림 역할로 이용당했음을 나중에야 인정했다.

1990년 봄에 치러진 러시아연방공화국(RSFSR)의 최고 기구들 선거에서 급진 민주세력은 러시아의 민족적 자주권 쟁취를 승부수로 내세웠다. 그리고 분리주의자들에게 굽실거리며 직간접적으로 협력했다. 그리하여 옐친과 그의 지지자들은 러시아 국민의 이익을 지켜 줄 강력한 중심세력으로, 그리고 다른 공화국들이 믿고 의지할 세력으로 급부상했다. 또한 이들은 러시아연방이 소련 연방의 족쇄에서 풀려나기만 하면 앞으로 수년 안에 세계 최고 선진국들 대열에 합류할 것이라는 '과학적 자료'를 적극 내세워 활용했다. 그러면서 다른 연방공화국들에 대한 지원 필요성도 함께 역설했다.

몇 년 뒤에 밝혀지지만 그것은 소련의 앞날이나, 러시아의 미래에도 실로 파괴적이고 모험적인 노선이었다. 그것은 소련 지도부의 개혁 세력이 추구하는 노선과 맞지 않고, 인민대의원대회가 두 가지 긴급한 목표를 위해 채택한 결의안과도 크게 어긋났다. 첫 번째 목표는 소비에트연방(소련)을 사실상의 단일 국가 형태를 가진 민주 공화국들의 연방 형태로 전환하기 위한 것이었다. 나는 그 연합체를 '강력한 중앙과 강력한 공화국들이 모인 구조'라고 설명했다.

두 번째 목표는 페레스트로이카를 계속 추진해 전국 단위에서 급진적인 개혁을 완성시켜서 국가 경제와 경제 시스템을 사회적 혼란 없이 시장경제 시스템으로 전환시킨다는 것이었다.

이 목표들을 실행에 옮기기 위해 페레스트로이카를 계속 추진하는 데 있어서 가장 심각하고 위험한 장애물은 러시아 급진 민주세력의 저항이었다. 이들은 공화국에 기반을 둔 파괴적인 주권 지상주의로 무장하고, 각 공화국의 법률을 소련 전체의 법률보다 상위에 두었다. 옐친 측근들은 이러한 주권개념을 에스토니아, 리투아니아, 라트비아의 가장 과격한 민족주의자들에게서 차용했다. 발트해 공화국들의 분리주의자들은 소련과 나치독일의 야합인 몰로토프-리벤트로프 조약과 관련된 1939년 사태를 거론하며 자신들의 주장을 정당화시켰다. 이러한 주장은 이들 공화국들의 연방 탈퇴 주장으로 이어졌다. 하지만 이 모델을 러시아에 적용한다면 그것은 소련이라는 연방이 더 이상 하나의 국가로 존속할 수 없게 되는 것이었다. 하지만 옐친 일당은 모스크바와 러시아 각지에 산재해 있는 극단적인 혁명 세력과 그 지식인들로부터 적극적인 지지를 얻어내어 이를 밀어붙였다.

소련공산당은 러시아 인민대의원을 선출하는 선거 운동 과정에서 엄청난 오판으로 실패했다. 그리고 소련공산당은 러시아연방최고회의 의장 선거에서도 패배했다. 나는 대의원들에게 옐친을 의장으로 선출하면 안 된다고 공개적으로 경고했다. 그렇게 하면 중앙정부와 위험한 대결이 벌어질 게 분명했기 때문이다. 하지만 러시아 공산당의 일부 세력이 '고르바초프를 괴롭히겠다는 속셈'으로, 그리고 일부는 출세욕에 눈이 어두워 마지막 순간에 옐친에게 표를 던졌고, 옐친은 4표 차로 러시아연방 최고회의 의장에 선출되었다. 러시아 공산당원들은 한발 더 나아가 러시아연방공화국의 주권선언이 통과되도록 가세했다. 페레스트로이카를 저지하고 소련을 파괴하기 위한 지뢰가 설치된 것이다.

주권선언에서 러시아를 새로운 소련 연방의 일부분으로 존속시킨다고 한 표현은 공산당 소속 대의원들을 잠시 안심시켰을 뿐이다. 옐친은 그로부터 1년 반 뒤에 아무런 해명도 없이 그 말을 뒤집어 버렸다.

다른 공화국들에서도 민족 주권을 강화한다는 슬로건을 내걸고 선거가 잇달아 실시되었다. 경제난이 가중되는 가운데, 현지 엘리트들은 자신들의 자리를 보존하기 위해 민족주의 정서를 부추기는 데 아무런 이의를 달지 않았다. 하지만 일반 주민들 다수도 그랬지만 각 공화국의 많은 지도자들은 연방과의 관계가 중요하다는 점을 알고 있었다. 그리고 연방의 중앙 정부를 개혁해 유지하는 것이 공화국 자신들에게 이익이 된다고 생각했다.

그래서 나는 소련이라는 단일 국가에서 주권독립국가들이 모인 실질적인 연방 형태로의 전환이 가능하다고 보았다. 이 과정은 민족 분쟁이 잇달아 터지면서 복잡해졌는데, 분쟁의 대다수는 지방의 지배 계급과 마피아들이 의도적으로 일으킨 것이었다. 카라바흐, 숨가이트, 바쿠에서 벌어진 사태가 이 경우에 해당된다. 바쿠의 경우에는 현지 당국이 기능 마비에 빠짐에 따라 소련 최고회의 간부회가 나서서 비상사태를 선포해야 했다.

발트해 국가들의 경우는 공산당들이 현지의 온건 그룹들과 건설적인 관계를 구축하지 못하고 극단주의자, 분리주의자들에게 주도권을 내주고 말았다. 1989년 4월 트빌리시에서도 같은 일이 벌어졌는데, 현지 당 지도부가 시민들과 실질적인 대화를 하지 못하고, 시위대를 해산시키기 위해 군대를 동원했다.

러시아공화국이 주권국가선언을 채택함으로써 소련 내 모든 공화국들에서 '주권선언'이 연쇄반응처럼 일어났다. 러시아에 이어 우즈베키스탄, 몰도바, 벨로루스, 투르크메니스탄, 아르메니아, 타지키스탄, 카자흐스탄, 키르기즈스탄이 잇달아 주권국가선언을 했다. 자치공화국과 이르쿠츠크의 경우처럼 영토, 지역까지 주권을 선언하는 상황이 되었다.

주권선언 열풍을 불러온 이러한 사태는 옐친이 향후 2년 이내에 생활수준이 나아지도록 해주겠다고 한 정치적 약속 때문에 더 격화됐다. 소련과 달리 러시아연방의 경제 계획은 5백일 계획에 기반을 두고, 물가 인상 없이 국민의 생활수준을 향상시키겠다고 약속하고 있었다. "만약에 우리가 2~3년 안에 이 약속을 지키지 못하면 국민 여러분이 쇠스랑을 들고 와서 우리 지도부를 몰아내면 될 것"이라고 한 옐친의 말은 포퓰리즘과 극단적인 선동의 전형이었다. 옐친은 1990년 여름 내내 이런 말을 하고 다녔다.

소련 중앙정부를 무시하고 러시아만 경제적으로 깜짝 부흥을 할 것이라고 모든 사람들에게 약속한 다음, 옐친은 1990년 여름에 나를 찾아와 러시아연방 지도부와 소련 지도부가 협력해서 급진적인 시장개혁을 추진하자고 제안했다. 그것은 자신이 러시아 경제의 기적을 가져올 것이라고 선전한 '5백일 계획'이 소련 정부와의 협력 없이는 불가능하다는 사실을 깨달았기 때문이다. 원래 5백일 계획은 소련 전역을 대상으로 만든 구상이었다. 나는 그 구상에 담긴 건설적이고 역동적인 요소들이 마음에 들었다. 하지만 그 구상에 소련 정부와의 정치적인 대립 요소가 들어 있었기 때문에 반대했다.

소련 정부에서는 원래 아카데미 회원인 레오니드 아발킨의 주도로 이 계획을 입안했다. 나는 옐친 정부 안과 우리가 만든 것을 절충할 수 있을 것이라고 생각했다. 다섯 시간의 열띤 토론 끝에 옐친은 이렇게 말했다. "함께 협력해 나갑시다. 확신과 단호한 결심을 가지고 종합 정책을 만들도록 합시다. 우리가 서로 대립할 필요는 없지 않소." 그러면서 소련 정부의 현 리쉬코프 총리는 물러나야 한다는 것을 전제로 달았다.

그해 10월 중순에 내가 지원하는 가운데 유명한 경제학자인 아벨 아간베기얀과 스타니슬라프 샤탈린, 그리고 젊은 그리고리 야블린스키가 모여서 '시장경제로의 이행을 위한 핵심 전략'이라는 제목의 타협안을 만들었다. 전문가들은 이를 두고 "순전히 전문적이고 경제적인 접근 위에서 이루어진 타협안"이라고 평가했다. 하지만 옐친은 이 타협안에 대해 극단적으로 날카로운 반응을 보였다. 10월 16일에 열린 러시아연방 최고회의에서 그는 러시아 주권에 대한 공격이 다시 시작됐다고 선언했다.

옐친은 마치 최후통첩을 하듯이 자신의 요구를 받아들이든지, 아니면 정부 조직을 비롯해 군대까지도 나누자고 했다. 그 요구라는 것은 리쉬코프 내각의 퇴진이었다. 그리고 요구가 관철되지 않으면 대규모 가두시위와 폭동이 일어날 것이라고 경고했다. 나도 옐친의 그런 호전적인 행동은 다른 공화국들로부터 지지를 받지 못할 것이라고 경고했다.

그렇게 해서 급진 경제개혁 정책은 옐친과 그를 따르는 민주 러시아운동 소속 과격 행동가들의 정책적인 인질이 되고 말았다. 민주 러시아운동은 10월 21일 열린 창립대회에서 채택한 결의안을 통해 "소련 최고회의와 소련 대통령에 의해 러시아의 주권이 조금이라도 '침해' 될 경우, 민주 러시아운동은 소련으로부터 '러시아연방공화국의 탈퇴'를 추진할 것이며 러시아 영토 내에 있는 소련의 모든 자산을 국유화할 것"이라고 선언했다.

10월 16일에 행한 옐친의 과격한 연설에 미테랑 같은 유럽의 노련한 정치인들도 놀라움을 감추지 못했다. 연설은 급진 민주세력이 경제 개혁보다는 다른 목표에 더 관심이 있음을 보여주었다. 옐친의 논리대로라면 리쉬코프 정부를 퇴진시키지 않으면 그게 곧 러시아의 주권을 침해하는 것으로 간주하겠다는 것이다. 리쉬코프 총리의 퇴진요구가 거부당하자 러시아연방은 소련을 상대로 법적인 공세를 시작했다.

1월 24일에 러시아연방 최고사법위원회는 '러시아 영토 안에서 소련 법률의 효력에 관하여'라는 전대미문의 법률안을 통과시켰다. 법률안은 러시아 공화국 법률이 소련법률보다 상위에 있음을 확인하는 동시에, 러시아의 승인을 받지 않은 소련 법률을 지키는 시민과 관리는 처벌 받는다는 점을 명시하고 있었다. 10월 31일에는 민주 러시아의 주도 아래 '주권의 경제적 기반을 확보하기 위한 법률안'이 통과되었고, 그에 따라 러시아연방공화국 영토 안에 있는 모든 국유 시설이 러시아의 자산으로 선포되었다. 소련 소유의 자산도 예외가 아니었다.

러시아의 1991년도 예산안은 소련의 연방 예산안 산출 원칙과 소련 정부의
존재를 완전히 무시하고 짜여졌다. 러시아 정부는 소련 정부에 제공하는 부
담금을 1천 억 루블이나 일방적으로 삭감해 버림으로써 우리는 다른 공화국
들에 대한 지원 여력이 크게 떨어지게 되었다. 다른 공화국들도 중앙 정부에
제공하는 자국 생산품의 양을 크게 줄여 버렸다. 그러자 면화 부족 사태가
벌어졌고, 면사 생산에도 큰 차질이 일어나는 등 문제가 잇따랐다. 나아가 러
시아 정부는 육류와 원유, 석유 제품을 비롯한 공산품의 도매가격을 일방적
으로 인상시켜 버렸다.

법률과 주권, 예산을 앞세운 갈등은 러시아 정부에 의해 시작되어 소련 내
다른 공화국들에게로 확산되어 갔다. 그로 인해 연방 전역에서 헌법 체계와
법치의 근간이 흔들리고, 경제 관계와 통치 시스템 전반이 손상을 입었다.

한편, 연방의회에서는 '시장경제로의 이행 전략'에 대해 보다 건설적인 논
의를 가졌다. 우리는 정부의 권위가 심각한 손상을 입은 가운데서도 연방정
부 차원에서의 시장경제 계획안을 통과시켰다. 11월 1일에 나는 국가의 운명
에 대해 양측이 공동 책임을 지고 있다는 점을 강조하면서 옐친과의 긴장관
계를 다소 완화시킬 수 있었다. 하지만 얼마 못 가서 이번에는 다른 방향에서
압력을 받았다. 좌파 반대 세력으로부터의 저항과 함께 보수 세력으로부터
의 반대가 동시에 일어난 것이다. '소유즈(연합) 그룹'으로 대변되는 보수 세
력은 의회의 지지를 등에 업고 있었다. 소유즈 그룹은 제4차 인민대의원 대
회에서 나의 대통령직 박탈을 의제로 채택할 것을 요구했다. 양쪽의 극단 세
력이 나의 대통령직 사퇴를 지지했으나 400표를 얻는 데 그쳤다. 옐친과 가
브릴 포포프, 세르게이 스탄케비치는 나의 사퇴 동의안에 반대표를 던졌다.

의회는 각료회의를 폐지하고 대신 내각을 신설하는 헌법 수정안을 비롯해,

행정권 강화를 위해 내가 제출한 여러 조치들을 승인했다. 위기 대처를 위해 필요한 조치들이었다. 나는 소련의 운명에 대해 국민투표를 실시할 것으로 요구했고, 의회가 이를 받아들였다. 소련을 동등한 주권을 가진 주권국가들의 연합으로 바꾸어 존속시키는 대해 찬반을 묻자는 것이었다.

연방 정부의 예산안이 확정되지 않은 채로 1991년을 맞이했다. 러시아 당국이 예산안 승인을 저지했기 때문이다. 제조업 지수가 하락해 1990년 1/4분기에 비해 5%감소했다. 각 공화국들의 문제, 특히 러시아 정부의 여러 조치들이 발렌틴 파블로프가 이끄는 내각의 활동을 매우 어렵게 만들었다. 공화국들이 실시한 과도한 임금 인상 조치로 인해 인플레가 심각한 수준으로 치솟았다. 당시 연방 차원의 금융개혁은 '충격요법'이 아니었고, 국민 다수의 기초적인 사회보장을 뒤엎는 것이 아니었다. 하지만 좌우의 과격세력은 서로 주도권을 잡기 위해 무모한 도발을 계속했다.

1월 12일 밤에 빌니우스에서 일어난 사태는 연방 전체에 정치적, 감정적으로 큰 시련을 안겨 주었다. 리투아니아 수도 빌니우스의 위기상황은 무력을 사용하지 말고 정치적인 방법으로 해결해야 한다는 내용의 명령이 소련 대통령 이름으로 보안군 지휘부 앞으로 하달되었다. 하지만 대통령의 명령은 무시되고 독립을 요구하는 시위대가 포위하고 있는 빌니우스 방송국을 무력 진압하라는 군총참모장 명의의 별도 명령이 현지 군 지휘부 앞으로 내려졌다. 14명이 사망하고 많은 부상자가 발생했다. 유감천만의 유혈사태는 순전히 정치적 목적으로 일으킨 것이었다. 소련 대통령에게 유혈사태의 책임을 지우려는 세력의 짓이 분명했다. 나는 사태가 더 악화되지 않도록 하기 위해 노력했다. 나는 리투아니아에 대통령의 비상통치권을 발동해야 한다는 건의를 거부했다. 그렇게 할 경우 사태가 어떻게 전개될지 너무나 뻔했기 때문이다.

한편, 옐친은 즉각 탈린으로 날아가 발트해 공화국 지도자들을 만났다. 이들은 유엔에 보내는 성명서를 채택하고, 빌니우스 사태를 '소련의 리투아니아 침공'이라고 규정했다. 옐친은 발트해 국가들의 군인들에게 자제와 진정을 당부하면서도, 앞뒤가 맞지 않는 성명을 내놓았다. "러시아군의 개입 없이는 발트해 국가들의 주권을 지키기가 불가능하다."는 말을 한 것이었다. 나는 소련 최고회의에 나가 군의 분열을 조장하는 옐친의 발언을 강하게 비난했다.

모스크바를 비롯한 여러 도시에서 급진 반대세력들은 소련 대통령의 사임을 요구하는 집회를 주도했고, 수천 명씩 모여 가두시위를 벌였다. 이들은 빌니우스 사태의 책임이 소련 대통령에게 있다고 주장했다.

민주 러시아 지도자들은 앞장서서 반(反)고르바초프 분위기를 이끌어 나갔다. 1991년 2월에 옐친은 텔레비전에 나와 직접적으로 고르바초프 반대 선언을 했다. "나는 소련 대통령의 입장과 정책에 동의하지 않으며, 그의 즉각 사임을 요구한다." 그는 나를 러시아공화국의 적으로 규정했다. 그런 불안정은 더 큰 불안정을 초래했는데, 그것은 사실 모든 급진 개혁 세력이 원하는 상황이었다. 이들은 연방 정부가 질서 회복을 위해 취하는 모든 행동을 민주주의와 연방공화국들의 주권을 침해하는 독재 행위로 몰아붙였다.

3월 17일 연방 차원의 국민투표일이 다가오면서 옐친이 이끄는 반대세력은 반 고르바초프, 반 소련 분위기를 한층 더 고조시켰다. 3월 초에는 연방정부의 퇴진을 요구하며 민주 러시아가 주도한 정치 파업이 쿠즈바스 탄광을 비롯한 여러 지역에서 재개됐다. 특히 철강 산업과 농업을 비롯해 국가 경제는 다시 한 번 큰 타격을 입었다. 1991년 초 몇 달 동안 코크스로(爐) 배터리 5곳과 용광로 20곳이 폐쇄됐다.

각종 포스터, 전단지, 라디오 방송을 통해서도 국민투표에 불참하거나, 참여해 반대표를 던지자는 메시지, 고르바초프와 연방에 반대하는 메시지가 쉴 새 없이 쏟아져 나왔다. 하지만 반대세력이 주도한 광부들의 정치파업은 이들이 기대한 만큼의 파괴력을 발휘하지는 못했다. 국민투표를 저지하지도 못하고, 유권자 다수가 연방 유지에 반대표를 던지도록 하지도 못한 것이다. 러시아와 우크라이나를 비롯해 국민투표에 참여한 여러 공화국들이 연방 형태를 바꾸어 존속시키자는 쪽에 찬성표를 던졌다. 국민 다수가 연방의 존속을 원하는 것으로 나타난 국민투표 결과는 소련 대통령에게 도덕적, 정치적으로 대단히 성공적인 것이었다.

고조되는 경제난과 국가 분열의 위기에서 맞은 이러한 성공을 바탕으로 나는 러시아,우크라이나,벨로루스,우즈베키스탄,카자흐스탄,아제르바이잔,키르기즈스탄,투르크메니스탄, 타지키스탄의 지도자들을 불러 모아 비밀 회담을 열었다. 나의 주도 하에 4월말에 열린 이 회담은 '노보-오가료보 9+1' 회담으로 불렸다. 러시아연방 대통령 선거를 앞두고 우호적인 분위기가 필요했던 옐친도 회담에 참석했다. 모스크바 교외에 있는 대통령의 공식 별장인 노보-오가료보에서 우리는 사회 안정과 위기 극복을 위해 즉각적인 방안을 취하자는 내용의 공동선언을 채택했다. 그리고 안정화를 위해 가능한 빠른 시일 안에 새 연방조약을 채택할 필요가 있음을 분명히 밝혔다.

노보-오가료보 합의는 당 관료 조직들이 적극적으로 준비 중이던 당서기장에 대한 공격을 무력화하는 데 큰 역할을 했다. 빅토르 세이니스가 연설에서 주장했듯이, 만약에 1990년 겨울과 1991년 봄 사이에 옐친의 요구대로 고르바초프가 대통령직에서 물러났더라면, 그해 8월 보수 세력의 쿠데타는 성공했을 가능성이 높았다.

당 관료조직은 공식적으로는 28차 당대회의 결과를 받아들이면서도, 실제로는 고르바초프와 당 지도부 내의 페레스트로이카 지지 세력을 한꺼번에 몰아내려는 계획을 포기하지 않고 있었다. 이들은 4월에 열리는 당중앙위 전체회의를 결정적인 전투의 장으로 삼고 준비에 들어갔다. '위대한 조국전쟁'(제2차세계대전) 발발 50주년 기념식 준비를 한다는 거짓 핑계를 대고 모스크바, 레닌그라드, 키예프, 민스크, 브레스트, 체르치, 무르만스크, 노보시비르스크, 오데사, 세바스토폴, 그리고 툴라의 시 당위원회 제1서기, 제2서기들이 스몰렌스크에서 만나 고르바초프를 당서기장에서 축출하자는 데 합의했다. 이런 목표를 염두에 두고, 러시아공산당은 다시 한 번 긴급 당대회 개최안을 꺼내들었다. 러시아공산당 중앙위 전체회의와 28차 당대회 때 그랬던 것처럼, 반대 세력들은 소련공산당 중앙위의 4월 전체회의를 페레스트로이카와 고르바초프를 심판하는 자리로 만들려고 벼르고 있었다. 우크라이나와 벨로루스, 그리고 모스크바, 레닌그라드의 제1서기들은 고압적인 자세로 협박성 발언을 쏟아냈다. 이들은 또한 국가비상사태 선언을 요구했다.

이들의 요구에 맞서 나는 당서기장에서 물러나겠다고 말한 후 회의장을 떠나 버렸다. 누구도 예상치 못한 돌발 상황이었다. 곧바로 70명이 넘는 중앙위원들이 서기장 지지성명을 발표하고, 긴급 당대회 소집을 요구했다. 3시간의 격론 끝에 정치국은 서기장 사임 발표를 철회해 줄 것을 요구했다. 나자르바예프를 비롯한 일부 중앙위원들은 끝까지 냉정을 유지한 채 당서기장에 대한 파괴적인 공격을 중단하라고 강하게 비판했다.

결론적으로 나는 당내 분란을 일으키는 것은 페스트가 도는데 잔치를 벌이는 것과 마찬가지라고 지적했다. 그리고 당의 노선과 정책에 관한 근본적인 대화는 29차 당대회에 제출될 새 당강령안이 마련될 때까지 늦추자고 제안했다. 그런 우여곡절 끝에 당중앙위 전체회의는 꽤 균형이 잡힌 결의안을 마침내 채택했다.

노보-오가료보 합의안은 파블로프 내각이 연방공화국 지도자들과 협력해 일관된 위기대응 프로그램을 만드는 데 도움이 되었다. 발트해 공화국들도 위기대응 조치 시행에 비공식적으로 참여하겠다는 뜻을 밝혔다. 나는 6월 5일에 이 위기대응 프로그램을 승인하고, '소련 내각과 주권공화국 정부의 시장경제로의 전환기 경제위기 탈출을 위한 합동 행동 프로그램'이라는 이름으로 발표했다. 위기 대응 조치는 7월부터 곧바로 시행에 들어갔다.

재무장관을 지낸 발렌틴 파블로프가 1991년 1월에 새 내각 수장으로 임명됐다. 니콜라이 리쉬코프 총리는 1990년 12월 '심각한 건강상의 이유'로 물러났다.

러시아연방공화국이 주권선언을 통해 새로운 소련 연방의 일부로 남겠다는 의사를 밝힌 지 1년이 지난 1991년 6월 12일 러시아 대통령 선거가 실시됐다. 보리스 옐친은 유권자 40%의 압도적인 지지를 얻어 대통령에 선출됐다. 니콜라이 리쉬코프, 바딤 바카틴, 블라디미르 지리노프스키, 알베르트 마카쇼프 등 다른 후보들은 옐친에 훨씬 못 미치는 득표를 했다. 소련공산당의 지지를 받은 후보들은 모든 주요 도시에서 모조리 패배했다. 다시 말해 노동자와 인텔리겐차 계층이 모여 사는 곳에서 모두 패배한 것이다.

한 가지 주목할 사실이 있었는데, 옐친의 압도적인 승리에도 불구하고 연방 해체는 말할 것도 없고, '연방 탈퇴'라는 의제는 오간데 없이 사라졌다는 점이다. 선거기간 중에 옐친도 그런 말은 한 번도 입 밖에 내지 않았다. 독립, 주권, 중앙정부 독재로부터 러시아의 해방, 부패한 소련의 당 관료 조직과 다른 공화국과 외국의 무임 승차자들로부터 러시아의 이익을 지키자는 등의 외침만 요란했을 뿐이다. 러시아 국민들이 합법적으로 옐친을 러시아 대통령으로 선출했기 때문에 나는 그의 당선을 인정하고, 새 연방조약 체결과정에 대해 그와 합의를 이끌어내는 게 필요하다고 생각했다. 우리는 마침내 새 연방조약안에 합의하고, 8월 20일을 서명일로 잡았다.

소련공산당 중앙위 전체회의는 7월에 새 소련공산당 강령을 원칙적으로 승인했는데, 새 강령에 따라 소련공산당은 본질적으로 사회민주주의를 지향하는 의회 민주주의식 정당으로 탈바꿈하게 되었다. 앞서 4월의 당중앙위 전체회의에서 나에게 아주 난폭하게 굴었던 반대세력들은 이번에는 어느 정도 얌전하게 행동했다. 아나톨리 루키야노프의 연설이 끝나자 요란하게 박수를 쳐댄 정도였다. 하지만 그런 유화적인 행동은 기만적 술책에 불과했다. 강제로 당서기장을 몰아내는 데 실패하자 이번에는 방향을 바꿔 합법적인 방법을 쓰기로 한 것이었을 뿐이다.

그리하여 1991년 중반 무렵에는 소련 중앙정부와 대부분의 공화국 지도자들 사이에 정치적으로 비교적 균형이 이루어졌다. 물론 그것은 경제적 기반이 취약하고, 여러 주관적이고 객관적인 요인들 때문에 극히 허약한 균형이었다. 그렇지만 9+1포맷을 통해 기본적인 상호이해에 도달할 수 있었기 때문에 새로운 합의를 위한 기회는 열린 셈이었다. 리투아니아, 라트비아, 에스토니아도 협력 의사를 밝혀왔다.

이런 상황에서 나는 크림반도의 포로스로 휴가를 떠나기 며칠 전인 7월 30일에 옐친, 나자르바예프와 3자 회동을 가졌다. 포로스에 가서 새 연방조약 준비에 집중할 생각이었다. 비공식 회동에서 우리는 향후 정치 일정과 새 조약이 체결된 다음에 어떤 조치들을 취할 것인지에 대해 솔직한 대화를 나누었다. 새 조약이 체결되면 소련 대통령 선거를 새로 실시하고, 내각도 새로 출범시키기로 잠정 합의했다.

나중에 밝혀진 일이지만, KGB가 그 대화를 도청했고, 그 대화 내용이 보수파가 쿠데타를 일으키기로 결심하는 데 결정적인 계기가 됐다.

8월
쿠데타

8월 20일로 예정된 새 연방조약 체결이 그대로 진행됐더라면 온 나라에 새로운 하나의 역사적인 이정표가 되었을 것이다. 그 조약이 체결만 됐더라면 소련 사회와 전 세계에 9개 공화국의 지도자 다수와 중앙정부가 힘을 합쳐 사태를 안정시키기 위해 노력한다는 믿을 만한 시그널을 주었을 것이다. 또한 새 연방조약 체결로 소비에트 연방의 존속을 보장하고, 연방 관계 발전을 통해 민주적인 개혁을 계속하는 데 필요한 법적인 장치가 마련되었을 것이다.

옐친은 8월 14일에 나와 가진 전화통화에서 민주러시아 지도자들로부터 압력이 점점 더 거세지고 있다고 투덜댔다. 나는 짤막하게 대답했다. "당신은 제국을 유지하려 한다는 비판을 받고 있고, 나는 제국을 파괴하려 한다는 비판을 받고 있소! 누군가 한 사람은 옳은 일을 하는 게 분명하군!"

그로부터 꼭 사흘 뒤에 나는 새 연방조약의 또 다른 적들과 마주치게 되었다. 일단의 당과 정부의 고위 관리들이 소련 대통령이 갖고 있는 모든 통신수단을 차단하고, 나를 포로스 별장에 연금시켰다. 나의 가족과 보좌관들도 마찬가지였다. 그런 다음 그들은 내게 최후통첩을 했다. 국가비상사태를 선포하고, 대통령 권한을 야나예프 부통령에게 넘기든지, 아니면 그냥 사임하라는 것이었다.

나는 조금의 망설임도 없이 모든 요구를 단호히 거부했다. 나는 그들에게 국가비상위원회를 설치하는 것은 인민대의원대회나 소련최고회의의 승인을 받아야 하는 사안이라고 말했다. 나는 인민대의원대회나 소련최고회의를 열어 그곳에서 결정토록 하라고 요구했다. 그런 절차를 거치지 않은 행위는 무모한 범죄행위에 불과하며, 그에 대한 책임을 져야 할 것이라고 말했다. 포로스로 찾아온 쿠데타 관련자들에게 나는 '러시아식으로' 발로 차며 욕을 했다. 솔직히 말해, 나는 내가 단호히 거절함으로써 음모에 가담한 자들의 정신을 번쩍 들게 만들어 사악한 기도를 포기하도록 만들고 싶었다. 내가 요구사항을 하나도 들어 주지 않자, 쿠데타 주모자들이 보낸 메신저들은 한발 물러났다. 그걸 보고 나는 다소 혼란스러웠다.

하지만 통신수단은 계속 차단돼 있었고, 내 별장으로 오는 모든 접근로는 봉쇄된 상태로 남아 있었다. 연금조치가 더 강화되는 걸 보고 나는 이 자들이 더 강경한 쪽으로 계획을 바꾸는가 보다고 생각했다. 대통령을 체포해서 권력을 탈취할 계획이 사전에 준비돼 있었다는 뜻이다.

그자들은 쿠데타 명분으로 다음과 같은 황당한 말을 늘어놓았다. 소련 대통령은 중병에 걸려 더 이상 대통령직을 수행할 능력이 없다는 것이었다. 조만간 의료진단서를 공개하겠다는 말도 했다. 비상조치권을 가로챈 '책임 있는 당국'이 어떤 수단을 동원해 의료 진단서를 받아냈을지는 뻔히 짐작됐다. KGB 의장이 의료진에게 소련 대통령이 중병에 걸려 업무를 계속 수행할 수 없다는 '증거'를 제시하도록 비밀 지령을 내렸다는 사실이 나중에 밝혀졌다. 하지만 우리 의료진은 당시 한 사람도 그런 압력에 굴복하지 않았다.

쿠데타가 일어나고 며칠 동안 모스크바 시내 광장과 거리에는 수백 대의

탱크와 장갑차가 진주했다. 그렇게 해서 우리 국민들, 그리고 새로운 민주 체제, 페레스트로이카 모두가 진실의 순간을 맞았다. 쿠데타 세력은 페레스트로이카를 사회와 국가에 대해 평화적이고 비폭력적인 개혁과 민주화를 추구하는 사회적, 정치적 과정에 불과하다고 폄하했다.

그들은 이처럼 페레스트로이카 이전 시대로 실로 엄청난 후퇴를 명분으로 내걸고 나왔다. 그들이 돌아가고자 하는 체제는 위에서 명령을 내리는 체제, 강권과 공포만이 권력과 사회 구성원 사이를 이어 주는 연결고리인 그런 체제였다.

이른바 국가비상위원회가 크림반도와 모스크바에서 취한 조치들을 보면 이들이 노리는 것이 무엇인지 알 수 있었다. 사람들은 이들이 하는 행동이 거짓이라는 사실을 금방 알아챘다. 국가비상위원회는 모스크바, 레닌그라드를 비롯해 연방 내 어떤 도시에서도 시민들의 지지를 얻는 데 실패했다. 모스크바에서는 수십만 명이 모여 국가비상위원회에 반대하는 집회를 벌였다. 모스크바 시당 위원회와 러시아최고회의는 시민의 편을 드는 정치적 입장을 취했다. 소련 대통령의 추인을 받아내지 못한 국가비상위원회 지도자들은 옐친에게 협력의사를 타진했지만 옐친은 공개적으로 반대 입장을 표명했다.

내가 협력을 거부함으로써 국가비상위원회의 음모자들은 모든 적법성을 박탈당하고 말았다. 원래의 계산이 틀어지자, 이들 내부에서는 혼란과 당혹, 불협화음이 생겨났다. 모스크바 시내에서 일어난 대규모 항의시위, 그리고 군 수뇌부 다수가 벨르이 돔(최고회의 의사당) 공격계획에 가담하기를 거부함으로써 국가비상위원회는 흐지부지되기 시작했고, 쿠데타 발발 사흘만인 8월 21일에 결국 무너지고 말았다.

페레스트로이카와 민주주의가 완승을 거둔 것 같아 보였다. 하지만 쿠데타 세력은 소련 당국과 정부의 권위를 크게 손상시켜 놓았다. 소련 대통령의 위상도 크게 손상을 입었다. 헌법과 법률, 민주적 질서에 도전해 음모를 꾸민 자들은 소련 국가와 당의 최고위직에 있는 이너서클 멤버들이었다. 소련 최고회의 의장인 아나톨리 루키야노프도 쿠데타 주동자에 포함되었지만, 그는 뒤늦게 국가비상위원회와 거리를 두려고 안간힘을 썼다. 하지만 당시 그가 그런 행동을 하지 않았더라면 크류츠코프(KGB 의장) 같은 자들이 감히 음모에 가담하지는 않았을 것이다.

이들의 쿠데타로 중앙정부와 연방공화국들이 새로운 주권국가연합 형태로 상호이해와 협력으로 나아가려고 한 노력은 물거품이 되고 말았다. 에스토니아, 라트비아, 벨로루스, 몰도바, 아제르바이잔, 키르기즈스탄, 우즈베키스탄이 신속하게 연방으로부터의 독립을 선언했다.

연방 내 힘의 균형이 바뀌었으며, 사실 소련이라는 연방 국가는 이미 전혀 다른 나라가 되어 있었다. 포로스에서 돌아온 뒤 나도 사실은 여러 가지 면에서 과거와는 다른 사람이 되어 있었다.

내가 잘 안다고 생각한 사람들에 의해 배신당한 뒤라 마음의 상처가 컸다. 그런 자들이 어떻게 내 등 뒤에서 쿠데타를 모의하고 결행할 수 있단 말인가. 그자들은 나의 신뢰를 저버리고, 나를 속이고 배반했지만, 나 역시 그자들의 인간적인, 도덕적인, 정치적인 자질을 너무 과대평가함으로써 자신을 속인 꼴이 되고 말았다. 페레스트로이카가 정점을 향해 나아가는 시기에, 숱한 난관을 이겨내고 새로운 지평을 열어가는 시기에, 내가 중용한 바로 그 사람들이 조국과 사회를 변혁한다는 역사적인 목표를 저버리고, 민주적 목표와 이상을 배반한 것이다. 그들은 불법적인 범죄행위를 자행한 것은 물론이고 무력과 협박, 거짓말을 동원했다. 너무도 근시안적인 정치적 계산이 그들의 시야를 지배했다.

음모에 반대하지 않고, 심지어 지지하고 나선 당중앙위 서기들 다수의 행동도 내겐 큰 충격이었다. 반대한 동지들이 오히려 극히 예외적이었다. 그런 상황에서 나는 소련공산당 서기장 사퇴라는 힘든 결정을 내릴 수밖에 없었다. 그러면서 당중앙위에 대해서는 스스로 해체할 것을 요구했다. 그리고 나는 수백만 명의 공산당원들을 악행과 악덕에 물든 당의 근본주의 관료세력과 동일시하는 것은 거부했다. 그리고 소련공산당의 역사와 과업 전체를 폄하하려는 시도에 대해서도 거부의사를 분명히 했다. 불행히도 당 고위관리들은 너무도 오랜 세월 권력을 단단하게 움켜잡고 있었기 때문에, 그들에게 남은 것은 낡아 빠진 명령체제와 관료주의, 그리고 부정적인 자질들뿐이었다. 8월 쿠데타를 전후해 일어난 사건들을 겪으며 나의 이런 믿음은 더욱더 확고해졌다.

보리스 옐친이 당시 국가비상위원회에 결연히 맞서서 한 역할에 대해서도 이야기해야겠다. 국가를 후퇴의 길로 몰고 가려는 국가비상위원회의 행동에 맞서 확고한 자세를 취했던 옐친은 쿠데타 저지에 만족하지 않고, 이번에는 소비에트 연방에 대한 투쟁으로 전환했다. 소련을 러시아 주권을 위협하는 최대의 적으로 간주한 것이다.

쿠데타 직후, 내가 포로스에서 돌아온 다음에 옐친은 소련 정부 기구를 모조리 러시아 정부 소속으로 편입시킴으로써 헌법적 테두리를 완전히 넘어서고 말았다. 그러한 조치에 따라 러시아공화국 대표들이 소련 정부 기구에 파견돼 감독권을 행사하며, 소련 정부가 내리는 지시와 명령을 멋대로 취소시키고 수정했다. 나는 쿠데타 기간 중 러시아 대통령이 취한 조치들을 일단 승인하는 지시를 내리는 동시에, 추가적인 행동은 멈추라고 명령했다. 옐친의 그런 행동은 공화국들 내에 분리주의 정서를 부추겼고, 모두들 뒤질세라 각자 공화국 영토 내의 연방정부 소유 기업과 기구를 자기들 소유로 '국유화' 하는 조치를 취했다.

옐친은 정권 찬탈 행동을 계속하면서 소련 해체 작업을 본격적으로 진행해 나갔다.

연방 사수를 위한
최후의 안간힘

나는 새롭게 전개되는 사태들을 보고, 또한 새로 조성되는 권력 균형을 보면서 새 연방조약 체결 추진을 서두를 필요가 있다고 생각했다. 크렘린으로 복귀한 첫날 가진 9개 공화국 지도자들과의 회담에서 나는 이 문제를 가능한 한 조속히 서둘러 결말짓자고 강조했다. 참석한 대부분의 공화국 지도자들도 새 연방조약 체결이 가능하고 필요하며, 조약 체결을 위해 힘을 모으겠다고 했다. 옐친도 공식 회의석상에서는 동조하는 듯했다.

9월 2일 열린 제5차 특별 인민대의원대회에서 소련 대통령과 연방 공화국 지도자들이 채택한 성명서를 누르술탄 나자르바예프가 낭독했다. 성명서는 합법적으로 선출된 최고 지도자들, 다시 말해 소련 대통령을 비롯해 공화국 대통령들과 최고회의 의장들이 '모든 공화국의 입장을 대신해 독립국가연합 구성을 위한 조약을 작성해 체결할 것'이라고 선언했다. 성명서는 '공화국들이 독립국가연합에 어떤 형태로 참석할 것인지를 각자 독자적으로 결정할 것'이라고 밝혔다. '독립국가연합' 결성이라는 아이디어의 핵심은 하나의 경제공동체를 구성하는 것이었다. 그것은 다시 말해, 각 공화국의 인민대의원 대표자들이 참여하는 공동체, 소비에트 연방 국가평의회, 연방공화국 경제공동체 같은 것이었다. 이를 위해 '과도기간 중 소련의 국가권력과 정부기구에 관한 법률안'이 채택되었다.

내가 주도해 다시 추진된 새 연방 조약안은 많은 어려움을 겪었지만 한 단계씩 진전을 보였다. 나는 우리가 추구하는 공동의 목표에 대해 참석자들로부터 상호이해와 공감을 이끌어냈다. 특히 카자흐스탄 지도자 누르술탄 나자르바예프는 연방 조약의 체결을 가능한 한 빨리 서두르자는 입장이었다. 하지만 가장 큰 장애물은 역시 옐친이었다. 그는 공개적으로는 연방 조약 추진에 반대한다는 말을 한 번도 하지 않았지만, 논의과정을 질질 끌고, 이미 합의한 내용에 대해서도 계속 말을 바꾸는 등 하며 진행을 방해했다. 옐친은 조약안에서 '단일 연방국가'를 설립한다는 핵심 내용을 삭제하고, '소비에트 연방 단일국가' 대신 '주권국가연합'이라는 애매모호한 안으로 대체하자는 주장을 했다.

옐친은 연방 조약안에 대해 11월말까지 끈질기게 사보타지했다. 그는 자기가 직접 나서서 교묘하고 철두철미한 전술과 술책을 부려가며 연방 조약안 채택을 방해했다.

옐친을 지지하는 민주세력은 쿠데타 실패를 소련 체제를 완전히 소멸시킬 절호의 기회로 보고, 소련에 대해 가져야 하는 책임감을 모두 벗어던지고, 연방 자체에서 벗어나려고 했다. 1991년 9월에 작성된 비밀 메모랜덤에 따르면 이들 민주세력은 모스크바를 떠나 소치에서 휴가 중인 옐친에게 이런 방향으로 행동을 취하라고 압력을 가했다. 메모랜덤을 작성한 자들은 고르바초프가 소련체제의 부활을 의미하는 새 연방조약 체결 작업을 계속하는 것에 대해 몹시 못마땅해 했다. 당시 나는 새 연방조약 체결의 일환으로 야블린스키 주도 하에 경제협정 체결의 준비작업에 박차를 가하고 있었다.

옐친은 돌연 10월 15일 공화국 수반들 모임인 국가평의회 회의석상에서 자신은 개혁을 시작하기 전에 중앙정부를 '완전 폐지' 할 것이라고 공언했다. "한 달 안에 우리는 소련 연방 내각의 모든 거래 계정을 폐쇄하고, 구 내각이 맡아오던 모든 업무를 더 이상 이용하지 않을 것"이라고 옐친은 밝혔다.

한편 10월 18일에 크렘린에서 소련 대통령과 (우크라이나,몰도바,그루지아,아제르바이잔을 제외한) 8개 공화국 지도자들은 인민대의원대회의 9월 결정에 따라 주권국가들의 경제공동체 관련 조약에 서명했다. 하지만 옐친은 즉각 성명을 발표해 "지금 우리가 할 일은 제국주의적인 단일 정부 체제의 잔재를 말끔히 제거하고, 유연하고 비즈니스 관계에 입각해 여러 공화국이 참여하는 연합체를 만드는 것"이라고 주장했다. 그는 이어서 "러시아는 국방부, 철도부, 원자력산업부를 제외하고 소련 내각 전반에 대한 재정지원을 중단했다."고 말했다.

10월 말에 옐친은 국책은행인 소련 연방은행을 러시아은행으로 전환하고, 소련 외무부 인원을 90% 감축할 것이라고 밝혔다. 러시아 외무부는 그렇게 많은 인원이 필요하지 않다고 했다. 이밖에 소련 내각 조직의 80%를 해체할 것이라고 했다.

옐친은 이렇게 해서 중앙정부에 다시 결정타를 가한 다음, 이와 함께 1992년 이름 봄까지 재정 정상화를 이룩하고, 이후 1년 안에 경제회복 작업에 본격 착수할 것이라고 천명했다. 아카데미 회원인 레오니드 아발킨은 옐친의 이러한 계획에 대해 그렇게 할 경우 급격한 인플레와 경제위기 심화, 사회적 격차가 초래될 것이라고 비판적인 입장을 나타냈다.

　소련 해체 수순에 들어간 옐친의 발언은 연방공화국들과 서방 모두에 충격을 주었다.　1991년 8월에 소련의 운명은 서방과의 금융, 경제 관계 정상화 여부에 크게 좌우되고 있었다. 쿠데타 발발로 서방과의 관계는 크게 손상되고 교류가 막힌 상태였으며 큰 위기에 처해 있었다.　우리의 이런 사정을 알면서도 서방 파트너들은 서둘러 진정한 지원에 나서지 않고, 한쪽으로 비켜나 사태 추이를 지켜보고 있었다. 8월부터, 9월, 11월까지 나는 거의 매일 존 메이저, 헬무트 콜, 프랑수와 미테랑, 조지 부시, 줄리오 안드레오티, 펠리페 곤잘레스를 비롯해 G7 정상들과 외무장관과 재무장관들, 그밖에 다른 여러 나라의 의회 지도자, 대기업 총수들과 접촉하며 실질적인 지원에 나서 달라고 매달렸다. 프랑스, 독일, 이탈리아는 호의적이었다.

　당시 G7 의장국인 영국의 존 메이저 총리는 런던합의를 이행할 방안을 논의하기 위해 9월에 가장 먼저 모스크바로 날아왔다.　11월에 그는 G7과 EC가 100억 달러의 긴급 지원 프로그램에 합의했다고 했다. 소련에 IMF 준회원 자격을 먼저 부여한 다음, 이후 정회원 자격을 주기로 하는 합의도 이루어졌다.　나는 11월 20일경에 모스크바에서 미셀 캉드쉬 IMF 총재와 만나 IMF가 우리의 경제개혁 조치를 앞당겨 지원하는 방안에 대해 논의했다.

　소련 내 공화국간 경제위원회 부의장으로 성공적인 명성을 얻은 그리고리 야블린스키는 11월 23일에 내게 주요 분야에 특별협정을 체결하고, 경제공동체를 설치해 공화국들의 승인을 받는 문제가 예정보다 앞당겨 합의됐다고 보고했다.

　야블린스키는 1991년 안에 경제공동체 조약이 체결돼 시행에 들어가는 게 무엇보다도 중요하다고 생각했다. 유일한 장애물은 정치적인 문제였다.　하지만 최종 점검 결과, 새 연방조약 체결이 최대의 관건이라는 데 의견이 모아졌다.

쿠데타 직후에 만들어진 조약 초안에 따르면, 국가연합을 만들고 의회와 대통령 등 공동 대의기구는 직접선거로 선출하기로 했다. 공동의 군대와 단일 공동 통화체제도 만들기로 했다. 주민들은 각 공화국과 연방 국적을 동시에 보유하는 이중국적제를 채택하기로 했다. 중앙정부는 국내외 주요 정책과 주요 국제조약에 대한 책임을 지기로 했다. 11월 4일에 열린 국가평의회에서는 몇 가지 단서를 달아 이 안을 받아들이기로 원칙적인 합의가 이루어졌다. 공화국 지도자들은 자신들의 입장이 반영된다면 조약안에 서명하고, 공화국별로 의회비준을 받아내겠다고 합의했다.

우크라이나 지도자 레오니드 크라프추크는 소비에트 연방을 해체하려는 옐친의 노력에 적극 동조하는 입장을 취했다. 그는 새 연방조약 체결에 반대할 뿐만 아니라, 우크라이나는 경제공동체 조약에도 서명하지 않을 것이라고 천명했다. 그는 어떤 형태의 중앙정부 기구도 인정할 수 없으며, 각 공화국을 통합하는 중앙정부는 절대로 들어서지 말아야 한다고 주장했다.

당시 불리한 상황에 처해 있던 옐친으로서는 우연히 권력의 중심적 위치에 서게 된 크라프추크의 돌연한 태도가 그에게 구명줄을 던진 것이나 마찬가지였다. 소비에트 연방을 공개적으로 부정하는 조치를 일방적으로 취한다는 게 얼마나 위험한지를 옐친은 너무나 잘 알고 있었다. 크라프추크의 가세로 옐친은 '봐라, 나는 연방안에 반대하지 않는다. 하지만 보다시피 크라프추크와 우크라이나가 연방에 반대하지 않느냐. 우크라이나가 들어오지 않는 연방이 무슨 소용이 있겠는가?' 11월 14일 옐친은 국가평의회의 연방조약안 토론에 참석해서 공화국들이 연방국가 창설에 사실상 합의한 조약안에 대해 반대 입장을 분명히 했다. 토론에 부쳐진 조약안은 공화국들의 입장을 받아들여 만들어진 수정안이었는데도 옐친은 엉뚱한 발언을 했다.

나는 단일 연방국가 안을 폐기하는 데 대해 강하게 반대했다. 나자르바예프는 당시 나의 입장을 지지하며 이렇게 말했다. "오늘 이 자리에 모인 우리 모두는 공동의 군대와 영토, 국경을 가진 정치적 단일 동맹체를 창설할 용의가 있다는 뜻을 분명히 확인할 필요가 있다." 마침내 '민주 연방국가' 안이 채택되었고, 조약은 11월 25일 조인될 예정이었다.

국가평의회 회의가 끝난 뒤 회견에서 "국가 이름은 무엇으로 할 것이냐?"는 기자들의 질문을 받고 나는 옐친에게 답변을 하라고 미루었다. 그는 "우리는 연방을 만드는 데 합의했다. 민주 연방국가가 될 것이다."고 답했다.

하지만 크라프추크는 11월 25일의 국가평의회 회의에 불참했다. 옐친도 러시아의 최고회의 대의원 다수가 '단일 민주 연방국가' 창설 안에 찬성하지 않는다며 태도를 바꿨다. 옐친은 이에 덧붙여 "우크라이나가 참여하지 않는 조약은 성립되지 않는다. 그런 연방은 없다. 우크라이나의 입장을 기다리자."고 주장했다.

나는 "분리주의자들의 뒤를 따라 파국으로 빠져들지 말고, 우리가 분명한 입장을 취해 분리주의자들을 이끌고 가야 한다. 조약안을 승인해 최고회의로 넘기자."고 반박했다. 옐친은 조약안을 지금 원안대로 서명할 수는 없다고 고집을 부렸다.

그러자 나머지 지도자들도 옐친 입장에 동조해 조약안 서명을 거부했다. 나는 그처럼 신의가 저버려지는 데 대해 엄청난 좌절감을 느꼈다. 나는 결연하게 내 입장을 밝혔다. "나는 이제 할 만큼 했다. 나는 소비에트 연방을 무너뜨리는 일에 참여하지 않겠다. 여러분은 이 자리에 남아 여러분 뜻대로 결정토록 하라. 대신 모든 책임은 여러분이 져야 한다." 이렇게 말하고 나는 참석자들을 회의장에 남겨둔 채 집무실로 돌아와 버렸다.

잠시 후에 옐친과 벨로루스 지도자 슈스케비치가 내 뒤를 따라왔다. 두 사람은 11월 14일 합의한 조약안의 기본 내용이 포함된 안을 가져왔다. 그 안에는 '주권 공화국 연방, 민주 연방공화국' 이라는 단어가 들어 있었다. 나는 국가평의회에서 채택된 그 안에 몇 마디 수정을 가한 다음 보여주었고, 옐친과 슈스케비치는 좋다고 동의했다. 우리는 다시 회의장으로 돌아와서 국가평의회 전체회의를 속개했다. 11월 25일 회의 참석자 전원이 회의결과를 밝힌 공동성명에 서명했고, '주권공화국 연방 조약, 민주 연방공화국' 조약안은 비준을 받기 위해 소련 최고회의와 각 공화국 최고회의로 보내졌다. 이 조약안은 1991년 11월 27일 일반에 공표되었다.

하지만 옐친은 새 연방조약안의 핵심 내용을 놓고 엄청나게 위선적인 게임을 벌였다.

우크라이나의 국민투표가 실시된 하루 뒤인 11월 30일에 옐친은 전화로 조지 H.W. 부시 미국대통령과 통화했다. 그가 부시에게 우크라이나 국민투표 결과가 일반에 공표되는 시점까지 두 사람의 통화 사실을 비밀에 부쳐달라고 요구한 사실에 주목할 필요가 있다. 크라프추크와 슈스케비치는 벨로루스에서 조만간 옐친과 회동할 것이라는 사실을 부시대통령에게 통보해 놓은 상태였다. 그런데 옐친은 소련의 운명과 관련해 부시대통령과 또 다른 비밀접촉을 했다. 부시대통령은 자신은 새 연방조약에 근거해 연방 형태의 존속을 지지한다는 입장을 거듭 밝혔다.

우크라이나 국민투표는 소련 해체 여부에 대한 찬반은 고사하고, 우크라이나의 연방 탈퇴에 대한 찬반을 유권자들에게 물은 게 아니었다. 1991년 8

월 24일 선포된 우크라이나 독립선언은 연방형태의 새 연방 참여 가능성을 배제하지 않았다. 국민투표는 소련으로부터의 탈퇴를 전제로 한 독립에 대한 찬성을 유도하기 위해서, 더 나쁘게 말하면 연방 해체에 대한 찬성을 유도하기 위해서 실시되었다. 사실상 그 국민투표는 사기극이었다. 당시는 급진 민족주의 슬로건이 판을 치는 분위기였다. '러시아가 우리의 모든 것을 탈취하려고 하고 있다. 러시아와 분리되면 우리는 프랑스보다 더 잘 살 것이다. 우크라이나는 2~3년 안에 경제 기적을 이루게 될 것이다.' 이런 구호들이 난무했다.

소련최고회의는 12월 3일 주권국가연합안을 승인했다. 같은 날 나는 각 공화국의 최고회의 대의원들에게 새 연방조약안을 지지해 달라고 요청하는 연설을 했다. 연방조약안은 각 공화국 최고회의의 비준을 기다리고 있었다. 연설에서 나는 "이 조약안이 비준되면 소련은 마침내 숨쉬기가 좀 더 수월해질 것이고, 앞으로 나아가는 데 대단히 중요한 발판과 희망을 마련하게 되는 것"이라고 말했다. 나의 연설은 1991년 3월에 실시된 국민투표 결과를 반영한 것이었다.

연방 해체를 위한 옐친의 비밀작전

1991년 12월초 옐친은 민스크로 떠나기 직전에 나를 찾아왔다. 그는 당시 가장 중요한 한 가지를 감추고 말하지 않았다. 그것은 바로 러시아와 우크라이나 대통령, 벨로루스 최고회의의장인 슈스케비치, 이렇게 세 사람이 비밀리에 모여 소련의 법적인 기반과 정치적 존립 기반을 부정하고, 독립국가연합을 설치한다는 명분으로 소련의 소멸을 선언하는 문서에 서명할 것이라는 사실이었다.

이들 3인은 삼엄한 보안 속에 벨라베자 숲에 있는 비스쿨리 정부 소유 저택에 모여 회의를 진행했다. 폴란드와의 국경 가까이에 있는 장소였다. "우리는 휴식 시간도 없이 회의를 계속했다. 긴장되고 들뜬 분위기였다. 회의장의 긴장감은 시간이 지날수록 더 높아졌다." 옐친은 당시 회의 분위기를 나중에 이렇게 소개했다. 그는 원래 감정 기복이 심한 사람이었다. 부르불리스, 가이다르, 코지레프, 샤흐라이가 옐친 곁에서 자문을 해 주었다. 이들은 그날 밤 필사적으로 작업에 매달렸다. 옐친은 그날 그 자리에서 소련 해체와 관련한 일체의 협정을 마무리 짓고 싶어 했다.

그들은 왜 바로 그곳, 인적도 없는 그곳, 신문, TV는 물론이고 일반인이나 외교관 할 것 없이 아무도 접근할 수 없는 그곳에서 일을 끝내려고 서둘렀을까? 그들 스스로 어둠의 장막 속에 숨어서 해야 하는 비밀 작업임을 너무도 잘 알았기 때문이다.

12월 8일 마침내 옐친, 크라프추크, 슈스케비치 세 사람은 벨로루스, 러시아, 우크라이나 세 나라간의 독립국가연합(CIS) 창설 합의안에 서명했다.

이 문서는 '새 연방조약 체결에 관한 협상은 난관에 봉착했으며, 공화국들이 소련에서 분리해서 독립국가연합을 결성하는 과정은 현실이 됐다.'고 밝혔다. 소련 내 7개 공화국 지도자들이 새 연방조약 비준안을 각자 최고회의에 회부토록 한 것이 11월 25일이었고, 이후 불과 두 주밖에 지나지 않은 시점이었다. 그들이 밝힌 공동성명에도 그러한 사실이 적시되어 있다. 그런데 무슨 연유로 갑자기 난관에 봉착했다는 것이며, 난관에 부딪친 게 사실이라면 그런 사실을 왜 모스크바에서 열린 국가평의회 회의에서 거론하지 않았단 말인가. 국가평의회 회의에서는 노보-오가료보 합의안의 정신에 의거해 회의가 진행되었던 게 아닌가. 3인의 비밀회동 이유는 너무나 뻔했다. 카자스흐스탄을 비롯해 각 공화국에서 온 대표단이 마지막 순간까지 '단일 연방국가' 창설안을 지지했기 때문이다.

벨라베자에 모인 음모가들의 기대와는 달리 공화국들이 모두 연방을 이탈하지는 않았다. 누가 이런 거짓을 사실인 양 퍼트린 것인가? 이들 '3인방'이 모여서 그런 성명을 내자고 주도한 사람은 누구인가? 이런 의문에 대해 아직 확실하게 밝혀진 정답은 없다. 합법적으로 믿을 만한 사실이 밝혀진 적도 없음은 물론이다.

대부분의 공화국과 그 지도자들은 소비에트 연방으로부터의 분리를 선언한 적이 없다. 벨라베자에 모인 분리주의자들의 주장에도 불구하고, 쿠데타 이후 각 공화국들이 독립을 선언했지만 각자가 자체적으로 단일 연방 참여 가능성을 법적으로나 실제적으로 배제한 것은 아니었다. 더 나아가, 단일 연방 구성은 소련 국민 절대 다수에게 객관적으로 혜택이 되었을 뿐만 아니라, 정서상으로도 받아들여질 일이었다.

벨라베자 협정은 '소련은 국제법적으로나 지정학적 현실로 보더라도 존속을 멈추었다'고 선언했다. 하지만 소련 국민들은 그보다 앞서 1991년 3월 17일에 실시된 국민투표에서 연방을 유지한다는 쪽에 손을 들어 주었다.

의학용어를 빌리자면, 벨라베자 숲에서 허겁지겁 비밀리에, 그리고 편법으로 합의한 내용을 보면 크게 손상을 입었지만 아직은 살아 있는 장기를 수술해 시신을 훼손해 없애려는 음모와 같은 것이었다. 이 수술의 주역은 러시아 대통령이 맡았다.

그리고리 야블린스키는 이렇게 증언한다.(옐친은 나중에 가이다르 팀을 불러들이면서 야블린스키 카드를 버렸다.) "보리스 옐친과 그의 이너서클은 어떤 상황이 닥치더라도 반드시 그리고 최우선적으로 성취하고자 하는 어떤 정치적 목적을 갖고 있었다. 즉 정치적, 경제적으로 소련을 해체시키려고 안달이 났던 것이다. 금융, 통화 분야를 포함해 모든 경제 조정 기구들을 일격으로 단번에(실제로 하룻만에) 정리하고자 했다. 그들은 또한 러시아를 다른 연방공화국들로부터 완전히 분리시키고자 했다. 애초에 이런 생각을 지지하지 않았던 벨로루스나 카자흐스탄과도 마찬가지였다. 이것이 그들에게는 일종의 정치적 과제였다."

소련이라는 시신을 훼손해서 소멸시키라는 명령은 옐친과 민주러시아당 내의 가장 급진적인 세력들로부터 나왔다. 아무런 규제를 받지 않고 막강한 힘을 휘두르는 자유시장체제를 곧바로 러시아 토양에 이식시키려는 유토피아에 눈먼 자들이었다.

이것은 앞서 민주러시아 대표자회의가 1990년에 '미하일 고르바초프가 이끄는 현 소련지도부의 권력'을 대칭되는 다른 기구로 '수평 이동시키는 것'을 목표로 내세운 것을 봐도 알 수 있다. 그러한 기구에서 기존의 소련 지도부를 '몰아내고' 앞으로 만들 국가연합의 토대를 마련하자는 것이 이들의 목표이다. (그리고리 야블린스키가 앞장선 이러한 주장은 1세대 급진 민주개혁 세력의 입장이었다. 이들은 러시아의 가장 훌륭한 과학자와 공적인 인물, 정치인들의 면전에다 대고 치욕을 안겨주었다. 나는 지금도 이들이 한 행동을 용서할 수 없다.)

그러니 레오니드 크라프추크가 벨라베자 숲에서 자기는 "아무런 토론이나 의견조율도 없이 하룻밤 사이에 문서에 서명했다."는 사실을 털어놓은 것도 놀랄 일이 아니다. 크라프추크는 또한 자신들은 "국민들이 우리가 내리는 결정을 정당하다고 받아들여줄지 확신하지 못했고, 자기들이 서명한 문서가 합법적인 것으로 인정받을지도 확신하지 못했다."고 했다. 그는 "우리는 우리가 채택한 문서가 적법성을 충분히 확보하지 못했다고 생각했다."고 덧붙였다.

그들 스스로 그날 행동에 문제가 있다는 점을 알고 있었다는 말이다. 벨라베자 협정은 채택되기까지의 절차상의 문제, 그리고 합의 내용에 대한 왜곡 등 엄밀히 말해 적법성을 상실했다. 권력욕에 굶주리고 개인적인 정치적 야심에 눈이 먼 자들이 합법적인 논의를 무시한 채 일을 서둘러 진행시켰던 것이다.

벨라베자 음모

음모가들은 소련 대통령이 연방공화국 지도자들을 상대로 새 연방이 국가연합체로 유지되어 나갈 수 있다는 점을 설득하고 있다고 생각했다. 그래서 이들은 연방 해체를 위한 행동에 속도를 내기로 했다. 나는 공화국 지도자들과 합동 회담, 단독회담을 잇따라 가지면서 공화국간 상호 관계 협정 체결이 소련 중앙정부를 대신하는 게 아니라는 점을 적극 설득했다. 새로 만들어질 민주적인 중앙정부는 각 공화국의 독립에 장애가 되지 않을 뿐 아니라, 이들의 안보를 강화하고, 세계무대에서 위상을 높이려는 공화국들의 노력을 극대화시켜 줄 것이라는 점을 설명했다. 보리스 옐친이 가장 신임하는 측근으로서, 가장 무모한 '러시안 룰렛' 집행자인 겐나디 부르불리스는 소련 대통령이 하고 있는 이런 행동들을 면밀히 감시했는데, 그는 "고르바초프가 성공할 것 같다는 생각이 든다."는 말을 했다고 한다.

소비에트 연방을 새롭게 바꾸어 존속시키는 것은 가능한 일이었다. 나는 끝까지 이런 입장을 고수했다. 나의 이런 확고한 입장은 연방 존속에 반대하는 자들에게 불안과 두려움을 주었다.

1991년 11월에 에두아르드 세바르드나제가 소련 외무장관 직에 복귀했다. 그것은 연방내 공화국들과 전 세계를 상대로 소련 대통령이 전방위적으로 적극적인 외교정책을 재개한다는 신호였다. 세바르드나제의 복귀는 러시아 외무장관 코지레프가 일방적인 친 서방 정책을 펴는 것과 서로 배치되는 것이었다. 다시 말해 나는 연방의 존속에 반대하고, 연방 해체를 주장하는 자들에 맞서서 계속해서 '돌맹이'를 주워모아, '탄환이 떨어지는 순간까지' 끝까지 연방을 지키기 위해 싸운 것이다.

그러자 옐친의 러시아 공화국 지도부는 분리주의적인 연방 해체 플랜을 본격적으로 밀어붙이기 시작했다. 옐친은 소련 대통령의 등 뒤로 가서 개인적인 친분을 활용해 소련 국방차관 그라초프 장군, 소련 내무장관 바라니코프 장군, 그리고 소련 국방장관 샤포슈니코프 원수를 만나 벨라베자 협정에 대한 지지를 이끌어냈다. 소련에 대한 충성을 맹세한 이들 장군의 몰염치한 행동을 도대체 어떻게 해석해야 한단 말인가?

세 지도자들은 벨라베자에서 소련이 '더 이상 존속하지 않는다.'고 선언하고, 이를 다른 사람이 아니라 소련 대통령인 내게 통보했다. 그러면서 이들은

12월 9일 크렘린에서 갖기로 예정된 소련 대통령과의 면담에는 겁을 냈다. 옐친은 나한테서 신변 보장 약속을 받아냈지만, 크라프추크와 슈스케비치는 감히 모스크바로 올 엄두도 못 냈다.

소련 대통령으로서 연방이 더 이상 존재하지 않는다고 선언한 자들을 어떻게 처리해야 옳은가? 옐친과 그 일당들을 명백히 헌법을 능멸한 죄로 체포할 것인가? 하지만 소련 대통령은 이미 보안병력과 군대에 대해 통제력을 완전히 상실한 상태였다.

뿐만 아니라, 내가 일부 군 병력의 지지를 이끌어낼 수 있다 하더라도, 그렇게 되면 초긴장 상황의 정치적 대립으로 인해 유혈사태를 포함해 엄청나게 부정적인 결과를 초래할 것이 분명했다. 그렇게 할 수는 없었고, 그렇다고 내 자신의 존재를 완전히 포기할 수도 없었다. 하지만 아직 소련 연방을 구할 기회가 남아 있다고 보았기 때문에 그들에게 그대로 '항복'할 수는 없었다. 나는 연방 존속을 위해 끝까지 싸우기로 했다.

12월 9일, 나는 각 연방공화국 최고회의들과 소련 최고회의에서 주권국가연합 조약안과 벨라베자 협정안을 모두 검토해 달라고 선언했다. 나는 이것이 국가 형태의 변경에 관한 것이기 때문에 소련 인민대의원대회의 소관 사항이고, 그래서 회의소집 요건에 해당된다고 생각했다. 아울러 이 문제에 대한 국민투표 실시 가능성을 배제하지 않았다.

이 선언에 대해 러시아와 벨로루스 최고회의는 연방 인민대의원대회에서 자기네 대의원들을 소환함으로써 회의 소집 자체를 저지했다. 그렇게 되자 각 공화국에게 연방조약안을 검토해 달라고 한 나의 요청 역시 실행에 옮겨지지 않았다. 벨로루스와 우크라이나의 인민대의원대회는 도리어 12월 10일 벨라베자 협정 비준안을 통과시켰다.

러시아공화국 지도자들은 벨라베자 협정을 큰 표차로 통과시키기 위해 매달렸다. 최고회의 의장 하스불라토프는 이를 위해 러시아 공산당 지도자 주가노프까지 끌어들였다. 벨라베자 음모에 대해 부정적인 입장을 갖고 끝까지 망설인 러시아공산당 소속 대의원들을 포함해 러시아의 모든 대의원들에게 온갖 정치적, 심리적 압박이 가해졌다. 그 결과 대의원 201명 가운데 188명이 벨라베자 협정에 '찬성' 표를 던지고, 6명이 '반대', 7명은 기권했다.

연방 해체에 반대표를 던진 대의원 7명의 명단은 세르게이 바부린, 블라디미르 이사코프, 일리야 콘스탄티노프, 세르게이 폴로즈코프, 파벨 리소프, 니콜라이 파블로프 등이었다.

연방의 운명에 중대한 분수령이 될 러시아공화국 최고회의는 흥분된 분위기 속에서 서둘러 열렸다. 급진적인 국수주의자들의 승리감이 회의장을 지배했다. 옐친을 비롯한 협정 당사자들은 연단에 올라 소련 중앙정부의 속박에서 해방되면 러시아는 다른 공화국들과 더 평등하고, 더 신뢰할 만한 관계를 수립하게 될 것이라고 주장했다. 다수의 대의원들이 나서서 회의와 의문을 표시했지만 모두 무시됐다. 공산당원인 우주비행사 출신 사보스티야노프는 모두들 '찬성표'를 던져 '고르바초프를 몰아내자!' 고 소리쳤다. 투표 결과가 나오자 모두들 기립박수로 환호했다. 그렇게 해서 급진 민주세력이 공산주의자들과 힘을 합쳐 위대한 소비에트 연방을 끝장내고, 그럼으로써 소련이 물려받은 위대한 러시아도 함께 묻어 버렸다.

그로부터 2년이 채 지나지 않은 1993년 10월에 보리스 옐친 대통령은 볼셰비키들이 1918년에 제헌의회를 해산한 것보다 훨씬 더 잔인무도한 방법으로 최고회의를 해체했다. 탱크를 동원해 무차별 포격세례를 퍼부은 것이다.

그날 그 자리에서 얼마나 많은 사람이 죽었는지는 지금까지도 정확히 알려

지지 않고 있다. 시신은 트레일러에 실려 신속하게 치워졌고, 이들이 어디에 묻혔는지에 대한 기록도 없다. 그 사태에 대한 문책을 두려워한 옐친은 모종의 거래를 제안했다. 의회를 포격한 비극적인 사태에 대한 진상조사를 하지 않는 대가로 대법원에 계류 중이던 8월 쿠데타 주모자들에 대한 사면을 제의한 것이다. 범죄행위와 다름없는 그 거래는 성사됐다.

러시아공화국 최고회의는 1991년 12월 12일 벨라베자 협정을 비준했다. 그리고 1991년 12월 23일 나는 알렉산드르 야코블레프 입회하에 거의 하루 종일 월넛 룸에서 보리스 옐친에게 대통령 권한을 이양하는 작업을 했다. 우리는 소련 정부 기구를 12월 30일을 기해 모두 기능을 중단한다는 데 합의했다.

옐친과의 관계에서 그가 나에게 어떻게 대했는지를 극명하게 보여주는 사례를 소개하겠다. 1990년에 소련-폴란드 합동 진상조사위원회에서 활동하던 소련 학자와 자료 전문가들은 KGB 전신인 내무인민위원회(NKVD) 감옥 수비대가 보관하고 있던 서류 속에서 베리아, 메르쿨로프와 그 수하들이 카틴숲 학살사건에 가담했음을 직간접적으로 보여주는 자료들을 찾아냈다.

1990년 4월 13일, 폴란드 대통령 보이체흐 야루젤스키가 모스크바를 방문한 자리에서 나는 소련 학자들이 NKVD 전범 수용소 근무자 명단을 포함해, 카틴숲 관련 자료들을 찾아냈다는 사실을 공개적으로 발표했다. 자료에는 1939년과 1940년 사이 NKVD가 운영한 코젤스키 수용소와 오사타시코프스키, 스타로벨스키 수용소에 수감돼 있던 폴란드 국적의 수감자 명단도 들어 있었다.

타스 통신은 1990년 4월 13일자로 소련 측이 카틴숲 집단학살사건과 관련해 깊은 유감을 표시했다는 사실과 함께 '카틴숲 비극은 스탈린시대에 저질러진 사악한 범죄들 중 하나'라고 보도했다. 그와 함께 군 검찰총장이 결정

159호에 의거해 진상조사 착수를 받아들였다.

소련 대통령 사퇴 직전인 1991년 12월 23일 나는 옐친을 만나 카틴숲 관련 '특별 파일'에 있던 서류들을 건네주었다. 나도 그날 아침에야 문서보관소 직원들로부터 건네받아 처음 본 서류들이었다. 옐친과 나는 이 서류들을 폴란드 측에 넘겨주기로 합의했다. "보리스 니콜라예비치, 이제부터는 당신이 알아서 넘겨주시오." 나는 이렇게 말했다. 하지만 그로부터 1년 가까이 지난 1992년 10월에 옐친 측은 카틴숲 사건과 관련해 그 특별 서류들을 공개하며, '고르바초프가 숨긴 자료를 우연히 발견했다.'고 말했다. 문서보관소 직원들은 아직 살아 있으니, 누구 말이 진실인지 판단할 수 있을 것이다.

옐친은 그 끔찍한 문서들을 1992년 10월에야 비로소 폴란드 측에 넘겨주었는데, 그해 5월에 레흐 바웬사 대통령이 모스크바를 방문했을 때 넘겨주지 않고 왜 그때까지 미루었는지, 그 이유는 모르겠다. 그러면서 늦어진 모든 책임은 고르바초프에게 뒤집어씌운 것이다.

'카틴숲 사건' 조사는 1994년에 종결되어, 관련자료는 기밀로 분류되었다. 그러다 2010년 봄에 폴란드 대통령 레흐 카친스키가 비행기 추락사고로 숨진 뒤 드미트리 메드베데프 러시아 대통령이 조사 재개를 결정함으로써 조사가 다시 시작되었다.

한편 나는 옐친과의 면담에게 특별사면과 형사범으로 기소하지 말아달라고 부탁하는 방대한 양의 인물 리스트를 건네주었다. 하지만 대화의 실제적인 내용은 소련 대통령의 직무가 정지될 경우에 그의 법적인 지위를 어떻게 정리할 것인지에 대한 논의에 집중됐다. 예를 들어 국가 기밀을 알고 있는 전직 대통령에 대한 경호를 어떻게 할 것인가 하는 문제도 포함됐다. 하지만 옐친은 다소 위압적인 태도로 소련 대통령 자리에서 물러난 다음에는 면책특권은 기대도 하지 말라고 했다. 그러니 죄 지은 게 있으면 대통령 자리에 있는 지금 털어놓는 게 좋을 거라고 압박했다.

나는 이후 대통령에 대한 면책특권 없이 거의 20년을 살았고, 그런 것을 보장해 달라고 요구하지도 않았다. 지나고 보면 실로 많은 일들을 겪었다. 대통령에게 주어지는 아파트와 시골 별장을 24시간 안에 비우라는 독촉을 받았고, 해외여행이 금지돼 오랜 친구인 빌리 브란트 전 독일 총리의 장례식에도 참석치 못했다. 소련공산당과 고르바초프를 단죄하기 위해 뉴른베르크 국제전범재판 같은 쇼가 벌어졌고, 언론에 나에 관한 기사 개재가 금지되고, 내가 쓴 책도 출판 금지 처분을 받았다. 연금은 단돈 2달러로 줄어들었고, 노멘클라투라 계층들에게 오래 전부터 부여되어 온 내려오던 각종 특전도 모조리 사라졌다.

크렘린을 떠나기 전 마지막 며칠 간 나는 헬무트 콜, 프랑수와 미테랑, 존 메이저, 조지 부시, 브라이언 멀로니를 비롯해 나의 정치적 파트너였던 여러 나라 정치지도자들과 전화 통화를 했다. 그들 모두 내가 어떤 생각을 갖고 있는지, 어떤 평가를 하고, 앞으로 상황에 대해 어떤 예상을 하는지 듣고 싶어 했다. 사태가 내가 생각하기에 옳지 않은 방향으로 진행되었지만, 그래도 외국 지도자들에게는 새로운 독립국가연합이 잘 굴러가도록 최선을 다해 돕겠다고 했다. 연방 해체 작업이 계속 진행된다면 최악의 사태가 일어날 수 있다는 우려도 했다.

나는 독립국가연합, 특히 러시아에 대한 서방의 지원이 대단히 중요하다고 강조했다. 그리고 금융지원과 식량지원이 시급하다는 점을 강조했다. 그들은 크렘린을 떠난 뒤 나의 향후 계획에 대해 궁금해 했고, 나는 숲으로 들어가 숨어 살지는 않을 것이라는 말을 해 주었다. 정계를 포함해 공적인 생활을 떠나지 않을 것이며, 새로운 환경에서 능력이 닿는 한 페레스트로이카로 시작된 민주적 개혁을 도울 것이라고 했다.

나는 대통령으로서 국민들에게 행할 마지막 연설문을 어떻게 할지에 대해 심사숙고했다. 독립국가연합 창설자들의 심기를 불편하게 만들 말은 하지 말라는 충고는 받아들이지 않기로 했다. 사태가 지금처럼 가면 어떤 일이 벌어질지에 대해 냉철하고 현실적인 분석과 함께, 국가 해체의 위험성, 그리고 페레스트로이카 시절 이룬 업적을 지켜나가야 한다는 점을 강조하기로 했다. 12월 25일 소련 대통령직에서 물러나는 사임 연설에서 나는 연방 해체에 대한 분명한 입장을 밝혔다. 하지만 그러면서도 알마타에서 체결된 협정(독립국가연합 결성에 관한 협정)이 우리 사회에 진정한 화해에 기여하고 개혁 과정에서 야기된 위기를 이겨내는 데 도움이 되도록 최선을 다하겠다고 약속했다.

페레스트로이카를 시작한 지 4반세기가 지난 시점에서 나는 "1985년에 시작된 민주개혁이 역사적으로 옳은 일이었다고 확신한다."고 당당하게 말할 수 있었다. 개혁이 시작된 이후 지금까지 진행된 조국의 민주적 재탄생 과정은 역사적으로 정당했을 뿐만 아니라, 그 중요성이 점점 더 커지고 있다. 1991년 12월 25일 행한 마지막 연설에서 나는 페레스트로이카의 민주적 업적을 지켜나가는 게 무엇보다도 중요하다고 강조했다. 그리고 이렇게 덧붙였다. "페레스트로이카가 이룬 업적은 어떤 상황, 어떤 명분으로도 포기하지 말아야 합니다. 그렇지 않으면 더 나은 미래에 대한 희망은 영원히 사라지고 말 것입니다."

8월 쿠데타에도 살아남은 페레스트로이카의 민주적 업적은 쿠데타 이후에 새로운 시련을 맞았던 것이다. 이번에는 옐친이라는 한 개인과 그의 일당이 장악한 권력으로부터 당하게 된 시련이었다. 이들은 민주적인 슬로건으로 위장하고, 과격 민주세력으로부터 지지를 얻어 권력을 휘둘렀다. 급진 세력들은 러시아 노멘클라투라들의 지지를 얻고, 진보주의를 표방한 민주 러시아당의 간부들과 협력했다. 이들은 국민의 가장 중요한 이익이 걸린 중요한 정책들을 국민들 모르게, 국민들의 희생 위에 결정했다. '충격 요법'은 바로 그렇게 결정되었고, 대규모 사유화 정책 역시 마찬가지였다.

그 결과 국민들 다수가 비참한 빈곤 상태로 떨어졌고, 유례없는 사회 양극화가 빚어졌다. 그 양극화의 흐름은 이후 두고두고 러시아 사회를 괴롭힌다. 최초의 자유선거로 선출된 러시아 의회는 이 문제로 씨름하다, 1993년 10월 옐친의 명령에 의해 탱크 포격으로 강제 해산되었다. 엄청난 유혈 참극을 불러온 체첸 전쟁은 지금까지도 그 고통스런 파장이 계속 이어지고 있다. 온갖 불법, 탈법이 판을 친 1996년 대통령 선거도 같은 연장선상에서 치러졌다. 현직 프리미엄을 최대한 활용한 옐친은 유권자 매수, 수백만 달러에 이르는 불법 선거자금, 노골적인 조작과 당국의 선거 개입으로 유례없는 선거 부정을 저질렀다.

나와 나의 동료들은 페레스트로이카를 지켜나가기 위한 투쟁에서 많은 실책을 범했다. 우리는 보다 확고한 신념을 갖고 더 일찍, 더 빠르게 많은 것을 바꿀 수가 있었는데, 실제로는 그렇게 하지 못했다. 그리고 마지막으로, 우리는 당시 국가가 빠져들고 있던 재정위기와 경제위기의 심각성을 제대로 파악하지 못함으로써 페레스트로이카를 추진하는 데 있어서 전략적 실책을 범하고 말았다. 시장에 기반을 둔 경제를 더 빨리, 더 과감하게 실행에 옮겼어야 했고, 그렇게 할 능력이 있었는데도 그러질 못했다. 1990년과 1991년에도 국방비를 더 삭감하는 것을 포함해 필요한 조치를 취했더라면 소비 시장이 붕괴되는 것을 막을 수 있었다.

핵심적인 질문은 페레스트로이카를 추진한 지도자들이 '보다 확고한 입장'을 가지고 '더 일찍, 더 빨리' 일을 추진하지 못한 이유가 무엇일까 하는 것이다. 누구 때문에, 그리고 무엇 때문에 그렇게 하지 못한 것일까? 소련 같은 크고 다원적인 국가를 근본적으로 개혁하는 데는 7년이 아니라 그보다 훨씬 더 많은 시간이 필요했다. 페레스트로이카는 원래 의도했던 코스의 절반도 시도해 보지 못한 채 단기간에 막을 내리고 말았다. 페레스트로이카의 적들은 서로 다양한 목표를 갖고 있었지만, 그래도 일사분란하게 움직였다. 이들은 개혁의 진행을 의도적으로 지연시키며 방해했다. 그런가 하면 일부는 개혁의 속도를 더 빠르게 하라고 요구함으로써 소련의 국가 기반을 바탕에서부터 흔들었다. 이들은 보수세력에 맞서 싸운다는 명분을 내세워, 소련 중앙정부의 '허리'를 짓누르고, 남은 정부 조직을 모조리 파괴해 나갔다. 이렇게 해서 1991년에 페레스트로이카와 소련은 두 개의 강력한 음모에 무너지고 말았다. 하나는 8월의 보수파 쿠데타 사건이고, 다른 하나는 12월에 있은 벨라베자 야합이다. 실제로는 두 사건 모두 쿠데타였다. 음모를 벌인 주모자들은 다르지만, 서로 공통점이 많은 사건들이다.

무엇보다 두 사건 모두 철저한 음모의 결과물들이다. 국민들 모르게 비밀리에 진행된 것이다. 둘째로 두 사건 모두 소련 헌법과 연방공화국들의 헌법을 정면으로 위반한 행동들이었다. 셋째, 두 사건 모두 거짓말과 사악한 술책으로 진행됐다. 넷째, 두 사건 모두 고르바초프 개인을 겨냥해 시작되었지만, 국가를 파괴시키는 결과로 이어졌다.

하지만 두 사건이 가진 가장 중요한 유사점은 배후에 노멘클라투라의 특수한 이해관계가 도사리고 있었다는 점이다. 8월 쿠데타는 자신들이 가진 권력과 특권을 잃게 될 것을 두려워 한 자들이 꾸몄고, 12월의 벨라베자 음모는 '국가 전체'와 '국민 전체'에 속한 자산을 '합법적으로' 자신들 소유로 만들려는 공화국 정부들의 이해관계가 서로 맞아 진행된 것이었다.

8월 쿠데타는 주모자들이 사회를 페레스트로이카 이전 시절로 되돌리려고 한다는 것을 사람들이 눈치 챘기 때문에 실패로 끝났다. 두 번째 쿠데타는 페레스트로이카가 주장한 것과 같은 민주적인 슬로건을 내세워 위장했기 때문에 성공했다. 이들은 위기는 신속하게 극복될 것이며, 민주적인 발전은 계속될 것이라고 약속했다. 다시 말해, 옛 노멘클라투라 세력은 사람들을 기만하는 데 실패했고, 옐친이 이끄는 급진세력은 사람들을 기만하는 데 성공한 것이다.

8월 쿠데타 주모자들은 러시아 의회에 포격을 가할 엄두를 내지 못했지만, 옐친은 1993년 10월에 같은 곳을 향해 조금도 망설임 없이 탱크로 포격을 가했다.

1987년 10월에 미국의 분석가들은 보리스 옐친이 고르바초프 리더십에 가장 큰 반대 세력이라고 생각하기 시작했다. 1989년 9월에 옐친이 미국을 방문했을 때, 국가안보좌관 브렌트 스코크로프트 장군은 그를 두 번이나 백악관으로 초대해 만났다. 조지 부시 대통령은 그 방에 우연히 들른 것처럼 가장해 15분간 머물며 이야기를 나누었다. 당시 부시 대통령은 옐친으로부터 강한 인상은 받지 못했다.

하지만 1990년에 접어들면서 미국 정보기관의 고위 관리들과 딕 체니 국방장관이 나서서 고르바초프만 '일방적으로' 지지하는 대신, 보리스 옐친도 지원해야 한다는 주장을 펴기 시작했다. 소련을 해체해 소멸시키고, 러시아에 자유방임주의적인 시장경제를 도입하겠다는 옐친의 정치 계획이 고르바초프의 정치적인 입장보다 미국의 안보 이익에 더 부합된다는 주장들도 나오기 시작했다.

　로버트 게이츠는 자신의 저서에 이렇게 썼다. "CIA 역시 옐친의 치어리더 역할을 했다. CIA가 그런 입장을 분명하게 밝힌 것은 아니지만, 국내외적으로 옐친이 누리는 인기와 그의 개혁 정책, 소련 연방 내 다른 민족에 대한 정책을 높이 평가함으로써 옐친 지지 입장을 간접적으로 드러냈다."

　당시 미국의 정보기관이 옐친을 얼마나 열심히 팔고 다녔던지, 브렌트 스코크로프트 장군은 'CIA 안에 옐친 팬클럽이 있다' 는 말까지 했다.

　미국 사회의 가장 보수적인 인사들, 그리고 부시 행정부 이너서클 인사들, 그리고 나아가 부시 대통령 본인까지도 보리스 옐친에 판돈을 걸었다. 옐친이 내세운 '소련 해체 후 소멸' 이라는 목표가 미국 지도부의 목표와 일치했던 것이다. 미국 행정부는 옐친이 이끌 약화된 러시아가 고르바초프가 사력을 다해 만들어내려고 하는 새로운 소련보다 미국의 이익에 훨씬 부합된다고 판단한 것이다.

에필로그

나는 정말 운명에 의해 대부분의 다른 사람들이 감히 엄두도 내지 못할 일을 감당해야 했다. 그것은 운명이 내게 준 관대한 선물이었다고 나는 생각한다. 어떻게 그토록 소중한 기회가 나한테 주어졌던 것일까…설혹 내 앞에 놓여 있고, 내가 감당해야 할 그 어려움이 어떤 것인지 미리 알았더라도, 나는 물러서서 다른 선택을 하지 않았을 것이다. 최고지도자의 자리에 올랐을 때 내 눈 앞에 놓인 조국의 모습을 바꾸기로 한 그 결정을 나는 후회하지 않는다. 지금도 그때 내가 택한 선택이 옳다고 생각한다. 역사는 우리에게 여러 다양한 기회와 선택의 여지를 부여한다고 나는 믿는다. 사실을 말하면 결정을 내리는 주체가 바로 역사이다. 그 역사란 것이 바로 국민과 사회의 역사이기 때문이다.

나는 지금도 자유, 평등, 정의, 연대감이 사회적, 정치적 가치의 핵심이라고 믿는다. 국민의 자유와 존엄성을 쟁취하기 위해 싸워 온 많은 세대들이 이런 가치를 공유한다. 위대한 풀뿌리운동들도 바로 이런 가치의 기치 아래 일어났다. 정치와 국민의 삶에서 가치와 정의라는 가치, 연대감과 보편적인 도덕적 가치가 없는 사회는 전체주의나 독재주의가 되고 만다고 나는 확신한다.

내가 선장을 맡은 소련이라는 배를 안전하게 항구까지 끌고 가 정박시키지 못한 것을 지금도 안타깝게 생각한다. 나는 내가 시작한 페레스트로이카를 내가 원하는 방향으로 이끌어가지 못했다. 그런 점에서 나는 소련과 전 세계 정치에 엄청난 부채를 졌다.

운명은 나로 하여금 거대한 역사적 대전환에 참여자로 밀어 넣었을 뿐만 아니라, 변혁의 과정을 시작하고 촉진시키는 책임을 내게 맡겼다. 그런 점에서 나는 행운아였다. 나는 역사의 문을 내 손으로 두드렸고, 그 역사의 문들은 나와 함께 땀 흘린 사람들과 내 앞에서 하나씩 열렸다.

나는 권력 자체를 위해 권력을 추구하지 않았다. 어떠한 경우에도 내 임의로 권력을 휘두르지 않았다. 당서기장이 되면서 나는 모든 국정을 책임졌고, 내가 하는 모든 조치들은 물론이고 지도부 내 다른 사람들의 입장도 모두 나의 책임이 되었다. 당서기장이 되고 난 다음 나는 만일 재신임을 받지 못해 물러나게 된다면 어쩌겠느냐는 질문을 여러 차례 받았다. 일본 방문 때는 텔레비전 인터뷰에서 생방송 도중에 단도직입적으로 이런 질문을 받았다. 그때 나는 그것은 민주주의의 당연한 결과이고, 민주적 선거를 통해 내가 물러나야 하는 결과가 나온다면 그것이야말로 내가 추구해 온 정책이 이룬 성과물이 아니겠느냐고 대답했다.

내 친구인 키르기즈스탄의 문필가 칭기즈 아이트마토프와의 대화에서도 나는 그런 결심을 분명히 밝혔다. 앞으로 어떤 대가를 치르게 되더라도 나는 결코 그러한 원칙에서 물러서지 않겠다고 했다. 그 말은 진심이었다.

역사의 흐름을 바꾼 거인의 자화상

김흥식 전 연합뉴스 모스크바특파원

소련의 마지막 당서기장이며 소련의 최초 대통령이자 마지막 대통령이었던 미하일 세르게예비치 고르바초프. 20세기 역사의 흐름을 완전히 바꿔 놓는데 결정적 역할을 한 그에 대한 평가는 여러 가지로 엇갈린다. 그의 역할과 행동이 국내외에 끼친 영향이 워낙 크기에 공정하고 객관적인 평가를 내리기에는 시기적으로 이른 감이 있는 것도 사실이다.

이러한 시기에 나온 고르바초프의 자서전은 라이사 여사와의 절절한 사랑을 포함해 권력을 둘러싼 그의 격정적 생애와 그가 거둔 승리와 패배, 특히 페레스트로이카 추진 과정과 소련 종말에 이르는 극적인 이야기들을 담고 있다. 물론 책의 성격상 자기변명이 곳곳에서 드러나지만, 그럼에도 우리로 하여금 고르바초프란 인물에 대한 평가를 보다 신중하게 만든다.

지금까지의 평가를 대체로 보면 한쪽에서는 고르바초프가 서기장 취임이후 강력히 추진했던 페레스트로이카(개혁. 문자 상의 의미로는 '재건')와 글라스노스트(개방)를 정교하게 준비하지 못한 채 밀어붙이다 실험에 그쳤을 뿐이고, 결국에 가서 사회주의 종주국인 소련의 해체를 초래한 장본인이라는 오명을 갖고 있다. 게다가 동구권을 고스란히 서방에 넘겨준 '배신자' '매국노', 심지어 예수를 팔아넘긴 '유다'에 비유되는 등 온갖 수모와 혹독한 비판을 받았다. 한마디로 실패한 개혁가에 불과한 인물이고 인민들이 겪고 있는 시련이 그 때문이라는 것이다. 주로 옛 소련권과 러시아에서 비판적이다. 또 다른 쪽(특히 서방)에서는 고르바초프가 이니셔티브를 쥐고 평화,군축외교를 전개, 2차 대전 종전 이래 지속돼 온 냉전체제를 종식시키고 독일통일과 동유럽 공산국들의 민주화를 위해 핵심적인 기여를 한 인물로 후한 평가를 받고 있다. 이 같은 역할로 인해 서방 각국의 여론조사에서 그 나라 지도자보다 높은 인기를 누리기도 했고, 각국의 지도자들이 자신의 정치적 영향력을 과시하는 차원에서 고르바초프와의 면담을 추진하는 일이 비일비재했다.

서방의 찬사에도 불구하고 고르바초프는 결국 실패한 비운의 개혁가이자 과도기적 인물에 그쳤다. 그 자신이 소련대통령 취임연설에서 "나는 씨앗을 심지만 수확을 볼 수 없을지 모른다. 그렇기 때문에 소련사회의 개혁에 필요한 여러 씨앗을 많이 심어 두어야 하는 것이 나의 임무이다."라고 했는데 마치 자신에 닥칠 비극적인 운명을 예감이라도 한 듯한 말이다.

그의 실패는 어디에 기인하는가? 일반적으로 야심차게 추진했던 개혁이 의도대로 진행되지 않은데다 오히려 사회혼란과 국민 불만을 부추겼으며 급기야 소련의 해체를 초래한 것에 초점이 맞춰져 왔다. 자서전에서도 어느 정도 밝히고 있듯이 소련국민들이 페레스트로이카를 통해 사회주의의 휴머니즘적 이상에 의해서 또다시 감동되고 체제 자체가 인간의 얼굴을 한 사회주의로 개선되리라는 낙관론적 믿음을 전제로 한 것이었다. 다시 말하면 공산주의가 폐기의 대상이 아니라 개혁의 노력에 따라 바뀌어질 수 있다고 그는 믿었다.

그러한 온건적 개혁노선은 급진파에 의해 압도될 운명이었다.

소련의 종말은 여러 요인이 복합적으로 작용한 것이며, '지나칠 정도로 확실하게 예정된 붕괴'라는 게 전문가들의 대체적인 의견이다. 즉 고르바초프 개인의 정책적 실수 탓으로 돌리기는 무리라는 말이다. 1980년 초의 소련은 지구촌 어느 나라도 이 나라만큼 생기를 잃은 나라는 없을 정도로 정체돼 있었다. 1964~82년 브레즈네프 통치기간 변화를 완강하게 거부했고 순환인사가 거의 없는 철밥통 체제로 유지됐다. 러시아 남자의 평균수명이 63세였던 시절에 정치국원들의 평균연령은 70세를 웃도는 장로정치로 일관됐다. 고르바초프 이전의 소련은 그야말로 죽어가는 사람들이 통치하고 있었다. 브레즈네프 사후 후임자들인 안드로포프와 체르넨코의 통치기간이 각각 겨우 1년 남짓에 불과한 사실이 여실히 보여준다.

잘 알려진 바와 같이 고르바초프는 당서기장에 취임하자마자 소련의 당면 위기를 공개적으로 인정함으로써 위기에 대응하고자 했다. "우리는 사물을 있는 그대로 볼 것이다."라는 그의 말은 소련 사회에 내재된 숱한 불합리와 불평등, 추악한 현상들을 솔직히 인정하고 그러한 인식에 바탕을 두고 본질적인 변화를 추구하고자 한 것이다.

그러나 현실은 그의 낙관적 의도와는 너무도 달랐다. 페레스트로이카에 저항하는 당료들의 끊임없는 방해공작, 보수파와 급진파의 협공, 정치국 동료들의 배신 등으로 고르바초프는 기진맥진해 갔다. 특히 옐친 주도하에 러시아를 비롯해 각 공화국들이 민족주의와 주권선언 기치를 내걸며 연방정부에 재정지원을 끊고 각 공화국들이 앞 다퉈 루불화를 남발해 극도의 인플레이션이 일어났다. 이런 상황이 악화일로로 치닫고 1991년에 이르러 쿠데타까지 발생하는 등 파국을 맞으면서 종말의 끝을 향해 달려간 형국이 됐다. 그런 과정들이 이 고르바초프의 자서전에 세세히 언급돼 있다.

일개 지방의 지도자에 불과했던 시골뜨기 정치인 고르바초프가 그토록 빠른 시간 내에 서열과 출신성분이 엄격한 소련에서 정상에 오를 수 있었는지 우리는 이 책을 통해 이해하게 될 것이다. 그의 장점인 지성, 낙관론, 지칠 줄 모르는 활력, 달변, 그리고 놀라울 정도의 정치적 민첩성과 수완 외에도 쿨라코프, 안드로포프, 수슬로프 등 당대 실세들과의 연줄을 쌓아가는 영리함이 돋보인다.

이 책은 또한 브레즈네프 사망 직전부터 고르바초프가 소련대통령 사임 때까지 철의 장막 뒤에서 벌어진 권력투쟁 이면사를 생생하게 묘사하고 있다. 곳곳에서 지도자들의 부침과 대권을 둘러싼 세력 간 합종연횡과, 음모와 배신 등 드라마틱한 요소들이 담겨 있다. 단순한 흥미차원을 넘어 천의 얼굴을 한 권력의 진면목과 감춰진 비밀들을 드러내고 있다. 비록 고르바초프 입장에서 씌여진 점을 충분히 감안하더라도 그렇다.

이 책은 특히 고르바초프와 고려인과의 각별한 인연을 소개하고 있어 우리의 관심을 끈다. 스타브로폴 지방당 서기로 재직 중이던 어느 날 일단의 고려인들이 찾아와 계약재배조건으로 양파농사를 하겠다고 요청했다. 총생산량 가운데 표준량 이상을 국영농장에 납부하는 대신 나머지는 자신들이 마음대로 처분하게 해 달라는 조건이었다. 이에 따라 열심히 양파농사를 지은 고려인들은 국영농장보다 획기적으로 수확을 늘렸고 자연히 이들의 수익도 짭짤했다고 한다. 그러나 중앙당국은 사회주의 원칙에 어긋나는 '불법적 약탈'이라는 이유를 들어 고려인들을 추방해 버렸다. 나중에 이곳을 방문한 코시긴 총리는 이 사건의 추이에 깊은 관심을 표시했다. 고르바초프는 총리에게 고려인들이 양파농사를 지을 때는 스타브로폴에서 주민 소비량을 능가할 정도로 양파가 넘쳐났으나 그들이 추방된 이후로는 국영농장 생산량이 턱없이 부족해 타 지역에서 수입해야 하는 실정이라고 대답했다. 이 일로 개혁성향의 코시긴 총리와 고르바초프가 농업의 문제점과 노동생산성에 대해 진지한 대화를 나누는 대목도 나온다.

역사적인 한소(韓蘇) 수교와 88서울올림픽 소련참가도 고르바초프 때 성사됐다는 점에서 우리와는 남다른 인연이라 하겠다. 고르바초프의 최측근으로 페레스트로이카에 핵심적 역할을 한 알렉산드르 야코블레프는 후일 회고담에서 수교와 올림픽 참가는 여러 우여곡절이 있었지만, 고르바초프와 세바르드나제 외무장관 및 야코블레프 3인이 합의해 결정한 것이라고 말했다.

한 시대를 치열하게 살면서 세상을 바꿔 놓았던 고르바초프는 역사가 그에게 맡긴 사명을 다했다고 볼 수 있다. 따라서 그에 대한 재평가 움직임이 나오더라도 정치적 재기는 불가능할 것이다. "이미 역사의 페이지를 다 쓴 사람"이란 야코블레프의 지적은 그런 면에서 타당하다.

목숨을 건 싸움에 도전했다가 아무런 상처도 입지 않고 벗어날 수는 없듯이 자신의 모든 것을 걸고 페레스트로이카를 추진했던 고르바초프도 최종 승리를 거두지 못했기 때문에 적지 않은 상처를 입을 수밖에 없었다. 실패한 비운의 개혁가란 이미지가 따라다닐 수밖에 없다.

그에 대한 평가는 역사적 과업으로 남겨 놓더라도 러시아의 시장경제와 민주화의 주춧돌을 놓았고 세계평화 구축에도 획기적인 역할을 한 인물임에 는 틀림없다. 이 자서전을 통해 고르바초프란 개인을 보다 잘 이해하고, 특히 80년대 전후의 소련 내부 사정과 연방 해체 과정에서 석연치 않았던 많은 부분들이 해소될 것으로 기대된다.

옮 긴 이 이기동은 서울신문에서 초대 모스크바특파원과 국제부 차장, 정책뉴스부 차장, 국제부장, 논설위원을 지냈다. 소련 연방 해체와 베를린장벽 붕괴를 비롯한 동유럽 변혁의 과정을 현장에서 취재했다. 경북 성주에서 태어나 경북고등과 경북대 철학과, 서울대대학원을 졸업하고, 관훈클럽 신영연구기금 지원으로 미국 미시간대에서 저널리즘을 공부했다. 《인터뷰의 여왕 바버라 월터스 회고록 – 내 인생의 오디션》《마지막 여행》《루머》《성공을 지켜주는 10가지 원칙》을 우리말로 옮겼으며, 저서로 《SNS시대 – 기본을 지키는 미디어 글쓰기》가 있다.

감 수 자 김흥식은 연합뉴스에서 초대 모스크바특파원과 문화부장, 북한부장, 논설위원, 경영기획실장을 거쳐, 편집담당 상무이사를 역임했다. 임원 임기를 마친 후에는 연합뉴스 부설기관인 연합뉴스 동북아센터 상임이사를 지냈다. 동양통신 사회부 기자 시절이던 1980년 신군부에 의해 해직되었으며, 1988년 현재의 연합뉴스로 돌아와 기자 생활을 계속했다. 강원 회양에서 태어나 제물포고와 한국외국어대 러시아어과를 졸업했다.

미하일 고르바초프 최후의 자서전
선택

초판 1쇄 인쇄 | 2013년 7월 25일
초판 2쇄 발행 | 2013년 9월 5일

지은이 | 미하일 고르바초프
옮긴이 | 이기동
펴낸이 | 이기동
편집주간 | 권기숙
마케팅 | 유민호 이동호
주소 | 서울특별시 성동구 아차산로 7길 15-1 효정빌딩 4층
이메일 | previewbooks2@daum.net
블로그 | http://blog.naver.com/previewbooks

전화 | 02)3409-4210
팩스 | 02)3409-4201
등록번호 | 제206-93-29887호

교열 | 이민정
디자인 | design86박성진
인쇄 | 상지사 P&B
ISBN 978-89-97201-11-2 03300